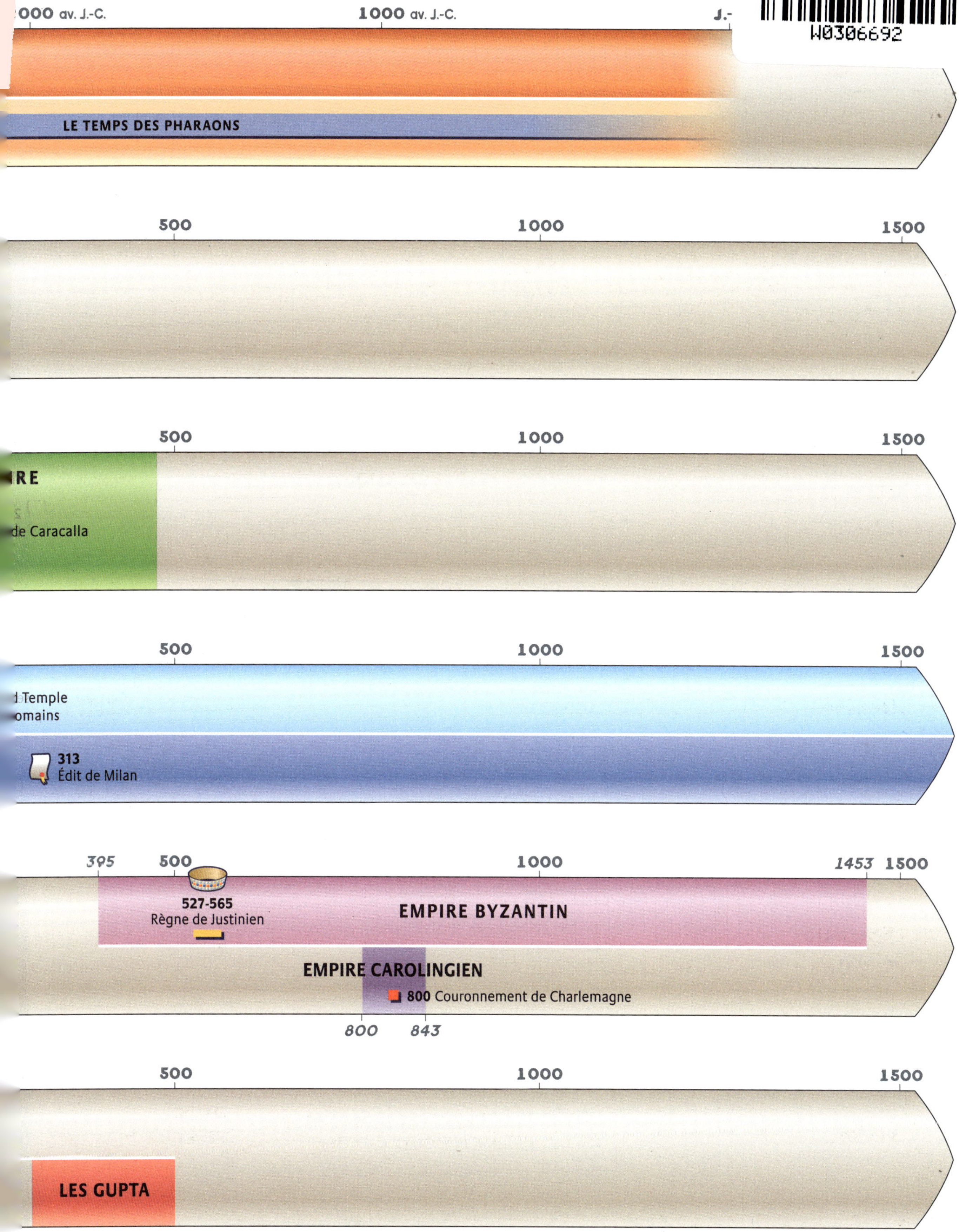
000 av. J.-C.
1000 av. J.-C.
J.-
LE TEMPS DES PHARAONS
500
1000
1500
500
1000
1500
IRE
de Caracalla
500
1000
1500
l Temple
omains
313
Édit de Milan
395
500
1000
1453
1500
527-565
Règne de Justinien
EMPIRE BYZANTIN
EMPIRE CAROLINGIEN
800 Couronnement de Charlemagne
800
843
500
1000
1500
LES GUPTA

Programme 2009

Histoire Géographie 6e

Sous la direction de

Anne-Marie Hazard-Tourillon
Agrégée d'histoire
Académie de Créteil (94)

Armelle Fellahi
Agrégée d'histoire
Académie de Rennes (35)

Francesco Belcastro
Certifié d'histoire-géographie
Professeur au lycée Michel de Montaigne
à Mulhouse (68)

Catherine Lallement
Certifiée d'histoire-géographie
Professeur au collège Émile Zola
à Kingersheim (68)

Vincent Larronde
Certifié d'histoire-géographie
Académie de Créteil (94)

Yannick Lemonnier
Certifié d'histoire-géographie
Professeur au collège Jean Charcot
à Saint-Malo (35)

Raphaëlle Lorente
Certifiée d'histoire-géographie
Professeur au lycée Jacques Brel
à La Courneuve (93)

Pascale Monnet-Chaloin
Certifiée d'histoire-géographie
Professeur au collège Jean-Moulin
à La Queue en Brie (94)

Catherine Pidutti
Agrégée d'histoire
Professeur au lycée Edgar Quinet
à Paris (75)

Guillaume Sarcel
Certifié d'histoire-géographie
Professeur au collège Gérard de Nerval
à Vitré (35)

Catherine Schmittbiel
Certifiée d'histoire-géographie
Professeur au collège Galilée à
Lingolsheim (67)

Fabienne Vadrot
Certifiée d'histoire-géographie
Professeur au collège Jean Zay
à Bondy (93)

Catherine Vogel
Certifiée d'histoire-géographie
Professeur au Lycée franco-allemand
à Fribourg (Allemagne)

Avec la participation de
Maria Aeschlimann
Agrégée d'histoire
Professeur au collège François Truffaut
à Asnières (92)

Nathan

Sommaire

Histoire
Des mondes anciens aux débuts du Moyen Âge

ISBN : 978-2-09-171730-2

Sommaire

Géographie
La Terre, planète habitée

Atlas

Manuel Numérique Vidéo projetable

Les ressources multimédias et documents à imprimer du manuel numérique vidéoprojetable sont signalés dans le manuel par les pictogrammes suivants :

- **les ressources multimédias**

- **les documents à imprimer**

L'HISTOIRE PAR LES ARTS

Bulletin officiel n°32, 28 août 2008

Les pages **L'HISTOIRE PAR LES ARTS** du manuel présentent des œuvres d'art selon les grands domaines artistiques du programme d'histoire des arts.

Programme de 6e

Bulletin officiel spécial n° 6, 28 août 2008

Texte intégral du programme sur le site **www.nathan. fr/histoiregeographie**

Histoire
Des mondes anciens aux débuts du Moyen Âge

I. L'Orient ancien (environ 10 %)

Capacités

- **Connaître et utiliser les repères suivants :** le site étudié, la Mésopotamie et l'Égypte, sur une carte ; les premières civilisations (IIIe millénaire av. J.-C.).
- **Décrire** un monument de Mésopotamie ou d'Égypte.
- **Expliquer** le rôle de l'écriture.

II. La civilisation grecque (environ 25 %)

1 – Au fondement de la Grèce : cités, mythes, panhellénisme

Capacités

- **Connaître et utiliser les repères suivants :** le monde grec sur une carte du bassin Méditerranéen au VIIIe-VIIe siècle av. J.-C. ; Homère (VIIIe siècle av. J.-C.).
- **Raconter** la fondation d'une cité, un mythe grec.
- **Raconter** un épisode des Jeux olympiques ou **décrire** le sanctuaire de Delphes **en expliquant** leur fonction religieuse.

2 – La cité des Athéniens (V^{e}-IVe siècle) : citoyenneté et démocratie

Capacités

- **Connaître et utiliser les repères suivants :** l'Attique, territoire de la cité ; Périclès (Ve siècle av. J.-C.).
- **Raconter** un épisode des guerres Médiques (Marathon ou Salamine) ; la fête des Panathénées **en expliquant** son rôle civique et religieux.
- **Raconter et expliquer** un débat à l'Ecclésia.
- **Caractériser** le statut des citoyens, des femmes et des esclaves.
- **Reconnaître** les lieux et les monuments de la cité.

3 – *Au choix*

– Alexandre le Grand

Capacités

- **Connaître et utiliser les repères suivants :** Alexandre le Grand (333-323 av. J.-C.) ; l'empire d'Alexandre, Alexandrie ou Pergame sur une carte de l'Orient hellénistique.
- **Raconter** l'épopée d'Alexandre.
- **Décrire** la cité hellénistique étudiée.

– La Grèce des savants

Capacités

- **Raconter** quelques aspects de la vie et de l'œuvre du savant étudié.

III. Rome (environ 25 %)

1 – Des origines à la fin de la République : fondation, organisation politique, conquêtes

Capacités

- **Connaître et utiliser les repères suivants :** la fondation de Rome (VIIIe siècle av. J.-C.) ; Jules César et Vercingétorix à Alésia (52 av. J.-C.) ; Rome, l'Italie, la Gaule, sur une carte du bassin Méditerranéen au Ier siècle av. J.-C.
- **Raconter** la fondation légendaire de Rome, le siège d'Alésia.
- **Raconter et expliquer** la carrière de César.
- **Décrire** la journée d'un citoyen romain un jour d'élections ou le Forum à la fin de la République.

2 – L'empire : l'empereur, la ville, la romanisation

Capacités

- **Connaître et utiliser les repères suivants :** le principat d'Auguste (27 av. J.-C. à 14) ; la « Paix romaine » (Ier et IIe siècles) ; l'édit de Caracalla (212).
- **Décrire et expliquer** le rôle d'Auguste dans la vie politique.
- **Reconnaître** les principaux monuments de l'Urbs au Ier siècle.
- **Décrire** une ville gallo-romaine.

IV. Les débuts du judaïsme et du christianisme (environ 20 %)

1 – Les débuts du judaïsme

Capacités

- **Connaître et utiliser les repères suivants :** la Palestine, Jérusalem sur une carte de l'Empire romain ; début de l'écriture de la Bible (VIIIe siècle av. J.-C.) ; destruction du second Temple (70).
- **Raconter et expliquer** quelques-uns des grands récits de la Bible significatifs des croyances.
- **Décrire et expliquer** la diaspora.

2 – Les débuts du christianisme

Capacités

- **Connaître et utiliser les repères suivants :** la Palestine, Jérusalem, Rome, Constantinople sur une carte du monde romain au IVe siècle ; la mort de Jésus (vers 30), écriture des Évangiles (Ier siècle) ; édit de Milan (313). • **Raconter et expliquer** quelques récits du Nouveau Testament significatifs des croyances ; un épisode de la christianisation de l'Empire romain.
- **Décrire** une basilique chrétienne.

V. Les empires chrétiens du haut Moyen Âge
(environ 10 %)

Capacités

• **Connaître et utiliser les repères suivants :** l'Empire byzantin (IVe-XVe siècle) ; l'Empire carolingien, l'Empire byzantin sur la carte de l'Europe au IXe siècle ; le couronnement de Charlemagne (800).

• **Décrire** quelques grandes caractéristiques de l'Empire carolingien et de l'Empire byzantin au IXe siècle.

• **Reconnaître** une œuvre d'art byzantine et une œuvre d'art carolingienne.

VI. Regards sur des mondes lointains
(environ 10 %)

Au choix

– La Chine des Han à son apogée

Capacités

• **Connaître et utiliser les repères suivants :** la Chine des Han (206 av. J.-C.-220) ; la Chine des Han à son apogée sur une carte de l'Asie.

• **Décrire** un ou deux exemples de la civilisation de la Chine des Han (une œuvre d'art, une invention…).

– L'Inde classique aux IVe et Ve siècles

Capacités

• **Connaître et utiliser le repère suivant :** l'Inde des Gupta (IVe-Ve siècle).

• **Raconter** un mythe hindou ou **décrire** un site de l'époque des Gupta.

Géographie
La Terre, planète habitée

I. Mon espace proche : paysages et territoire
(environ 10 %)

Capacités

• **Localiser** son espace proche dans sa région et en France ; la France sur différents planisphères et à l'aide d'un globe virtuel ; les continents et les océans sur différents planisphères.

• **Se situer** dans l'espace à différentes échelles en utilisant les points cardinaux et les grands repères géographiques.

• **Décrire** le paysage local et ses différentes composantes, un itinéraire en faisant intervenir les notions de distance et de temps de parcours.

• **Réaliser un croquis simple** pour représenter les paysages proches et/ou l'organisation du territoire local.

II. Où sont les hommes sur la Terre ? (environ 20 %)

Capacités

• **Localiser** sur un planisphère les principaux foyers de population ; les dix plus grandes métropoles mondiales ; les espaces faiblement peuplés.

• **Décrire et expliquer** la répartition de la population à l'échelle du foyer de peuplement choisi.

• **Décrire** la répartition de la population mondiale.

III. Habiter la ville (environ 15 %)

Capacités

• **Situer** les espaces étudiés sur différents planisphères thématiques.

• **Décrire** les paysages étudiés et **expliquer** les transformations des espaces concernés.

• **Réaliser un croquis simple** d'un paysage.

IV. Habiter le monde rural (environ 15 %)

Capacités

• **Situer** les espaces étudiés sur différents planisphères thématiques.

• **Décrire** les paysages étudiés et **expliquer** les transformations des espaces concernés.

• **Réaliser un croquis simple** d'un paysage.

V. Habiter les littoraux (environ 15 %)

Capacités

• **Situer** les espaces étudiés sur différents planisphères thématiques.

• **Décrire** les paysages étudiés et **expliquer** les transformations des espaces concernés.

• **Réaliser un croquis simple** d'un paysage.

VI. Habiter des espaces à fortes contraintes
(environ 15 %)

Capacités

• **Situer** les espaces étudiés sur différents planisphères thématiques.

• **Localiser et situer** les grands ensembles de relief et les principales zones climatiques de la planète.

• **Décrire** les paysages étudiés et **expliquer** les transformations des espaces concernés.

• **Réaliser un croquis simple** d'un paysage.

VII. Une question au choix (environ 5 %)

Ce temps est laissé au professeur pour développer un des thèmes du programme ou pour répondre aux questions que l'actualité peut susciter de la part des élèves.

À la découverte

Ouverture de chapitre

En histoire

- La question clé du chapitre
- Une carte pour se situer dans l'espace
- Une frise chronologique pour se repérer dans le temps
- Une ou deux grandes photographies

En géographie

- Une courte introduction et la question clé du chapitre
- Deux grandes photographies illustrant deux aspects du chapitre

Découvrir/Étude de cas

Des doubles pages « Découvrir » en **histoire**
Des « Étude de cas » (en 2 doubles pages) en **géographie**

- Une courte introduction et la question problématique
- De grands documents
- Un questionnement progressif, basé sur les capacités attendues des élèves

L'histoire par les arts

En histoire

- Une ou deux œuvres d'art en lien avec le programme d'histoire des arts
- Une fiche technique et artistique pour découvrir l'œuvre d'art
- Un questionnement progressif, reliant l'art à l'histoire

de votre manuel

Cartes

En géographie

- Un grand planisphère pour changer d'échelle

Leçon

- En **géographie**, au début de la leçon, le rappel des conclusions des études de cas du chapitre
- Un cours simple et structuré
- Les mots clés définis
- Des grands documents questionnés

Exercices

- Des exercices de révision pour vérifier ses connaissances
- Des exercices d'entraînement pour mettre en pratique ses connaissances

Atlas pp. 178-187
Lexique pp. 314-319

Les vestiges de Delphes

Histoire

Des mondes anciens aux débuts du Moyen Âge

Chapitre 1

L'Orient ancien au IIIe millénaire av. J.-C.

Comment vivent les premières sociétés de l'histoire ?

Carte interactive

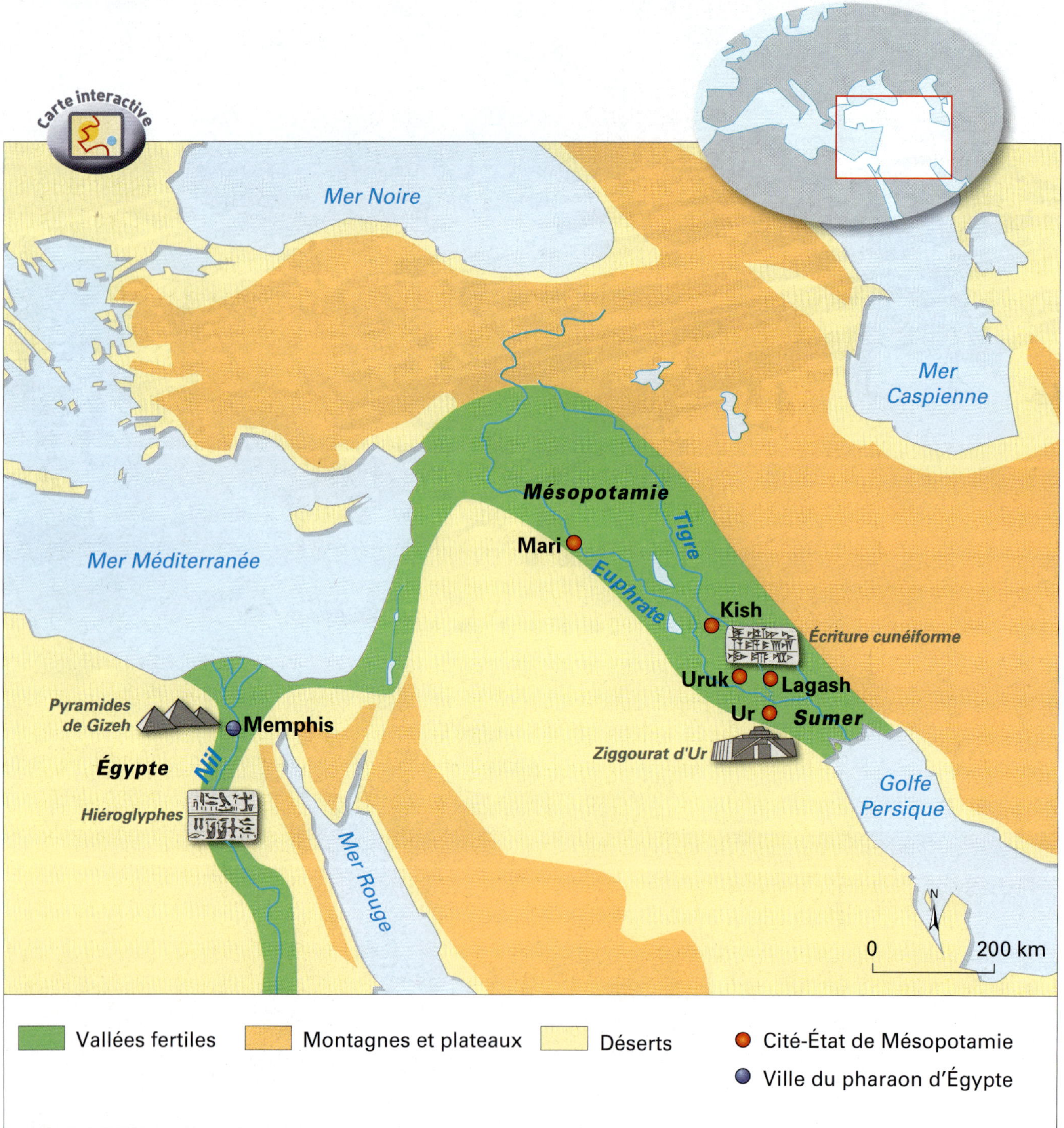

1 La Mésopotamie et l'Égypte au IIIe millénaire avant J.-C.

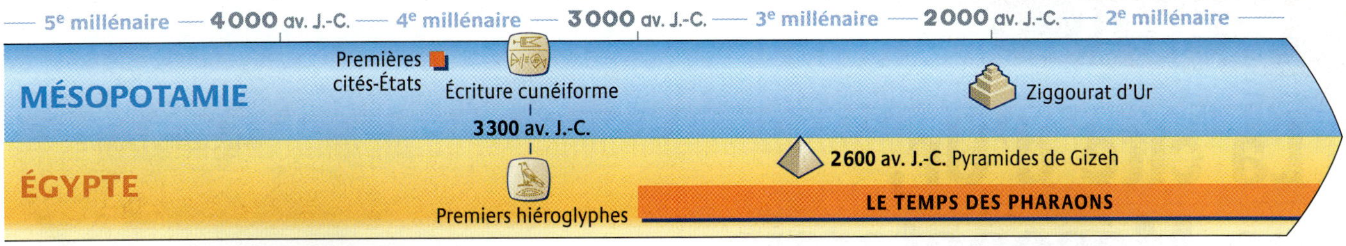

2 Khephren, pharaon d'Égypte

Statue en schiste, vers 2500 avant J.-C., 1,20 m, musée du Caire, Égypte.

3 Gudea, roi de Lagash

Statue en diorite, vers 2120 avant J.-C., 1,070 m, musée du Louvre, Paris.

Découvrir

La cité d'Ur, en Mésopotamie

• Aujourd'hui en Irak, se trouvent les ruines d'une très vieille ville de plus de 40 siècles appelée **Ur**. Elle était au IIIe millénaire avant J.-C. la capitale d'une riche et puissante **cité-État**. À la suite des conquêtes du roi Ur-Nammu (2112-2095 avant J.-C.), la cité-État domine toute la région de Mésopotamie.

▶ *À quoi ressemblait la cité d'Ur au IIIe millénaire avant J.-C. ?*

Vocabulaire

Cité : territoire comprenant une ville fortifiée et les campagnes qui l'entourent.

État : territoire délimité par des frontières. Ses habitants obéissent au même gouvernement et aux mêmes lois.

Ziggourat : « tour à étages », temple ayant la forme d'une pyramide à degrés.

❶ La ziggourat, temple du dieu Lune Nanna, protecteur d'Ur
❷ Le palais royal
❸ Enceinte du quartier sacré
❹ Les remparts de la ville
❺ La palmeraie
❻ Le port sur l'Euphrate
❼ Les habitations

1 La ville d'Ur à la fin du IIIe millénaire avant J.-C.

Le quartier sacré a été construit sur ordre du roi Ur-Nammu (2112-2095 avant J.-C.). Son nom figure sur des briques de la ziggourat. Maquette d'Ur, musée des pays de la Bible, Jérusalem.

Vidéo

2 Le roi en guerre

Cette scène se lit de bas en haut et de gauche à droite.

Coffret en bois, lapis-lazuli, coquille et bitume, 48 x 27 cm, vers 2700 av. J.-C., British Museum, Londres.

❶ Les chars attelés d'Ur piétinent les soldats ennemis.

❷ Les soldats d'Ur (à gauche) conduisent les prisonniers nus (à droite) vers le roi.

❸ Au centre, le roi. Il reçoit les prisonniers de guerre (à sa droite) ; à sa gauche, les membres de sa cour et son char d'apparat.

3 Une ville animée

Ur était peuplée d'environ 30 000 habitants. Des remparts en brique crue, percés de portes monumentales l'entouraient. Ur était traversée de canaux pour arroser les terres cultivées ou évacuer l'eau des crues de l'Euphrate. On empruntait des boulevards, des rues et des ruelles qui conduisaient aux bâtiments publics et religieux, à un dédale de maisons serrées, avec çà et là des petits temples, des écoles, des boutiques, des ateliers. Des artisans fabriquaient des lainages renommés qui étaient vendus jusque dans les terres lointaines.

D'après Joan Goodnick Westenholz, « Les cités royales des pays de la Bible reconstituées », *Dossiers d'Archéologie*, n° 210, 1995.

Questions

Je me situe dans l'espace et le temps

1 Où se situe Ur ? À quelle époque la ville est-elle construite ?

Je décris et j'explique

2 **Doc 1.** Décrivez la ville d'Ur en indiquant les différentes parties qui la composent. Nommez le monument religieux et le monument du gouvernement.

3 **Docs 1 et 3.** À partir des informations relevées dans les documents, citez les activités des habitants d'Ur.

4 **Doc 2.** Décrivez les scènes de ce coffret. Que nous apprennent-elles sur l'armée d'Ur ?

5 **Doc 2.** Quelle fonction du roi est montrée sur ce coffret ?

6 **Docs 1 et 3.** Quels aspects de la religion des habitants d'Ur apparaissent dans ces documents ?

Je raconte

7 Vous êtes un marchand égyptien du IIIe millénaire avant J.-C. venu à Ur pour faire du commerce. De retour dans votre famille, vous racontez ce que vous avez découvert en circulant dans la ville.

Découvrir

Les tombeaux de Gizeh en Égypte

• À proximité du Caire, sur le plateau de Gizeh, on peut voir aujourd'hui les plus grandes **pyramides** d'Égypte, et autour, de nombreuses tombes. Construits au IIIe millénaire avant J.-C, ces tombeaux sont les demeures d'éternité des pharaons et de leur entourage.

Que nous apprennent les tombeaux de Gizeh ?

Vocabulaire

Hiéroglyphes (du grec *hieros*, sacré, et *gluphein*, graver) : caractères formés d'images représentant un personnage, un objet, une action, un son...

1 À l'intérieur d'un tombeau

La princesse Nefertiabet, fille du pharaon Khéops, dans sa chambre funéraire. Selon les croyances, les aliments représentés (brioche découpée, viandes, volailles...) sont des offrandes qui lui permettent de continuer à vivre dans l'au-delà.

Calcaire peint, vers 2600 avant J.-C., 37,5 cm de hauteur, musée du Louvre, Paris.

2 Le pharaon dans la pyramide

Les décors des murs du temple d'en haut et du temple d'en bas montrent le roi en personne adorant tous les dieux d'Égypte, de son vivant et après sa mort. Mais le corps du roi repose dans la pyramide. Il est à la fois dans son caveau et parmi les étoiles pour accompagner le soleil dans sa course céleste. Le roi est fils du soleil, le dieu Rê. Il rejoint les dieux après sa mort.

D'après Jean Yoyotte, égyptologue, *L'Histoire*, n°298, mai 2005.

3 La construction des pyramides

Khéops fit travailler les Égyptiens[1] pour lui. Les uns furent occupés à fouiller les carrières des monts d'Arabie, à traîner de là jusqu'au Nil les pierres qu'on en tirait et à faire passer ces pierres sur des bateaux de l'autre côté du fleuve ; d'autres les recevaient et les traînaient jusqu'à la montagne de Libye. On employait, tous les trois mois, cent mille hommes à ce travail.

On passa dix années à construire la chaussée par où l'on devait traîner les pierres. La pyramide coûta vingt années de travail. Elle est carrée ; chacune de ses faces a huit plèthres de largeur (237 m) sur autant de hauteur ; ses pierres sont polies, jointes ensemble. Pas une n'a moins de trente pieds (9 m).

Hérodote, *L'Enquête*, Ve siècle avant J.-C.

1. Artisans, scribes, architectes, ingénieurs ; paysans qui doivent la corvée au pharaon.

4 Les tombeaux de Gizeh (2556-2480 avant J.-C.)

Vidéo

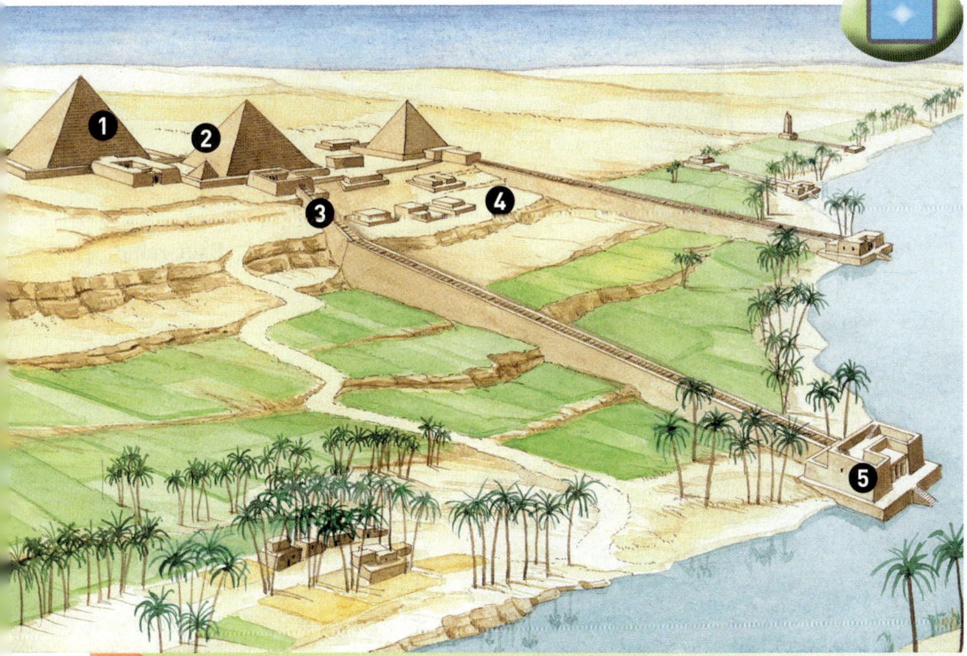

5 Reconstitution des tombeaux de Gizeh

❶ Pyramide de Khéops. ❷ Pyramide de Khephren. ❸ Temple haut, pour les offrandes au dieu Rê (Soleil) et au pharaon défunt. ❹ Mastabas : tombeaux de la famille du pharaon (princesse Nefertiabet) et des fonctionnaires. ❺ Temple bas et quai où aborde le pharaon dans sa barque, après sa dernière traversée du Nil.

Questions

Je me situe dans l'espace et le temps

1 Où se situent les tombeaux de Gizeh ? Quand ont-ils été construits ?

Je décris et j'explique

2 **Docs 4 et 5.** Nommez les différents monuments de Gizeh. Quelle est leur fonction ?

3 **Doc 3.** Montrez que la construction des pyramides est un gigantesque chantier. Qui y participe ?

4 **Doc 1.** Selon les Égyptiens, comment Nefertiabet peut-elle continuer à vivre après la mort ?

5 **Doc 2.** Qu'arrive-t-il au pharaon après sa mort ?

Je raconte

6 De retour à Ur en Mésopotamie, un marchand raconte ce qu'il a vu à Gizeh.

Les scribes en calcaire peint

Au IIIe millénaire avant J.-C., à Saqqara, de nombreux artisans (dessinateurs, graveurs, peintres, sculpteurs...) ont la charge de couvrir de **bas-reliefs** et de hiéroglyphes les parois intérieures des tombeaux des pharaons et de leurs fonctionnaires. Ils racontent leur vie sur terre. Ils réalisent aussi des **statues** des défunts, placées dans leur tombe. Pour les Égyptiens, ces œuvres ont une fonction magique qui fait partie de leurs croyances.

• *Pourquoi les morts sont-ils représentés comme s'ils vivaient encore ?*

1 Le « scribe accroupi »

Fonctionnaire en train d'écrire trouvé dans un tombeau de Saqqara.

Calcaire peint, cristal de roche, magnésite, cuivre et bois, vers 2500 avant J.-C., 54 cm de hauteur, musée du Louvre, Paris.

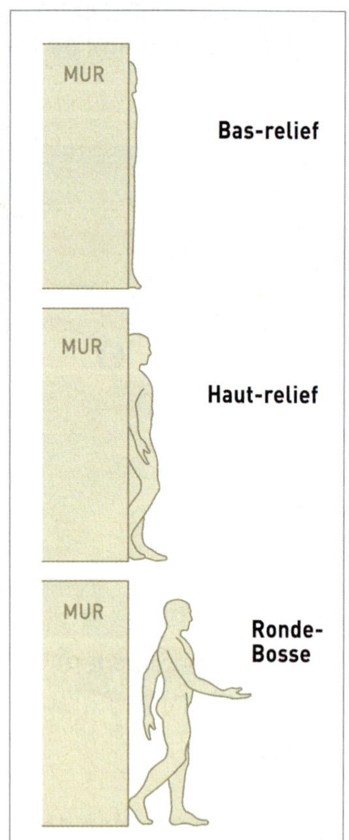

2 Du bas-relief à la sculpture

3 **Le scribe Khenouka**

Bas-relief en calcaire, tombeau de Saqqara, vers 2500 avant J.-C., 150 x 31 cm, musée du Louvre, Paris.

Les bas-reliefs en calcaire peint

Technique

– **Le plâtrier** pose un enduit de plâtre sur les parois calcaires des tombeaux.

– **Le scribe** esquisse le décor à la peinture rouge, puis trace le contour des figures.

– **Le sculpteur**, avec un ciseau, fait une incision sur les contours. Il creuse autour pour que les figures se détachent.

– **Le peintre** peint les figures.

Sens

La représentation du défunt dans sa vie quotidienne sur terre lui permet de continuer à vivre dans l'au-delà. Le bas-relief, comme la sculpture, expriment la croyance des Égyptiens en la **vie éternelle** après la mort.

Questions

Je situe les œuvres d'art

1 **Docs 1 et 3.** Où ces deux œuvres ont-elles été trouvées ?

Je décris les œuvres d'art

2 **Docs 1 et 3.** Montrez que ces deux scribes sont au travail.

3 **Doc 3.** Décrivez la position du scribe Khenouka.

4 **Doc 1.** Qu'est-ce qui rend le « scribe accroupi » vivant ?

Je fais le lien entre l'art et l'histoire

5 Pourquoi, dans leurs tombeaux, ces scribes sont-ils représentés comme s'ils vivaient encore ?

1 L'histoire commence en Orient

Comment les peuples de Mésopotamie et d'Égypte entrent-ils dans l'histoire au IIIe millénaire avant J.-C. ?

A La « révolution » de l'écriture

1. Vers 3300 avant J.-C., au pays de **Sumer** en Mésopotamie, et en **Égypte**, les hommes dessinent leurs paroles et leurs actes. Ces signes deviennent des sons, pour former des mots : **l'écriture est inventée**. Elle est considérée comme un don des dieux.

2. Les Sumériens mettent au point l'**écriture cunéiforme**, qu'ils inscrivent sur des tablettes d'argile (doc 2). De leur côté, les Égyptiens inventent les **hiéroglyphes**, qu'ils sculptent dans la pierre ou inscrivent sur du papyrus (doc 3).

B La naissance des premiers États

1. L'apparition de l'écriture accompagne le développement des **premières villes**. Dans le pays de Sumer, elles deviennent capitales de **cités-États** (Uruk, Lagash, Ur...), dirigées chacune par un **roi**. En Égypte, les villes sont réunies dans un royaume sous l'autorité du roi ou **pharaon**.

2. L'écriture s'impose pour garder en mémoire l'administration de ces États. Les rois s'entourent de **fonctionnaires**, tous **scribes**, aux fonctions variées (doc 1) : répartition de la crue des fleuves dans les canaux d'**irrigation** ; comptage des récoltes ; organisation des grands travaux (ziggourats, pyramides)... Le développement du commerce en Orient rend l'écriture indispensable.

Vocabulaire

Cité : territoire comprenant une ville fortifiée et les campagnes qui l'entourent.
État : territoire délimité par des frontières. Ses habitants obéissent au même gouvernement et aux mêmes lois.
Fonctionnaire : personne qui travaille au service de l'État.
Irrigation : action d'amener de l'eau dans les champs.
Scribe (du latin *scribere*, écrire) : personne savante, spécialiste de l'écriture et du calcul dans l'Antiquité.

1 Les serviteurs de l'État

Vidéo

a L'intendant Ebih-il

Haut fonctionnaire au service du temple de la cité-État de Mari, en Mésopotamie.

Statue en albâtre, lapis-lazuli, bitume et coquille, vers 2400 avant J.-C., 52 cm de hauteur, musée du Louvre, Paris.

b Imhotep, ministre du pharaon Djéser

Statuette en bronze, 15 cm de hauteur, musée du Louvre, Paris.

« Chancelier du roi » : responsable de la justice et des impôts.
« Maître artisan des sculpteurs et des maçons » : architecte des pyramides de Saqqara.
« Prêtre-lecteur en chef » : organisateur des cérémonies royales.
« Patron des scribes ».

Liste des titres d'Imhotep, figurant sur le socle d'une statue du pharaon Djéser (vers 2650-2600 avant J.-C.)

1 Qui sont ces deux personnages ?

2 Citez quelques-unes des fonctions d'Imhotep (doc b). Selon vous, pourquoi est-il nécessaire d'être scribe pour les exercer ?

Écriture cunéiforme (du latin cuneus, clou, coin) : écriture formée de signes en forme de clous, de coins.

2 L'écriture cunéiforme, la plus vieille écriture du monde

Vidéo

Un compte de chèvres et de moutons. Les scribes écrivaient sur des tablettes d'argile humide avec un roseau taillé en biseau.
Tablette d'argile, Tello, cité-État de Sumer, vers 2350 avant J.-C., musée du Louvre, Paris.

Hiéroglyphes (du grec *hieros*, sacré, et *gluphein*, graver) : caractères formés d'images représentant un personnage, un objet, une action, un son…

3 Les hiéroglyphes

Vidéo

À chaque signe correspond une lettre. Formules religieuses pour la survie du pharaon après la mort : elles racontent la montée d'Ounas vers le royaume céleste du dieu Rê.
Bas-relief de la pyramide du pharaon Ounas, vers 2350 avant J.-C., Saqqara.

1 Décrivez les documents 2 et 3. Comment s'appellent ces signes ?

2 Que racontent ces documents ? Que nous apprennent-ils sur les Sumériens et les Égyptiens ?

2 Les hommes et leurs dieux en Orient

Quelles sont les croyances des hommes en Mésopotamie et en Égypte au IIIe millénaire avant J.-C. ?

A Les rois dirigent au nom des dieux

1. Dans les cités-États de Mésopotamie et en Égypte, **les rois se disent choisis par les dieux**, pour les représenter sur terre et agir selon leur volonté (doc 1). En leur nom, ils doivent garantir l'ordre du monde. Ils les rejoignent après leur mort (doc 2).

2. Les rois disposent d'un **pouvoir absolu**. Ils sont des chefs de guerre, qui veulent agrandir leur territoire. Ils sont aussi des bâtisseurs, qui font construire temples et pyramides. Les rois rendent la justice au nom de lois qu'ils ont fait écrire. Ils sont propriétaires de la plus grande partie des terres de leur État.

B Les hommes honorent leurs dieux

1. En Mésopotamie, comme en Égypte, la société est unie par une **même religion**, qui est **polythéiste**. Les dieux ont pour fonction de veiller à la paix, à l'abondance des récoltes... En Mésopotamie, chaque cité-État est protégée par un dieu (doc 3a). On adore aussi les dieux du ciel, du vent et de l'eau.

2. En Égypte, les dieux les plus importants sont **Rê, le Soleil**, qui apporte chaque jour la vie, et **Hâpy, le Nil en crue,** qui fertilise la terre. Partout les hommes leur rendent un **culte** dans leurs temples par des offrandes et des prières (doc 3b). Les Égyptiens croient à **la vie dans l'au-delà**. Ils pensent qu'ils vivent au royaume des morts, de la même manière que sur terre. Mais leur corps doit être conservé en bon état. C'est pourquoi il est transformé en **momie**.

Vocabulaire

Culte : rites destinés à honorer les dieux afin d'obtenir leur protection (offrandes, prières...).

Momie : cadavre embaumé et enveloppé de fines bandelettes.

Polythéiste (du grec *poly*, plusieurs et *theos*, dieu) : croyant en plusieurs dieux.

1 Sargon, « roi de Sumer et d'Akkad » (vers 2334-2279 avant J.-C.)

Portrait de Sargon
Tête en cuivre grandeur nature de Sargon, IIIe millénaire avant J.-C., Ninive.

Je suis Sargon, le roi puissant. Ma mère était une grande prêtresse. Mon père, je ne l'ai jamais connu. Ma ville natale est située sur l'Euphrate. Ma mère me mit au monde en secret. Elle me déposa dans une corbeille de joncs, dont elle ferma l'ouverture avec du bitume. Elle me confia au fleuve, sans que j'en puisse sortir. Le fleuve me porta. Il m'emporta jusque chez Aqqi, le puiseur d'eau. Il m'adopta et m'éleva. Il me mit à son métier de jardinier. La déesse Ishtar[1] se prit d'amour pour moi, et c'est ainsi que pendant cinquante-six ans, j'ai exercé la royauté.

Avec des pics de bronze, je me suis ouvert l'accès à de puissantes montagnes. Par trois fois, j'ai fait le tour des terres au-delà de la mer.

D'après R. Labat, « Les Religions du Proche-Orient asiatique », *Les collections de l'Histoire*, n° 22, janvier-mars 2004.

1. Ishtar : déesse de la fertilité, de la fécondité.

1 Qui est Sargon ?

2 Qui a permis à Sargon de devenir roi ?

2 Pépi Ier, pharaon (vers 2289-2255 avant J.-C.)

a L'immortalité

Ô ! Ô ! Lève-toi, ô roi ! Prends ta tête, rassemble tes os, réunis tes membres, secoue la poussière. Prends ton pain et ta bière.

Tu te tiens à la porte qui tient les humains à distance. Khentamenti[1] vient vers toi et te prend la main. Il t'accompagne au ciel auprès de ton père Rê. Il te place au sommet des glorifiés, des étoiles impérissables. On bat de l'orge pour toi. On t'en offre pour tes fêtes du premier du mois, pour ta fête du milieu du mois, sur l'ordre de ton père Rê.

Lève-toi, ô roi, tu ne mourras pas !

Texte inscrit sur les murs intérieurs de la pyramide de Pépi Ier, Saqqara.

1. Khentamenti : dieu de l'au-delà.

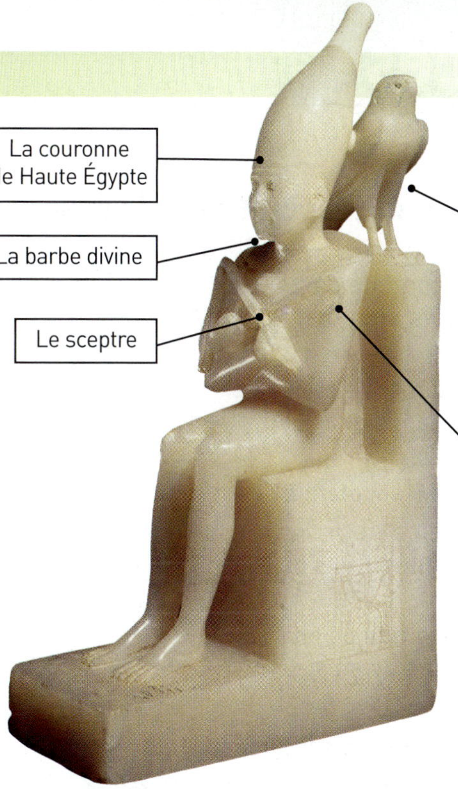

b L'intermédiaire entre les hommes et les dieux

Le pharaon Pépi Ier, albâtre, vers 2280 avant J.-C., 25,5 cm de hauteur, New York Brooklyn Museum.

1. Décrivez le pharaon Pépi Ier en nommant ses attributs (doc b).
2. Où ce texte a-t-il été trouvé (doc a) ?
3. Que raconte ce texte au sujet du pharaon (doc a) ?

3 Honorer les dieux

Vidéo

a Prier en Mésopotamie

Statues sumériennes placées dans les temples et chargées de prier pour la vie des habitants de la cité. Cité d'Eshnunna, IIIe millénaire avant J.-C.

b Prier en Égypte

Salut à toi, Crue ! Hâpy qui jaillit de la terre, qui vient pour faire revivre l'Égypte.

Qui inonde la prairie, qui fait vivre le jeune bétail. Qui rassasie le pays montagneux qui est éloigné de l'eau. (...)

Crue qui crée l'orge et qui fait naître le blé ; qui approvisionne richement les temples.

Chaque cœur se réjouit. On commence à chanter à la harpe en ton honneur, à chanter en battant la mesure avec les mains.

D'après le papyrus Chester-Beaty, British Museum, Londres.

1. Comment les peuples de Mésopotamie et d'Égypte honorent-ils leurs dieux (docs a et b) ?
2. Selon vous, à qui ressemblent ces statuettes (doc a) ?
3. Pourquoi les peuples de Mésopotamie et d'Égypte prient-ils leurs dieux (docs a et b) ?

1 Je sais me repérer dans l'espace

À imprimer

Recopiez le fond de carte ci-contre, puis indiquez au bon endroit :

a. Le nom des mers à proximité de la Mésopotamie et de l'Égypte.

b. Le nom des fleuves qui traversent la Mésopotamie et l'Égypte.

c. Le nom de cités-États de Mésopotamie.

d. Le nom de la ville du pharaon au IIIe millénaire avant J.-C.

e. Les pyramides de Gizeh.

f. Le nom des écritures inventées au IIIe millénaire avant J.-C. en Égypte et en Mésopotamie.

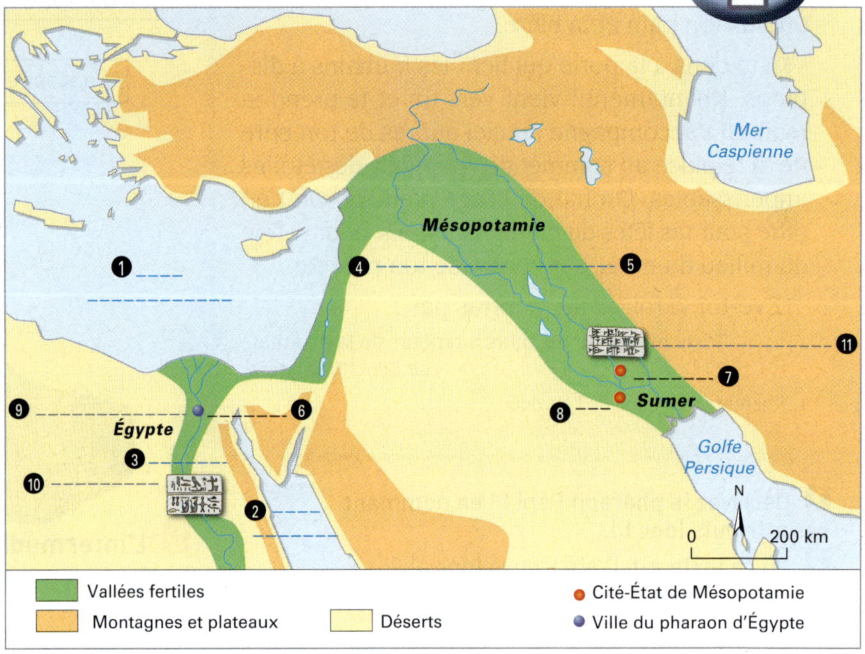

2 Je sais me repérer dans le temps

Reliez les dates indiquées sur la frise chronologique avec les éléments suivants :

1. La ziggourat d'Ur.
2. Les premiers hiéroglyphes.
3. Les débuts de l'écriture cunéiforme.
4. Les pyramides de Gizeh.

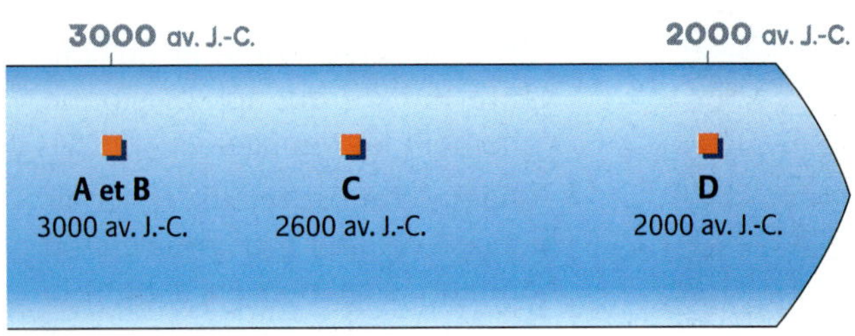

3 Je sais définir les mots clés

Associez chacun des mots clés ci-dessous à sa définition.

1. Cité-État – 2. Hiéroglyphe – 3. Ziggourat – 4. Écriture cunéiforme – 5. Scribe – 6. Polythéiste

A. Tour à étages, temple ayant la forme d'une pyramide à degrés.

B. Personne savante, spécialiste de l'écriture et du calcul dans l'Antiquité.

C. Écriture formée d'images représentant un personnage, un objet, une action, un son…

D. Territoire comprenant une ville fortifiée et les campagnes qui l'entourent. Ses habitants obéissent au même gouvernement et aux mêmes lois.

E. Écriture formée de signes en forme de clous, de coins.

F. Croyant en plusieurs dieux.

4 Je sais raconter et expliquer

1. Quand et où l'écriture est-elle apparue ? Pourquoi les hommes l'ont-ils inventée ?
2. Qui dirige les premiers États en Mésopotamie et en Égypte ? De quelle manière ?
3. Quelles sont les croyances des peuples de Mésopotamie et d'Égypte ?

Je m'entraîne

5 Je décris et j'explique un bas-relief mésopotamien

Le roi bâtisseur
Ur-Nanshé, roi de la cité-État de Lagash, participe à la construction d'un temple.
Bas-relief, vers 2500 avant J.-C., 75 x 70 cm, musée du Louvre, Paris.

Questions

1 Qui est le personnage principal ? Que fait-il dans la scène ?

2 Comment les autres personnages se distinguent-ils du personnage principal ?

3 Que nous apprend ce bas-relief sur la Mésopotamie au IIIe millénaire avant J.-C. ?

6 Je lis et j'analyse un mythe de Mésopotamie

Le déluge

Selon un poème mésopotamien datant du IIIe millénaire avant J.-C., les dieux auraient créé les hommes. Devenus très nombreux et bruyants, ceux-ci commencent à déranger les dieux. Enlil, le roi des dieux, décide alors de les supprimer… « Supersage », le roi de Shuruppak raconte ainsi à Gilgamesh.[1]

Tu connais Shuruppak, la ville sur le bord de l'Euphrate. Un jour, les grands dieux ont décidé de faire un déluge. Le dieu Enkil s'adressa à moi :

« Ô roi de Shuruppak, démolis ta maison pour te faire un bateau ; renonce à tes richesses pour te sauver la vie ! » Le soir du septième jour, le bateau était achevé. Le lendemain matin, j'embarquai mon or et mon argent, ma famille, ainsi que de petits et de gros animaux sauvages (…).

Le premier jour, la tempête souffla si fort que personne ne voyait plus personne dans cette trombe d'eau. Les dieux étaient épouvantés par ce déluge. (…) Le septième jour, la mer se calma, l'Ouragan et le Déluge s'étant interrompus ! Le silence régnait. Tous les hommes avaient été transformés en argile.

Je pris une colombe et la lâchai. La colombe s'en fut pour chercher les hommes, mais ne trouvant que les eaux, et n'ayant rien vu où se poser, elle revint. Puis je lâchai un corbeau. Les eaux du déluge s'étant retirées, il picora, croassa, et ne revint plus. Alors je fis un sacrifice. Les dieux, humant la bonne odeur, s'attroupèrent autour de moi.

Épopée de Gilgamesh, fin du IIIe millénaire avant J.-C.

1. Roi légendaire de la cité-État d'Uruk (vers 2600 avant J.-C.).

Vocabulaire

Mythe : récit mettant en scène les dieux et les exploits des héros.

Questions

Le récit

1 Les lieux : où se déroule cette histoire ?

2 Les personnages : qui sont les personnages de cette histoire ?

3 Le temps : quelle est la durée de cette histoire ?

4 L'intrigue
– Quel événement est annoncé au début de cette histoire ?
– Comment se déroule-t-il ?
– Quel est son dénouement ?

Chapitre 2

Aux origines du monde grec

Qu'est-ce qui unit les Grecs à partir du VIIIe siècle avant J.-C. ?

Carte interactive

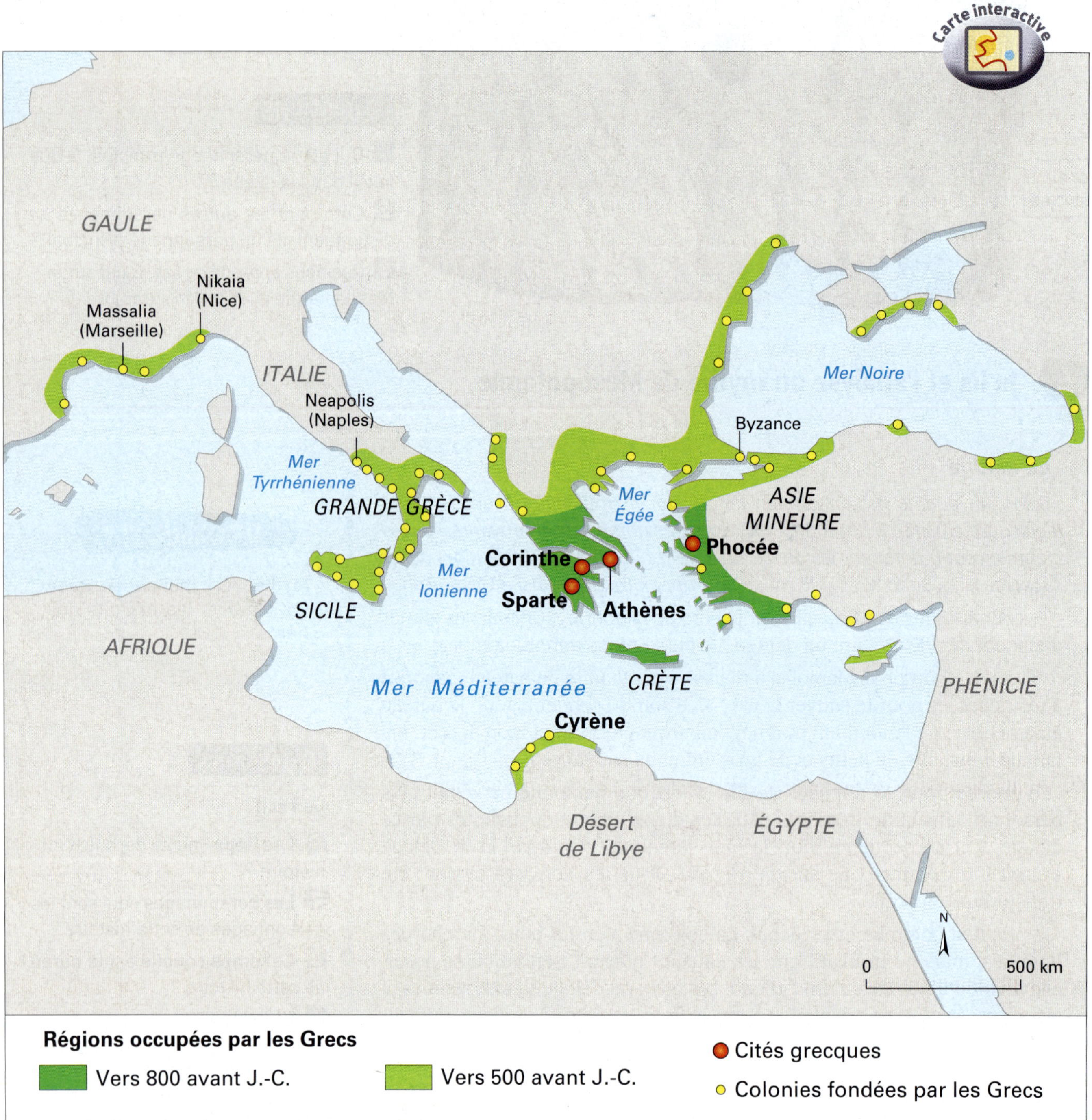

1 Le monde grec et ses colonies

800 av. J.-C. | 700 av. J.-C. | 600 av. J.-C. | 500 av. J.-C.

800 à 550 av. J.-C. Fondation des colonies

VIIIe siècle av. J.-C. Naissance de la cité

VIIIe siècle av. J.-C. *L'Iliade et l'Odyssée*

776 av. J.-C. Premiers Jeux olympiques

600 av. J.-C. Fondation de Marseille

2 **Paysage de Grèce : vue du cap Sounion, depuis les vestiges du temple de Poséidon**

Découvrir

Les Grecs en Méditerranée

- La Grèce est habitée par les descendants des Achéens arrivés au cours du IIe millénaire avant J.-C. Au début du VIIIe siècle avant J.-C., ils s'organisent en **cités**.
- Cette terre montagneuse, brûlée par le soleil en été, oblige les Grecs à se tourner vers la mer pour aller chercher ailleurs les produits qui leur manquent (blé, métaux...). Devenus un peuple de marins et de marchands, ils parcourent les rivages de la **Méditerranée** et s'y installent. En deux siècles, ils font de la Méditerranée leur territoire.

➤ ***Qu'est-ce qui fait de la Méditerranée une mer grecque ?***

Vocabulaire

Cité : territoire comprenant une ville fortifiée et les campagnes qui l'entourent.

1 La culture des oliviers

Amphore grecque du VIe siècle avant J.-C, British museum, Londres.

2 Les produits échangés en Méditerranée

3 Des temples en l'honneur des dieux

Chaque cité construit des temples pour honorer ses dieux. Temple de Ségeste en Sicile, fin du VIe siècle avant J.-C.

❶ Navire de commerce
❷ Navire de guerre

4 La navigation en Méditerranée

Détail d'une coupe grecque, vers 510 avant J.-C., British museum, Londres.

Questions

Je me situe dans l'espace et le temps

1 Quand sont nées les premières cités grecques ?

2 **Doc 2.** En citant des exemples précis, montrez que les Grecs sont présents dans toute la Méditerranée.

Je décris et j'explique

3 **Docs 1 et 2.** Que cultivent les paysans grecs ?

4 **Doc 2.** Quels produits sont échangés en Méditerranée ?

5 **Doc 4.** Quels types de navire sillonnent la Méditerranée ?

6 **Doc 3.** Comment les Grecs honorent-ils leurs dieux ?

Je raconte

7 Vous êtes un marchand grec de la cité de Corinthe et vous vous rendez en Sicile. Racontez votre voyage.

Découvrir

La cité de Cyrène

- Vers 800 avant J.-C., la Grèce est divisée en nombreuses cités. Des famines, mais aussi des guerres obligent une partie de leurs habitants à partir. Des Grecs s'aventurent en Méditerranée, à la recherche d'un rivage où la terre est fertile, et où un port pourra être construit.
- C'est ainsi qu'au VIIe siècle avant J.-C., des hommes de la cité de Théra prennent la mer et débarquent en Afrique, sur la côte de Libye. Ils fondent une **colonie** qui devient la cité de Cyrène.

➤ ***Pourquoi la cité de Cyrène est-elle fondée ?***

Vocabulaire

Colonie : cité nouvelle fondée par des Grecs.

1 La consultation de l'oracle

Pendant sept ans, Théra ne reçut pas une goutte de pluie et tous les arbres de l'île se desséchèrent, sauf un. Les Théréens consultèrent l'oracle[1] et la Pythie[2]. Elle leur répondit que tout irait mieux pour eux s'ils allaient avec Battos fonder une colonie à Cyrène en Libye[3]. Sur quoi les Théréens y envoyèrent Battos avec deux navires à cinquante rames.

D'après Hérodote, *Histoires*, IV, Ve siècle avant J.-C.

1. Oracle : réponse d'un dieu à une question posée par une cité ou un homme.
2. Pythie : prêtresse d'Apollon qui prononce l'oracle du dieu à Delphes.
3. Libye : région située au nord de l'Afrique.

2 Le départ pour une nouvelle terre

Les Théréens ont décidé d'envoyer Battos en Libye comme chef d'expédition et roi ; que les Théréens s'embarqueront dans les mêmes conditions pour chaque famille, à raison d'un fils par famille ; que l'on établira dans tout le pays une liste des hommes en âge de partir et que tout autre Théréen qui le voudra prendra la mer. (...) Celui qui ne voudra pas s'embarquer, alors que la ville l'aura désigné pour partir, sera passible de la peine de mort et ses biens seront confisqués.

D'après la stèle dite « des fondateurs », stèle de marbre, Cyrène, IVe siècle avant J.-C.

3 L'arrivée sur une nouvelle terre

Vase grec du VIe siècle avant J.-C., musée archéologique, Florence.

4 La fondation de la colonie de Cyrène

Du vivant de Battos dont le règne atteignit 40 ans et de son fils Arcésilas qui régna seize ans, la population de Cyrène resta limitée aux colons qui étaient arrivés avec lui.

Amputés d'une quantité de terres, les Libyens et leur roi s'estimèrent dépouillés de leur pays et gravement outragés. Ils remirent leur sort aux mains du roi d'Égypte. Celui-ci mobilisa une nombreuse armée contre les colons de Cyrène.

Les Cyrénéens marchèrent à sa rencontre. Ils en vinrent aux mains avec les Égyptiens et sortirent victorieux du combat.

Hérodote, *Histoires*, Ve siècle avant J.-C.

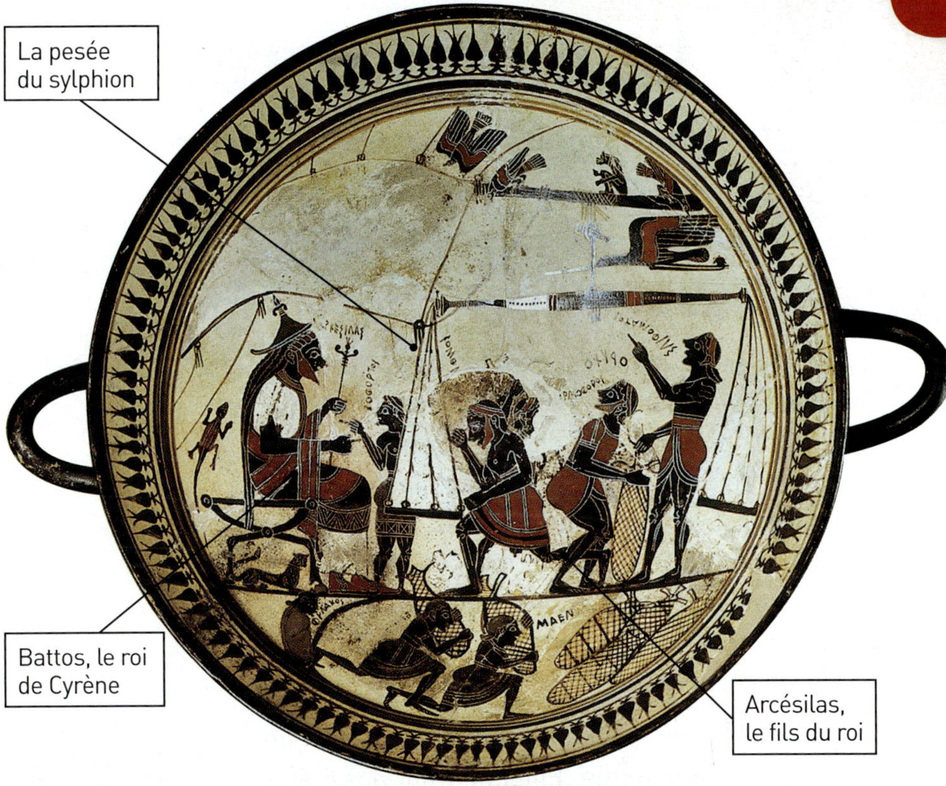

5 Le sylphion

Le sylphion est une plante qui sert à la fois de médicament et d'épice. C'est un produit de grande valeur, très recherché par les Grecs. Cyrène reçoit des cités grecques de l'huile, du vin, des céramiques. Elle leur envoie du blé et le sylphion.

Coupe grecque du Ve siècle avant J.-C., BNF, Paris.

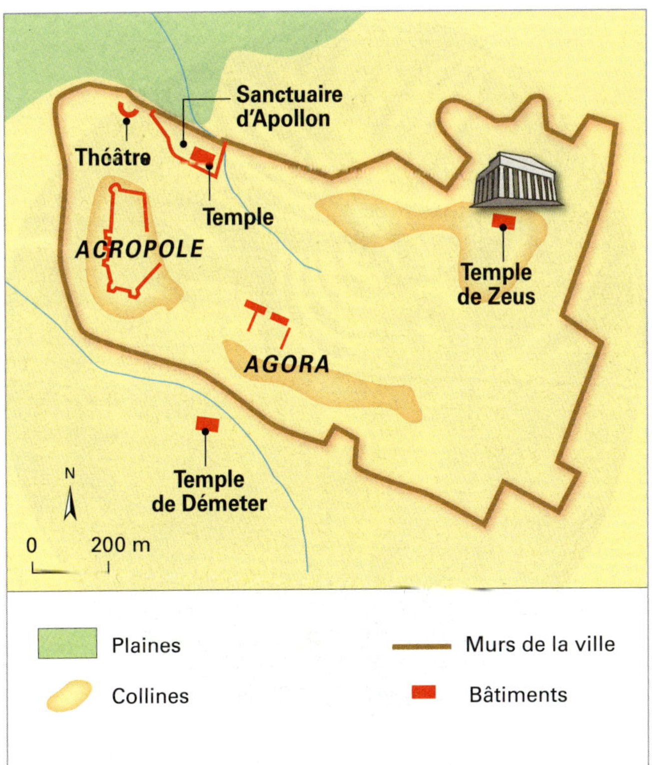

6 Le territoire de la cité de Cyrène

Questions

Je me situe dans l'espace et le temps

1 Où est située Cyrène ? Quand cette colonie est-elle fondée ?

Je décris et j'explique

2 **Doc 1.** Pourquoi les habitants de la cité de Théra consultent-ils la Pythie ? Quelle décision prennent-ils ?

3 **Doc 2.** Qui fait partie de l'expédition envoyée en Libye ? Sont-ils volontaires pour partir ?

4 **Doc 3.** Comment les hommes de Théra se rendent-ils en Libye ?

5 **Doc 4.** Que s'est-il passé après la fondation de Cyrène ?

6 **Doc 5 et doc 2 p. 28.** Quelles sont les relations entre Cyrène et les autres cités grecques ? Quel produit permet à la cité de Cyrène de s'enrichir ?

7 **Doc 6.** Quels éléments du plan montrent que Cyrène est une cité grecque ?

Je raconte

8 Vous êtes Battos et vous racontez à votre fils comment, avec les hommes de Théra, vous êtes parti fonder la cité de Cyrène.

1 Le monde grec

Comment s'organise le monde grec ?

A La naissance de la cité

1. Au VIIIe siècle avant J.-C., les Grecs s'organisent en **cités** indépendantes (doc 4), qui se font régulièrement la guerre. La cité est composée d'un territoire agricole et d'une ville dominée par une **acropole**, souvent fortifiée (docs 1 et 3). Elle est le plus souvent ouverte sur la mer. Chaque cité se place sous la protection des dieux, que tous les habitants honorent. Elle possède sa **monnaie** (doc 2). Elle a ses propres **lois**.

2. À l'origine, les cités sont gouvernées par un roi : c'est la **monarchie**. Elles peuvent aussi être gouvernées par les plus **riches familles** : c'est l'**aristocratie**. Parmi leurs habitants, certains ont le devoir de la défendre. Ils combattent comme **hoplites**.

B De nouvelles cités en Méditerranée

1. Du VIIIe au début du VIe siècle avant J.-C., les Grecs, devenus trop nombreux, quittent leur cité de Grèce et partent à la recherche de nouvelles terres. Ils s'aventurent en **Méditerranée** et fondent des **colonies** en Italie du Sud, en Sicile, en Afrique du Nord (doc 5)... Ils gardent des liens avec leur cité d'origine à qui ils envoient du blé, des métaux, en échange d'huile, de vin, de céramiques.

2. Chaque colonie devient une **cité indépendante**, sur le modèle de la cité grecque d'origine. Au début du VIe siècle avant J.-C., les Grecs sont ainsi présents partout autour de la Méditerranée.

Vocabulaire

Acropole (en grec, la « ville haute ») : colline fortifiée dans les cités grecques ; on y trouve de grands temples consacrés aux dieux protecteurs de la cité.

Cité : territoire comprenant une ville fortifiée et les campagnes qui l'entourent.

Colonie : cité nouvelle fondée par des Grecs.

Hoplite (du grec *hoplon*, bouclier) : guerrier grec combattant à pied et lourdement armé.

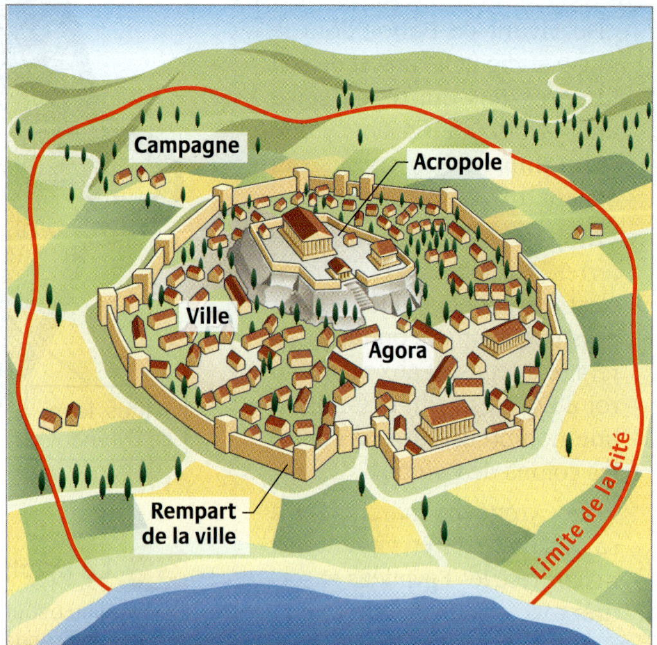

1 La cité grecque

Quelles sont les différentes parties du territoire de la cité ?

2 La monnaie de la cité d'Athènes

Monnaie d'Athènes représentant Athéna, déesse protectrice de la cité, Ve siècle.

3 Le territoire de la cité

Le territoire de la cité doit pouvoir être embrassé d'un seul coup d'œil, car il est alors facile à défendre. Il faut donner à l'emplacement de la ville une situation favorable aussi bien du côté de la mer que de la campagne, pour des raisons de sécurité et d'approvisionnement en produits de première nécessité. Il faut que la ville puisse facilement communiquer avec l'ensemble du territoire de la cité.

D'après Aristote, *Politique*, IVe siècle avant J.-C.

1 Pourquoi le territoire d'une cité doit-il être vu « d'un seul coup d'œil » ?

2 Quel emplacement doit avoir la ville et pourquoi ?

4 Les grandes cités grecques

1 Nommez les grandes cités grecques.

2 Nommez les lieux sacrés des Grecs.

5 Marseille, une colonie devenue cité

Colonie fondée par les Grecs de la cité de Phocée, vers 600 avant J.-C. Reconstitution de F. Trouvé, Musée d'Histoire de Marseille.

❶ Le port ❷ Les remparts ❸ L'Acropole ❹ L'agora (place publique) ❺ Le théâtre

■ En vous aidant du document 1, montrez que Marseille est une cité grecque.

L'HISTOIRE PAR LES ARTS

→Céramique

Les céramiques grecques

Dans leur vie quotidienne, les Grecs utilisent des vases, poteries aux formes très variées. En Grèce, les potiers de la cité de Corinthe sont les plus renommés. À Athènes, ils vivent tous dans le même quartier, qui porte le nom de Céramique. Ces potiers sont des artisans mais aussi de véritables artistes.

• ***Que nous apprennent ces céramiques sur la vie des Grecs ?***

1 Un vase à figures noires : les musiciens

Amphore du VIe siècle avant J.-C., produite à Athènes, 37,5 x 27 cm de diamètre, musée du Louvre, Paris.

2 Les formes de céramiques

3 Un vase à figures rouges : l'atelier du potier

Détail d'un cratère, vers 430 avant J.-C., Ashmolean museum, Oxford University.

La céramique grecque

Technique

La fabrication du vase

- Le potier crée la forme en malaxant de l'argile mouillée sur un tour en bois.
- Il fait sécher le vase, le fait cuire dans un four à 950°C.
- Il peint le vase puis le recuit pour le rendre imperméable.

La décoration des vases

- Le **style à figures noires**, inventé à Corinthe au VIIe avant J.-C. : figures sombres réalisées sur le fond clair de l'argile ; détails ensuite incisés et peints au vernis blanc ou pourpre.
- Le **style à figures rouges**, inventé à Athènes au milieu du VIe avant J.-C. : figures claires de la couleur de l'argile du vase. Leur silhouette est tracée lorsque le fond du vase est verni en noir.

Signification des peintures : scènes mythologiques, les Grecs dans leur vie quotidienne.

Usage : objets du quotidien pour conserver, transporter des liquides et des céréales, pour boire.

Questions

Je situe les œuvres d'art

1 **Docs 1 et 3.** À quelle époque ces vases ont-ils été réalisés ?

Je décris les œuvres d'art

2 **Docs 1, 2 et 3.** Retrouvez sur le document 2 les deux types de céramiques présentés. Quels sont leurs usages ?

3 **Docs 1 et 3.** Que représentent les dessins sur les céramiques ?

4 **Docs 1 et 3.** Quelles sont les couleurs du fond des céramiques ? Quelles sont celles des personnages ?

5 **Docs 1 et 3.** Quelles évolutions observez-vous entre les deux céramiques ?

Je fais le lien entre l'art et l'histoire

6 Que vous apprennent ces céramiques sur le travail des potiers ?

7 Que vous apprend la céramique sur la vie des Grecs ?

Découvrir

L'Iliade et l'Odyssée

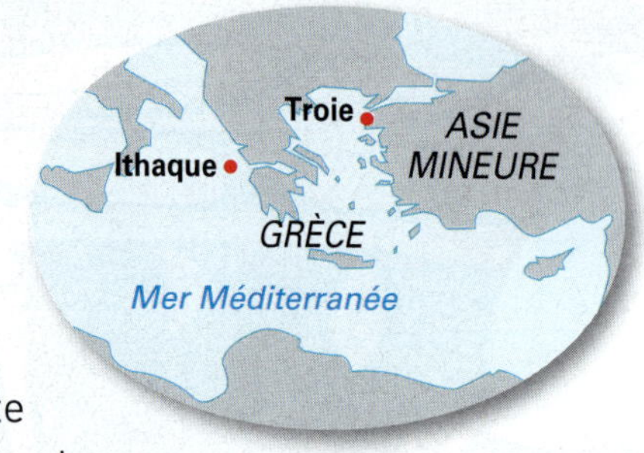

- Aux premiers temps de la Grèce, des poètes parcourent la région pour réciter des poèmes en s'accompagnant de leur cithare. Ils chantent les exploits des ancêtres des Grecs, les Achéens.
- Ces récits étaient transmis oralement de génération en génération. Mais au VIIIe siècle avant J.-C., ils sont mis par écrits et regroupés en deux poèmes de 27 000 vers. **Homère**, un poète aveugle, en serait l'auteur.
- ***L'Iliade*** raconte la guerre de Troie et le courage du guerrier **Achille**. ***L'Odyssée*** retrace la fin de la guerre de Troie et le long retour d'**Ulysse** vers son royaume d'Ithaque.
- Les enfants grecs apprenaient à lire avec *l'Iliade* et *l'Odyssée*, récitant par cœur de longs passages.

➤ *Que nous apprennent* l'Iliade et l'Odyssée *sur la vie des Grecs ?*

A *L'Iliade*

1 Le combat d'Achille

Lors du siège de Troie par les Achéens, le guerrier Achille se dispute avec le roi Agamemnon. Il décide de ne plus combattre. Les Achéens sont vaincus et Patrocle, le meilleur ami d'Achille, est tué. Achille décide de le venger.

« Cette fois dit Athéna, je crois bien qu'à nous deux, grand Achille, héros aimé de Zeus, nous allons apporter une grande victoire aux Grecs. » Achille jette sa lance, mais Hector se baisse et la lance se plante dans le sol. Athéna la prend aussitôt et la rend à Achille sans être vue. Hector jette alors sa lance et il atteint Achille au milieu de son bouclier. Mais la lance est rejetée bien loin et il n'en a plus d'autre ! Hector, alors, comprend dans son cœur et dit : « Hélas ! point de doute, les dieux m'appellent à la mort. Athéna m'a trompé ! À cette heure, elle est là pour moi toute proche, la cruelle mort. C'est donc là depuis longtemps le bon plaisir de Zeus et d'Apollon, eux qui naguère me protégeaient si volontiers. Et voici maintenant le destin qui me tient. Eh bien ! Non, je ne veux pas mourir sans gloire, ni sans quelque exploit qui sera raconté aux hommes à venir ». Il dit, tire son glaive et prend son élan. Achille aussi bondit : il cherche des yeux le point du cou où la vie se laisse détruire au plus vite ; c'est là qu'il pousse sa lance contre Hector. Et cependant qu'Hector s'écroule dans la poussière, le divin Achille triomphe.

D'après Homère, *L'Iliade*, chant XXII.

2 Le combat entre Achille et Hector

Vase du Ve siècle avant J.-C., British museum, Londres. ❶ La déesse Athéna ❷ Achille ❸ Hector ❹ Le dieu Apollon

B L'Odyssée

Vidéo

3 Le cheval de Troie

La guerre de Troie dure depuis dix ans, sans que l'on en voie la fin. Le guerrier Ulysse fait construire un grand cheval de bois dans lequel se cachent les soldats grecs. Les Troyens le découvrent devant leur ville et le traînent à l'intérieur. Dans la nuit, les Grecs sortent du cheval et saccagent la ville qui est détruite.

Amphore grecque en terre cuite, du VIIe siècle avant J.-C., musée archéologique, Mykonos.

4 Ulysse et le Cyclope Polyphème

Coupe grecque, du VIe siècle avant J.-C. BNF, Paris.

Troie vaincue, Ulysse rentre dans son royaume d'Ithaque. Poursuivi par la colère du dieu Poséidon, son bateau échoue sur l'île des Cyclopes. Ulysse et ses compagnons sont faits prisonniers dans une grotte par Polyphème, le fils de Poséidon.

Ulysse – Cyclope, veux-tu boire un peu de vin sur les viandes humaines[1] que tu viens de manger ?
Prenant son auge, il la vida.
Polyphème – Donne encore ! Et dis-moi ton nom.
Par trois fois, je lui verse du vin et il l'avale d'un trait. Le vin envahit le Cyclope.
Ulysse – Tu veux savoir mon nom Cyclope ? Je m'appelle Personne.
Polyphème – Eh bien, pour te remercier, Personne, je te mangerai le dernier, après tous tes compagnons. Il se renverse sur le dos et s'endort. Je saisis alors le pieu que j'avais mis à chauffer sous les cendres. Mes compagnons soulèvent le pieu dans l'œil unique du Cyclope. Moi, je pèse d'en haut et fais tourner le pieu. Il pousse un cri de fauve.
Les Cyclopes – Est-ce toi qu'on tue Polyphème ?
Polyphème – Par la ruse, mes amis ! Et qui me tue ? Personne.
Les Cyclopes – Personne ? Alors nous ne pouvons rien pour toi.
À ces mots, ils s'en vont et je riais tout bas.

D'après Homère, *L'Odyssée*, chant IX.

1. Compagnons d'Ulysse dévorés par le Cyclope.

Questions

Je me situe dans l'espace et le temps

1 Où se situe la guerre racontée par *l'Iliade* et *l'Odyssée* ? Combien d'années dure-t-elle ?

Je décris et j'explique

2 **Doc 1.** Qui sont les personnages de ce combat ? Comment ce combat se déroule-t-il ?

3 **Doc 2.** Comment le combat est-il raconté sur le vase ? Comment la victoire d'Achille y est-elle représentée ?

4 **Doc 3.** Comment les Grecs remportent-ils la guerre de Troie ?

5 **Doc 4.** Qui est le Cyclope ? Comment Ulysse s'y prend-il pour lui échapper ?

6 **Docs 1 et 4.** Quel est le rôle des dieux dans la vie des hommes ?

Je raconte

7 Vous êtes un poète et vous racontez les exploits du guerrier Ulysse.

Delphes, sanctuaire d'Apollon

- Delphes est un **sanctuaire panhellénique** où les Grecs honorent le dieu Apollon. Ils viennent de tout le monde grec pour consulter la **Pythie** qui leur révèle l'**oracle**. Tous les quatre ans, ils organisent les Jeux pythiques. Le temps des jeux, les guerres entre cités sont interrompues : c'est la trêve.

Pourquoi les Grecs se rendent-ils à Delphes ?

Le dieu Apollon

Fronton ouest du temple de Zeus à Olympie, Ve siècle avant J.-C., musée archéologique, Olympie.

Vocabulaire

Oracle : réponse d'un dieu à une question posée par une cité ou un homme.

Panhellénique (du grec *pan*, tout, et *hellen*, grec) : qui est commun à tous les Grecs.

Pythie : prêtresse d'Apollon qui prononce l'oracle du dieu à Delphes.

Sanctuaire : espace sacré dédié à un ou plusieurs dieux.

Vidéo

1 Vue générale du sanctuaire

❶ La Pythie.
❷ Colonne du temple d'Apollon.
❸ Le trépied isole la Pythie du sol où vivent les mortels.
❹ La Pythie tient une branche de laurier (arbre consacré à Apollon) qui indique qu'elle est en contact avec le dieu.
❺ Homme venu consulter l'oracle.

2 La Pythie dans le temple d'Apollon

Coupe grecque du Vᵉ siècle avant J.-C., Staatliche museum, Berlin.

3 Le calendrier des Jeux pythiques

Les Jeux pythiques commémorent la victoire d'Apollon sur Python[1] et durent une semaine.

1er jour : sacrifice de trois taureaux sur l'autel d'Apollon et représentation du mythe du meurtre du serpent Python par le dieu.

2e jour : procession, offrandes, hécatombes[2] sur l'autel.

3e jour : banquet.

4e jour : concours de musique (flute, cithare) et de théâtre.

5e au 8e jour : courses hippiques et concours gymniques pour adultes et enfants.

D'après « Delphes, oracles, cultes et jeux », *Les Dossiers d'archéologie,* n° 151, juillet-août 1990.

1. Python : énorme serpent.
2. Hécatombe : sacrifice de cent bœufs.

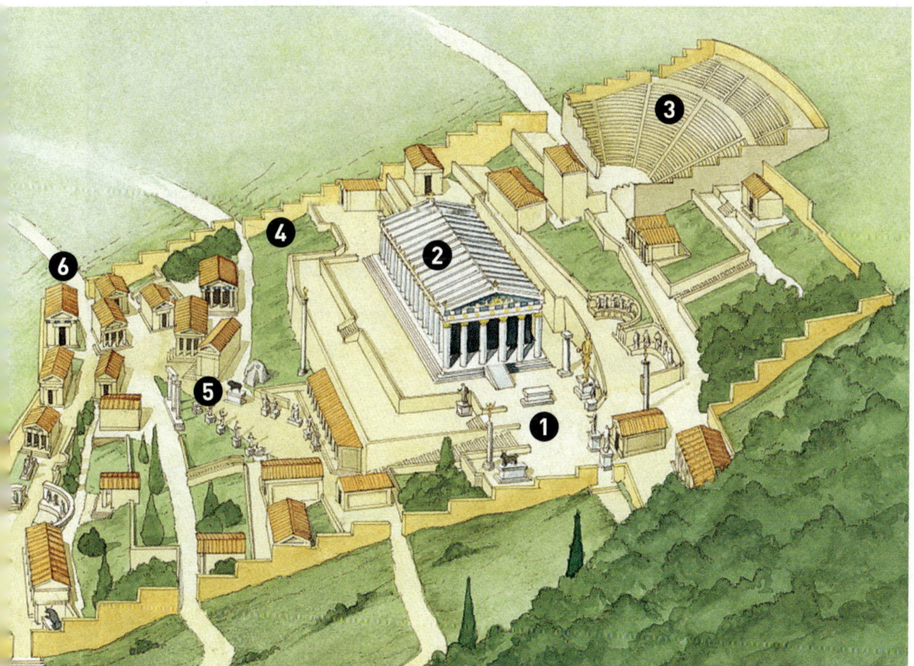

4 Reconstitution du sanctuaire de Delphes

Les trésors sont des petits temples construits par chaque cité pour abriter ses offrandes au dieu.

❶ L'autel d'Apollon
❷ Le temple d'Apollon
❸ Le théâtre
❹ Le mur sacré
❺ La voie sacrée
❻ Les trésors

QUESTIONS

Je décris et j'explique

1 **Doc 2.** Quel dieu est honoré à Delphes ? Comment est-il consulté ?

2 **Doc 3.** Quels sont les différents types de jeux qui se déroulent à Delphes ?

3 **Docs 1, 3 et 4.** Où ont lieu les épreuves ? Quelle est leur durée ?

4 **Doc 3.** Comment, à l'occasion de ces jeux, le dieu Apollon est-il honoré ?

5 **Docs 1 et 4.** Quel est le temple le plus important du sanctuaire de Delphes ? Quels bâtiments montrent que Delphes est un sanctuaire panhellénique ?

Je raconte

6 Vous vous rendez aux Jeux pythiques de Delphes. Racontez le déroulement de cette fête.

Les Jeux olympiques

• Olympie est un **sanctuaire panhellénique** où les Grecs honorent Zeus, le plus grand de leurs dieux. À partir de 776 avant J.-C., ils organisent tous les quatre ans des jeux sportifs en son honneur. Les jeux attirent des foules venues de tout le monde grec. Représentant leurs cités, les athlètes s'affrontent. Ils prêtent le serment de ne pas tricher. Le temps des jeux, les guerres entre cités sont interrompues : c'est la trêve.

▶ ***Pourquoi les Grecs se rendent-ils à Olympie ?***

Le dieu Zeus

Fragment d'une statue en bronze trouvée à Olympie, VIe siècle avant J.-C., Musée archéologique national, Athènes.

Vocabulaire

Panhellénique (du grec *pan*, tout, et *hellen*, grec) : qui est commun à tous les Grecs.

Sanctuaire : espace sacré dédié à un ou plusieurs dieux.

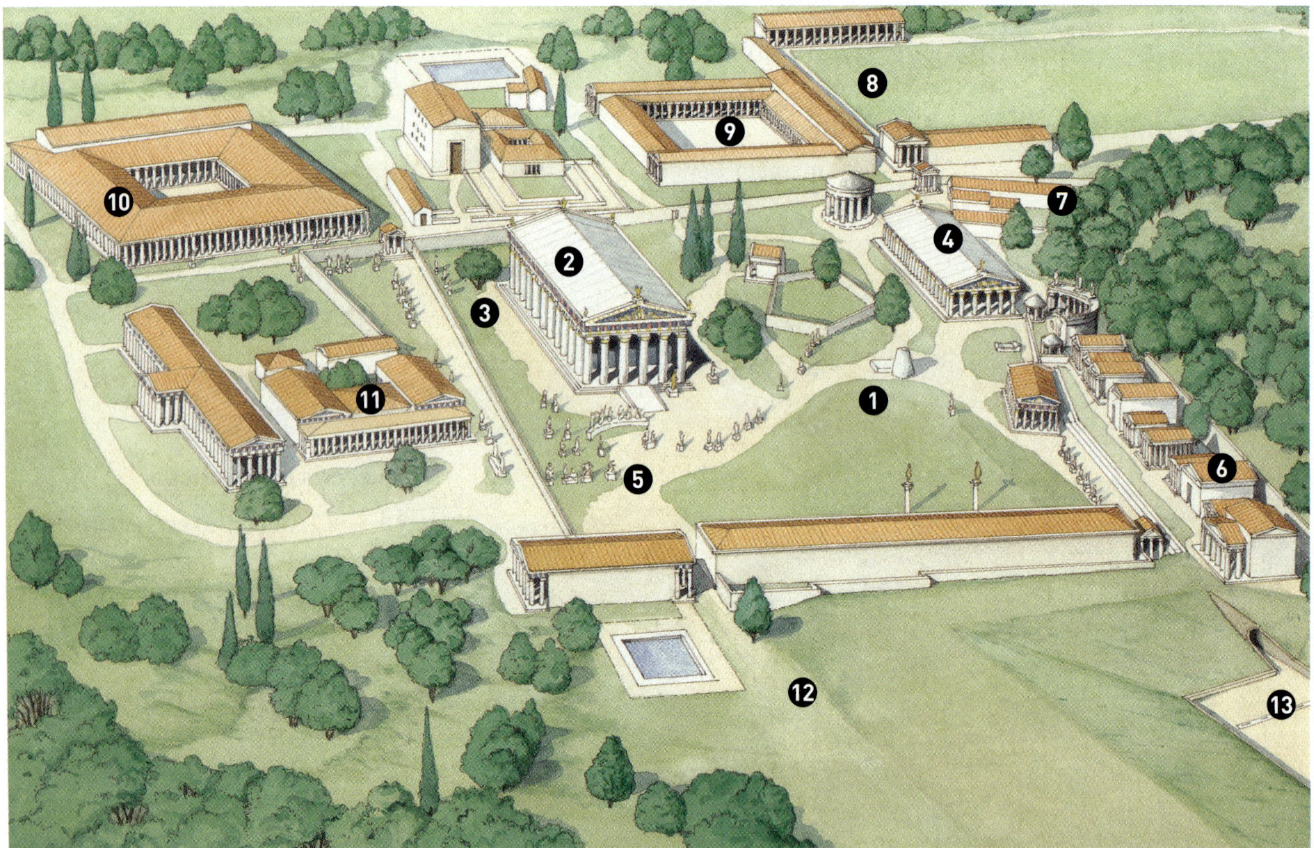

1 Reconstitution du sanctuaire d'Olympie

Vidéo

Le domaine de Zeus

❶ Autel de Zeus
❷ Temple de Zeus
❸ Olivier sacré
❹ Temple d'Héra
❺ Statues consacrées par les vainqueurs
❻ Trésors des cités
❼ Prytanée : abrite la flamme sacrée.

Les bâtiments qui servent aux concours

❽ Gymnase : course et lancers
❾ Palestre : saut et lutte
❿ Hôtel pour les visiteurs importants
⓫ Bâtiment du conseil olympique, où les athlètes jurent de ne pas tricher.
⓬ Emplacement de l'hippodrome
⓭ Stade (192,27 m).

2 Cinq jours en l'honneur des dieux

1er jour : processions, prières, sacrifices.

2e jour : course de chars à l'hippodrome ; les cinq épreuves du pentathlon : le stade (course à pied de 200 mètres), la lutte, le saut en longueur, le lancer de disque et le lancer de javelot.

3e jour : le matin, procession et hécatombe (sacrifice de cent bœufs), banquet ; l'après-midi, concours sportifs des « juniors » (12-18 ans).

4e et 5e jour : sports violents comme la boxe, la lutte ; course de 400 mètres accomplie par des guerriers en armes.

D'après Claude Mossé, « Les Jeux olympiques », *Les collections de l'Histoire*, n° 40, juillet-août 2008.

3 La course de fond

Amphore grecque du VIe siècle avant J.-C., The Metropolitan Museum of Art, New York.

Questions

Je décris et j'explique

1 Doc 1. Quel dieu est principalement honoré à Olympie ? Dans un tableau en deux colonnes, classez les lieux en deux catégories : religieux et sportifs.

2 Docs 1 et 2. Où se déroulent les épreuves sportives (doc 1) ? Combien de temps durent les Jeux olympiques (doc 2) ?

3 Docs 2, 3 et 4. Quelles sont les différentes épreuves des Jeux olympiques ?

4 Docs 3 et 4. Sur les céramiques, comment voit-on que les personnages sont des athlètes ?

5 Docs 1 et 2. Montrez que les Jeux olympiques sont une fête religieuse en l'honneur de Zeus.

Je raconte

6 Vous vous rendez aux Jeux olympiques. Racontez le déroulement de cette fête.

4 La course de quadriges

Amphore grecque du VIe siècle avant J.-C., musée national de Tarente.

2 La culture des Grecs

Quelle culture les Grecs partagent-ils ?

A Une même histoire

1. Les Grecs parlent la même langue, utilisent la même écriture (doc 2). Ils apprennent à l'école les poèmes de ***l'Iliade* et de *l'Odyssée*** écrits par Homère au VIIIe siècle avant J.-C. (doc 1).

2. Les Grecs vivent en **cités** autour de la mer Méditerranée. Ils considèrent comme « **barbares** » les peuples qui ne parlent pas leur langue.

B Une religion commune

1. Les Grecs sont **polythéistes**. Ils adorent de **nombreux dieux** qui leur ressemblent, mais sont immortels (doc 4). Ils honorent aussi des **héros**, hommes extraordinaires par leurs exploits (doc 5). Des **mythes** racontent leur histoire et leur rôle dans le destin des hommes.

2. Pour obtenir leur protection, les Grecs rendent un **culte** à leurs dieux par des prières, des offrandes, des sacrifices d'animaux (doc 3). Dans chaque cité, ils leur construisent des **temples**.

C Des sanctuaires qui réunissent tous les Grecs

Les Grecs de toutes les cités se rassemblent régulièrement dans les grands **sanctuaires panhelléniques** où ils organisent pour leurs dieux des jeux sportifs, musicaux : Apollon à Delphes, Zeus à Olympie... Ces grandes fêtes montrent **l'unité des Grecs**.

Vocabulaire

Culte : rites destinés à honorer les dieux afin d'obtenir leur protection (offrandes, prières...).

Mythe : récit mettant en scène les dieux et les exploits des héros.

Panhellénique (du grec *pan*, tout, et *hellen*, grec) : qui est commun à tous les Grecs.

Polythéiste (du grec *poly*, plusieurs et *theos*, dieu) : croyant en plusieurs dieux.

Sanctuaire : espace sacré dédié à un ou plusieurs dieux.

1 Une scène d'école

Coupe grecque du Ve siècle avant J.-C., Staatliche museum, Berlin.

■ **Décrivez cette scène d'école. Qu'y apprend-on (docs 1 et 2) ?**

2 L'écriture grecque

Détail des Lois de la cité de Gortyne, en Crète, Ve siècle avant J.-C., musée du Louvre, Paris.

3 Une scène de sacrifice

« Hâtez-vous, mes enfants, d'accomplir mon souhait, afin que, parmi les dieux bien sûr, Athéna me protège. Elle s'est manifestée à moi en venant au banquet de notre dieu. Voyons, que l'un de vous aille dans la plaine chercher une vache. » Nestor[1] adressa des vœux nombreux à Athéna et commença le sacrifice en prenant des poils de la tête qu'il jetait dans le feu. Puis on saisit la bête, Pisistrate, chef des guerriers, l'égorgea.

D'après Homère, *L'Odyssée*, chant III.

1. Nestor : roi achéen de Pylos.

■ **Que font Nestor et Pisistrate ? Pourquoi ?**

4 Les dieux de l'Olympe

Amphore grecque à figures rouges, du VIe siècle avant J.-C., Musée antique, Munich.

1. Sous quelle apparence sont représentés les dieux grecs ?
2. Citez quelques fonctions des dieux.

5 Le héros Thésée

a Le mythe

Tous les neuf ans, les Athéniens devaient livrer sept jeunes garçons et autant de jeunes filles à Minos, le roi de Crète. Ces enfants servaient à nourrir le Minotaure dans un Labyrinthe[1]. Thésée, le fils du roi d'Athènes, se rendit en Crète pour tuer le Minotaure. Quand il arriva, Ariane, une fille du roi Minos, lui donna du fil qu'il déroula dans le Labyrinthe jusqu'au Minotaure. Thésée put tuer le Minotaure, en l'égorgeant, et sortir du Labyrinthe grâce au fil d'Ariane.

D'après Plutarque, *Vie de Thésée*, IIe siècle après J.-C.

1. Labyrinthe : ensemble compliqué de chemins dont il est difficile de sortir.

b Le combat de Thésée et du Minotaure

Vase athénien du VIe siècle avant J.-C., musée du Louvre, Paris.

1. Qui est Thésée ? Pourquoi se rend-il en Crète ?
2. Quelle est l'apparence du Minotaure (doc b) ? Que fait Thésée ?
3. Pourquoi Thésée est-il un héros pour les Grecs ?

1 Je sais me repérer dans l'espace

À imprimer

Recopiez le fond de carte ci-contre, puis indiquez au bon endroit :

a. Le nom de la principale mer du monde grec, ainsi que celui d'une autre mer à proximité.

b. Le nom des régions occupées par les Grecs vers 500 avant J.-C.

c. Le nom de trois grandes cités grecques.

d. Le nom d'une colonie fondée par les Grecs.

e. Le nom des régions voisines du monde grec.

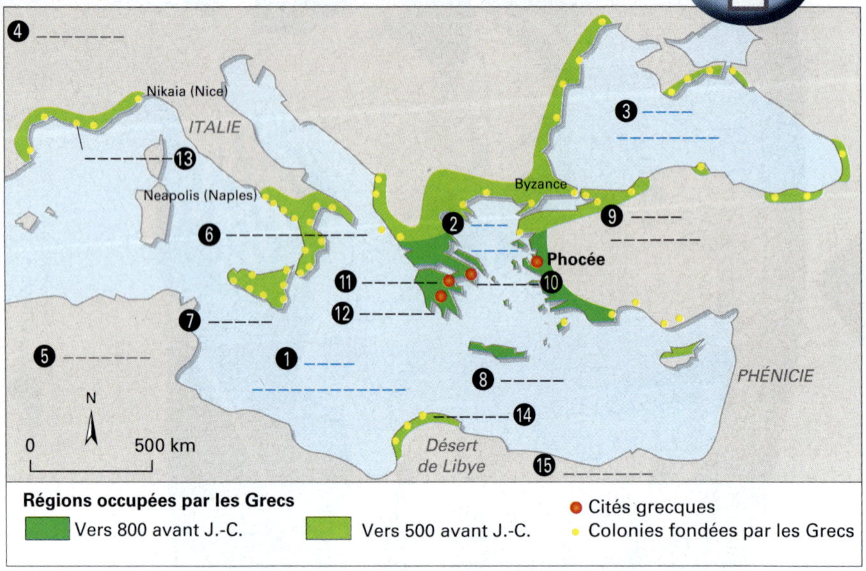

2 Je sais me repérer dans le temps

Reliez les dates indiquées sur la frise chronologique avec les éléments suivants :

1. Les premiers Jeux olympiques

2. La naissance de la cité

3. *L'Iliade* et *l'Odyssée* d'Homère

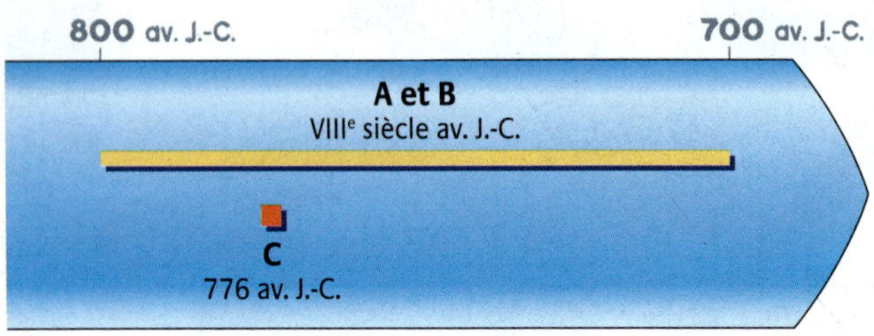

3 Je sais définir les mots clés

Associez chacun des mots clés ci-dessous à sa définition.

1. **Acropole** – **2.** **Cité** – **3.** **Colonie** – **4.** **Culte** – **5.** **Hoplite** – **6.** **Mythe** – **7.** **Panhéllénique** – **8.** **Polythéiste**

A. Territoire comprenant une ville fortifiée et les campagnes qui l'entourent.

B. Cité nouvelle fondée par des Grecs.

C. Colline fortifiée dans les cités grecques ; on y trouve de grands temples consacrés aux dieux protecteurs de la cité.

D. Guerrier grec combattant à pied et lourdement armé.

E. Rites destinés à honorer les dieux afin d'obtenir leur protection (offrandes, prières...).

F. Récit mettant en scène les dieux et les exploits des héros.

G. Qui est commun à tous les Grecs.

H. Croyant en plusieurs dieux.

4 Je sais raconter et expliquer

1. Quelles sont les étapes de la fondation d'une colonie ?

2. Comment les Grecs honorent-ils Zeus lors des Jeux olympiques ?

3. Comment les Grecs honorent-ils Apollon à Delphes ?

4. Qu'est-ce qui unit les Grecs ?

Je m'entraîne

5 J'observe et je décris un bas-relief

D'après le mythe, Coré, fille de la déesse du blé, Déméter, fut enlevée et épousée par Hadès, le dieu du monde souterrain. Sa mère la chercha longtemps, refusant de retourner sur l'Olympe. Elle se mit au service des hommes et devint la nourrice de Triptolème, le fils du roi de la cité grecque d'Éleusis. Elle décida de ne plus faire pousser le blé et rendit la terre sèche. Zeus obligea Hadès à rendre Coré à sa mère six mois par an. Depuis lors, quand Coré est avec son mari, c'est la période de la sécheresse. Quand elle est sur l'Olympe, c'est le printemps, avec le retour de la végétation. Pour remercier Triptolème de l'avoir aidée, Déméter lui remit un épi de blé qu'il devait donner aux hommes.

Questions

1 De quel type de sculpture s'agit-il ?

2 Qui sont les personnages de la scène ?

3 Quel moment de la légende est évoqué sur cette sculpture ?

4 Que nous apprend cette légende sur les croyances des Grecs ?

Déméter, Triptolème et Coré
Bas-relief, 430 avant J.-C., musée archéologique national, Athènes.

6 J'analyse et j'explique un récit

La fondation de Marseille vers 600 avant J.-C.

Les Phocéens[1], contraints par l'exiguïté et la maigreur de leur territoire, exploitaient plus volontiers la mer que la terre. La pêche et le commerce, souvent même la piraterie qui, en ces temps anciens, était en honneur, leur fournissaient de quoi vivre. Aussi n'eurent-ils pas peur d'avancer jusqu'à l'extrême bord de l'Océan, ce qui les conduisit à un golfe gaulois à l'embouchure du Rhône. Séduits par la beauté du lieu, ils rentrèrent chez eux, rapportèrent ce qu'ils avaient vu et attirèrent une troupe plus nombreuse. Les chefs de la troupe étaient Simos et Protis. Ils allèrent trouver le roi sur le territoire duquel ils avaient l'intention de fonder une ville, pour lui demander son amitié. Il se trouva que ce jour-là, le roi était occupé à préparer les noces de sa fille Gyptis. Selon la coutume locale, le gendre devait être choisi au cours du banquet. Aux noces avaient été invités tous les prétendants. Le roi convia aussi ses hôtes grecs au dîner. La jeune fille fut introduite, son père la pria d'offrir l'eau à celui qu'elle choisissait pour mari. Alors, tournant le dos à tout le monde, elle se dirigea vers les Grecs et tendit l'eau à Protis qui, devenu gendre, reçut de son beau-père, un emplacement pour y fonder une ville. Marseille fut ainsi fondée près de l'embouchure du Rhône.

Justin, *Histoire universelle*, IIe siècle.

1. Les habitants de Phocée, cité grecque d'Asie Mineure.

Questions

1 Qui sont les Phocéens ? Quelles sont leurs activités ?

2 Que découvrent-ils au cours d'un de leurs voyages ?

3 Quelle décision prennent-ils alors ?

4 Comment s'y prennent-ils pour fonder une colonie à l'embouchure du Rhône ?

5 Pourquoi peuvent-ils fonder la colonie de Marseille ?

6 **Raconter**

– Identifiez les deux groupes de **personnes** concernés par la fondation de Marseille.
– Identifiez les **lieux** cités dans le récit.
– Identifiez, par une phrase, chacune des **étapes** de la fondation de Marseille.

Chapitre 3

La cité des Athéniens (Ve - IVe siècle av. J.-C.)

➤ *Comment, aux Ve et IVe siècles avant J.-C., les citoyens athéniens font-ils vivre la démocratie dans leur cité ?*

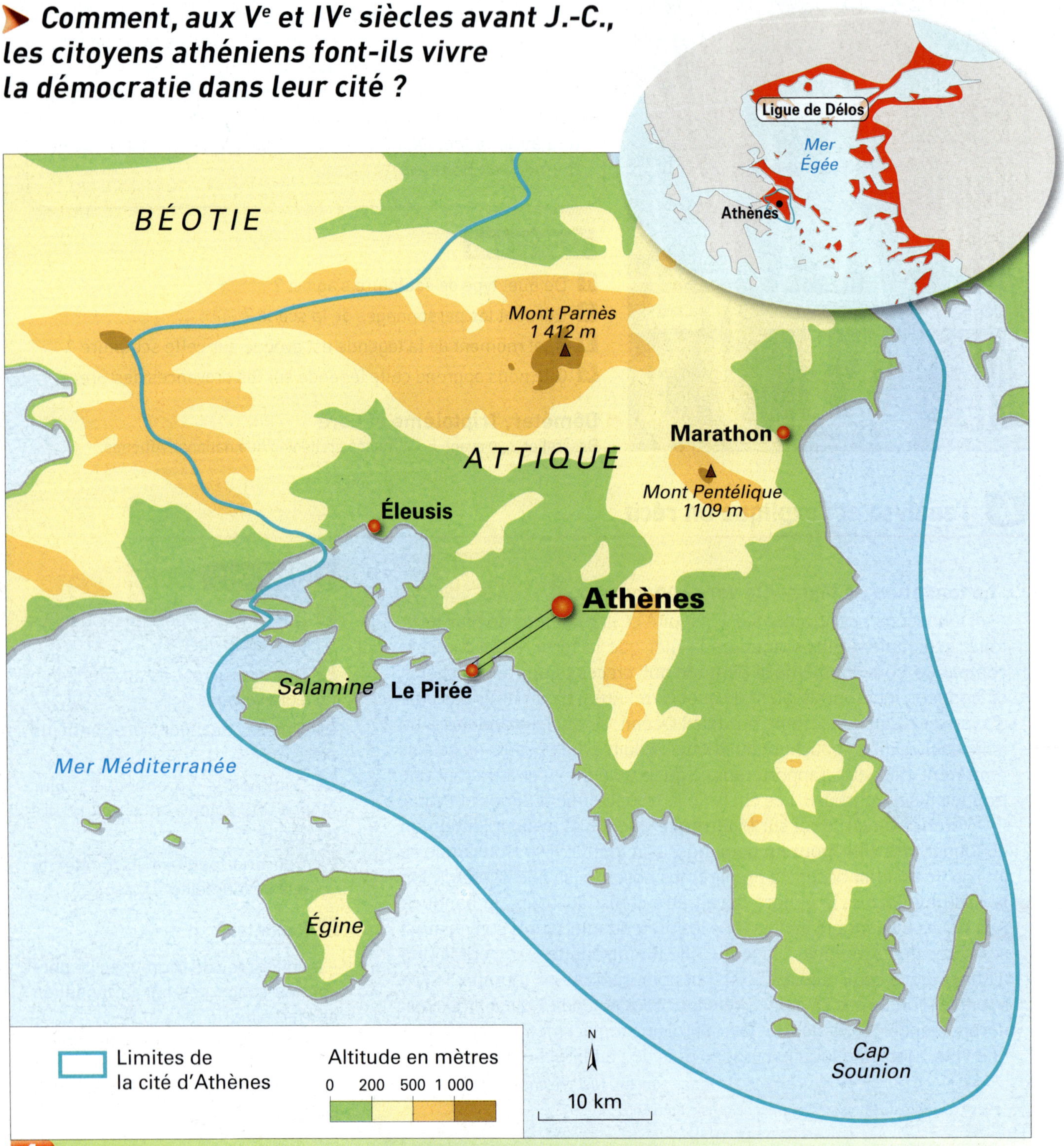

1 En Attique, la cité d'Athènes au Ve siècle avant J.-C.

2 Athènes aujourd'hui

Découvrir

L'Acropole

- **L'Acropole**, « ville haute » en grec, est un rocher fortifié, occupé par les premiers Athéniens pour se protéger de leurs ennemis. Au VIe siècle avant J.-C., de nombreux temples y sont construits. L'Acropole devient la **colline sacrée de la cité**. Elle est dédiée à **Athéna**, déesse protectrice d'**Athènes**.
- Mais en 480 avant J.-C., les Perses incendient les temples. Une fois les Perses vaincus, **Périclès**, qui gouverne Athènes, ordonne leur reconstruction en marbre blanc. Les grands travaux commencent en 450 avant J.-C. et durent quarante ans.

Bas-relief représentant Athéna, vers 460 avant J.-C.

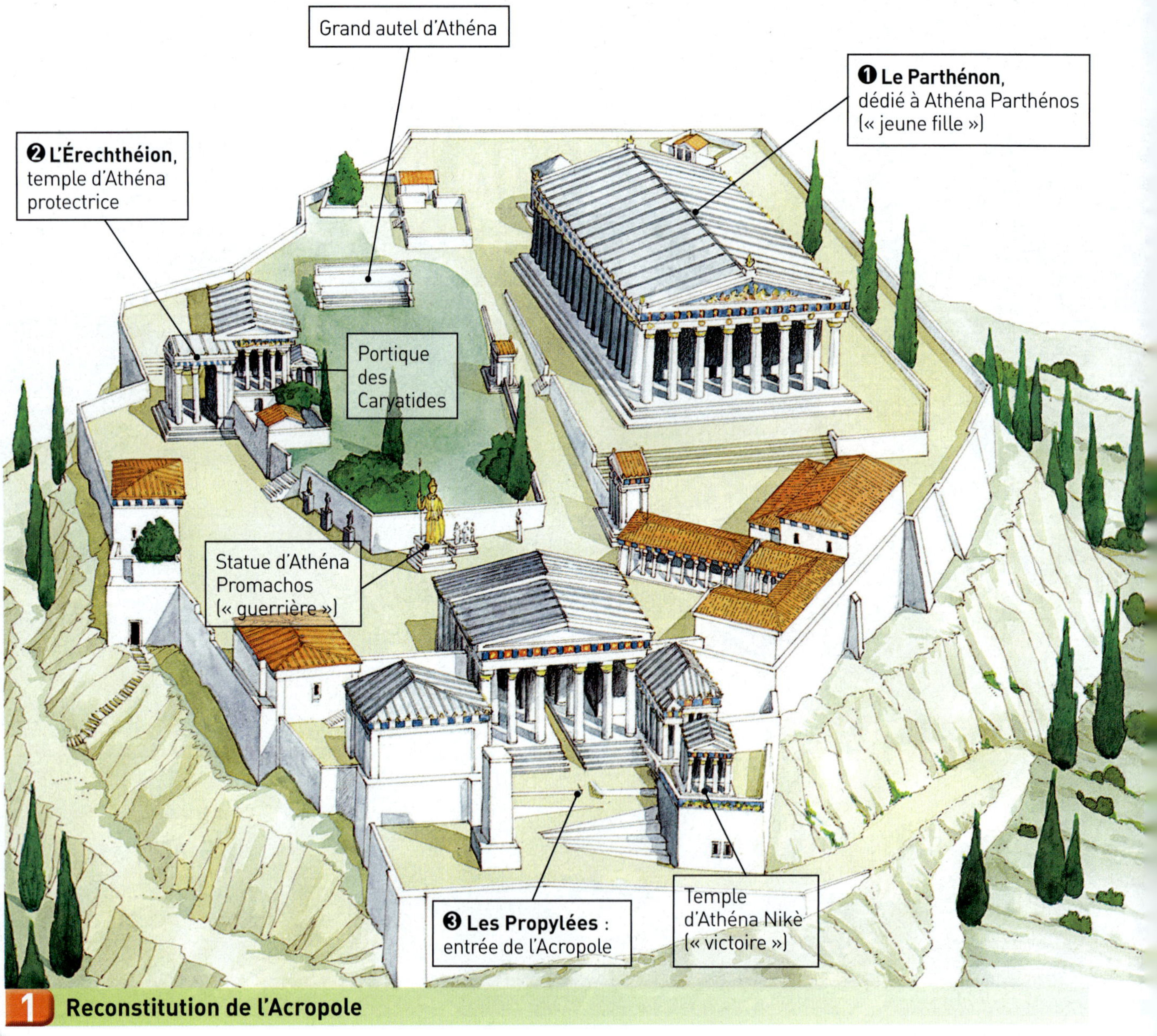

1 Reconstitution de l'Acropole

2 Vue de l'Acropole aujourd'hui

3 Les grands travaux de l'Acropole

Périclès dit aux Athéniens : « Il faut maintenant que la cité emploie ses ressources à des ouvrages qui lui vaudront une gloire éternelle et qui fourniront du travail à tous. » Il proposa aux Athéniens de grands projets de construction. Phidias surveillait tous les travaux, pour Périclès. Les monuments s'élevaient, d'une grandeur imposante, d'une beauté et d'une grâce inimitables.

Plutarque, *Vie de Périclès*, IIe siècle après J.-C.

Questions

Je décris et j'explique

1 **Docs 1 et 2.** En vous aidant de la reconstitution de l'Acropole, nommez les monuments que vous pouvez reconnaître sur la photographie. Comment appelle-t-on l'entrée de l'Acropole ?

2 **Docs 1 et 2.** Quelle est la fonction des monuments de l'Acropole ?

3 **Docs 1 et 2.** Qui est honorée sur l'Acropole ? Nommez au moins trois éléments qui vous ont permis de répondre.

4 **Doc 3.** Qui ordonne la reconstruction des temples de l'Acropole ? Pourquoi ?

5 **Doc 3.** À qui est confiée la direction des travaux ?

Je raconte

6 Vous êtes en voyage scolaire à Athènes et vous visitez l'Acropole. Vous racontez ce que vous découvrez.

L'HISTOIRE PAR LES ARTS

→Architecture

Le temple du Parthénon

Dans la seconde moitié du Vᵉ siècle avant J.-C., **Périclès** gouverne la cité d'Athènes. Il fait reconstruire sur l'Acropole le temple du Parthénon détruit par les Perses en 480 avant J.-C. Il veut remercier **Athéna, déesse protectrice de la cité**, des victoires remportées par les Athéniens sur les Perses. Il veut aussi donner du travail aux Athéniens. Il veut enfin émerveiller le monde en montrant la puissance de la cité d'Athènes. Il confie la direction des travaux au sculpteur **Phidias**.

• *Que nous apprend le Parthénon sur l'histoire des Athéniens ?*

1 **La frise sculptée des Panathénées, à l'intérieur du temple**

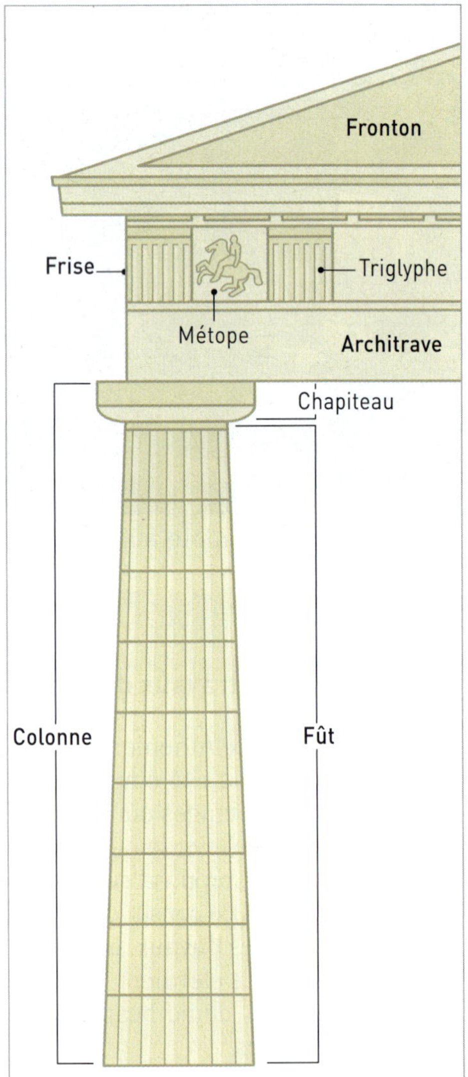

2 **Le style dorique**

Vidéo

3 **Le Parthénon sur l'Acropole**

Le temple du Parthénon

- **La durée des travaux :** 9 ans pour la construction du temple (447-438 avant J.-C.), puis 6 ans pour terminer le décor.
- **Les dimensions :** 70 mètres de long ; 30 mètres de large.
  46 colonnes cannelées (10 mètres de haut ; 1,95 mètre de diamètre à la base, et 1,45 mètre de diamètre au sommet).
- **Les matériaux utilisés :** le marbre, le cuivre, l'ivoire, l'or, l'ébène, le cyprès.
- **Les bas-reliefs :** Les **métopes** de la frise extérieure représentent les dieux de l'Olympe.
  La **frise des Panathénées**, à l'intérieur du temple, immortalise, sur le marbre, la procession des Athéniens, lors des Panathénées (voir pp. 54-55).
- **Les métiers mobilisés :** architectes, sculpteurs, charpentiers, forgerons, tailleurs de pierre, doreurs, ivoiriers, peintres, incrusteurs, ciseleurs... et une foule d'ouvriers non spécialisés.

Questions

Je situe l'œuvre d'art

1. À quelle époque le Parthénon a-t-il été construit ?
2. Qui a décidé sa construction ?
3. Qui a la responsabilité de sa réalisation ?

Je décris l'œuvre d'art

4. Citez deux ou trois éléments représentant le style dorique sur le temple du Parthénon.
5. Quels métiers ont participé à la construction du Parthénon et à la réalisation des décors sculptés ?

Je fais le lien entre l'art et l'histoire

6. Que vous apprend le Parthénon sur l'histoire d'Athènes au Ve siècle avant J.-C. ?
7. Que vous apprend-il sur la vie des Athéniens et leurs croyances ?

La fête des Panathénées

- Chaque année, au cours de l'été, ont lieu à Athènes les Panathénées, **fête en l'honneur d'Athéna**, déesse protectrice de la cité.
- Tous les quatre ans, cette fête est plus grandiose encore : ce sont les **grandes Panathénées**. Quatre jours durant, jeux, concours, sacrifices aux dieux se succèdent. Des jeunes filles athéniennes, les **ergastines**, offrent à la déesse le voile, le **péplos**, qu'elles ont tissé pendant quatre ans. Tous les Athéniens se rendent en **procession sur l'Acropole**. Le sculpteur Phidias a représenté la procession sur la frise en **bas-reliefs**, à l'intérieur du Parthénon.

Comment la fête des Panathénées montre-t-elle l'unité de la cité des Athéniens ?

Vocabulaire

Bas-relief : sculpture qui se détache légèrement d'un fond plat.

Ergastines : jeunes filles appartenant aux grandes familles de citoyens d'Athènes.

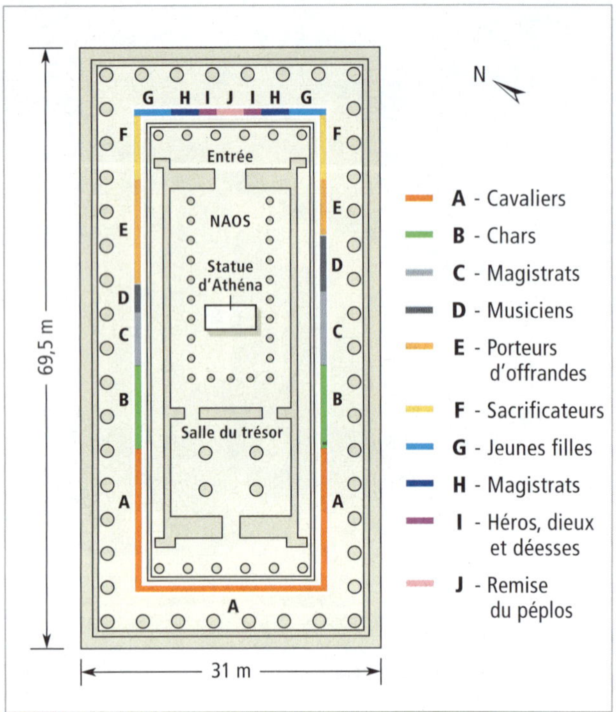

1 L'ordre du cortège dans la procession

Plan de la frise des Panathénées à l'intérieur du temple du Parthénon. La frise fait 160 mètres de long.

2 Les cavaliers

Bas-relief de la frise du Parthénon, Ve siècle avant J.-C., British Museum, Londres.

3 Porteurs et porteuses de vases

Bas-relief de la frise du Parthénon, Ve siècle avant J.-C., musée de l'Acropole, Athènes.

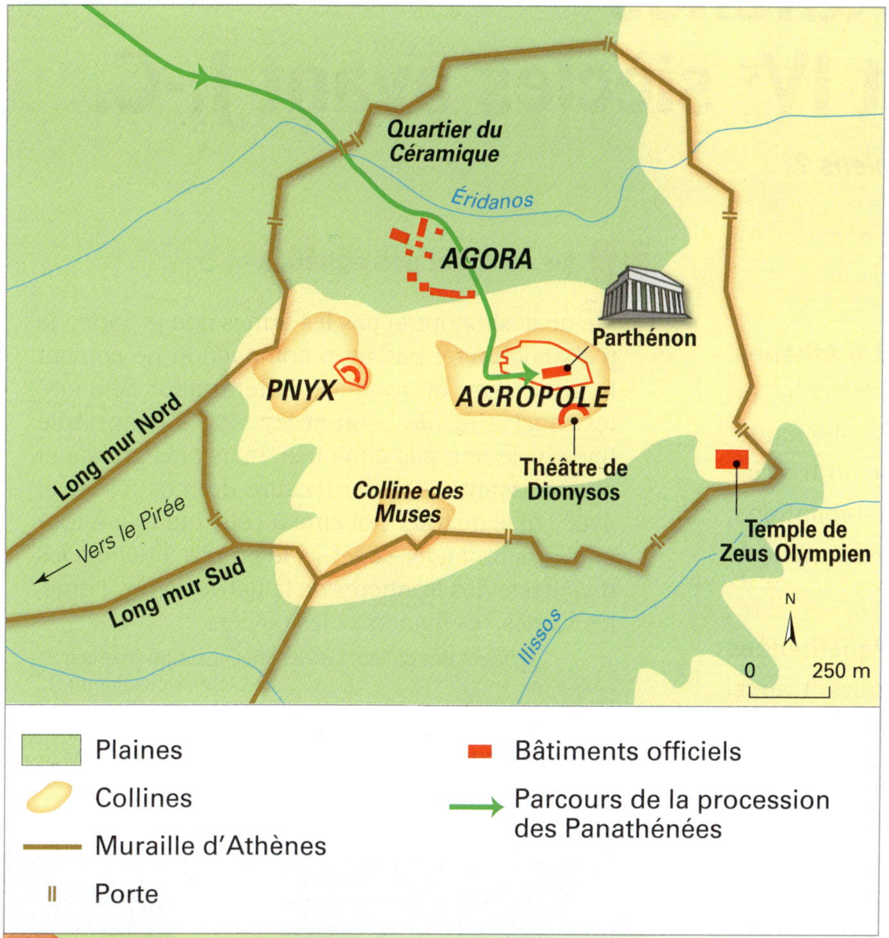

4 Le parcours de la procession des Panathénées

Questions

Je me situe dans l'espace et le temps

1 Où et quand se déroule la fête des Panathénées ? En l'honneur de qui est-elle organisée ?

Je décris et j'explique

2 **Doc 4.** Quels sont les lieux de la cité traversés par la procession ?

3 **Doc 1.** En vous aidant des bas-reliefs de la frise, indiquez qui participe à la procession.

4 **Docs 1 et 6.** Dans le cortège, qui encadre les ergastines lors de la remise du péplos ?

5 **Docs 2, 3, 5 et 6.** Décrivez les scènes de la frise. Les personnages vous paraissent-ils vivants ?

6 **Docs 1 à 6.** Montrez que cette fête est la fête de tous les Athéniens.

Je raconte

7 Vous participez à la fête des Panathénées. Racontez son déroulement.

5 Taureaux conduits au sacrifice

Bas-relief de la frise des Panathénées, Ve siècle avant J.-C., British Museum, Londres.

Vidéo

6 Remise du péplos à une prêtresse d'Athéna

Bas-relief de la frise des Panathénées, Ve siècle avant J.-C., musée de l'Acropole, Athènes.

1 Vivre à Athènes aux Ve et IVe siècles avant J.-C.

Qui sont les Athéniens ?

A Athènes, une grande cité

1. Environ **300 000 personnes vivent à Athènes.** La cité comprend un vaste espace agricole, un port, **Le Pirée**, et une ville, **Athènes**. La ville haute, l'**Acropole**, est dédiée à **Athéna**, déesse protectrice de la cité. La ville basse concentre les habitations, et les activités politiques et économiques autour de la place publique, l'**agora**.

2. Des fêtes religieuses comme les **Panathénées** réunissent les Athéniens. Ils se retrouvent aussi au **théâtre** où sont jouées des pièces tragiques ou comiques (doc 3).

B Les habitants d'Athènes

1. Les **citoyens athéniens**, environ 15 % de la population possèdent les terres de l'Attique. Ils participent à la vie politique et aux décisions de la cité (doc 2). Hommes, nés d'un père citoyen athénien, et d'une mère athénienne, ils deviennent citoyens après avoir accompli l'**éphébie** (doc 1). Ils doivent défendre la cité et financer les fêtes religieuses.

2. Les **non-citoyens**, environ 85 % de la population, sont exclus de la vie politique (doc 4). Les **femmes** s'occupent des tâches domestiques et exercent des fonctions religieuses. Les **métèques** sont artisans et commerçants. Ils participent à la défense de la cité. Les **esclaves**, non-libres, sont considérés comme des « objets animés » (doc 2). Environ 100 000, ils travaillent pour les citoyens, leur permettant de se consacrer à la vie politique.

Vocabulaire

Citoyens : ceux qui possèdent les droits civiques, politiques et juridiques dans leur cité.

Éphébie : service militaire accompli par le jeune Athénien entre 18 et 20 ans.

Esclave : personne non-libre, ne disposant d'aucun droit. L'esclave est acheté ou vendu, comme un objet.

Métèque : étranger installé à Athènes.

1 Le serment des éphèbes

Je ne déshonorerai pas les armes que je porte ; je n'abandonnerai pas mon compagnon de combat là où je serai en rang ; je lutterai pour défendre les sanctuaires de l'État et léguerai à la postérité une patrie non pas diminuée, mais plus grande et plus puissante, dans la mesure de mes forces et avec l'aide de tous. J'obéirai à ceux qui tour à tour gouverneront avec sagesse. Je prends à témoin les divinités et les frontières de la patrie, le blé, l'orge, les vignes, les figuiers et les oliviers.

Serment des éphèbes athéniens, inscription grecque, IVe siècle avant J.-C.

1 Citez quelques-uns des engagements de l'éphèbe.

2 Pour qui prête-t-il serment ?

2 Le citoyen et son esclave

Vase grec du Ve siècle, musée de Copenhague, Danemark.

Comment cette scène montre-t-elle que le citoyen est un homme important ?

3 Le théâtre de Dionysos, au pied de l'Acropole

Dionysos est le dieu de la tragédie et de la comédie. Le théâtre pouvait accueillir jusqu'à 20 000 personnes. Tous les Athéniens assistent aux représentations théâtrales qui sont gratuites pour les plus pauvres.

❶ Gradins ❷ Orchestra, aire circulaire où se place le chœur ❸ Emplacement où jouent les acteurs ❹ Autel de Dionysos

4 Les non-citoyens

a La femme athénienne

Bas-relief en terre cuite, Ve siècle avant J.-C., musée national de Regio de Calabre, Italie.

b Les métèques

Ce vase représente un atelier de peintre de statues.

Vase grec du Ve siècle avant J.-C., Metropolitan Museum of Art, New York.

1. Qui est exclu de la vie politique de la cité (docs a et b) ?
2. Quelles sont les activités des femmes à Athènes (doc a) ?
3. Quel type d'activité ont les métèques (doc b) ?

Découvrir

Une séance à l'Ecclésia

- À Athènes sur la colline de la Pnyx, l'assemblée des citoyens, **l'Ecclésia**, est réunie quarante fois par an. Jusqu'à 6 000 citoyens athéniens peuvent s'y retrouver pour décider des affaires de la cité : voter les lois, la guerre et la paix, élire les **magistrats**, les punir...
- Les séances à l'Ecclésia durent des heures car les débats sont animés. Les décisions sont ensuite prises à main levée, à la majorité des votants : c'est la **démocratie**.

➤ ***Pourquoi l'Ecclésia se réunit-elle ?***

Vocabulaire

Démocratie (du grec *demos*, le peuple, et *kratos*, le pouvoir) : régime politique dans lequel le pouvoir appartient aux citoyens.

Magistrat : citoyen détenant une fonction de commandement obtenue par élection ou tirage au sort.

Ostracisme : vote de l'Ecclésia, qui exile pour dix ans un citoyen jugé dangereux pour la démocratie.

2 L'horloge à eau

L'horloge à eau ou clepsydre mesure le temps de parole des orateurs. C'est le même pour tous : quand le vase du bas est rempli, le temps de parole est écoulé.

1 En route pour la Pnyx

À Athènes, il y avait environ 42 000 citoyens. La Pnyx ne pouvait contenir pareille foule, et pourtant, elle suffisait largement. On y voyait rarement plus de deux ou trois mille citoyens, dont le plus grand nombre étaient des citadins. Toutefois, quand l'affaire mise à l'ordre du jour en valait la peine, les paysans passaient leur chiton[1] de fête et leurs chaussures laconiennes[2] pour se mettre en route la nuit, par petites troupes, le bâton à la main, en chantant de vieux refrains. Chacun allait à l'Assemblée, apportant dans une petite outre[3] de quoi boire avec une croûte de pain, deux oignons et trois olives.

Texte inspiré d'Aristophane, *Les Acharniens, in* G. Glotz, *La Cité grecque*, Albin Michel, Paris, 1968.

1. Chiton : tunique.
2. Laconiennes : faites de lannières de cuir croisées.
3. Outre : gourde.

3 L'heure de la séance

Diceopolis est citoyen athénien.

C'est jour d'Assemblée. Voici le matin et la Pnyx est encore déserte malgré la convocation matinale.

Les citoyens bavardent sur l'agora, et de tous côtés cherchent à fuir le contact de la corde teinte en rouge[1]. (...) Pour moi qui viens toujours le premier à l'Assemblée, je m'assois. Aujourd'hui, je ne viens pas pour rien ; je suis prêt à crier, à injurier les orateurs, s'il en est qui parlent d'autre chose que de la paix. Mais voici les Prytanes[2] ! Il est midi. Ils se bousculent pour gagner le premier rang.

Aristophane, *Les Acharniens*, Ve siècle avant J.-C.

1. Des « gendarmes » barrent les rues qui mènent à l'agora par des cordes enduites de couleur rouge et poussent les citoyens vers la Pnyx. Ils marquent de rouge le dos des retardataires, qui peuvent être punis d'une amende.
2. Prytanes : magistrats qui convoquent et président l'Ecclésia.

4 **Les citoyens à l'Ecclésia** (reconstitution)

5 Un débat

La séance à l'Ecclésia a lieu en 431 avant J.-C., année où débute la guerre du Péloponnèse (431-404 avant J.-C.) qui oppose Athènes à la cité de Sparte et aux cités grecques, ses alliées. Périclès demande la parole.

Périclès [orateur] – L'armée de Sparte vient de ravager notre cité. Demandons la paix !

Un citoyen de son banc – Sparte doit être détruite ! Continuons la guerre !

Un magistrat – Cléon va prendre la parole, puis nous passerons au vote à main levée.

D'après G. Glotz, *La Cité grecque*, Albin Michel, Paris, 1968.

6 **L'ostracisme**

Chaque citoyen inscrit sur une poterie l'ostrakon, le nom de la personne qu'il veut exiler. Il s'agit ici de l'ostrakon de Périclès : on lui reprochait d'utiliser l'argent des cités alliées d'Athènes pour construire les monuments de l'Acropole, plutôt que pour les défendre.

Questions

Je me situe dans l'espace et le temps

1 Où se tient l'Assemblée des citoyens athéniens ?

2 Combien de fois dans l'année se réunit-elle ?

Je décris et j'explique

3 **Docs 1 et 3.** Qui a le droit de participer aux séances de l'Ecclésia ? Combien de personnes y vont réellement ?

4 **Doc 2.** Qu'est-ce qu'une clepsydre ? Que permet-elle ?

5 **Docs 4 et 5.** Qui peut prendre la parole à la tribune de la Pnyx ?

6 **Doc 5.** Comment est organisée une séance à l'Ecclésia ? Quel est le sujet du débat ?

7 **Doc 6.** Qu'est-ce que l'ostracisme ?

8 **Docs 2, 4, 5 et 6.** Montrez comment, à l'Ecclésia, les citoyens exercent leurs droits à égalité. Quel nom donne-t-on à ce pouvoir dont dispose le peuple ?

Je raconte

9 Citoyen athénien, vous participez à une séance de l'Ecclésia. Vous racontez son déroulement.

Découvrir

L'hoplite à Marathon

• Au début du Ve siècle avant J.-C., la **cité d'Athènes** prend la défense des cités grecques d'Asie Mineure conquises par Darius, le « Grand Roi » de l'immense **Empire perse**. Celui-ci se prépare à envahir la Grèce et débarque en 490 avant J.-C. dans la petite plaine de Marathon, à une quarantaine de kilomètres d'Athènes. Les **guerres Médiques** commencent...

Pourquoi les hoplites athéniens sont-ils vainqueurs à Marathon ?

Vocabulaire

Hoplite (du grec *hoplon*, bouclier) : guerrier grec combattant à pied et lourdement armé.

❶ Un archer
❷ Un serviteur
❸ L'hoplite
❹ Sa femme

1 Le départ de l'hoplite

Amphore grecque du Ve siècle avant J.-C., université de Würzburg, Allemagne.

2 Défendre la patrie

Allez, enfants des Grecs, délivrez la patrie, délivrez vos enfants et vos femmes, les sanctuaires des dieux de vos pères et les tombeaux de vos aïeux.

Eschyle, *Les Perses*, Ve siècle avant J.-C.

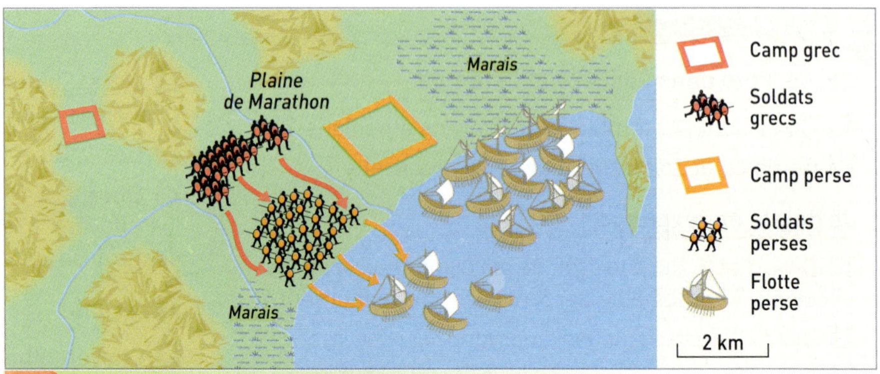

3 La bataille de Marathon

4 **Une phalange d'hoplites**

La phalange d'hoplites est constituée de fantassins lourdement armés protégés par leurs boucliers. Au combat, les hoplites avancent en cadence, en rangées compactes.

Vase grec du VIe siècle avant J.-C., musée de la villa Giulia, Rome.

5 **L'attaque des Athéniens**

Les sacrifices ayant donné de bons présages, les Athéniens donnèrent le signal de l'attaque.

Les Perses, voyant leurs adversaires charger à la course, attendirent le choc. À leur petit nombre, à cette manière d'attaquer en courant, ils les jugèrent atteints d'une folie qui allait en un clin d'œil les perdre, d'autant qu'ils n'avaient ni cavalerie, ni archers.

Hérodote, *Histoires*, Ve siècle avant J.-C.

6 **Les Athéniens repoussent les Perses**

Au centre, les barbares l'emportèrent mais aux deux ailes, les Athéniens (...) mirent en déroute les corps qui leur étaient opposés. Puis s'étant réunis, ils se tournèrent contre ceux qui avaient enfoncé leur centre. La victoire des Athéniens fut complète. Ils taillèrent en pièces les fuyards et les poussèrent jusqu'à la mer.

Les Athéniens furent les premiers à vaincre les Perses, alors que jusque-là, rien qu'à entendre leur nom, les Grecs étaient pris de peur.

D'après Hérodote, *Histoires*, Ve siècle avant J.-C.

Questions

Je me situe dans l'espace et le temps

1 Où se déroule la bataille entre les Athéniens et les Perses ? À quelle date ?

Je décris et j'explique

2 **Docs 1 et 2.** Qu'est-ce qu'un hoplite ? Quel est son devoir ?

3 **Docs 1 et 4.** Citez les éléments de l'équipement de l'hoplite.

4 **Doc 4.** Comment les hoplites sont-ils disposés les uns par rapport aux autres ? Comment se défendent-ils ?

5 **Doc 5.** À quelle condition les Athéniens attaquent-ils ? Ont-ils des chances de l'emporter ?

6 **Doc 6.** Pourquoi les Athéniens sont-ils vainqueurs ?

Je raconte

7 Un hoplite de retour à Athènes raconte son combat contre les Perses.

2 Athènes, une démocratie

Comment, au Vᵉ siècle avant J.-C., la démocratie fait-elle d'Athènes la plus puissante des cités grecques ?

A Les citoyens gouvernent la cité

1. Mise en place à Athènes au Vᵉ siècle avant J.-C., la **démocratie** donne aux citoyens le pouvoir de gouverner (doc 1). **L'Ecclésia**, assemblée de tous les citoyens, se réunit sur la colline de la Pnyx. Elle vote les lois, décide de la paix et de la guerre. Elle prononce l'**ostracisme**. Afin que les citoyens les plus pauvres puissent participer à l'Ecclésia, **Périclès** crée l'indemnité du **mystos**.

2. Ne siégeant pas en permanence, l'Ecclésia élit pour un an **dix stratèges**, **magistrats** les plus importants. Chaque année, elle désigne par tirage au sort les 500 citoyens de la **Boulè**, qui prépare les projets de loi. De la même manière, elle désigne les juges du tribunal de l'**Héliée** (doc 2).

B Les citoyens défendent la liberté des Grecs

1. Au début du Vᵉ siècle avant J.-C., Athènes prend la tête des Grecs dans les **guerres Médiques**, face à l'immense Empire perse qui cherche à les dominer. Ses **hoplites** sont vainqueurs à Marathon en 490 avant J.-C. et à Salamine en 480 avant J.-C. Le prestige d'Athènes est immense.

2. Pour protéger les cités grecques de la mer Égée, Athènes les réunit dans une alliance, la **Ligue de Délos** (doc 5). Mais sa domination entraîne leur révolte. La **guerre du Péloponnèse** (vers 431-404 avant J.-C.) se termine par la défaite d'Athènes.

Vocabulaire

Démocratie (du grec *demos*, le peuple, et *kratos*, le pouvoir) : régime politique dans lequel le pouvoir appartient aux citoyens.

Hoplite (du grec *hoplon*, bouclier) : guerrier grec combattant à pied et lourdement armé.

Magistrat : personne à qui les citoyens ont reconnu le pouvoir d'administrer, de juger, ou de commander les armées.

Ostracisme : vote de l'Ecclésia, qui exile pour dix ans un citoyen jugé dangereux pour la démocratie.

Stratège : élu pour un an parmi les citoyens les plus riches, il commande l'armée.

1 La démocratie à Athènes

Nous donnons l'exemple à nos voisins. À Athènes, l'État est gouverné dans l'intérêt de tous et non d'un petit nombre, pour cette raison notre régime s'appelle démocratie. Les lois assurent à tous l'égalité. Pour la participation à la vie publique, les qualités personnelles sont plus importantes que la richesse. Même les citoyens pauvres peuvent participer au gouvernement de la cité.

Discours du stratège Périclès, d'après Thucydide, *La Guerre du Péloponnèse*, II, 37.

Périclès a été élu stratège quinze années de suite.

1 Qui est l'auteur de ce discours ?

2 Relevez dans le texte les mots et expressions qui définissent la démocratie.

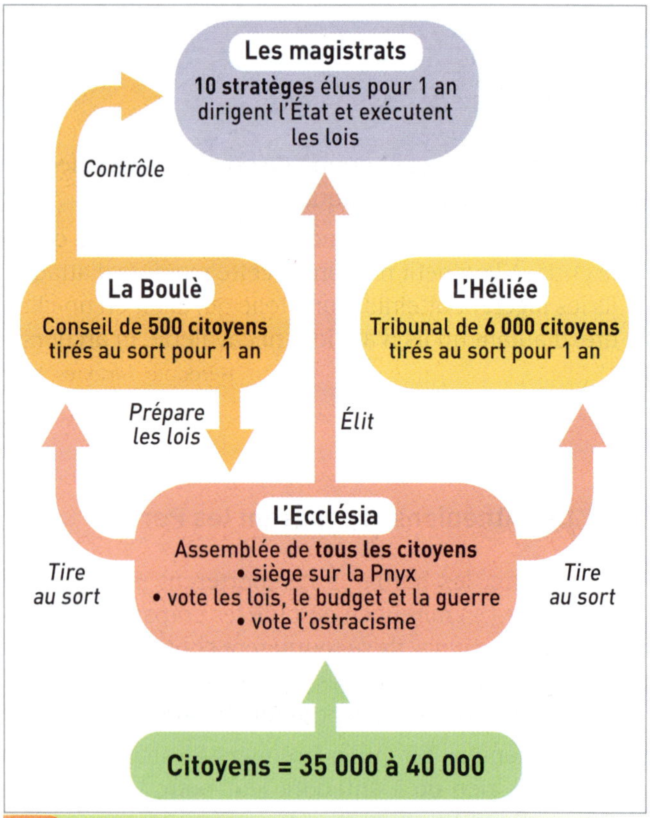

2 Le fonctionnement de la démocratie

1 Citez quelques pouvoirs du citoyen athénien.

2 Qui en réalité dirige la cité d'Athènes ?

3 Les lieux de la vie politique (reconstitution de l'agora)

❶ Boutiques
❷ Autel des douze dieux
❸ Statue de Zeus
❹ Temple d'Héphaïstos
❺ Siège du Conseil (Boulè)
❻ Prytanée : abrite le feu sacré qui brûle en permanence
❼ Emplacement du bâtiment des stratèges
❽ Siège du tribunal du peuple (Héliée)
❾ Chemin menant à la Pnyx où se rassemble l'Ecclésia

1 **Nommez les bâtiments consacrés à la vie politique. Qui y siège ?**

2 **Quelle est la fonction des autres bâtiments de l'agora ?**

4 Une trière (reconstitution)

Navire à trois rangs de rameurs, qui compose la flotte de guerre d'Athènes. C'est une flotte civique où les citoyens les plus pauvres, qui n'ont pas les moyens de payer l'armement de l'hoplite, servent de rameurs.

1 **Qu'est-ce qu'une trière ?**

2 **Qui en sont les rameurs ?**

5 Le trésor de la Ligue de Délos

Les ennemis de Périclès lui reprochaient d'avoir transporté de Délos à Athènes le trésor commun des Grecs. Ils disaient que les alliés d'Athènes se sentaient outragés de voir que l'argent qu'ils devaient verser pour la défense de la Grèce servait à embellir la ville de statues et de temples coûteux.

À cela, Périclès répondait que les Athéniens n'avaient pas à rendre compte à leurs alliés de l'utilisation de l'argent, puisqu'ils faisaient la guerre pour eux et tenaient les barbares loin de la Grèce.

Plutarque, *Vie de Périclès*, IIe siècle après J.-C.

▪ **Qu'est-il reproché à la cité d'Athènes ?**

Exercices

Je révise

1 Je sais me repérer dans l'espace

À imprimer

Recopiez le fond de carte ci-contre, puis indiquez au bon endroit :

1. Le nom des principaux lieux de la vie politique ou religieuse d'Athènes.
2. Le nom du temple dédié à Athéna.
3. Le nom de l'assemblée des citoyens.
4. Que représente le trait vert sur la carte ? Complétez la légende.

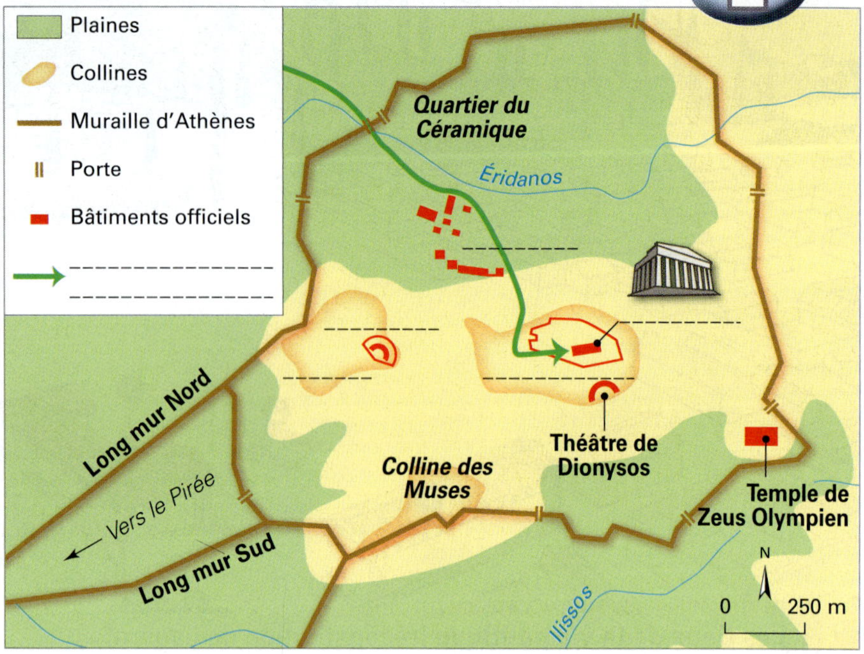

2 Je sais me repérer dans le temps

Reliez les dates indiquées sur la frise chronologique avec les éléments suivants :

1. La construction du Parthénon
2. La guerre du Péloponnèse
3. Périclès

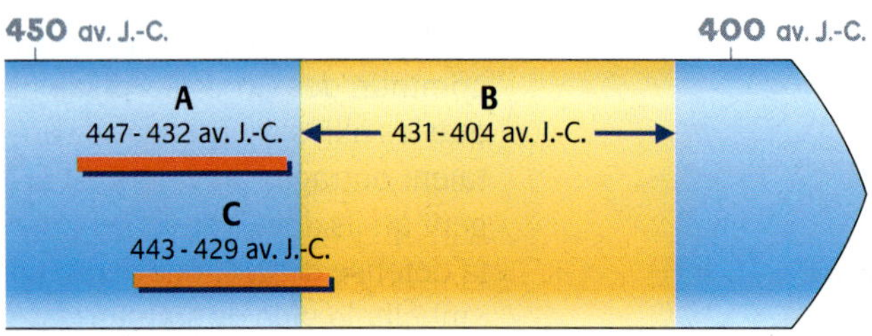

3 Je sais définir les mots clés

Associez chacun des mots clés ci-dessous à sa définition.

1. Citoyen – 2. Démocratie – 3. Éphébie – 4. Métèque – 5. Esclave

A. Étranger installé à Athènes.

B. Régime politique dans lequel le pouvoir appartient aux citoyens.

C. Celui qui possède les droits civiques, politiques et juridiques dans sa cité.

D. Service militaire accompli par le jeune Athénien entre 18 et 20 ans.

E. Personne non-libre, ne disposant d'aucun droit. Il est acheté ou vendu, comme un objet.

4 Je sais raconter et expliquer

1. Comment se déroule la fête des Panathénées ?
2. Qui sont les Athéniens ? Sont-ils tous citoyens ?
3. Comment les Athéniens participent-ils au gouvernement de la cité ?
4. À quelles guerres les citoyens d'Athènes participent-ils ?

Je m'entraîne

5 J'observe et j'analyse un bas-relief

Socle de Kouros en marbre, 490 avant J.-C., musée national archéologique, Athènes.

Questions

1. De quel type de sculpture s'agit-il ?
2. Que représente cette scène ?
3. Que nous apprend cette sculpture sur les Athéniens ?

6 J'analyse et j'explique un récit

Le lendemain, la fièvre règne sur l'Agora. Des courriers ont été envoyés sur les côtes de l'Attique pour s'informer des manœuvres de la flotte ennemie. D'autres sont partis prévenir les citoyens des dèmes ruraux de la convocation urgente de l'Assemblée. Elle doit débattre de la conduite à suivre : faut-il affronter les Perses, ou se soumettre au Grand Roi ?

Cimon, l'ancien rival de Timoklès aux jeux du gymnase, et son père sont les chefs du parti de la soumission. Cimon court de groupe en groupe, semant l'épouvante dans les esprits : les Perses ont des chevaux dont les cavaliers écraseront les fantassins comme les ours écrasent les fourmis. Ils ont des arcs et des flèches qui tuent à distance, avant même que les soldats aient pu brandir leurs épées. (...)

« C'est vrai qu'ils sont des milliers, mais nous avons l'amour de la liberté », ajoute Kallias.

Le lendemain matin, Kallias est malheureux. Il erre pitoyablement au pied de la colline de la Pnyx. L'Assemblée délibère et il en est exclu. Son statut de métèque l'écarte du seul lieu où, de toute son âme, il voudrait être. (...) Il lui semble entendre Cimon et ses partisans proposer l'alliance avec le roi des Perses. Que ne peut-il monter à la tribune aux harangues, apporter son aide à Thémistocle pour défendre la démocratie.

Odile Weulersse, *Le Messager d'Athènes*, Livre de Poche, Paris, 2001.

Questions

1. Pourquoi la fièvre règne-t-elle sur l'agora ?
2. D'après vos connaissances, quel est le nom de l'assemblée évoquée dans le texte ?
3. Qui est convoqué à cette assemblée ? Quel est le sujet du débat ?
4. Pourquoi le jeune Kallias ne peut-il participer à cette assemblée ?
5. Comment se nomme la bataille qui va suivre le débat à l'Assemblée ? Quelle information du texte vous met sur la voie ?
6. **Raconter**

- Nommez et présentez les **personnages** de ce récit.
- Indiquez les **lieux** du récit.
- À partir de vos connaissances, situez le **moment** de ce récit.

Chapitre 4

Alexandre le Grand
La Grèce des savants

Quelle civilisation se développe dans les territoires conquis par Alexandre ?

1 **Les conquêtes d'Alexandre le Grand**

336 av. J.-C.	333 av. J.-C.	323 av. J.-C.
Royaume de Macédoine **336 av. J.-C.** Alexandre, roi de Macédoine	**Formation de l'Empire** **Expédition d'Alexandre** **332 av. J.-C.** Fondation d'Alexandrie	**Partage de l'Empire d'Alexandre**

2 Alexandre et son cheval Bucéphale

Détail du sarcophage d'Alexandre, IVe siècle avant J.-C., musée archéologique d'Istanbul, Turquie.

Découvrir

L'épopée d'Alexandre le Grand

Vidéo

• Alexandre (356-323 avant J.-C.), fils du roi de Macédoine Philippe, a appris à lire dans l'*Iliade* et l'*Odyssée*. Il est fasciné par les exploits d'Achille, qu'il rêve d'imiter. À la mort de son père en 336 avant J.-C., il devient roi et décide de conquérir l'Empire perse.

Vocabulaire

Épopée : récit qui célèbre un héros mêlant histoire et légende.

Pourquoi Alexandre est-il considéré comme le plus grand des conquérants ?

1 Le débarquement d'Alexandre en Asie (334 avant J.-C.)

Alexandre aborda lui-même en Troade[1] avec soixante longs navires de guerre. Il jeta sa lance depuis son navire, la planta dans le sol, et fut le premier Macédonien à sauter de son navire en s'écriant qu'il recevait l'Asie des dieux, comme un prix conquis à la pointe de sa lance. Quant aux tombes des héros, Achille, Ajax, et celles des autres, il les honora de sacrifices funèbres et de marques à la hauteur de leur réputation.

Plutarque, *Vie d'Alexandre*, IIe siècle après J.-C.

1. Troade : région de Troie.

2 La prise de Tyr (332 avant J.-C.)

Alexandre fit avancer la flotte et les machines de guerre pour attaquer Tyr. À l'aide d'un pont volant, du haut d'une tour mobile reliée à deux navires, Alexandre et ses lanciers purent prendre pied sur les murailles. Il transperça de sa lance beaucoup de défenseurs des remparts. Mais déjà, sous les coups répétés des béliers, les murailles avaient cédé et la flotte de guerre était entrée dans le port. Tyr l'imprenable était vaincue.

Plutarque, *Vie d'Alexandre*, IIe siècle après J.-C.

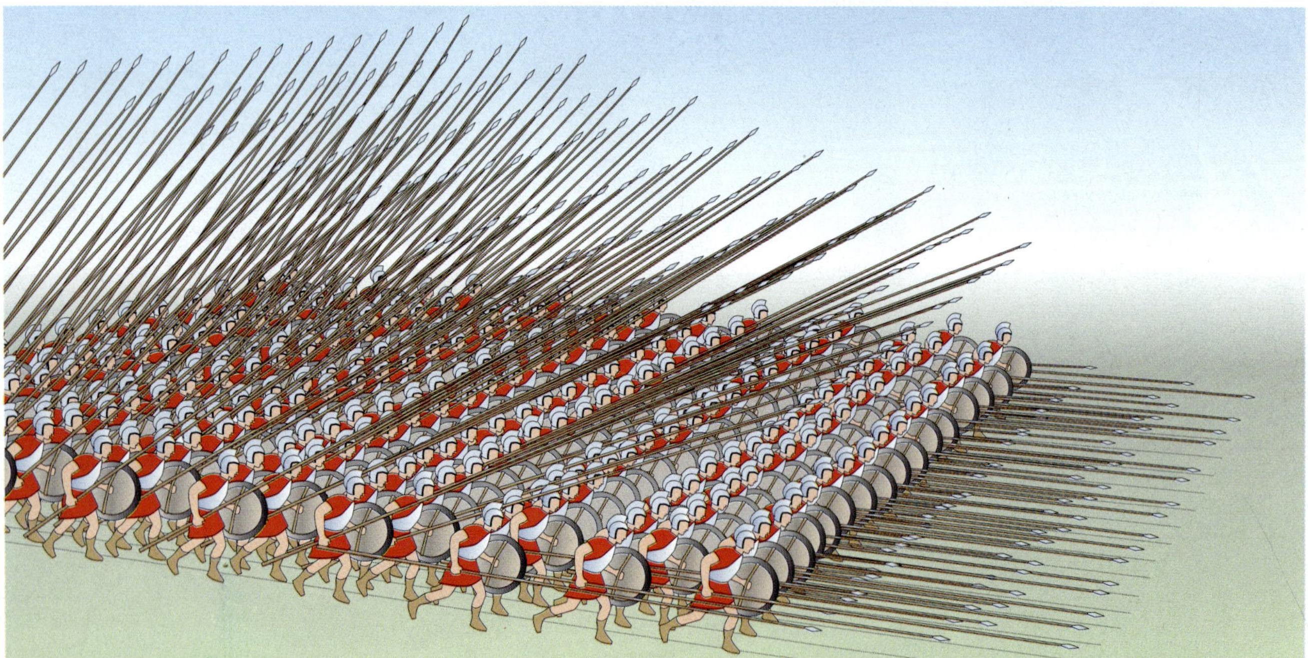

3 La phalange macédonienne

Un bataillon de la phalange est composé de 256 hommes alignés en 16 rangs de 16. La lance de 6 m, la sarisse, est une arme redoutable. Celles des cinq premiers rangs, horizontales, transpercent les ennemis à distance. Les autres, inclinées, freinent les projectiles lancés par l'ennemi.

4 Alexandre, roi d'Asie (333 avant J.-C.)

Alexandre s'adresse à Darius, le roi de l'Empire perse, après l'avoir battu lors de la bataille d'Issos en 333 avant J.-C.

J'ai commencé par vaincre tes généraux et les satrapes[1] dans un combat loyal. Puis je t'ai vaincu toi-même, ainsi que l'armée qui t'accompagnait. Je suis devenu, par la grâce des dieux immortels, seigneur de ce pays que tu nommes le tien. Je suis l'ami et le défenseur de tous ceux qui, ayant combattu contre moi dans tes rangs, n'ont pas poursuivi la lutte, mais ont imploré ma protection.

Tous se rangent sous mes ordres de bon gré. Viens toi aussi vers moi. Si tu m'envoies de nouveaux messages, adresse-les désormais au roi d'Asie. Sache également que tu ne dois pas non plus m'écrire comme à un égal, mais me soumettre tes vœux, avec le respect qui m'est dû, comme au maître incontesté de tout ce qui t'appartenait jadis, faute de quoi je me verrai obligé de sévir contre toi, pour avoir offensé sa majesté royale.

D'après Arrien, *Anabase*, IIe siècle après J.-C.

1. Satrape : gouverneur de province dans l'Empire perse.

5 Les éléphants de guerre

En 326 avant J.-C., Alexandre combat victorieusement l'armée du roi indien Poros, qui se bat à dos d'éléphant.

6 L'armée se rebelle

En Inde, Alexandre s'adresse à ses soldats : « Je veux vous conduire plus loin : tenez bon. »

Il y eut un long silence, puis l'armée répondit : « Il faut mettre un terme à toutes ces fatigues et tous ces dangers. Nous voulons tous revoir nos parents, nos femmes, nos enfants et le sol de la patrie. Rentre, toi aussi, en Macédoine, et après, si tu veux, tu feras d'autres expéditions, avec d'autres soldats, plus jeunes et plus frais. »

Alexandre, furieux, se retira sous sa tente pendant trois jours. Mais comme les soldats refusaient de changer d'opinion, il leur fit annoncer qu'il avait décidé de prendre le chemin du retour.

D'après Arrien, *Anabase*, IIe siècle après J.-C.

Questions

Je me situe dans l'espace et le temps

1 **Docs 1, 2 et carte p. 64.** Quels territoires Alexandre conquiert-il lors de son épopée ? En combien d'années ?

Je décris et j'explique

2 **Doc 1.** Où Alexandre débarque-t-il en 334 avant J.-C. ? Relevez les mots et expressions montrant qu'Alexandre se comporte en conquérant.

3 **Doc 2.** Pourquoi Alexandre est-il parvenu à vaincre « Tyr l'imprenable » ?

4 **Docs 3 et 5.** Quelle arme facilite la victoire des soldats d'Alexandre ? Pourquoi peut-elle vaincre le nouveau type d'armée rencontré en Asie ?

5 **Doc 4.** Comment Alexandre devient-il roi d'Asie ? Quel sort réserve-t-il aux vaincus ?

6 **Doc 6.** Quelle est la raison de l'arrêt des conquêtes d'Alexandre ?

Je raconte

7 Vous êtes un soldat de l'armée d'Alexandre et vous faites partie de l'expédition d'Asie. Racontez un moment de cette expédition.

L'HISTOIRE PAR LES ARTS

→Mosaïque

La bataille d'Issos

La mosaïque de la bataille d'Issos représente l'affrontement entre l'armée d'**Alexandre** et celle du roi des Perses, **Darius**, en 333 avant J.-C. L'artiste immortalise le moment de la bataille où Alexandre lance l'assaut qui lui donnera la victoire.

Cette mosaïque du IIe siècle avant J.-C. décore le sol d'une luxueuse maison romaine de Pompéi. L'épopée d'Alexandre n'est pas tombée dans l'oubli.

• Que nous apprend cette mosaïque sur Alexandre le Grand ?

❶ Alexandre chevauchant Bucéphale
❷ Soldats macédoniens
❸ Darius, le roi des perses
❹ Soldats perses

1 La bataille d'Issos

Pavement de la maison du Faune, Pompéi, IIe siècle avant. J.-C., 5,12 x 2,71 m, musée archéologique national de Naples.

1. L'artiste prépare de petits éléments de couleur et enduit le mur destiné à la mosaïque.

2. Il dessine les grands traits de son œuvre et fixe ses éléments.

3. En utilisant des éléments aux couleurs variées, il donne au visage son relief et son expression.

2 La technique de la mosaïque

La mosaïque de la bataille d'Issos

Matériaux : les tesselles sont des petits cubes de pierre taillés, en marbre, en pâte de verre ou en pierres semi-précieuses.

Technique : mosaïque à « tesselles », (plus de deux millions d'éléments) appliquées sur un ciment et donnant l'aspect d'une peinture.

Sens : l'artiste met en valeur le moment où Darius fuit le champ de bataille face à Alexandre. Il indique le passage de la domination perse à la domination macédonienne en Asie.

Questions

Je situe l'œuvre d'art

1 Cette mosaïque a-t-elle été réalisée au moment de la bataille d'Issos ?

Je décris l'œuvre d'art

2 Qui est le personnage à gauche de la mosaïque ? Décrivez-le précisément.

3 Qui sont les personnages sur le char ? Quelle impression donnent-ils ?

4 Comment l'artiste donne-t-il à la scène une atmosphère de bataille ?

Je fais le lien entre l'art et l'histoire

5 Quelle image d'Alexandre cette mosaïque montre-t-elle ?

Alexandrie, une ville hellénistique

• En 332 avant J.-C., Alexandre fonde Alexandrie après avoir conquis l'Égypte. À sa mort, en 323 avant J.-C., son empire est partagé. Ptolémée, un de ses généraux, reçoit l'Égypte dont il devient le roi. Cité la plus grande, la plus peuplée et la plus riche de son temps, Alexandrie est aussi une ville culturelle où sont accueillis tous les savants du monde grec.

Quelle civilisation se développe à Alexandrie ?

Vocabulaire

Hellénistique : se dit de l'empire créé par Alexandre et des royaumes qui lui succèdent, associant la culture grecque aux cultures orientales.

1 La fondation d'Alexandrie

a Après s'être rendu maître de l'Égypte, Alexandre résolut d'y fonder une ville grecque qui portait son nom. Une nuit, il eut une vision merveilleuse : un homme vénérable aux cheveux tout blancs lui récitait ses vers de l'*Iliade* : « Il existe un îlot en avant de l'Égypte ; on l'appelle Pharos. » Il se leva aussitôt et se rendit à Pharos qui, en ce temps-là, était encore une île. Il fit tracer le plan de la ville. Comme on n'avait pas de craie, on prit de la farine et l'on traça ainsi sur le sol noirâtre une aire arrondie délimitant la nouvelle cité.

D'après Plutarque, *Vie d'Alexandre*, IIe siècle après J.-C.

b Il sembla à Alexandre que l'emplacement convenait admirablement à la fondation d'une ville, et que cette ville serait prospère. Il établit l'endroit où il faudrait construire l'agora, le nombre des sanctuaires, pour les dieux grecs mais aussi pour Isis l'Égyptienne, et où devaient être placés les remparts.

D'après Arrien, *Anabase*, IIe siècle après J.-C.

2 Le développement de la ville

Une fois le terrain divisé en quartiers selon les règles de l'art, le roi donna à la ville le nom d'Alexandrie, tiré du sien propre. Une grande avenue la coupe par le milieu, merveilleuse par ses dimensions. Il y a aussi un palais royal qui est également une merveille : tous les rois d'Égypte y ont ajouté des édifices somptueux. La ville est tellement étendue qu'elle est aujourd'hui la première du monde.

D'après Diodore de Sicile, *Bibliothèque historique*, Ier siècle avant J.-C.

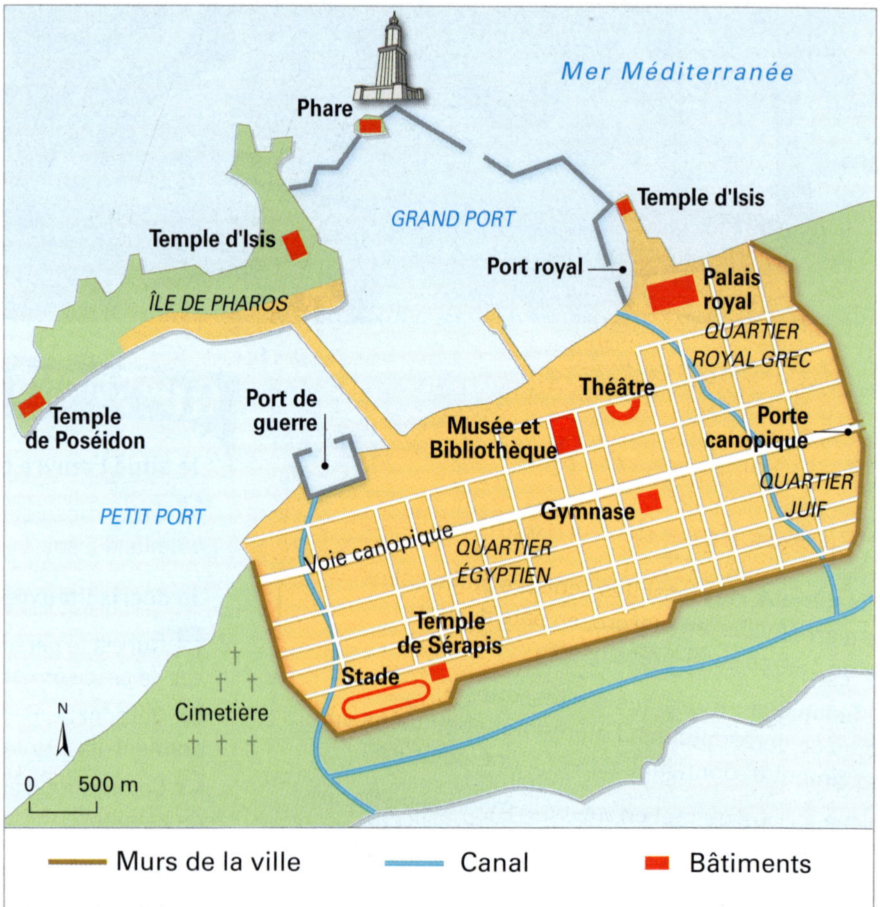

3 Le plan d'Alexandrie

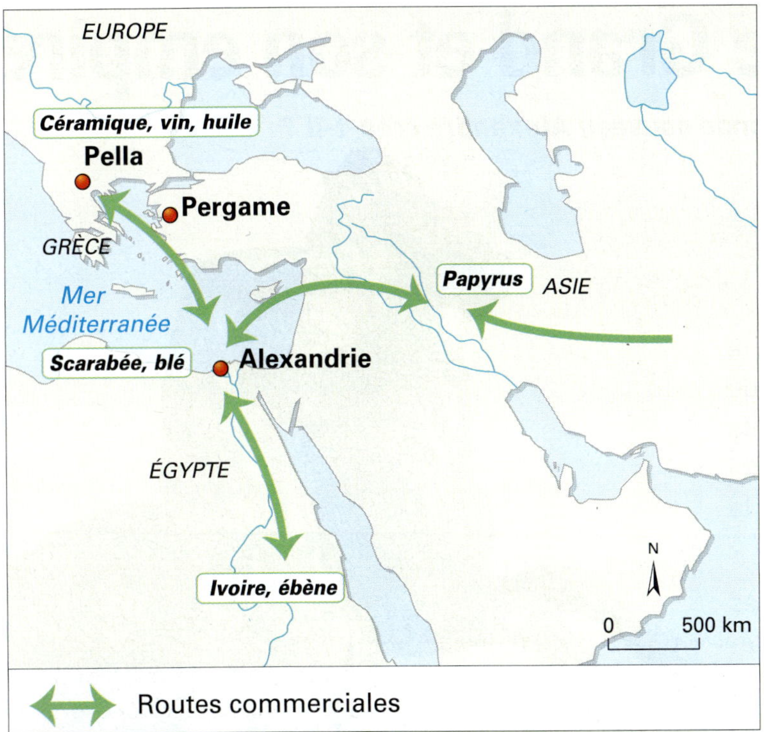

4 Alexandrie, au carrefour des routes de commerce

6 Le dieu Sérapis

Le culte de Sérapis est instauré dès l'époque du roi Ptolémée. Sérapis est la fusion du dieu grec Zeus et du dieu égyptien Apis-Osiris.

5 La Bibliothèque d'Alexandrie

Chargé de la bibliothèque du roi, Démétrios de Phalère reçut des sommes importantes pour réunir, au complet si possible, tous les ouvrages parus dans le monde entier. En procédant à des achats et à des transcriptions, il réussit à mener à bien le projet du roi.

J'étais là quand lui fut posée la question : « Combien de dizaines de milliers de volumes y a-t-il au juste ? » Il répondit : « Plus de vingt, ô roi, mais je vais m'occuper d'urgence de ce qui reste à faire pour atteindre cinq cent mille. On m'a fait savoir qu'il y aurait aussi des lois des Juifs qui mériteraient d'être transcrites et de faire partie de ta bibliothèque. »

D'après *Lettre d'Aristée à Philocrate*, IIIe siècle avant J.-C.

Questions

Je me situe dans l'espace et le temps

1 **Docs 1 et 3.** Où est située Alexandrie ? Quand la ville est-elle fondée ?

Je décris et j'explique

2 **Docs 1 et 2.** Qui a fondé Alexandrie ? Pour quelle raison ?

3 **Docs 2 et 3.** Comment les rues sont-elles tracées ? Quels bâtiments indiquent qu'Alexandrie est une ville grecque, une ville égyptienne, une capitale royale ?

4 **Doc 3.** Quels peuples vivent à Alexandrie ? Comment se répartissent-ils dans la ville ?

5 **Docs 3, 4 et 5.** Qu'est-ce qui fait d'Alexandrie une grande ville marchande ? Qu'est-ce qui fait d'elle une grande ville culturelle ?

6 **Doc 6.** Pourquoi peut-on affirmer que Sérapis est un dieu hellénistique ?

Je raconte

7 Vous êtes un savant grec et vous venez d'arriver à Alexandrie. Racontez votre découverte de la ville.

1 Alexandre le Grand et son empire

▶ ***Par ses conquêtes, quel monde nouveau Alexandre crée-t-il ?***

A Des conquêtes spectaculaires

1. Fils de Philippe, roi de Macédoine et maître de la Grèce, Alexandre est élevé dans la culture grecque par le philosophe **Aristote** (doc 2). Il rêve d'exploits guerriers comme les héros de l'*Iliade* (doc 1). Roi à 20 ans, en 336 avant J.-C., il décide de partir à la conquête de l'Empire perse.

2. En 334 avant J.-C., il débarque en **Asie** avec des savants et une armée. Organisée en **phalange**, celle-ci est redoutable. Victorieux en quelques batailles du roi des Perses, Darius, Alexandre s'empare en 13 ans de son empire. Il venge ainsi Athènes de la destruction de l'Acropole commise par les Perses pendant les guerres Médiques. Arrivé aux portes de l'Inde, Alexandre fait demi-tour et **meurt brusquement à Babylone en 323 avant J.-C.**

B Un empire hellénistique

1. Comme les rois d'Orient, Alexandre se proclame fils de dieu et exerce un **pouvoir absolu**. À côté des Grecs, il enrôle des Perses dans son armée et dans son administration. Comme lui, ses généraux épousent des princesses orientales (doc 3).

2. Pour contrôler son empire et développer les échanges, Alexandre ouvre des routes, diffuse la **langue grecque** et fonde des **villes** (Alexandrie, Pergame...). Par leurs palais, leurs temples, leurs bibliothèques, elles témoignent de la rencontre de la culture grecque et des cultures de l'Orient (doc 4). La **civilisation hellénistique** est née.

Vocabulaire

Hellénistique : se dit de l'empire créé par Alexandre et des royaumes qui lui succèdent, associant la culture grecque aux cultures orientales.

Phalange : formation adoptée pendant la bataille composée d'unités de seize rangs d'hoplites lourdement armés, disposant d'une longue lance, la sarisse.

1 Le destin d'Alexandre

Statuette en bronze représentant Alexandre domptant son cheval Bucéphale, IIe siècle avant J.-C., musée national, Naples.

Alexandre réussit l'exploit de dompter ce cheval sauvage. Son père, admiratif, l'encourage : « Mon fils, il faut que tu ailles conquérir un royaume à ta taille : la Macédoine est trop petite pour toi. »

Plutarque, *Vie d'Alexandre*, IIe siècle après J.-C.

■ **Que propose le père d'Alexandre à son fils ? Pourquoi ?**

2 Un jeune prince cultivé

Alexandre avait une passion pour la littérature et la lecture. Il voyait dans l'*Iliade* un modèle de valeur guerrière, selon ses propres termes. C'est ainsi qu'il emporta l'édition de l'*Iliade* corrigée par Aristote, son précepteur. Il l'avait toujours sous son oreiller avec son épée.

Plutarque, *Vie d'Alexandre*, IIe siècle après J.-C.

1 **Quelles disciplines apprend Alexandre ?**
2 **Montrez qu'il a reçu une culture grecque.**

3 Alexandre, roi d'Orient

a Rapprocher les Grecs et les Barbares

Alexandre revêtit l'habit des Barbares d'abord dans ses relations avec eux, puis il se montra ainsi vêtu en public. Puis, dans son genre de vie, il s'assimila toujours davantage aux gens du pays et chercha à rapprocher ceux-ci des coutumes macédoniennes. C'est pourquoi il choisit trente mille enfants, ordonna qu'on leur enseigne la langue grecque et qu'on leur donne une éducation militaire macédonienne. Il épousa à Suse la fille de Darius, Stateira, et maria aux plus nobles des siens les femmes de Perse de la meilleure naissance.

D'après Plutarque, *Vie d'Alexandre*, IIe siècle après J.-C.

b Monnaie à l'effigie d'Alexandre
Fin du IVe siècle avant J.-C.

1 Pourquoi Alexandre s'habille-t-il en « Barbare » (doc a) ?
2 Que fait-il pour rapprocher les Grecs et les Perses (doc a) ?
3 Comment cette monnaie montre-t-elle qu'Alexandre est devenu un roi oriental (doc b) ?

❶ Portique
❷ Terrasse
❸ Temple de Dionysos
❹ Théâtre
❺ Bibliothèque
❻ Temple d'Athéna
❼ Statue d'Athéna
❽ Autel de Zeus
❾ Palais royal

4 Pergame, une ville hellénistique (reconstitution)

1 À l'aide de la carte page 64, précisez où se situe Pergame.
2 Quels éléments montrent que Pergame est une ville grecque ?
3 Quels éléments montrent qu'elle est une ville hellénistique ?

→Sculpture

Les statues grecques

Les statues grecques sont commandées par les cités du monde grec comme **offrandes aux dieux**. Les sculpteurs cherchent à reproduire l'apparence humaine le plus fidèlement possible. Du VIIe au IIe siècle avant J.-C., ils maîtrisent de mieux en mieux l'art de donner vie à leurs statues. Ils recherchent la **beauté idéale**. **Phidias**, l'Athénien, **Polyclète** d'Argos, **Myron** de Thèbes sont parmi ces grands sculpteurs du Ve siècle avant J.-C.

• *Que nous apprend la sculpture sur les Grecs de l'Antiquité ?*

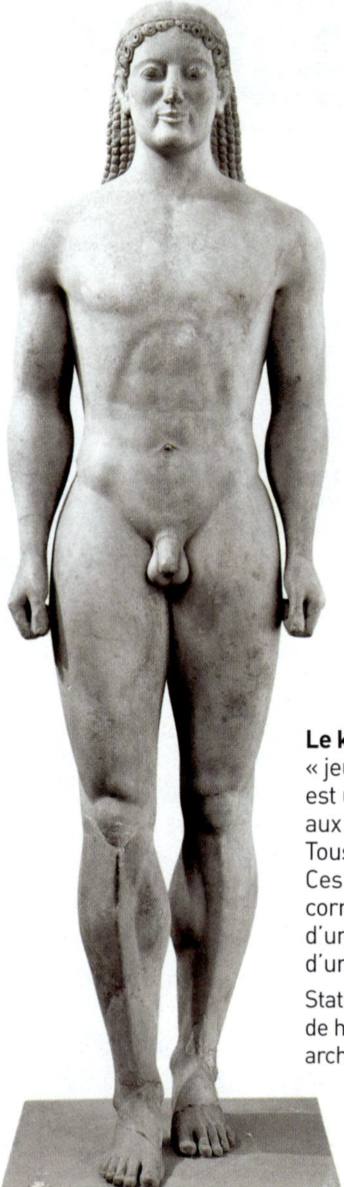

Le kouros, « jeune homme » en grec, est un type de statue sculpté aux VIIe et VIe siècles avant J.-C. Tous ont la même apparence. Ces « formes modèles » correspondent à l'image d'un dieu, d'un guerrier, d'un défunt, d'un fidèle.

Statue en marbre, 1,94 mètre de hauteur, musée national archéologique d'Athènes.

1 VIe siècle avant J.-C. : la sculpture archaïque

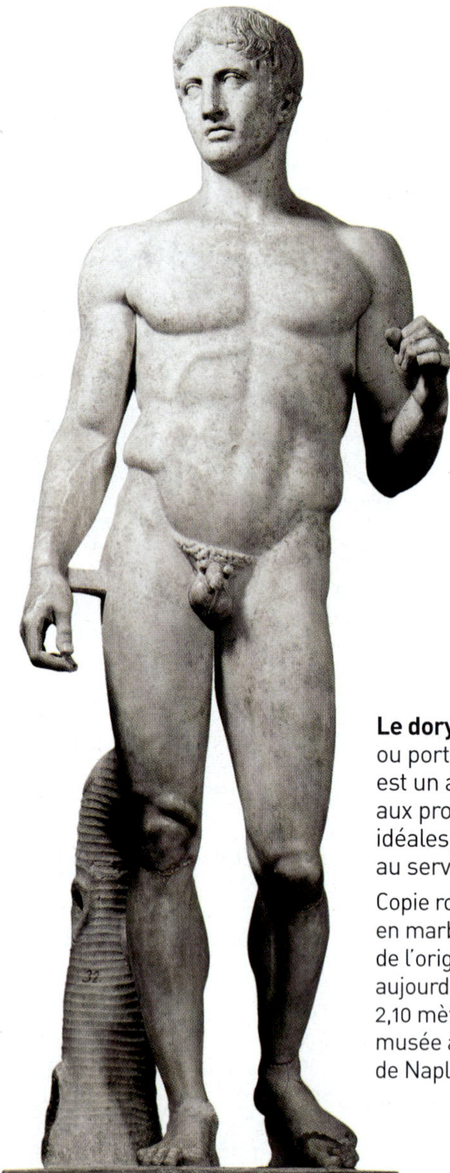

Le doryphore, ou porte-lance, est un athlète aux proportions idéales, un guerrier au service de sa cité.

Copie romaine en marbre, à partir de l'original en bronze, aujourd'hui disparu, 2,10 mètres de hauteur, musée archéologique de Naples.

2 Ve siècle avant J.-C. : la sculpture classique

Laocoon

Les Troyens découvrent sur la plage un cheval de bois abandonné par les Grecs, offrande à Athéna pour garantir à la flotte grecque un bon retour. Laocoon, prêtre d'Apollon, s'oppose à ses compatriotes et refuse de le faire entrer dans la ville, affirmant que c'est une ruse des Grecs. Alors qu'il accomplit un sacrifice à Apollon, deux serpents arrivent de la haute mer et l'étouffent, ainsi que ses fils. Les serpents se réfugient ensuite dans un temple d'Athéna. Les Troyens pensent alors que c'est la déesse qui se venge de l'outrage fait à une offrande qui lui est consacrée et, rassurés, font entrer le cheval dans leurs murs.

3 IIe siècle avant J.-C. : la sculpture hellénistique

Groupe en marbre, réalisé par trois sculpteurs de la cité de Rhodes, 2,40 mètres de hauteur, musée Pio Clementino, Vatican.

Les statues grecques

Forme

Le kouros : sculpture archaïque (corps raide, visage sans expression).

Le doryphore : sculpture classique (corps souple, proportions exactes, visage plus expressif). Volonté d'atteindre la forme idéale : la hauteur totale du corps correspond à sept fois la taille de la tête.

Laocoon : sculpture hellénistique (mouvement intense du corps, visage très expressif exprimant les sentiments).

Technique

Le sculpteur dessine le contour de la statue sur un bloc de marbre, puis il taille sa forme avec un ciseau. Il polit la statue, qui est ensuite peinte. Une statue nécessite un an de travail.

Usage

Ces statues ont une fonction religieuse : image de la divinité, offrandes aux dieux, statues funéraires dressées sur les tombes.

Questions

Je situe les œuvres d'art

1 **Docs 1, 2 et 3.** À quelle époque ces œuvres d'art ont-elles été réalisées ?

Je décris les œuvres d'art

2 **Docs 1, 2 et 3.** Que représentent ces sculptures ?

3 **Docs 1, 2 et 3.** Décrivez les évolutions que vous constatez entre les statues : la représentation du corps humain, l'expression du visage et des émotions.

4 **Docs 1, 2 et 3.** Les statues donnent-elles une impression de mouvement ?

Je fais le lien entre l'art et l'histoire

5 Comment les sculpteurs grecs s'y prennent-ils pour représenter la forme humaine ?

6 Pourquoi ces hommes ont-ils été sculptés ?

Les savants grecs

• À partir du IVe siècle avant J.-C., une place importante est accordée à la discussion et au débat public. Toutes les grandes cités grecques ont leurs savants, regroupés en écoles qui sont des lieux de recherche. Philosophes, médecins, mathématiciens, historiens, géographes, ils rejettent l'explication du monde par les mythes. Ils expliquent l'univers en se fondant sur l'observation, l'expérience, la démonstration.

Comment les savants grecs déchiffrent-ils le monde ?

1 Hippocrate, médecin

Hippocrate (480–370 avant J.-C.) pratique et enseigne la médecine à Cos et en Thessalie. Dans ses ouvrages, il décrit sa pratique médicale et les maladies observées auprès de ses patients. Hippocrate définit le serment du médecin.

a Les blessures à la tête

D'abord, il faut examiner l'endroit où le blessé a sa blessure de tête (...), considérer si les cheveux qui sont autour de la plaie ont été coupés par le projectile et s'ils ont pénétré à l'intérieur de la plaie : s'il en est ainsi, il faut dire qu'il y a risque que l'os soit dénudé de la chair (...). Voilà donc ce qu'il faut dire après avoir examiné de loin, sans toucher l'homme. Puis, le touchant désormais, on s'efforcera de savoir sûrement si l'os est dénudé de la chair ou non.

Corpus hippocratique, « Les plaies de la tête », IVe siècle avant J.-C.

b Le serment d'Hippocrate

Je jure par Apollon médecin, par tous les dieux, que je respecterai le serment suivant : « Dans toute la mesure de mes forces et de mes connaissances, je conseillerai aux malades le régime de vie capable de les soulager. Je passerai ma vie et j'exercerai mon art dans le respect des lois. Dans toute maison où je serai appelé, je n'entrerai que pour le bien des malades. Tout ce que je verrai ou entendrai, ne devra pas être divulgué, je le tairai et le considérerai comme un secret. »

Vidéo

2 Archimède, mathématicien et physicien

Archimède de Syracuse (287-212 avant J.-C.) étudie à Alexandrie où il fait d'importantes découvertes en physique et en géométrie.
Il invente un procédé faisant remonter l'eau du Nil dans les canaux d'irrigation, la vis d'Archimède.
Il fabrique des machines de guerre.

La vis d'Archimède

3 Ératosthène, mathématicien et géographe

Ératosthène de Cyrène (276-194 avant J.-C.) est un mathématicien et un géographe. Vers 245 avant J.-C., le roi Ptolémée III l'invite à Alexandrie pour être le professeur de son fils ainsi que le directeur de la Bibliothèque. Il a le premier calculé la circonférence de la Terre. Il a aussi réalisé la première carte du monde connu en s'appuyant sur les travaux des savants qui ont suivi Alexandre en Asie.

a Le début du raisonnement scientifique

Ératosthène soutient que la Terre forme approximativement un cercle qui tend à se fermer lui-même, de sorte que l'immensité n'y faisait obstacle, il nous serait possible d'aller par mer d'Ibérie[1] jusqu'en Inde. Et, après avoir dit que la Terre dans son ensemble est de forme sphérique, il décrit l'une après l'autre, toutes les modifications qui interviennent du fait de l'eau, du feu, des tremblements de terre, des éruptions volcaniques.

D'après Strabon, *Géographie*, Ier siècle après J.-C.

1. Ibérie : Espagne.

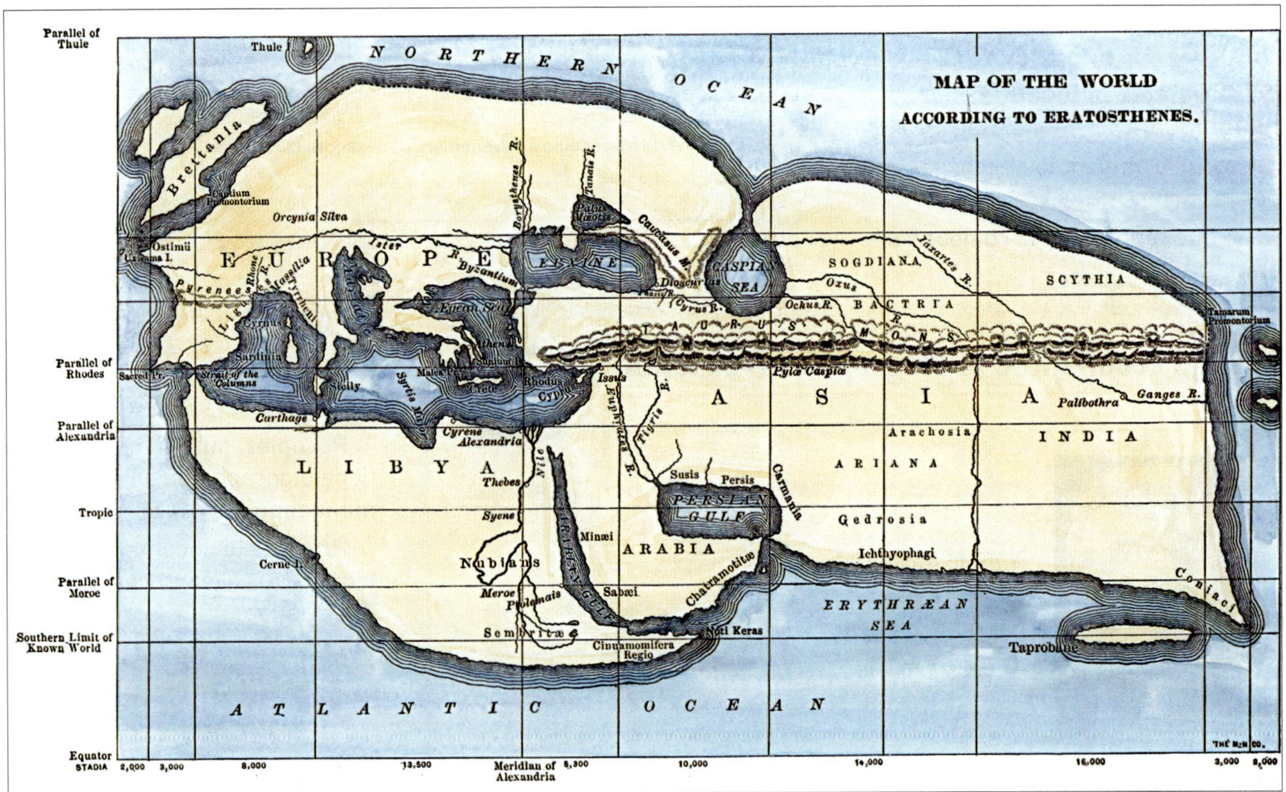

b Le monde d'Ératosthène

Reconstitution datant de 1803, BNF, Paris.

Questions

Pour chacun des savants présentés, répondez aux questions suivantes.

Je me situe dans l'espace et le temps

1 Où a vécu le savant étudié et à quel siècle ?

Je décris et j'explique

2 Quels sont les différents lieux où ce savant a étudié et enseigné ?

3 Quelles disciplines a-t-il étudiées et enseignées ?

4 Sur quelle démarche s'appuie-t-il pour faire ses découvertes ?

Je raconte

5 Racontez la vie et les découvertes d'un savant grec de votre choix.

Exercices

Je révise

1 Je sais me repérer dans l'espace

À imprimer

● Recopiez le fond de carte ci-contre, puis indiquez au bon endroit :

1. Le nom du royaume dont Alexandre devient le roi en 336 avant J.-C.
2. Le nom des mers à proximité de ce royaume.
3. Le nom de deux villes hellénistiques.
4. Le nom de la ville où Alexandre est mort.

● Complétez la légende en indiquant :

5. Ce que signifient les flèches rouges sur la carte.
6. Ce que représente la couleur verte sur la carte.

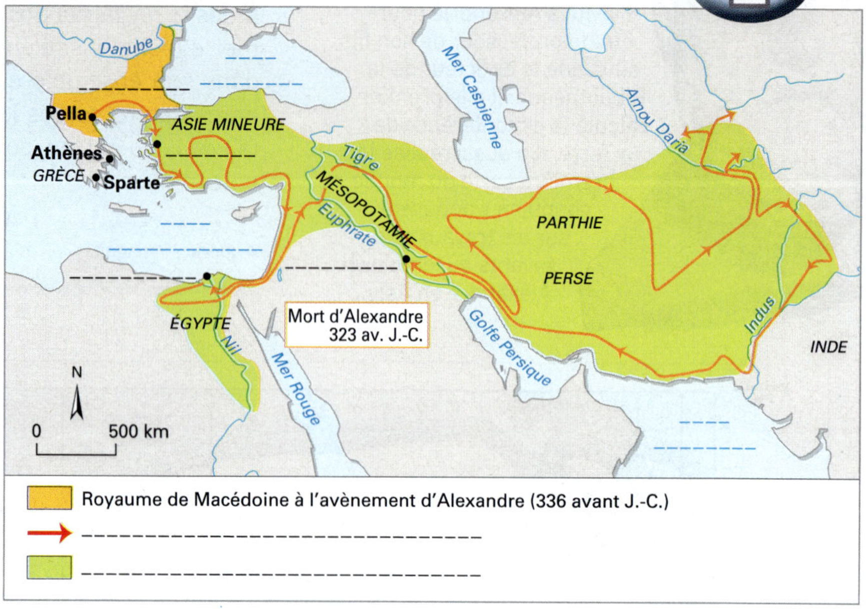

2 Je reconstitue la biographie d'Alexandre

À imprimer

Nom et surnom : ....

....

Né en : ....

Mort en : ....

À l'âge de : ....

Sa jeunesse

Fils de : ....

Étudie : ....

Son caractère

....

Son œuvre

Roi de : ....

À l'âge de : ....

Durée de son règne : ....

Ses victoires sur : ....

Ses conquêtes : ....

1. Recopiez, puis complétez cette fiche biographique à l'aide de votre manuel pp. 66-67, 68-69 et 72-73.
2. Précisez le document dans lequel vous avez trouvé chaque information.

3 J'observe et je décris un bas-relief

Alexandre priant Amon-Rê, à Louqsor

Lorsqu'il s'empare de l'Égypte, alors dominée par les Perses, Alexandre est accueilli en libérateur. Il reçoit des prêtres du dieu Amon-Rê le titre de « fils d'Amon ».

Bas-relief du temple de Louqsor en Égypte, fin du IVe siècle avant J.-C.

Questions

1 Quelle écriture pouvez-vous reconnaître sur ce bas-relief ?

2 De quelle manière Alexandre (à gauche) est-il habillé ? Que porte-t-il sur la tête ?

3 À qui ressemble Alexandre ? Montrez que cette représentation illustre ce qu'il veut être : un roi hellénistique.

4 Je construis un récit, à l'écrit ou à l'oral

Scupture en marbre du IVe siècle, musée national romain, Rome.

Aristote

❶ **366-346 avant J.-C. :** métèque, il fait ses études de philosophie à l'Académie (université) d'Athènes, puis devient professeur. Il fait des recherches en mathématiques (les nombres), en médecine (corps humain, nutrition, marche...).

❷ **346 avant J.-C. :** il part pour l'Asie mineure et crée une Académie. Il fait des recherches en biologie (les espèces animales).

❸ **322 avant J.-C. :** il meurt à Chalcis, dans la cité grecque de l'île d'Eubée.

❹ **343 avant J.-C. :** il revient en Macédoine, à l'appel du roi Philippe II. Il devient le précepteur d'Alexandre, âgé de 13 ans. Il lui enseigne les lettres et la politique.

❺ **384 avant J.-C. :** il naît en Macédoine ; son père est le médecin du roi de Macédoine.

❻ **335 avant J.-C. :** il revient à Athènes et enseigne la philosophie.

Ouvrages : *Traité d'histoire naturelle* ; *Constitution d'Athènes* ; *Physique* ; *La morale et la politique*.

Idées : l'organisation du territoire de la cité ; la justice doit régner dans la cité ; les hommes doivent rechercher le bonheur ; l'esclave est « un objet animé et un instrument utile à la vie ».

1. Remettez dans l'ordre les six étapes de la vie d'Aristote.
2. Rédigez la biographie d'Aristote, en reprenant les propositions ci-dessus. Citez quelques-unes des ses idées et de ses ouvrages.

Chapitre

5 Rome, des origines à la fin de la République

➤ *Comment la cité de Rome devient-elle un vaste empire ?*

Carte interactive

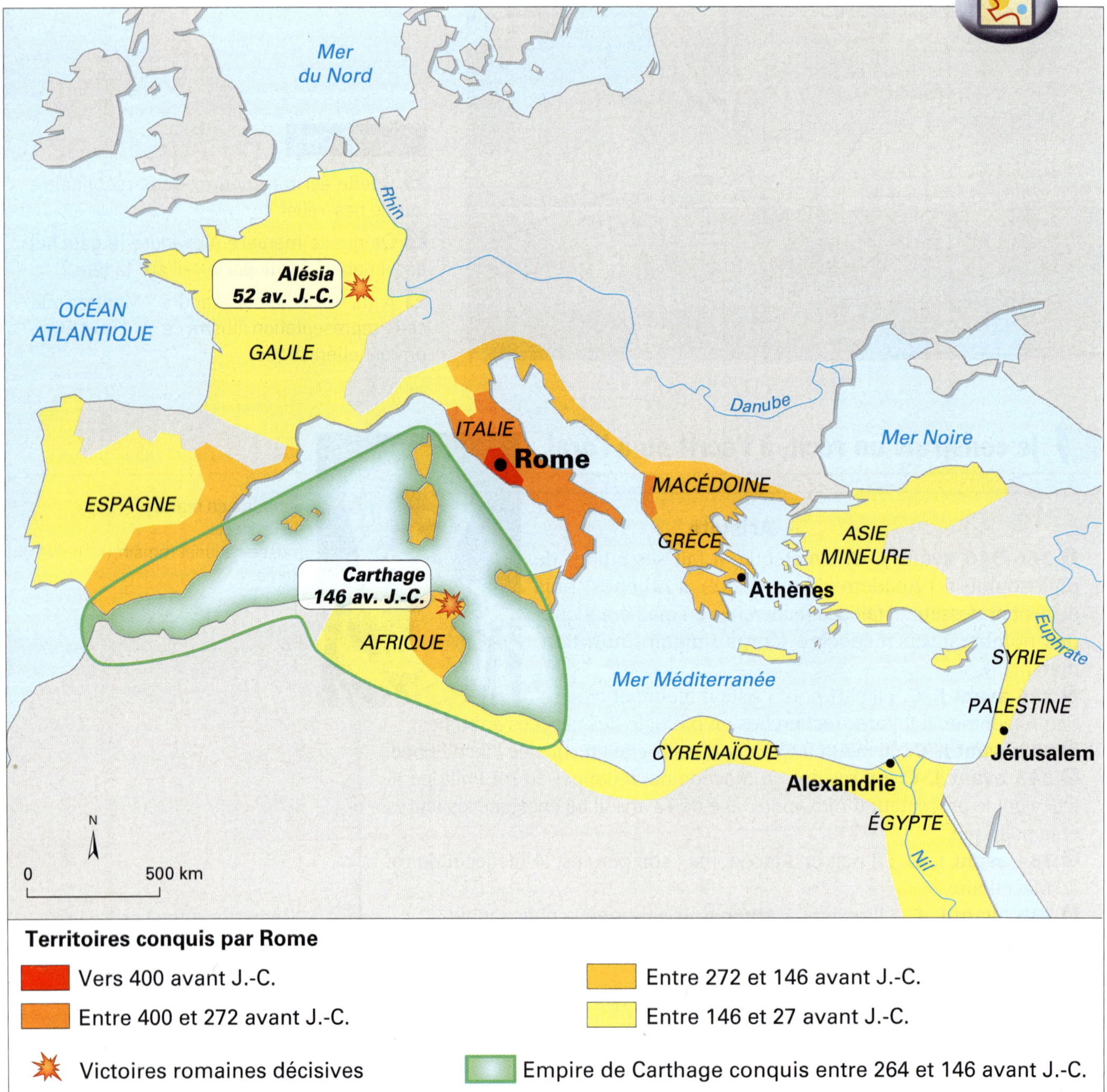

1 Rome et ses conquêtes, au temps de la République

2 Le Forum romain aujourd'hui

❶ Curie (salle du Sénat)
❷ Comitium (place de réunion des comices) et Rostres (tribune aux discours)
❸ Basilique Aemilia (tribunal)
❹ Voie sacrée
❺ Place publique
❻ Temple de Vesta
❼ Temple de Castor et Pollux

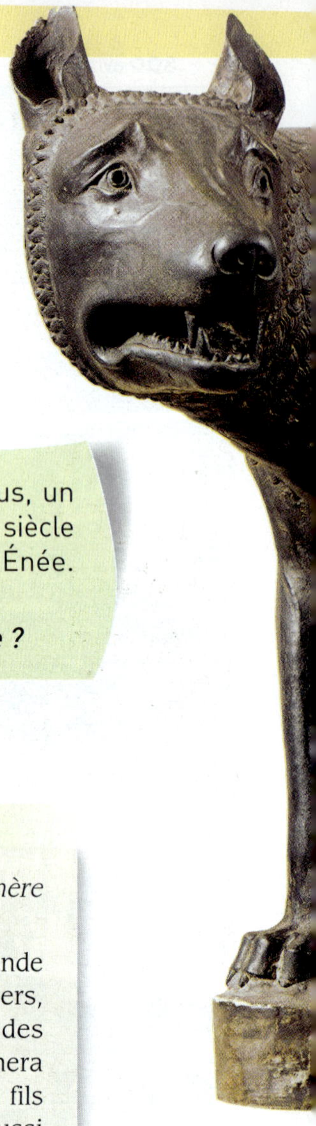

La fondation légendaire de Rome

Selon la légende, Rome aurait été fondée en 753 avant J.-C. par Romulus, un descendant du Troyen Énée. Ce mythe est repris par des auteurs latins au Ier siècle avant J.-C. Virgile, dans ***L'Énéide***, retrace les aventures légendaires d'Énée. Tite-Live, dans ***Histoire romaine***, raconte la naissance de Rome.

• *Pourquoi ce mythe de la fondation est-il important dans l'histoire de Rome ?*

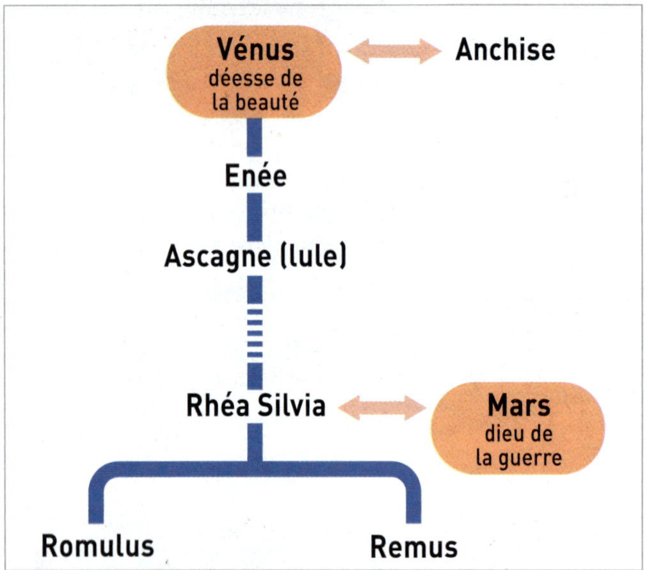

1 D'Énée à Romulus et Remus

2 Le destin d'Énée

Je chante les armes et le héros Énée qui, le premier, depuis les bords de Troie, exilé par le destin, vint en Italie. Cet homme illustre fut jeté çà et là sur la terre et sur la haute mer[1], par la violence des dieux, à cause de la colère tenace de la cruelle Junon[2]. Il subit aussi les nombreuses souffrances de la guerre avant de fonder sa ville et de s'installer dans le Latium. De là sont sorties la race latine et les murailles de Rome.

Virgile, *L'Énéide*, chant I, introduction.

1. La mer Méditerranée.
2. Épouse de Jupiter, Junon est très jalouse de la beauté de Vénus, la mère d'Énée.

3 Énée et sa descendance

Jupiter s'adresse à Vénus, la mère d'Énée.

Ton fils mènera en Italie une grande guerre, il brisera des peuples fiers, il établira pour ses hommes des institutions, des murailles et régnera pendant trois années. Alors son fils Ascagne, à qui l'on donne aussi maintenant le nom d'Iule, régnera pendant trente longues années. Il déplacera sa capitale de Lavinium et fortifiera puissamment Albe la Longue. C'est là que pendant trois cents ans la royauté demeurera aux mains des descendants d'Énée, jusqu'au jour où Ilia, fille d'un roi et prêtresse de Mars, enfantera du dieu deux fils jumeaux, Romulus et Remus. Ensuite, fier des forces acquises sous la protection d'une louve sa nourrice, l'un d'eux, Romulus, prendra en charge la nation et fondera les murailles de Mars : de son nom il nommera les Romains. À ceux-là je leur ai donné un empire sans fin. Un Troyen paraîtra, d'une lignée bénie, César, pour étendre leur empire jusqu'à l'océan, leur renom jusqu'aux astres. Il sera Julius, nom qui lui vient du grand Iule.

Virgile, *L'Énéide*, chant I.

4 La louve romaine allaitant Romulus et Remus

Les enfants ont été rajoutés au XVIe siècle.
Bronze du Ve siècle avant J.-C., musée du Capitole, Rome.

5 Romulus, le premier roi de Rome

À leur naissance, les jumeaux Romulus et Remus sont jetés dans le Tibre par le roi d'Albe qui avait détrôné leur grand-père. Ils sont recueillis par une louve, puis élevés par un couple de bergers.

Romulus et Remus décidèrent de fonder une ville à l'endroit où ils avaient été abandonnés et élevés. Étant jumeaux, l'ancienneté de l'âge ne pouvait rien décider. Ils en appelèrent donc aux dieux : c'était à eux de désigner celui qui donnerait son nom à la cité nouvelle et la gouvernerait. Romulus alla se placer sur le Palatin, Remus sur l'Aventin. C'est à Remus qu'apparut le premier augure[1] : six vautours. À peine voulut-il l'annoncer que Romulus en aperçut deux fois plus. Chacun d'eux est proclamé roi par les siens. Les uns invoquant la priorité du présage, les autres, le nombre des oiseaux. On discute, on s'échauffe. La querelle dégénère en bagarre sanglante, Remus tombe, frappé à mort.

D'après Tite-Live, *Histoire romaine*, Ier siècle avant J.-C.

1. Augure : présage.

L'Énéide

- **Le genre :** épopée, récit où la légende se mêle à l'histoire, célébrant les exploits d'un héros ou d'un peuple.
- **La forme :** poème en langue latine, composé de 12 chants et de 10 000 vers. Première partie : les voyages d'Énée en Méditerranée jusqu'à son arrivée en Italie. Seconde partie : conquête du Latium par Énée.
- **L'auteur : Virgile** (70-19 avant J.-C.), poète romain, écrit *L'Énéide* entre 29 et 19 avant J.-C. À sa mort, il laisse l'œuvre inachevée.
- **Le contexte :** *L'Énéide* est écrit à la demande de l'empereur Auguste qui veut glorifier Rome et ses ancêtres.
- **La diffusion :** le théâtre et l'école.

Questions

Je situe l'œuvre d'art

1 **Doc 2.** Quand commence l'aventure d'Énée ? Quand Virgile la raconte-t-il ?

2 **Docs 1 et 2.** Qui est Énée ? De quelle cité vient-il ?

Je raconte l'œuvre d'art

3 **Doc 3.** Qui sont les descendants d'Énée ? Quel est leur rôle ?

4 **Docs 4 et 5.** Comment Romulus a-t-il fondé Rome ?

5 **Docs 2 et 3.** Quelles informations montrent que *L'Énéide* est une épopée ?

Je fais le lien entre l'art et l'histoire

6 Pourquoi Auguste fait-il écrire *L'Énéide* et *Histoire romaine* ?

Découvrir

Les origines de Rome

- *L'Énéide* raconte l'origine légendaire de Rome. En réalité, le site de Rome est habité à partir du VIIIe siècle avant J.-C.
- Des archéologues ont découvert des traces de cabanes de bergers **latins** sur la colline du Palatin. Ils ont aussi découvert des traces de constructions **étrusques**, peuple voisin organisé en cités.

➤ ***Qui sont les premiers habitants de Rome ?***

1 Cabane des premiers habitants de Rome

Des traces de cabanes de bergers du VIIIe siècle avant J.-C. ont été retrouvées sur le mont Palatin à Rome.
Urne funéraire en forme de cabane, musée archéologique du Palatin, Rome.

Vocabulaire

Archéologie : science qui étudie les sociétés disparues d'après leurs vestiges.

Étrusques : peuple vivant dans le centre de l'Italie, au nord du Latium, jusqu'au VIe siècle avant J.-C.

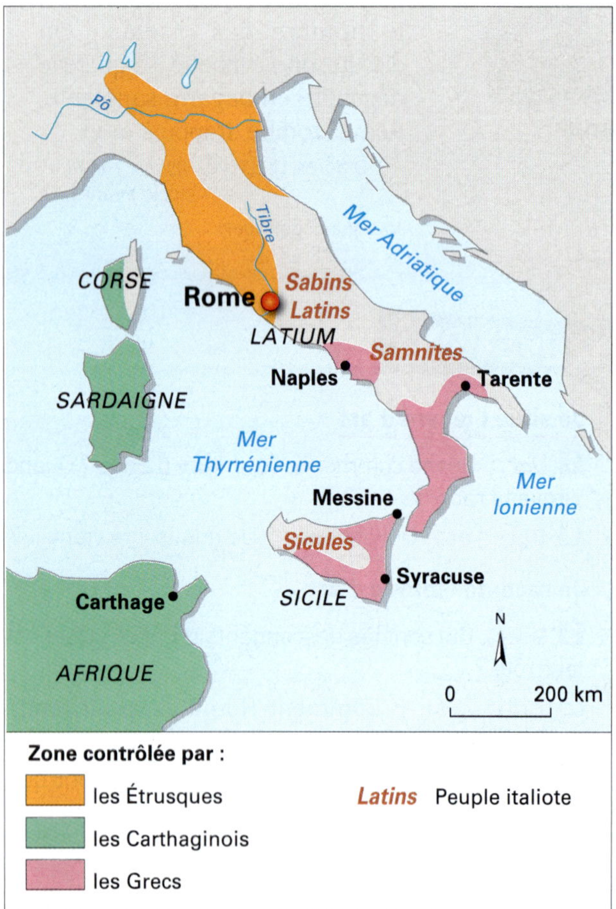

2 Les peuples de l'Italie au début du VIIIe siècle avant J.-C.

3 L'architecture étrusque

Ce temple de Jupiter sur le Capitole est le plus ancien temple de Rome. Son plan est typique des temples étrusques.
Monnaie de Marcus Volteius, BNF, Paris.

4 **La Cloaca Maxima**

Ce « grand égout » a été construit par le roi étrusque Tarquin l'Ancien au VIe siècle avant J.-C., pour assécher les marais en conduisant les eaux vers le Tibre.

5 **Rome à l'époque des rois étrusques**

6 **Un rempart autour de Rome**

Le roi étrusque Servius Tullius fait construire un mur qui englobe les sept collines de Rome au VIe siècle avant J.-C.

QUESTIONS

Je me situe dans l'espace et le temps

1 **Doc 2.** Où est située Rome ?

2 **Doc 2.** Quels peuples sont présents à Rome au VIIIe siècle avant J.-C. ?

Je décris et j'explique

3 **Docs 1 et 5.** Quelles sont les activités des premiers habitants de Rome ?

4 **Docs 3, 4 et 6.** Nommez les constructions présentées par ces documents. Qui a ordonné leur réalisation ?

5 **Doc 5.** Nommez les lieux de la vie politique.

Je raconte

6 Vous êtes archéologue et vous menez l'enquête sur la naissance de Rome. Racontez ce que vous découvrez.

Découvrir

Les élections à Rome

• Sous la **République**, le peuple romain participe à la vie politique. Les citoyens sont réunis en assemblées, les **comices**, qui votent les **lois** et élisent les **magistrats** à la tête de la cité de Rome. Ces élections ont lieu au **Forum** romain et au **Champ de Mars**.

➤ ***Comment se déroulent les élections à Rome au temps de la République ?***

Vocabulaire

Comices : assemblées des citoyens à Rome.

Magistrat : personne à qui le peuple a reconnu le pouvoir d'administrer, de juger, ou de commander les armées.

République (du latin *res publica*, la chose publique): Gouvernement où le pouvoir n'est pas exercé par une seule personne, mais par plusieurs, désignées par l'ensemble ou une partie de la population.

1 Un orateur républicain

Aulus Metellus est un riche citoyen romain. Vêtu de sa toge, il se prépare à parler dans l'attitude en usage à l'époque.

Statue d'Aulus Metellus, Ier siècle avant J.-C., Musée archéologique, Florence.

2 Les conseils au candidat

Fais-toi des amis dans toutes les classes de la société et dans toutes les régions : qu'ils fassent campagne pour toi dans leur voisinage comme s'ils étaient candidats à ta place. Cherche l'amitié des gens influents. En ce qui concerne la popularité, il faut être aimable, de bonne réputation et répondre à l'espoir public. Montre ton désir de bien connaître tes concitoyens et va souvent au Forum. Rien ne te rendra plus populaire. Fais des promesses ; en les refusant on est sûr de se faire des ennemis. Que ta campagne soit magnifique, brillante, éclatante, populaire.

D'après Quintus Ciceron, *Manuel de campagne électorale*, Ier siècle avant J.-C.

❸ Un citoyen met dans l'urne son bulletin de vote.

❷ Pour empêcher la bousculade près de l'urne et assurer la liberté du vote, chaque votant doit avancer sur un pont très étroit où on ne peut passer qu'un par un.

❶ Un citoyen reçoit une tablette en bois recouverte de cire, sur laquelle il va inscrire un nom pour l'élection des magistrats, oui ou non pour le vote d'une loi.

3 Le vote aux comices

Monnaie du IIe siècle avant J.-C., BNF, Paris.

Les élections peuvent durer plusieurs jours. Les citoyens sont convoqués à l'élection par un appel du haut des murs, au son de la trompette.

4 Au Forum, lieu de la vie politique (reconstitution)

❶ Curie (salle du Sénat)
❷ Comitium (place de réunion des comices) et Rostres (tribune aux discours)
❸ Basilique Aemilia (tribunal)
❹ Voie sacrée
❺ Place publique

5 Citoyens riches et pauvres

Servius Tullius[1] partagea les citoyens en cinq classes selon la richesse et les répartit dans l'armée. Il établit des degrés de façon que personne ne se sente exclu, tout en laissant la totalité du pouvoir aux plus riches. Les chevaliers de la première classe étaient en effet les premiers appelés à voter. En cas de désaccord, ce qui était exceptionnel, on convoquait la seconde classe, mais il n'arrivait presque jamais que l'on consulte les dernières classes.

D'après Tite-Live, *Histoire romaine*, Ier siècle avant J.-C.

1. Roi du VIe siècle avant J.-C. Cette organisation a été conservée sous la République.

Questions

Je me situe dans l'espace et le temps

1 **Docs 3 et 4.** Où se déroulent les élections ?

Je décris et j'explique

2 **Doc 1.** Qu'est-ce qu'un orateur ?

3 **Doc 2.** Que doit faire un candidat pour avoir des chances d'être élu ?

4 **Docs 3 et 4.** Comment se déroulent les élections ?

5 **Doc 4.** Citez les bâtiments politiques du Forum.

6 **Doc 5.** Les citoyens romains participent-ils tous au vote ?

Je raconte

7 Vous êtes un jeune Romain et vous accompagnez votre père au forum, lors des élections. Racontez.

1 La République romaine

➤ ***Comment fonctionne la République romaine ?***

A La naissance de la République romaine

■ Vers 600 avant J.-C., les Étrusques s'emparent du Latium et fondent la cité de Rome. Mais en **509 avant J.-C.**, les Romains chassent le roi étrusque et proclament la **République**.

B Les citoyens romains

1. Pour être **citoyen romain**, il faut être un homme libre habitant Rome ou le Latium. Au début de la République, seuls les **patriciens** (doc 1), les citoyens des plus riches familles romaines, dirigent la cité.

2. Les **plébéiens**, paysans et artisans, n'ont aucun droit politique. Après deux siècles de lutte, ils obtiennent l'égalité politique avec les patriciens (doc 2).

C Le Sénat et le peuple romain

1. Aux **comices**, les citoyens votent les **lois** et élisent les **magistrats** qui gouvernent la cité (doc 3). Élus pour un an, ceux-ci suivent la « **carrière des honneurs** » (doc 4). Ils doivent être riches car ils financent eux-mêmes leur fonction. Les **consuls** sont les magistrats les plus importants.

2. Les **sénateurs** sont d'anciens magistrats issus des familles les plus riches. Ils sont nommés à vie et forment une assemblée permanente, le **Sénat** (doc 3). Au nom du peuple romain, ils prennent toutes les décisions importantes (guerre et paix, finances...).

Vocabulaire

Citoyens : voir p. 54.

Consul : magistrature exercée à deux. Les consuls président les comices et le Sénat et commandent l'armée.

Magistrat : voir p. 86.

République : voir p. 86.

Sénat : assemblée formée de 300 anciens magistrats, à vie. Il contrôle les finances de l'État, décide de la paix et de la guerre.

1 Un patricien romain

Le patricien, chef d'une grande famille romaine, porte le buste de ses ancêtres. Il est drapé dans sa toge, vêtement du citoyen. Marbre du Ier siècle avant J.-C., musée du Capitole, Rome.

2 La lutte des plébéiens

En 494 av. J.-C., les plébéiens refusent de partir à la guerre et menacent de quitter Rome pour fonder une nouvelle cité.

Citoyens ! Cette fois encore, on ne se battra pas. Consuls, le peuple est disposé à vous suivre dans cette guerre, mais à condition qu'il soit permis aux hommes actifs et courageux d'accéder aux honneurs, que nous puissions, en exerçant les magistratures annuelles, tour à tour commander et obéir. Si vous vous y opposez, personne ne prendra les armes.

D'après Tite-Live, *Histoire romaine*, Ier siècle avant J.-C.

■ Contre qui les citoyens plébéiens se révoltent-ils ? Pourquoi ?

3 Le gouvernement de la République

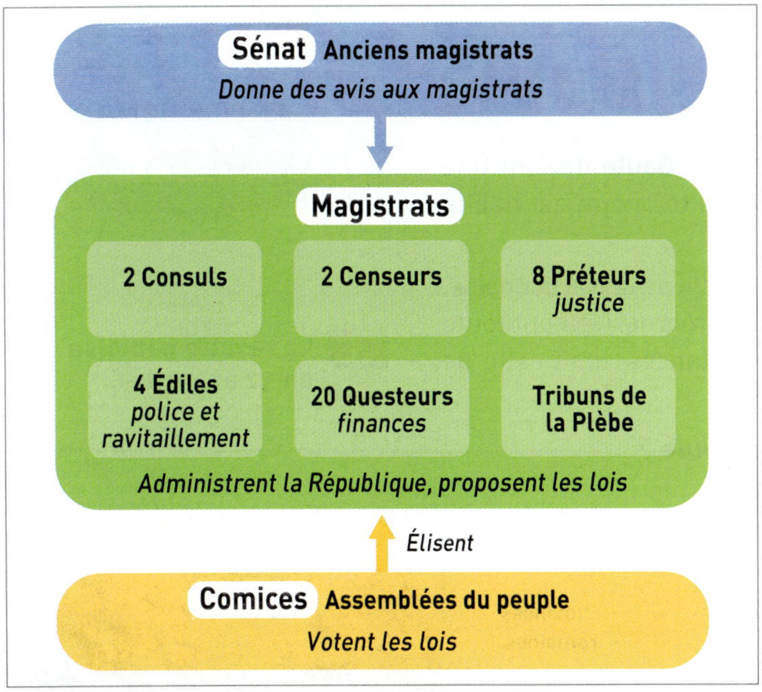

a **L'organisation de la République romaine**

b **Le pouvoir des consuls**

Les consuls, quand ils se trouvent à Rome, avant d'emmener les troupes en campagne, dirigent les affaires publiques. Tous les autres magistrats, à l'exception des tribuns, leur sont subordonnés et exécutent leurs ordres. Pour les opérations militaires, ils ont un pouvoir presque illimité. Les consuls ont cependant besoin du Sénat et du peuple. C'est aux consuls qu'il appartient de soumettre au Sénat les questions les plus importantes et d'appliquer ses décisions. Ce sont eux qui réunissent les assemblées des citoyens, qui leur proposent les lois à voter à la majorité et qui les appliquent.

Polybe, *Histoires*, IIe siècle avant J.-C.

1. Quels sont les trois groupes de personnes qui participent au gouvernement de la République (doc a) ?
2. Quel est le rôle des consuls ? Disposent-ils de tous les pouvoirs ? (doc b)
3. Pourquoi le Sénat dispose-t-il du pouvoir le plus important ?

4 Jules César et la carrière des honneurs

a **Caius, Julius, César**

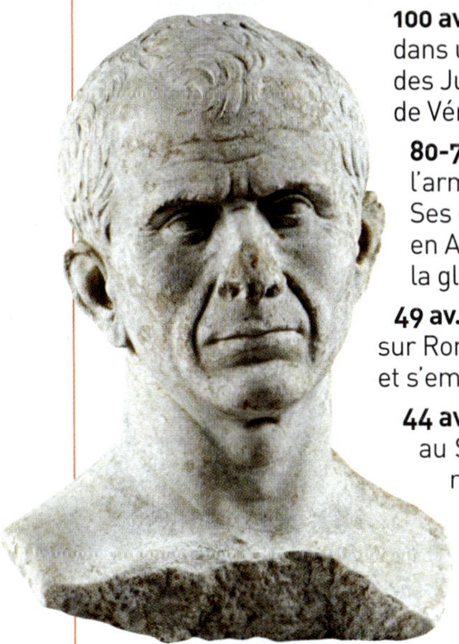

100 av. J.-C. : naissance à Rome dans une très noble famille des Julii, qui se dit descendante de Vénus et d'Énée.

80-70 av. J.-C. : il sert dans l'armée, devient général. Ses campagnes militaires en Asie et en Gaule lui valent la gloire.

49 av. J.-C. : il marche sur Rome avec son armée et s'empare du pouvoir.

44 av. J.-C. : il est assassiné au Sénat par des conspirateurs républicains.

Buste de César en marbre, 49-46 avant J.-C., trouvé en 2007 dans le Rhône, musée départemental d'Arles.

1. Qui est Jules César ?
2. Racontez sa carrière politique.

b **La carrière des honneurs de Jules César**

La conquête de la Gaule

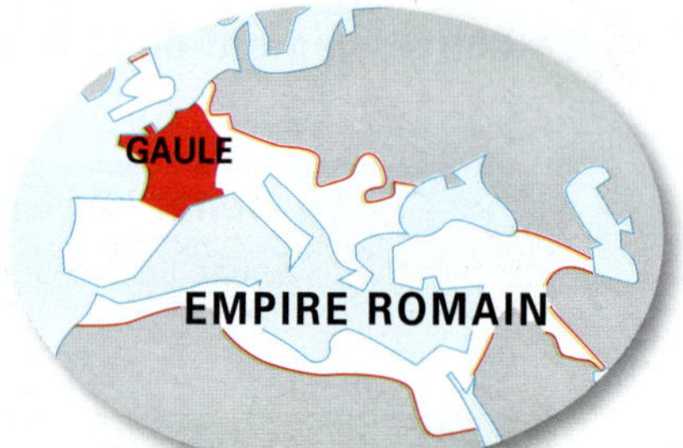

- À la fin du IIe siècle avant J.-C., le sud de la **Gaule** devient une province romaine, la Narbonnaise. Le reste du territoire est habité par des peuples organisés en cités rivales.
- En 59 avant J.-C., **Jules César** devient proconsul de la Narbonnaise. Profitant des rivalités entre Gaulois, il occupe progressivement toute la Gaule. Mais sa présence soulève des résistances, dont celle de **Vercingétorix**, un jeune noble gaulois.

Comment Jules César conquiert-il la Gaule ?

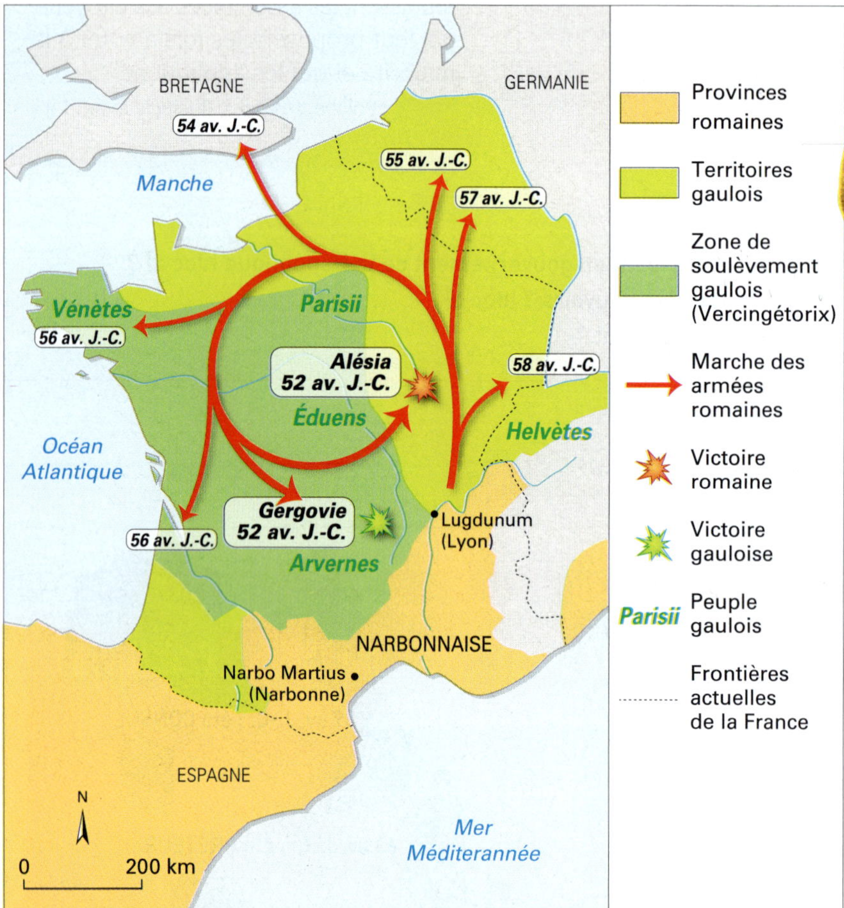

1 Les campagnes militaires de Jules César

2 L'armée romaine

Il est très difficile de disloquer une armée romaine en formation de combat, car à partir d'un seul et unique ordre de bataille, les légionnaires peuvent tous ensemble ou par petites unités faire front de n'importe quel côté. En outre, avec leurs grands boucliers et leurs épées qui résistent aux coups, ils sont bien protégés.

Polybe, *Histoires*, IIe siècle avant J.-C.

3 La révolte gauloise en 52 avant J.-C.

Pièce en or mêlée d'argent, 52 avant J.-C., BNF, Paris.

Vercingétorix, fils de Celtillos, Arverne, jeune homme qui était parmi les plus puissants du pays, convertit à sa cause tous ceux de ses compatriotes (les Gaulois) qu'il rencontre. Il les encourage à prendre les armes pour la liberté de la Gaule. Il rassemble de grandes forces. Ses partisans le proclament roi. Il ne lui faut pas longtemps pour avoir à ses côtés tous les peuples gaulois. À l'unanimité, on lui confie le commandement suprême. Il ordonne qu'un nombre déterminé de soldats lui soit amené sans délai. Il fixe quelle quantité d'armes chaque cité doit fabriquer. Il donne un soin particulier à la cavalerie.

César, *La Guerre des Gaules*, 51 avant J.-C.

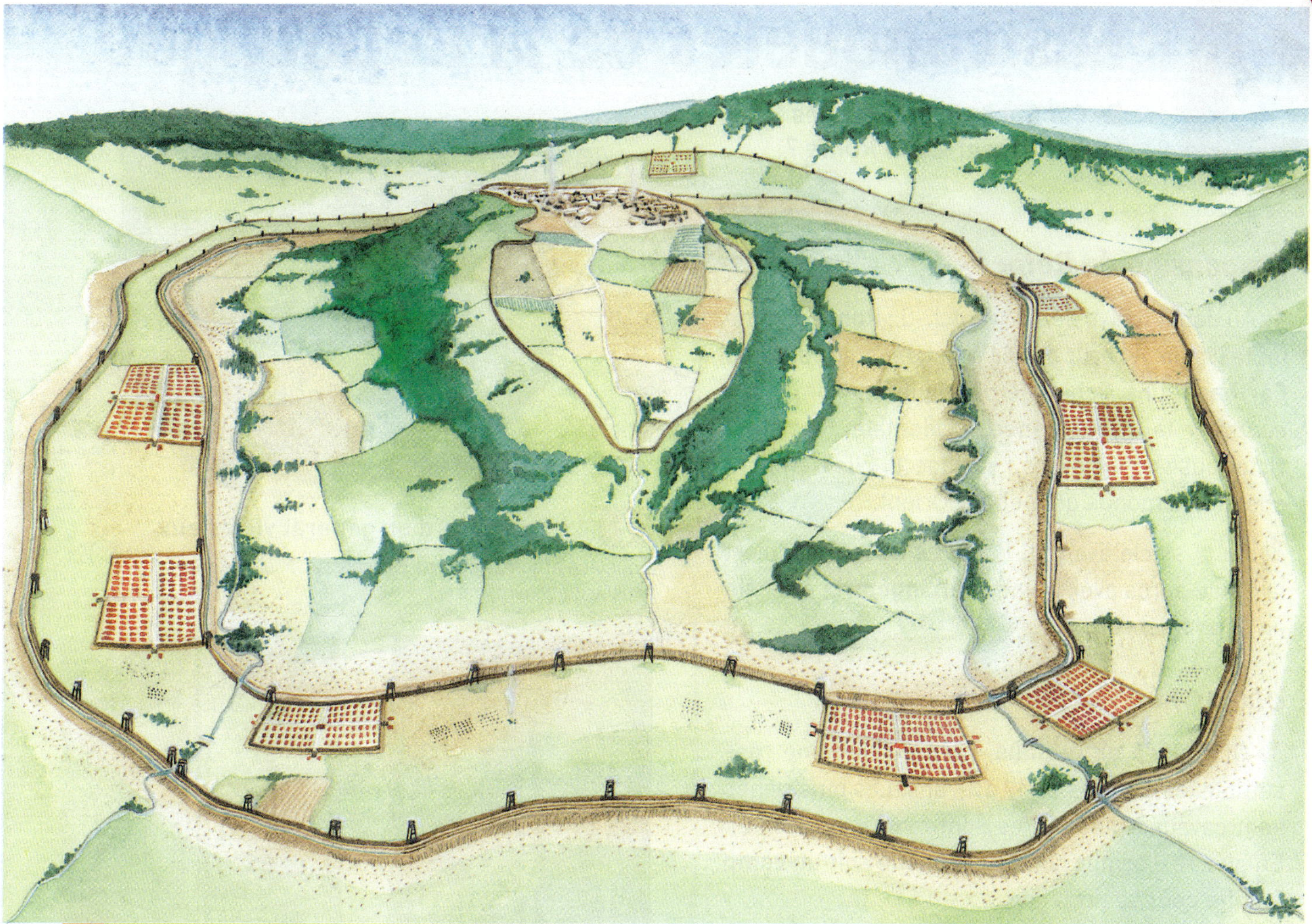

4 Les fortifications romaines autour d'Alésia

Les Romains entourent Alésia de deux lignes de défense longues de 30 km, l'une tournée vers Alésia pour empêcher l'armée gauloise d'en sortir, l'autre tournée vers l'extérieur pour empêcher l'arrivée de renforts.

5 La reddition de Vercingétorix

Vercingétorix convoque l'assemblée : il déclare que cette guerre a été entreprise pour conquérir la liberté de tous. Il s'offre, pour qu'on apaise les Romains par sa mort ou en le livrant vivant. On envoie à ce sujet une délégation à César qui ordonne qu'on lui livre les armes et qu'on amène les chefs. On lui livre Vercingétorix, on jette les armes à ses pieds. César distribue les prisonniers à l'armée entière, à titre de butin.

César, *La Guerre des Gaules*, 51 avant J.-C.

Vercingétorix est emprisonné à Rome. En 46 avant J.-C., il est mis à mort à l'occasion de la cérémonie du triomphe de César.

Questions

Je me situe dans l'espace et le temps

1 Où se situe la Gaule ?

2 **Doc 1.** Sur quelle période s'étend la conquête de la Gaule par les Romains ?

Je décris et j'explique

3 **Docs 1 et 2.** Par quels moyens Jules César étend-il peu à peu sa domination sur la Gaule ?

4 **Doc 3.** Qui est Vercingétorix ? Que décide-t-il en 52 avant J.-C. ?

5 **Doc 4.** Comment les Gaulois sont-ils vaincus par les Romains à Alésia ?

6 **Doc 5.** Qu'ordonne César après sa victoire sur les Gaulois ? Que devient Vercingétorix ?

Je raconte

7 Après la défaite, un soldat gaulois rentre dans sa cité. Devant les habitants rassemblés, il fait le récit de la bataille d'Alésia.

2 Les conquêtes de la République

➤ *Comment les conquêtes transforment-elles Rome ?*

A L'expansion de Rome

1. Au début du IVe siècle avant J.-C., **Rome** domine toute l'Italie. À partir de 264 avant J.-C., elle affronte **Carthage**, une riche cité d'Afrique du Nord, pour contrôler la Méditerranée occidentale. Rome est victorieuse en 146 avant J.-C. (doc 3). Elle s'empare ensuite du monde grec et de l'Orient.

2. Au Ier siècle avant J.-C., **Jules César** conquiert la Gaule après avoir vaincu **Vercingétorix** à **Alésia** en 52 avant J.-C.

B Une armée victorieuse

1. Organisée en **légions**, l'armée romaine rassemble les citoyens de 17 à 45 ans. Les plus riches sont cavaliers, les autres sont fantassins (doc 2). En guerre, l'armée construit chaque soir un **camp fortifié** pour se protéger.

2. Par sa discipline sévère, l'armée romaine est redoutable. Après une victoire, les soldats reçoivent une part de butin et le général a droit au **triomphe** (doc 1).

C Les conséquences des conquêtes

1. L'argent afflue à Rome car de lourds **tributs** sont imposés aux peuples vaincus. Les pays conquis, transformés en **provinces**, sont gouvernés par des proconsuls qui pillent les richesses. Le goût du luxe se répand chez les Romains (doc 4).

2. Les guerres renforcent le prestige des généraux victorieux qui s'affrontent pour s'emparer du pouvoir. **La République est en danger.**

Vocabulaire

Légion : principale unité de l'armée romaine, qui regroupe environ 4 000 hommes.

Tribut : impôt forcé, imposé aux vaincus.

Triomphe : cérémonie à Rome en l'honneur du général victorieux et de son armée.

1 Le triomphe d'un général victorieux

Gobelet d'argent, trésor de Boscoreale, Ier siècle après J.-C., musée du Louvre, Paris.

2 Le légionnaire romain

Bas-relief en ivoire, IVe siècle avant J.-C., musée des Antiquités, Rome.

■ **Décrivez la tenue du légionnaire.**

3 Les guerres contre Carthage

a La bataille de la Trébie, 218 avant J.-C.

Hannibal, ayant passé les Alpes, entre en Italie où il affronte l'armée romaine de Scipion.

On était alors en plein hiver. Il neigeait et il faisait un froid glacial. Provoquée par Hannibal, l'armée romaine s'était mise en marche sans avoir pris aucune nourriture. (...) La cavalerie carthaginoise, qui surpassait de beaucoup la cavalerie romaine par le nombre et la vigueur, tomba sur elle avec tant de force qu'elle la mit en fuite. Les deux ailes romaines attaquées de face par les éléphants, de côté et de dos par les soldats carthaginois, furent culbutées dans la rivière. Il n'y eut que la première ligne qui perça avec un grand courage, à travers les Gaulois et les Africains. Mais voyant la défaite de ses ailes, elle se retira au nombre d'au moins dix mille hommes. La plupart des autres qui restaient périrent sur les bords de la rivière, écrasés par les éléphants ou par la cavalerie.

Polybe, *Histoires*, IIe siècle avant J.-C.

b Hannibal, général carthaginois

Après avoir franchi les Alpes, il inflige de graves défaites aux Romains. Il est finalement vaincu en Afrique par le consul romain Scipion, en 202 avant J.-C. Il met fin à ses jours pour ne pas tomber aux mains des Romains. Musée archéologique de Naples.

1 Où Hannibal combat-il les Romains (docs a et b) ?

2 Comment s'explique sa victoire à la Trébie (doc a) ?

3 Comment se terminent les guerres contre Carthage (doc b) ?

4 La République bouleversée

a L'abandon des valeurs romaines

Chez les Romains, en paix comme en guerre, la vertu et le courage étaient à l'honneur (...). Ils étaient économes dans leur intérieur, fidèles dans leurs amitiés. Mais quand la République eut vaincu à la guerre de grands rois, des peuples barbares et des nations puissantes, la fortune se mit à jeter partout le trouble. On vit croître la passion de l'argent puis celle de la domination. L'avidité ruina la bonne foi, l'honnêteté, toutes les vertus. On les remplaça par l'orgueil, la cruauté, la vénalité. Ces maux grandirent, devinrent contagieux. Ce fut comme une peste. L'autorité fondée jusqu'alors sur la justice et le bien, devint cruelle et intolérable.

Salluste, *Conjuration de Catilina*, X, Ier siècle avant J.-C.

b Une vie de luxe

Fresque de Pompéi du Ier siècle avant J.-C.

1 À la suite des conquêtes, quelles qualités semblent avoir disparu chez les Romains ? Par quoi sont-elles remplacées ? (doc a)

2 Comment la fresque montre-t-elle la nouvelle manière de vivre des riches Romains (doc b) ?

Exercices

Je révise

1 Je sais me repérer dans l'espace

- Recopiez le fond de carte ci-contre, puis indiquez au bon endroit :

1. Le nom des mers et de l'océan proches de Rome et de ses territoires conquis.

2. La ville fondatrice de la République.

3. Le nom des deux victoires romaines importantes.

4. Le nom de deux territoires conquis par Rome.

- Complétez la légende.

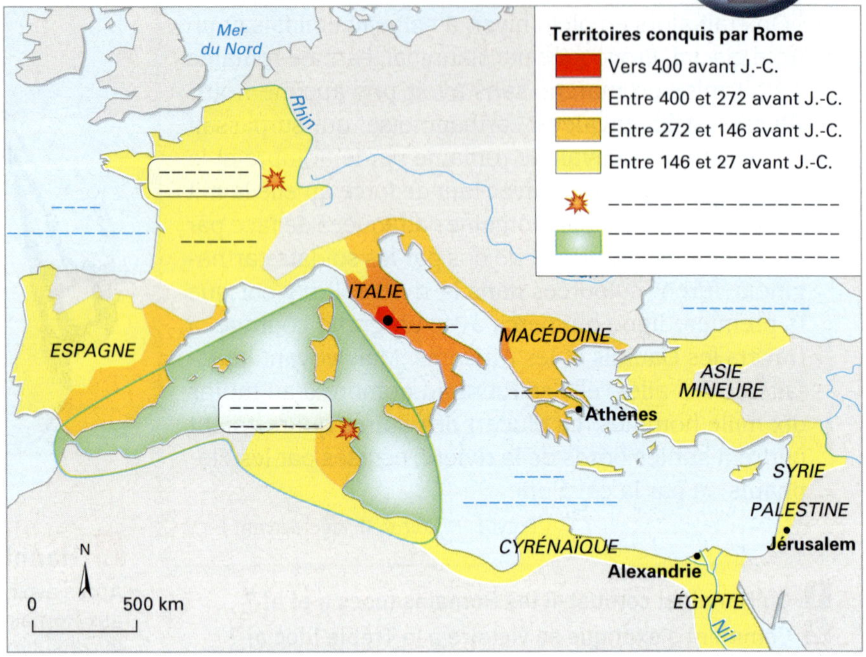

2 Je sais me repérer dans le temps

Reliez les dates indiquées sur la frise chronologique avec les éléments suivants :

1. La guerre des Gaules

2. La fondation de Rome

3. La bataille d'Alésia

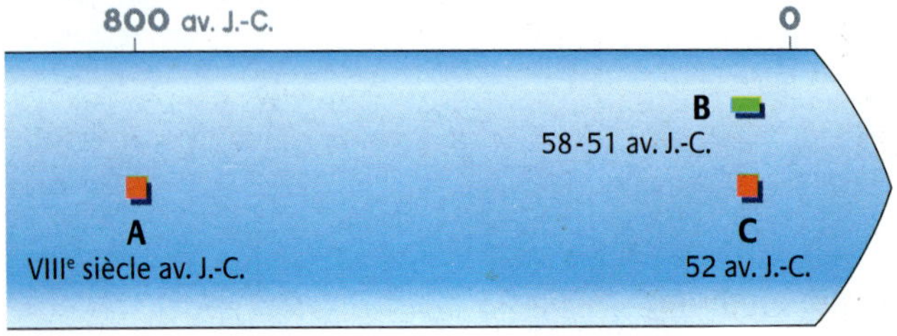

3 Je sais définir les mots clés

Associez chacun des mots clés ci-dessous à sa définition.

1. Magistrat – 2. Triomphe – 3. République – 4. Sénat – 5. Citoyen

A. Celui qui possède les droits civiques, politiques et juridiques dans sa cité.

B. Assemblée formée de 300 anciens magistrats, à vie. Il contrôle les finances de l'État, décide de la paix et de la guerre.

C. Personne à qui les citoyens ont reconnu le pouvoir d'administrer, de juger, ou de commander les armées.

D. Gouvernement où le pouvoir n'est pas exercé par une seule personne, mais par plusieurs, désignées par l'ensemble ou une partie de la population.

E. Cérémonie à Rome en l'honneur du général victorieux et de son armée.

4 Je sais raconter et expliquer

1. Qui sont les citoyens romains ? Sont-ils tous égaux ?

2. Comment la République romaine est-elle gouvernée ?

3. Qui est Jules César ?

4. Qui est Vercingétorix ?

5. Comment s'est déroulée la bataille d'Alésia ?

5 Je décris et j'explique une fresque

a Le combat entre Énée et Turnus

Turnus[1] se décide enfin à se mesurer à Énée en duel. Aussitôt, il s'en va préparer ses armes et son char. Junon tente cependant de sauver Turnus de la mort, en essayant de le faire renoncer au combat. Les Rutules sont inquiets. Énée est soudain blessé par une flèche anonyme. Turnus reprend espoir. Énée entouré de ses proches est soigné sans succès par Iapyx, un médecin troyen. Vénus, apitoyée par la souffrance de son fils, intervient secrètement, mêlant à l'eau utilisée par Iapyx une plante miraculeuse. Énée, subitement guéri, veut reprendre le combat. Le duel s'engage à coups de javelots lancés de loin, puis évolue en un corps à corps farouche. Énée transperce le bouclier de Turnus. Ce dernier, terrassé, reconnaît sa défaite.

D'après Virgile, *L'Énéide*, chant XII.

1. Chef d'un peuple d'Italie, les Rutules. Il s'oppose à Énée qui veut conquérir le Latium.

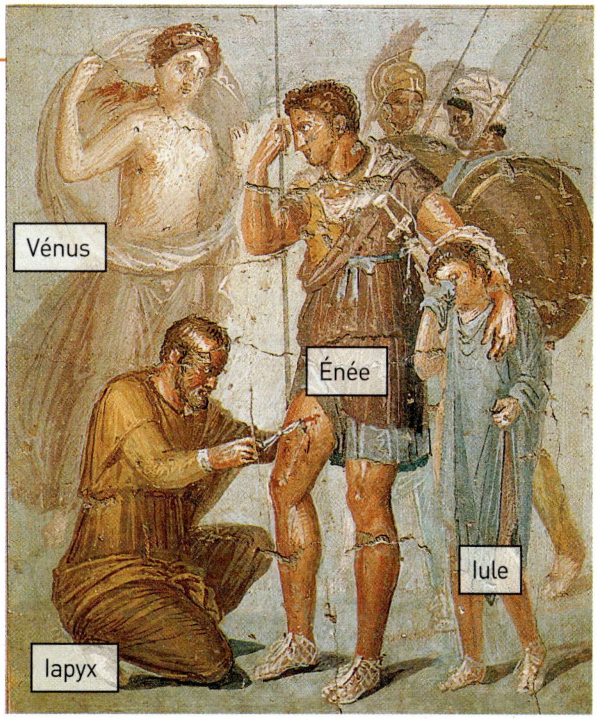

b Un épisode du combat
Fresque de Pompéi, Ier siècle après J.-C.

Questions

1. Comment débute le combat entre Énée et Turnus ? (doc a)
2. Qui l'emporte dans ce combat ? Pourquoi ? (doc a)
3. Comment l'auteur de *L'Énéide* présente-t-il Énée ? (doc a)
4. Décrivez la scène de la fresque et l'attitude des personnages représentés. (doc b) L'auteur de la fresque présente-t-il Énée de la même manière que l'auteur de *L'Énéide* ?

6 Je raconte un événement en analysant une image

La reddition de Vercingétorix (52 avant J.-C.)
Tableau de Motte, peintre français, XIXe siècle, musée Crozatier, Le Puy-en-Velay.

Questions

1. Identifiez, d'après vos connaissances, le lieu et les personnages représentés. Pour qui est la tente rouge à l'arrière-plan ?
2. Dans quelle attitude le peintre représente-t-il les soldats romains ?
3. Vercingétorix est-il représenté en chef gaulois vaincu ?
4. Pour réaliser cette œuvre d'art, le peintre Motte s'est-il inspiré du témoignage de Jules César racontant la reddition de Vercingétorix (doc 5 p. 91) ?
5. À votre avis, pourquoi le point de vue de Motte et celui de César sur la reddition de Vercingétorix n'est-il pas le même ?

Chapitre 6

L'Empire romain

➤ *Comment l'Empire romain est-il fondé puis organisé ?*

Carte interactive

L'Empire romain au IIe siècle

Frontières fortifiées (limes)

Principales villes

AFRIQUE Province romaine

Maures Peuples barbares

1 L'Empire romain au IIe siècle après J.-C.

27 av. J.-C. | 100 | 200 | 300 | 400

RÉPUBLIQUE | **EMPIRE**

Ier - IIe siècles Paix romaine

27 av. J.-C. à 14
Règne d'Auguste

212
Édit de Caracalla

2 Leptis Magna, une ville romaine en Libye (vue du théâtre)

❶ La scène ❷ Les gradins ❸ L'arrière-scène

Découvrir

Auguste, le premier empereur

- Après l'assassinat de **Jules César** (44 avant J.-C.), son fils adoptif **Octave** et le général Marc Antoine se livrent une guerre sanglante pour diriger Rome. Octave en sort victorieux en 31 avant J.-C.
- **En 27 avant J.-C.**, le Sénat accorde **à Octave** le titre d'***Auguste***, « élu des dieux », et lui confie **tous les pouvoirs**. **L'Empire** est né. Auguste le dirige pendant 41 ans (27 avant J.-C.-14 après J.-C.).

➤ ***Comment Auguste transforme-t-il la République en empire ?***

Vocabulaire

Imperator : titre honorifique accordé aux généraux romains victorieux. De là provient le mot « empereur ».

Princeps : premier des Romains. Titre attribué à Auguste.

1 L'empereur Auguste (27 avant J.-C. – 14 après J.-C.)

Auguste est représenté en *Imperator*, général victorieux.
Statue en marbre, vers 14 avant J.-C., 2,04 m, musée du Vatican, Rome.

2 Les pouvoirs d'Auguste

On m'a décerné deux fois l'ovation, trois fois le triomphe[1] ; vingt et une fois, j'ai été proclamé « *Imperator* ».

J'ai été treize fois consul ; j'ai été revêtu trente-sept fois de la puissance tribunicienne[2].

Trois fois on m'a décerné les pouvoirs de censeur, et j'ai accepté pour cinq ans le titre de restaurateur des lois et des mœurs. (...)

De nouvelles lois ont rappelé les Romains au culte des vertus de leurs ancêtres. (...) Aussi le Sénat a-t-il ordonné que, dans tous les temples, des vœux seraient adressés pour moi à la divinité.

Extrait du testament d'Auguste conservé sur l'inscription d'Ancyre (Turquie), Ier siècle après J.-C.

1. Auguste a reçu le triomphe pour ses conquêtes militaires : régions du Danube et du Rhin, Égypte, Judée.
2. Puissance tribunicienne : pouvoir du tribun de la plèbe, qui protège le peuple.

3 Auguste divinisé

Camée en onyx, Ier siècle, 23 cm de large, musée d'Art et d'histoire, Vienne.

❶ Tibère, adopté par Auguste pour lui succéder, descendant de son char

❷ Rome personnifiée

❸ Auguste assis sur le trône des dieux, donc identifié à Jupiter

❹ Cérès, déesse des moissons et de la fertilité

4 Auguste *Princeps*

Quand il eut gagné les soldats par des largesses, la multitude par l'abondance des vivres, tous par les douceurs du repos, on le vit s'élever insensiblement et attirer à lui l'autorité du Sénat, des magistrats, des lois. Nul ne lui résistait. Tous aimaient mieux le présent et sa sécurité que le passé avec ses périls.

Un nouvel esprit avait partout remplacé l'ancien ; et chacun, renonçant à l'égalité, les yeux fixés sur le prince, attendait ses ordres.

Le présent n'inspira pas de craintes, tant que la force de l'âge permit à Auguste de maintenir son autorité, sa maison, et la paix.

D'après Tacite, *Annales*, IIe siècle.

Questions

Je me situe dans le temps

1 Quand Auguste dirige-t-il Rome ? Quelle est la durée de son règne ?

Je décris et j'explique

2 **Doc 1.** En quelle tenue Auguste est-il représenté ?

3 **Docs 1 et 2.** Comment Auguste montre-t-il qu'il est protégé des dieux ?

4 **Doc 2.** Quelles fonctions Auguste exerce-t-il ? Pourquoi peut-on dire qu'Auguste conserve les apparences de la République ?

5 **Doc 4.** Selon Tacite, comment Auguste devient-il le « premier » des Romains ?

6 **Doc 4.** Quelle est l'attitude des Romains devant Auguste ?

7 **Doc 3.** D'après cette scène, que devient Auguste après sa mort ? Qui lui succède ?

Je raconte

8 Auguste est le premier empereur romain. Racontez comment il est reconnu maître de l'Empire.

1 L'empereur romain

▶ ***Quels sont les pouvoirs de l'empereur romain ?***

A Un empereur tout-puissant

1. En 27 avant J.-C., le Sénat fait d'**Auguste** le premier **empereur** romain. Comme lui, ses successeurs vont régner en maîtres absolus sur l'Empire romain. Ils réunissent entre leurs mains tous les pouvoirs qui, au temps de la République, étaient partagés entre les magistrats (doc 2).

2. L'empereur décide des lois, rend la justice et nomme les **fonctionnaires** qui administrent l'Empire. Il est le chef de l'armée et de la religion (doc 3). Il désigne lui-même son successeur.

B L'armée au service de l'empereur

1. L'empereur gouverne avec le soutien de l'armée. La paix est fragile. Les **légions** doivent défendre l'Empire contre les attaques incessantes des **Barbares**. Tout au long de son règne, Marc Aurèle combat aux frontières (doc 1).

2. En cas de défaite, l'empereur perd la confiance de l'armée qui lui retire son pouvoir et choisit dans ses rangs son successeur.

C Le culte impérial

1. De son vivant, un **culte officiel**, le culte impérial, est rendu à l'empereur, personnage sacré, « élu des dieux ». De grandes fêtes réunissent autour de sa personne tous les habitants de l'Empire, qui lui témoignent respect et fidélité.

2. À sa mort, le Sénat peut décider de le **diviniser** en lui accordant l'**apothéose** (doc 4). Il accède alors au rang des dieux. Des temples lui sont dédiés.

Vocabulaire

Apothéose : décret du Sénat de Rome qui fait de l'empereur défunt l'égal des dieux.

Barbares : peuples étrangers qui menacent les frontières de l'Empire romain.

1 Marc-Aurèle (161-180) face aux Germains vaincus

Haut-relief en marbre, vers 174 après J.-C., détail de l'arc de triomphe de Constantin, Rome.

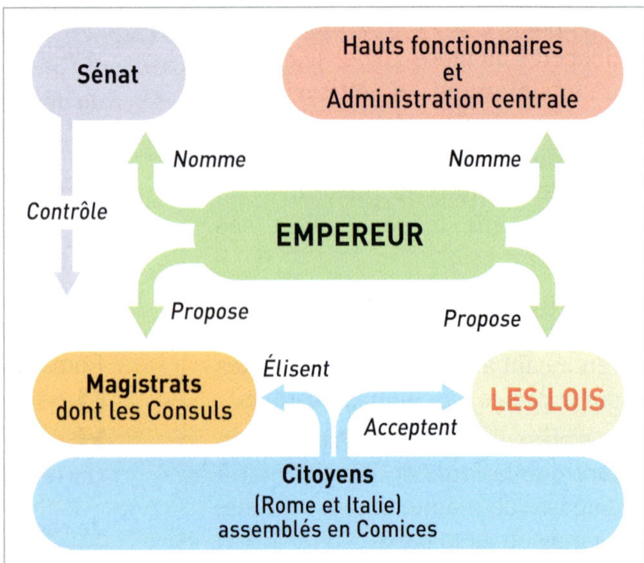

2 Les pouvoirs de l'empereur

- Quels pouvoirs de la République l'empereur détient-il ?

3 L'empereur Trajan (98-117)

a Le « bon empereur » Trajan

Quelle joie pour toutes les provinces d'être placées sous la protection et la domination de l'empereur, puisqu'il nous a été donné un prince qui veille à la fécondité de la terre, la transporte, en étant capable de nourrir et de secourir un peuple séparé de nous par la mer, aussi bien que le peuple de Rome ! (...) Il relie l'Orient et l'Occident par des convois qui vont et viennent, si bien que tous les peuples apprennent à connaître ce qu'ils produisent et comprennent qu'il est plus avantageux de n'avoir qu'un seul maître à servir.

D'après Pline le Jeune, *Panégyrique de Trajan*, 100 après J.-C.

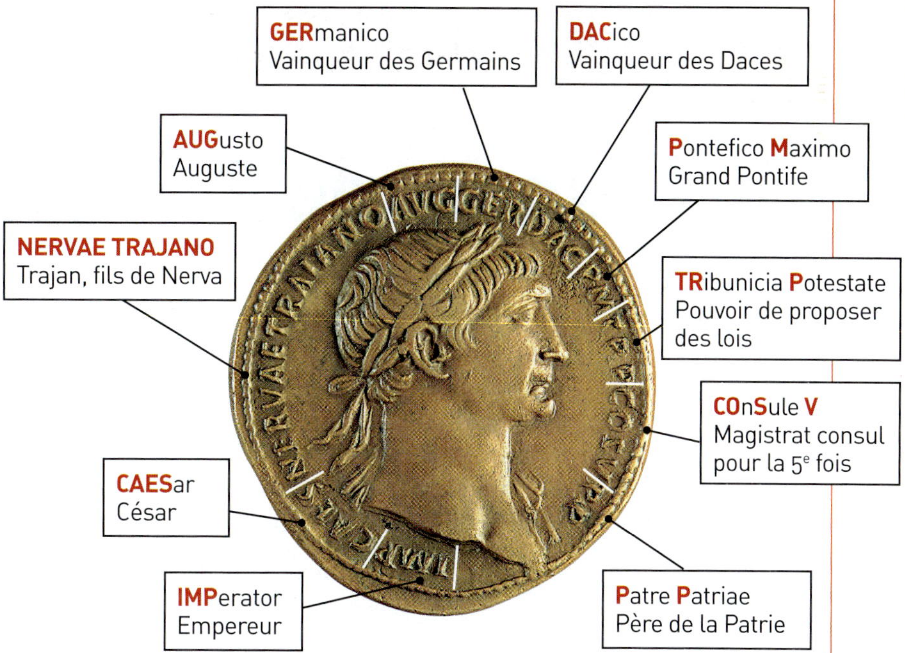

1 Pourquoi Trajan est-il un empereur aimé (doc a) ?

2 Montrez que l'empereur détient des pouvoirs militaires, politiques et religieux (docs a et b).

b Monnaie de l'empereur Trajan

Chef de l'armée de Germanie, Trajan est adopté par l'empereur Nerva pour lui succéder.

4 Le temple de Vespasien

Scène de sacrifice en l'honneur de l'empereur divinisé.
Autel du temple de l'empereur Vespasien à Pompéi, Ier siècle.

1 À qui est dédié ce temple ?

2 Comment, après sa mort, l'empereur est-il honoré ?

L'HISTOIRE PAR LES ARTS

→Peinture

Les fresques de Pompéi

Au Ier siècle dans l'Empire romain, les riches habitants des villes vivent dans de luxueuses maisons imitant le style des maisons de la Grèce hellénistique, répandu à Rome. Le sol est recouvert de mosaïques et les murs sont décorés de peintures murales, les **fresques**. Ces maisons ont disparu aujourd'hui. Seules celles de Pompéi, ensevelies sous 6 mètres de cendres par l'éruption du Vésuve en 79, ont été préservées. Les fouilles archéologiques les ont mises au jour.

• ***Quel est le rôle des fresques des maisons de Pompéi ?***

1 Dans la maison des Vettii

Une des pièces de réception de la maison des Vettii, riches marchands à Pompéi. Sur les murs, des scènes de la mythologie grecque et des peintures en trompe-l'œil, Ier siècle.

Ce couple, appartenant à la petite bourgeoisie de Pompéi, s'est fait représenter à la manière des très riches Pompéiens. L'épouse tient à la main un stylet et des tablettes de cire, qui servent de livre de comptes. Son époux est vêtu de la toge du citoyen romain et tient un papyrus. Il est magistrat municipal, chargé de rendre la justice.

Fresque de Pompéi, Ier siècle, 65 x 58 cm, musée archéologique de Naples.

2 **Portrait du boulanger Paquius Proculus et de sa femme**

Les fresques de Pompéi

Technique

La peinture à fresque (*a fresco* : « à frais »)
Sur le mur qu'il a enduit, l'artiste dessine ses figures, au charbon. Puis il les peint sur un enduit lisse et humide. La peinture doit être effectuée en quelques heures. Les couleurs sont des pigments naturels, mélangés avec de l'eau de chaux.

La peinture en trompe-l'œil
– Pour représenter l'espace et la profondeur : le premier plan est plus grand que l'arrière-plan.
– Pour créer du volume : les contours sont plus foncés que le centre des objets.

Sens

– **L'élégance des maisons et de leur décoration** témoigne du style de vie mené par de riches familles, qui participent au développement de l'Empire romain, et imitent les citoyens fortunés de Rome.
– **Les portraits peints** sont très fréquents dans le monde romain, où il est important de conserver les « portraits des ancêtres ».

Questions

Je situe les œuvres d'art

1 **Docs 1 et 2.** À quelle époque ces œuvres d'art ont-elles été réalisées ?

Je décris les œuvres d'art

2 **Docs 1 et 2.** Que représentent ces peintures ?

3 **Docs 1 et 2.** Quelle technique de peinture a-t-on utilisée pour les réaliser ?

4 **Docs 1 et 2.** Pourquoi ces peintures sont-elles des œuvres d'art ?

Je fais le lien entre l'art et l'histoire

5 Quelle période de l'Antiquité est admirée par les riches Pompéiens ?

6 Montrez, par les fresques qui décorent leurs maisons, que les riches habitants de Pompéi veulent se sentir romains.

Découvrir

Le commerce du blé

• Au Ier siècle après J.-C, Rome, capitale de l'Empire, compte un million d'habitants. Pour nourrir cette importante population, les empereurs veillent à l'**approvisionnement en blé**. Cette céréale, consommée sous forme de pain, arrive à Rome par le **port d'Ostie**.

Comment est organisé le commerce du blé dans l'Empire ?

1 Le blé d'Égypte

Les paysans d'Égypte n'ont pas besoin d'ouvrir des sillons à la charrue et de bêcher, ils ignorent tout des travaux que la culture du blé demande ailleurs. Quand le fleuve est venu de lui-même arroser leurs champs et s'est retiré, sa tâche faite, chaque paysan répand des semences sur sa terre, et lâche ses porcs : en piétinant, les bêtes enfoncent le grain, et l'homme n'a plus qu'à attendre le temps de la moisson, puis, après avoir fait fouler les épis sur l'aire par ses porcs, à rentrer son blé.

D'après Hérodote, *L'Enquête*, Livre II.

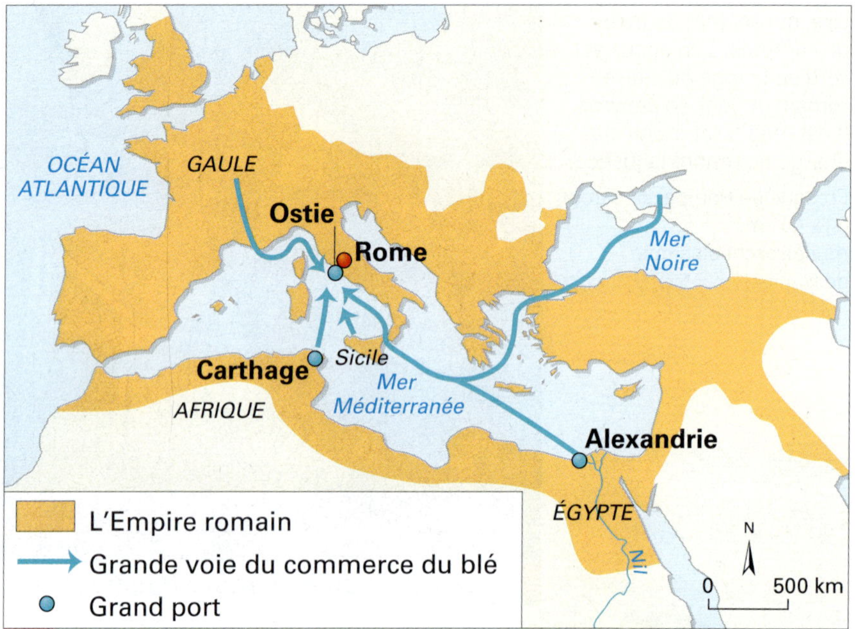

2 Le parcours du blé

3 Chargement du blé

Le chargement en blé d'un navire dans le port d'Ostie. Ce navire remonte ensuite le Tibre jusqu'à Rome.
Fresque de l'Isis Giminiana, musée archéologique de Naples.

4 L'empereur Claude et le ravitaillement de Rome

La sécurité de Rome et son ravitaillement furent toujours l'objet de sa plus vive sollicitude. Pendant une disette causée par une série de mauvaises récoltes, l'empereur Claude fut retenu en plein forum par une foule qui l'accablait d'injures, mais aussi de croûtons de pain, de sorte qu'il put à grand-peine rentrer au palais. Il imagina toutes les mesures possibles pour faire arriver les convois de blé, même en hiver. Il promit des bénéfices aux négociants, en prenant à son compte les pertes que les tempêtes pourraient leur faire subir. Il accorda des avantages aux armateurs qui construiraient des navires pour faire ce commerce.

D'après Suétone, *Claude*, Ier siècle.

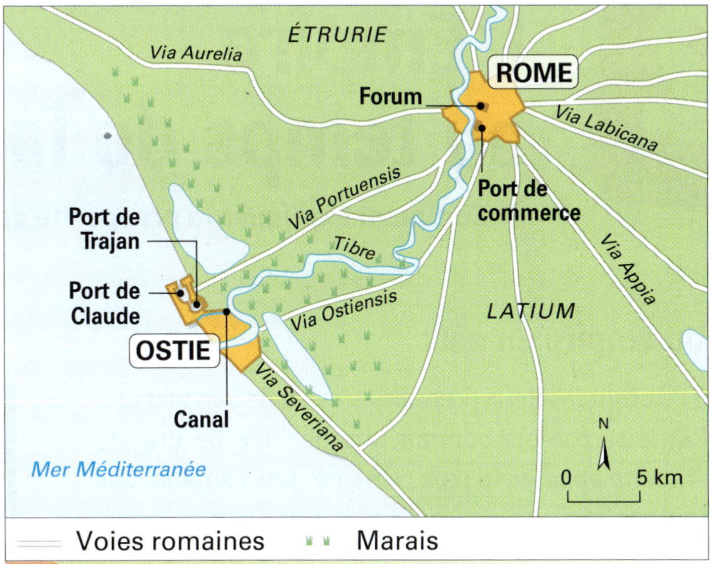

5 Le transport entre Ostie et Rome

L'empereur Claude (41-54) fait creuser un nouveau port et l'empereur Trajan (98-117) fait aménager un nouveau bassin.

6 Le marché de Trajan à Rome

L'empereur Trajan fait construire des boutiques sur plusieurs niveaux afin d'accueillir les marchandises comme le blé et faciliter le commerce.

Questions

Je me situe dans l'espace

1 **Docs 1 et 2.** D'où vient le blé de Rome ? Qui nourrit les Romains ?

2 **Docs 3 et 5.** Quel port reçoit le blé destiné à nourrir Rome ?

Je décris et j'explique

3 **Doc 1.** Pourquoi les paysans égyptiens n'ont-ils aucune difficulté pour cultiver le blé ?

4 **Docs 2, 3 et 5.** Comment le blé est-il acheminé vers le port d'Ostie ? Puis jusqu'à Rome ?

5 **Docs 4, 5 et 6.** Pour mieux organiser l'approvisionnement en blé, qu'ont fait les empereurs ?

6 **Doc 4.** Quel problème doit résoudre Claude ? Quelles décisions prend-il ?

7 Pourquoi le commerce du blé est-il essentiel pour Rome ?

Je raconte

8 Vous êtes le propriétaire d'un navire chargé d'apporter du blé à Rome. Vous racontez un de vos voyages.

2 L'Empire au temps de la paix romaine

▶ ***Comment expliquer la prospérité de l'Empire romain au IIe siècle ?***

A Un empire en paix

1. Durant les deux premiers siècles de son histoire, l'Empire romain connait une période de grande stabilité appelée la paix romaine, ***pax romana***. Les **légions** romaines garantissent cette paix en assurant l'ordre et la sécurité dans l'Empire.

2. Si les empereurs font encore quelques conquêtes, ils renforcent surtout les frontières les plus fragiles de l'Empire en construisant le **limes**.

B Un empire bien administré

1. Cet immense empire regroupe près de 70 millions d'habitants. Il est divisé en **provinces** qui sont dirigées par des **gouverneurs**, nommés par l'empereur.

2. En son nom, les gouverneurs lèvent les impôts, rendent la justice, font régner l'ordre (doc 3). Ils surveillent aussi les magistrats qui administrent les villes.

C Un empire prospère

1. La paix favorise l'essor des **activités économiques**. Les provinces nourrissent Rome (blé d'Égypte, huile d'Espagne...) et s'enrichissent. La production agricole augmente, comme le montre le développement des ***villae*** en Gaule romaine (doc 1).

2. Les échanges commerciaux (doc 2) se font surtout par la Méditerranée et par les fleuves. Ils sont aussi facilités par la construction des **voies romaines**, solides routes pavées (doc 4). Les produits de l'Empire et ceux du monde barbare convergent vers Rome (soie de Chine, or d'Afrique...).

Vocabulaire

Limes : frontière de l'Empire romain. Elle peut être fortifiée là où l'Empire est menacé.

Villa (au pluriel, *villae*) : vaste domaine agricole.

1 Une *villa* gallo-romaine

Maquette d'une *villa* gallo-romaine, H. Bernard, musée d'Abbeville.

1. Maison du maître
2. Maison de l'intendant
3. Maison des gardes
4. Écuries, étables
5. Ateliers des artisans du domaine
6. Granges
7. Logement des esclaves du domaine
8. Logement des esclaves de la maison

1 Nommez les bâtiments agricoles.

2 Indiquez leur fonction.

3 Qui habite cette *villa* ?

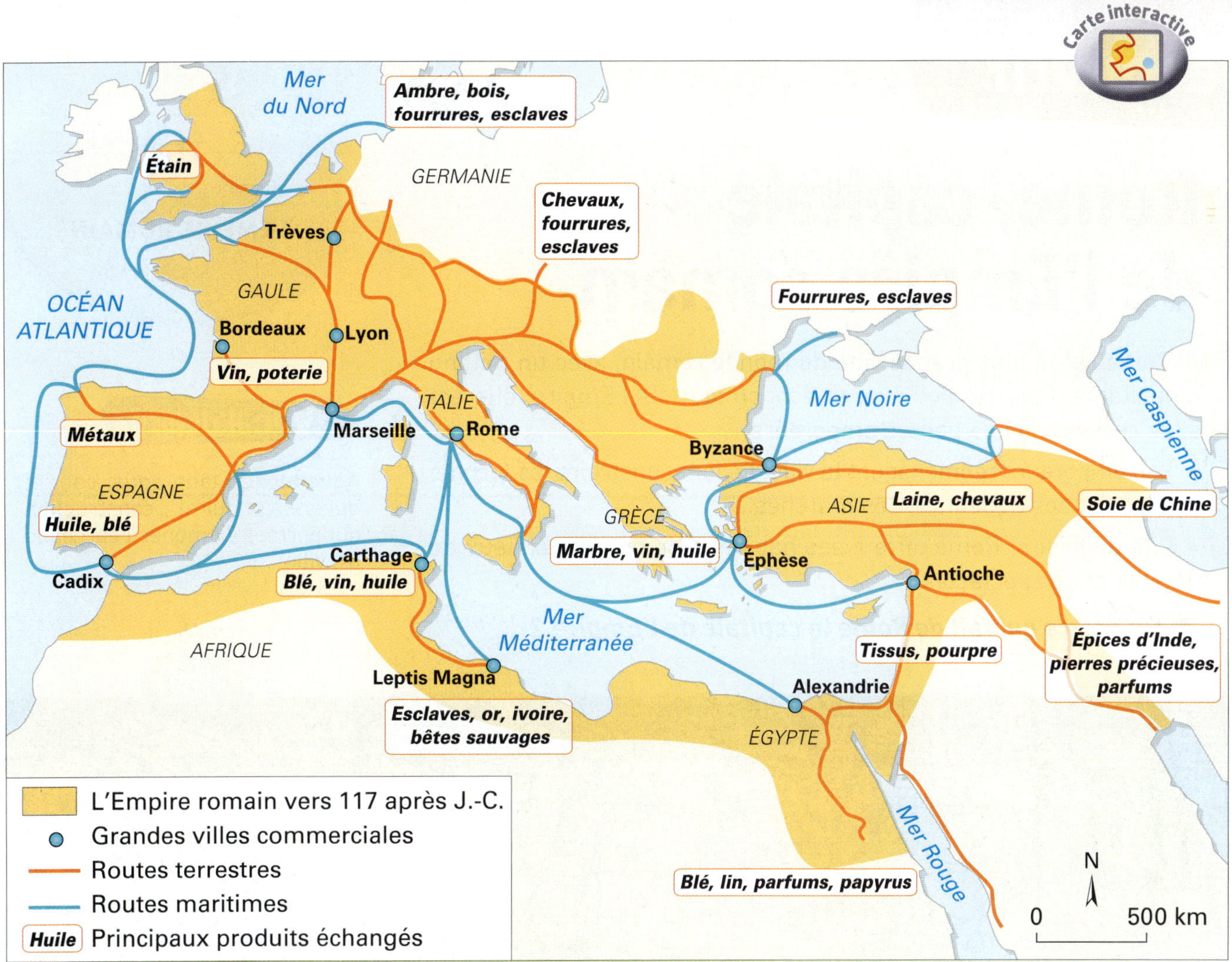

2 Le commerce dans l'Empire romain au IIe siècle

1 Par quels types de routes les produits circulent-ils dans l'Empire romain ?

2 Citez les produits fournis par les provinces romaines, et les produits achetés aux Barbares.

3 Montrez que Rome est au centre du commerce de l'Empire.

3 Le rôle d'un gouverneur romain

Le gouverneur de la province de Bithynie, Pline le Jeune, écrit à l'empereur Trajan :

Je vérifie actuellement les dépenses, les recettes et les dettes de la ville de Pruse (ville de Bithynie). Beaucoup de sommes ont été retenues par des personnes privées pour différents motifs. Quelques dépenses, au contraire, n'ont aucune justification.

Réponse de l'empereur Trajan :

Les finances des villes doivent être ta plus grande préoccupation ; d'après ce que l'on me rapporte, elles sont dans une situation désastreuse.

D'après Pline le Jeune, *Lettres à Trajan*, 111-112 après J.-C.

1 Par qui et comment l'empereur est-il informé de ce qui se passe dans les provinces ?

2 Que demande l'empereur Trajan au gouverneur Pline le Jeune ?

4 La via Appia, première voie romaine pavée

Un réseau routier couvre tout l'Empire : 90 000 km de routes relient Rome aux villes de l'Empire. Elles permettent le déplacement rapide des légions et des marchands.

Découvrir

Rome, capitale de l'Empire romain

- Rome est la plus grande ville du monde romain, avec un million d'habitants. Capitale politique et économique de l'Empire, elle est sans cesse embellie par les empereurs.
- Les empereurs réaménagent la ville. Ils font construire les forums impériaux, des **aqueducs**, des marchés…
- Cité de loisirs, Rome offre à ses habitants de nombreux lieux de détente et de spectacles.

➤ ***Qu'est-ce qui fait de Rome la capitale de l'Empire ?***

Vocabulaire

Aqueduc (du latin *aqua*, eau, et *ducere*, conduire) : construction qui permet d'amener l'eau dans les villes.

Vidéo

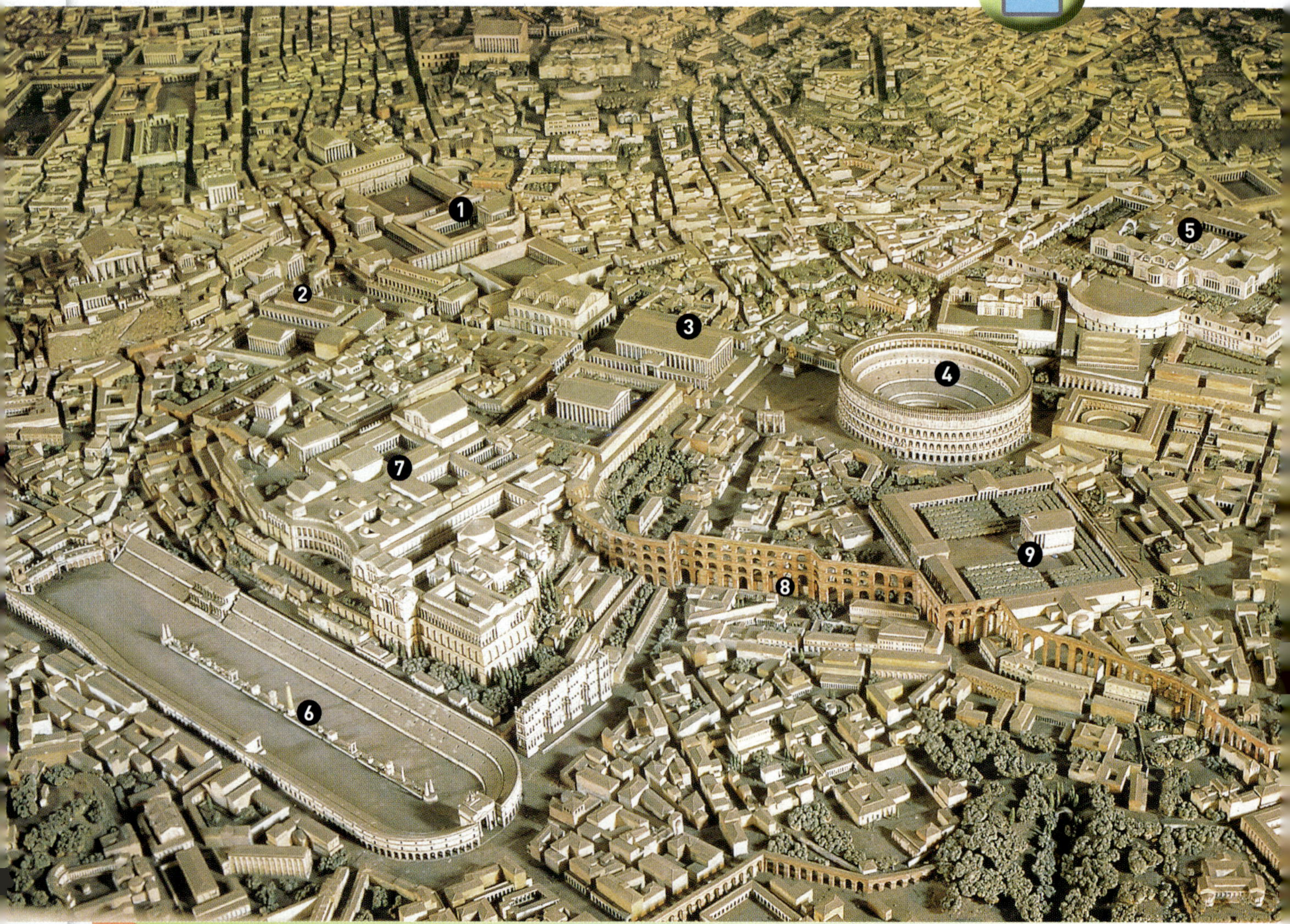

1 Le centre de Rome au IIe siècle

Maquette du musée de la Civilisation romaine, Rome.

❶ Forums impériaux ❷ Forum républicain (IIIe siècle avant J.-C.) ❸ Temple de Vénus et de Rome ❹ Colisée (Ier siècle) ❺ Thermes de Trajan (IIe siècle) ❻ Grand Cirque ❼ Palais impériaux ❽ Aqueduc (Ier siècle) ❾ Temple de Claude (Ier siècle)

2 Le Colisée

Cet amphithéâtre, construit au Ier siècle, contient 75 000 spectateurs. On y organise surtout des combats de gladiateurs. Les spectateurs ont le pouvoir de décider de la mort du combattant vaincu.

3 Un combat de gladiateurs

Les combats avaient lieu au Colisée. Mosaïque du IIe siècle après J.-C., galerie nationale de la villa Borghèse, Rome.

4 L'arc de triomphe de Constantin

Édifié en 315 pour commémorer la victoire de l'empereur Constantin à la bataille du pont Milvius en 312.

Questions

Je me situe dans l'espace et le temps

1 **Docs 1, 2 et 4.** Où ont été édifiés ces monuments ? De quand datent-ils ?

Je décris et j'explique

2 **Doc 1.** Quelle impression se dégage de l'observation du centre de Rome ?

3 **Doc 1.** Quels édifices ont une fonction politique ? une fonction religieuse ? une fonction de loisirs ?

4 **Doc 2.** Quelle est la forme du Colisée ?

5 **Docs 2 et 3.** Quels types de spectacles avaient lieu au Colisée ?

6 **Doc 4.** Comment se nomme ce monument ? Pourquoi a-t-il été construit ?

Je raconte

7 Vous êtes un habitant de Rome et vous faites visiter la ville à un ami qui vit en Gaule. Racontez.

Découvrir

Nîmes, ville romaine en Gaule

- Vers 120 avant J.-C., l'armée romaine s'empare du sud-est de la Gaule. Nîmes, ville gauloise, est rebaptisée « **Nemausus** », dans la province romaine de la Narbonnaise.
- Sous l'Empire, ses habitants deviennent **citoyens romains**.
- La ville se développe. Comme toutes les villes des provinces romaines, Nîmes veut imiter Rome, la cité modèle.

▶ ***Qu'est-ce qu'une ville romaine sous l'Empire ?***

Vidéo

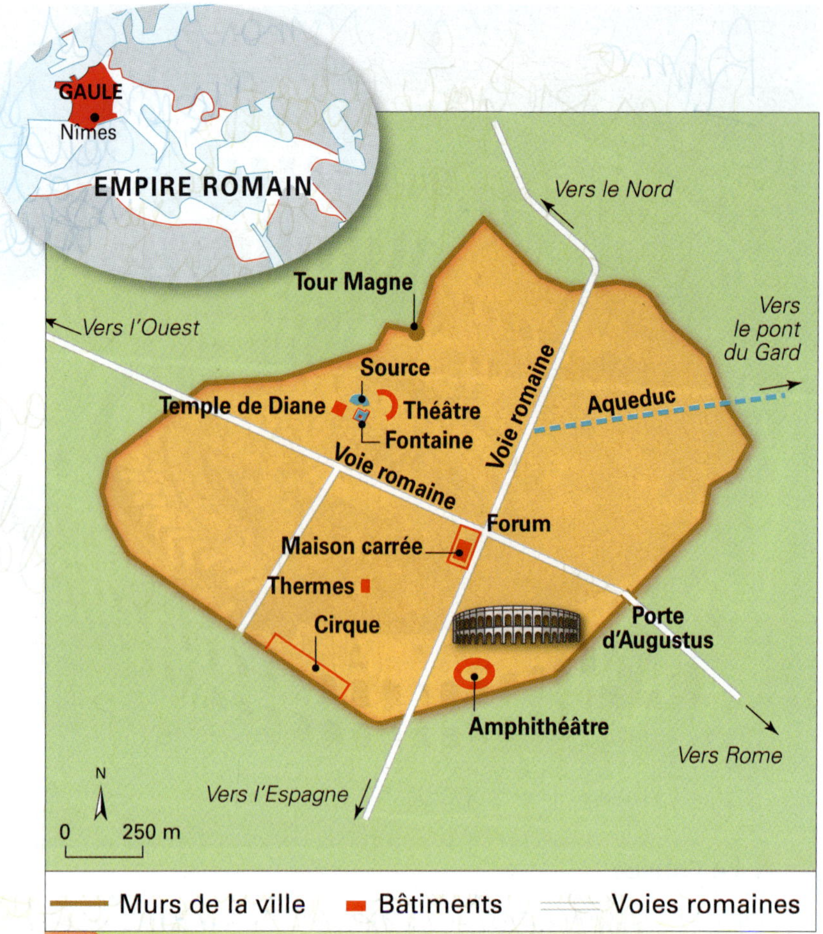

1 Nîmes, ville romaine

Devenue ville romaine, Nîmes s'étend et s'organise selon la forme d'un camp romain. Son plan en damier est traversé par deux voies romaines qui relient la ville à l'Empire.

2 L'aqueduc de Nîmes, aujourd'hui le pont du Gard

L'aqueduc de Nemausus est construit sous l'empereur Claude entre 40 et 60 après J.-C. Il alimente la cité en eau.

3 La Maison carrée

Ce temple, édifié au Ier siècle après J.-C. par les citoyens de Nîmes, est consacré au culte de l'empereur et de sa famille.

4 Les citoyens et le culte impérial

Le culte impérial est rendu par les citoyens dans tout l'Empire, à Narbonne comme à Nîmes.

Que ce culte apporte bonheur, prospérité et chance à l'empereur César Auguste, père de la patrie, grand pontife, à ses enfants et à sa famille, au Sénat et au peuple romain, aux colons[1] et aux autres habitants[2] de la colonie Julia Paterna Narbo Martius[3], qui se sont engagés à rendre un culte perpétuel à sa divinité. La plèbe de Narbonne a élevé cet autel à Narbonne sur le forum.

Dédicace de l'autel consacré à la divinité d'Auguste, Narbonne, 11 avant J.-C.

1. Les colons sont des Romains.
2. Ce sont essentiellement des Gaulois.
3. La ville de Narbonne, capitale de la province de la Narbonnaise, dont dépend Nîmes.

5 L'amphithéâtre

L'amphithéâtre, construit entre la fin du Ier siècle et le début du IIe siècle, peut accueillir 24 000 spectateurs.

Questions

Je me situe dans l'espace et le temps

1 Doc 1. Où se situe Nîmes ? Quand devient-elle une ville romaine ?

Je décris et j'explique

2 Doc 1. Quelle est la forme de cette ville romaine ?

3 Doc 2. Qu'est-ce que le pont du Gard ? À quoi servait-il ?

4 Doc 3. Qu'est-ce que la Maison carrée ? À qui est-elle dédiée ?

5 Docs 1, 3 et 5. Quels monuments de la ville montrent que Nîmes veut ressembler à Rome ? Nommez ceux qui ont une fonction politique, une fonction religieuse, une fonction de loisirs.

6 Docs 3 et 4. Quelle est l'attitude des citoyens des villes romaines vis-à-vis de l'empereur ? Pourquoi les empereurs encouragent-ils cette pratique religieuse ?

Je raconte

7 Vous êtes un habitant de Nîmes et vous êtes fier d'être un citoyen romain. Vous racontez votre vie dans la ville.

3 Rome et la romanisation

Comment les provinces de l'Empire se sont-elles romanisées ?

A La ville de Rome pour modèle

1. Partout dans l'Empire, les empereurs font construire des villes, à l'image de Rome. Le **forum** est le cœur de la ville romaine. On y trouve aussi des temples, un théâtre, un amphithéâtre, des thermes (doc 3)...

2. Petit à petit, les populations de l'Empire adoptent la religion des Romains et leur langue, le latin. Elles honorent l'empereur en pratiquant le **culte impérial**. C'est la **romanisation**.

B La citoyenneté romaine

1. Au début de l'Empire, seuls les hommes libres d'Italie bénéficient du **droit de cité**. Les premiers empereurs accordent la **citoyenneté romaine** à des **pérégrins**, puis à des cités entières.

2. En 212, l'empereur Caracalla attribue la citoyenneté romaine à tous les hommes libres de l'Empire (doc 4). Ils sont à la fois **citoyens** de leur cité et de l'Empire romain. Tous les hommes libres sont devenus égaux.

C Le maintien de la diversité

1. La romanisation n'est pas la disparition des traditions et des cultures locales.

2. En Gaule, les habitants mêlent leurs divinités à celles des Romains (doc 1). En Orient, le grec demeure la langue parlée et la langue de l'administration romaine. Les dieux orientaux sont toujours honorés et leur culte se répand même à Rome, tel celui de la déesse égyptienne Isis.

Vocabulaire

Droit de cité : droit de participer à la vie de la cité.

Pérégrin : homme libre d'une province conquise par Rome.

Romanisation : adoption par les peuples de l'Empire du mode de vie, de la langue, des croyances des Romains.

1 Le dieu gaulois Sucellus

Statuette en bronze provenant d'Arc-sur-Tille, Côte-d'Or (France).

Quel élément vestimentaire montre l'influence de la culture romaine sur la statuette de ce dieu gaulois ?

2 Un magistrat gallo-romain

Caius Julius Rufus, fils de Caius Julius Otuaneunus, petit-fils de Caius Julius Gedemon[1], arrière-petit-fils d'Epotsoviridos[1], prêtre de Rome et d'Auguste à l'autel des Trois Gaules (de Lyon), ses fils et son petit-fils de la cité des Santons (Saintes) ont fait à leurs frais l'amphithéâtre de Lyon.

Inscription, vers 20 après J.-C.

1. Nom gaulois.

Comment cette famille gauloise s'est-elle romanisée ?

3 Le théâtre de Bulla Regia en Tunisie

- Montrez que les habitants de Bulla Regia adoptent le mode de vie des Romains.

4 L'édit de l'empereur Caracalla (212)

L'empereur César Marc Aurèle Sévère Antonin Auguste déclare : « Je peux manifester ma gratitude envers les dieux immortels qui me gardent. Je considère donc que je peux rendre service à leur majesté en faisant participer avec moi au culte des dieux tous ceux qui appartiennent à mon peuple. C'est pourquoi je donne la citoyenneté à tous les hommes libres de la terre en sauvegardant le droit des cités. Car il est légitime que le plus grand nombre soit aussi associé à ma victoire. »

1. Qu'accorde l'empereur Caracalla aux hommes libres de l'Empire romain ?
2. Que peut lui apporter cette décision ?

❶ La cité de Rome
❷ L'Afrique
❸ L'Espagne
❹ L'Asie
❺ Province non identifiée
❻ L'Égypte
❼ La Sicile

5 Rome et ses provinces

Mosaïque du IIIe siècle trouvée dans la *villa* d'un riche propriétaire terrien à El Djem (actuelle Tunisie).

1. Pourquoi Rome est-elle représentée au centre de cette mosaïque ?
2. Pourquoi l'artiste a-t-il réuni les provinces romaines autour d'elle ?

Exercices

Je révise

1 Je sais me repérer dans l'espace

À imprimer

- Recopiez le fond de carte ci-contre, puis indiquez au bon endroit :

1. Le nom des mers et de l'océan qui bordent l'Empire.
2. Le nom de la capitale de l'Empire romain.
3. Le nom de trois provinces romaines.
4. Le nom de trois villes de l'Empire romain.

- Complétez la légende.

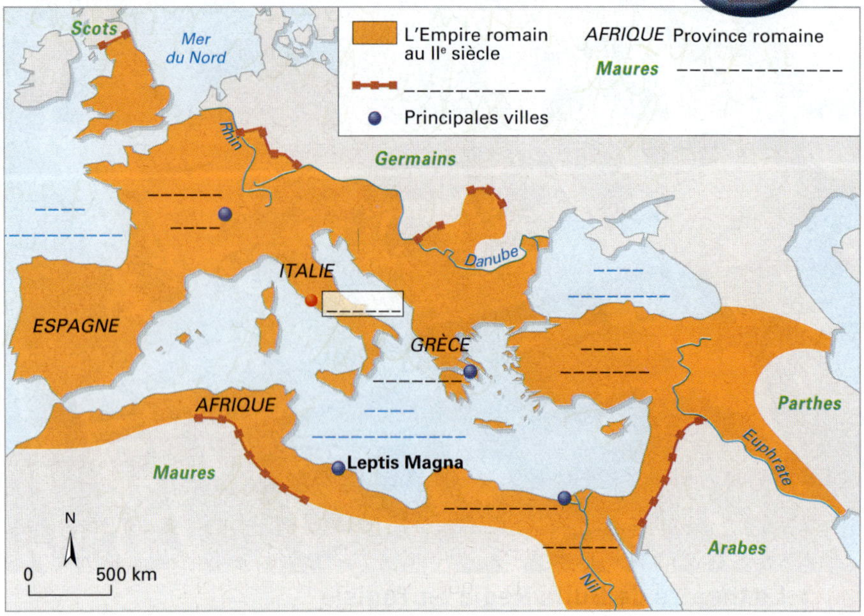

2 Je sais me repérer dans le temps

Reliez les dates indiquées sur la frise chronologique avec les éléments suivants :

1. L'édit de Caracalla
2. Le règne d'Auguste
3. La paix romaine

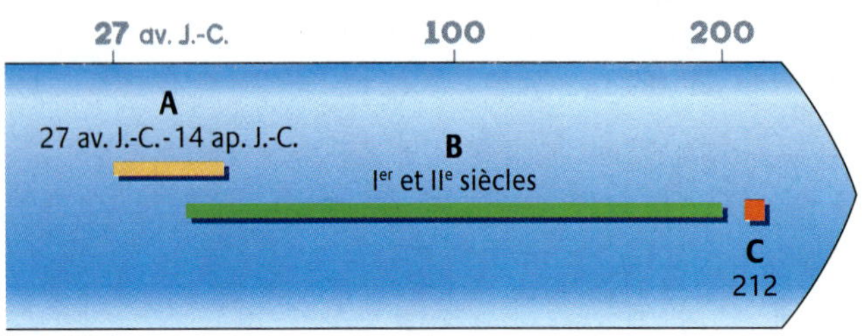

3 Je sais définir les mots clés

Associez chacun des mots clés ci-dessous à sa définition.

1. Pérégrin – 2. Apothéose – 3. Barbares – 4. Romanisation – 5. Limes

A. Homme libre d'une province conquise par Rome.

B. Adoption par les peuples de l'Empire du mode de vie, de la langue, des croyances des Romains.

C. Frontière de l'Empire romain. Elle peut être fortifiée là où l'Empire est menacé.

D. Décret du Sénat de Rome qui fait de l'empereur défunt l'égal des dieux.

E. Peuples étrangers qui menacent les frontières de l'Empire romain.

4 Je sais raconter et expliquer

1. Qui est Auguste ?
2. Quels sont les pouvoirs de l'empereur ?
3. Qui est citoyen dans l'Empire romain ? Qui le devient ?
4. Quels monuments vus à Rome retrouvez-vous dans les villes gallo-romaines ?

Je m'entraîne

5 Je décris et j'explique une mosaïque

Course de chars dans le cirque
Toutes les villes romaines ont leur cirque. Aux Ier-IIe siècles, il y a une centaine de courses par jour. Chaque course comporte sept tours de piste. Mosaïque d'une villa lyonnaise, IIe siècle après J.-C., musée de la civilisation gallo-romaine, Lyon.

Questions

1 Comment se nomme cette œuvre d'art ? Que représente-t-elle ?

2 Décrivez la scène :
- Comment les concurrents se distinguent-ils ?
- À votre avis, pourquoi des personnages au centre tiennent-ils une palme et une couronne ?
- Comment l'artiste fait-il vivre cette course ?

3 Que nous apprend cette mosaïque sur les loisirs des habitants de l'Empire romain ? Comment illustre-t-elle la romanisation ?

6 J'analyse et je compare deux portraits d'empereur

a L'empereur Caligula (37-41)

Beaucoup de gens honorables furent par ses ordres, marqués au fer rouge et condamnés aux mines ou bien contraints de se tenir à quatre pattes dans une cage. Pour que son cheval Incitatus ne fût pas troublé dans son repos la veille des jeux du cirque, Caligula avait coutume de faire imposer silence au voisinage par des soldats ; outre une écurie de marbre et une crèche d'ivoire, outre des licols ornés de pierres précieuses, il alla jusqu'à lui donner un palais, des esclaves et un mobilier. Il projeta même de le faire consul.

Suétone, *Vie des douze Césars*, IIe siècle après J.-C.

Caligula est assassiné en 41 par des officiers de sa garde personnelle.

b L'empereur Trajan (98-117)

Quel beau jour que celui où tu as fait à pied ton entrée dans la ville ! Tes prédécesseurs se faisaient porter. Tous se remplissaient les yeux de ce spectacle inouï. On pouvait voir les toits couverts de monde, partout des rues bondées où ne restait pour toi qu'un étroit passage, partout un peuple en liesse. Quand tu te mis à gravir le Capitole, quel bonheur pour tous au souvenir de ton adoption. Tout l'espace était plein d'autels, et était insuffisant à contenir les victimes. Puis tu gagnas le Palais avec le même visage, la même simplicité que la maison d'un particulier.

Pline le Jeune, *Panégyrique de Trajan*, IIe siècle après J.-C.

Questions

1 Quel portrait de Caligula est dressé par l'auteur de ce texte ? (doc a)

2 Quel moment de la vie de Trajan Pline le Jeune raconte-t-il ? Quel portrait dresse-t-il de cet empereur ? (doc b)

3 Comparez la durée des règnes de chaque empereur. Comment expliquez-vous cette différence ?

Chapitre 7

Les débuts du judaïsme

> ***Que savons-nous de l'histoire des Hébreux dans l'Antiquité ? Quelle est leur religion ?***

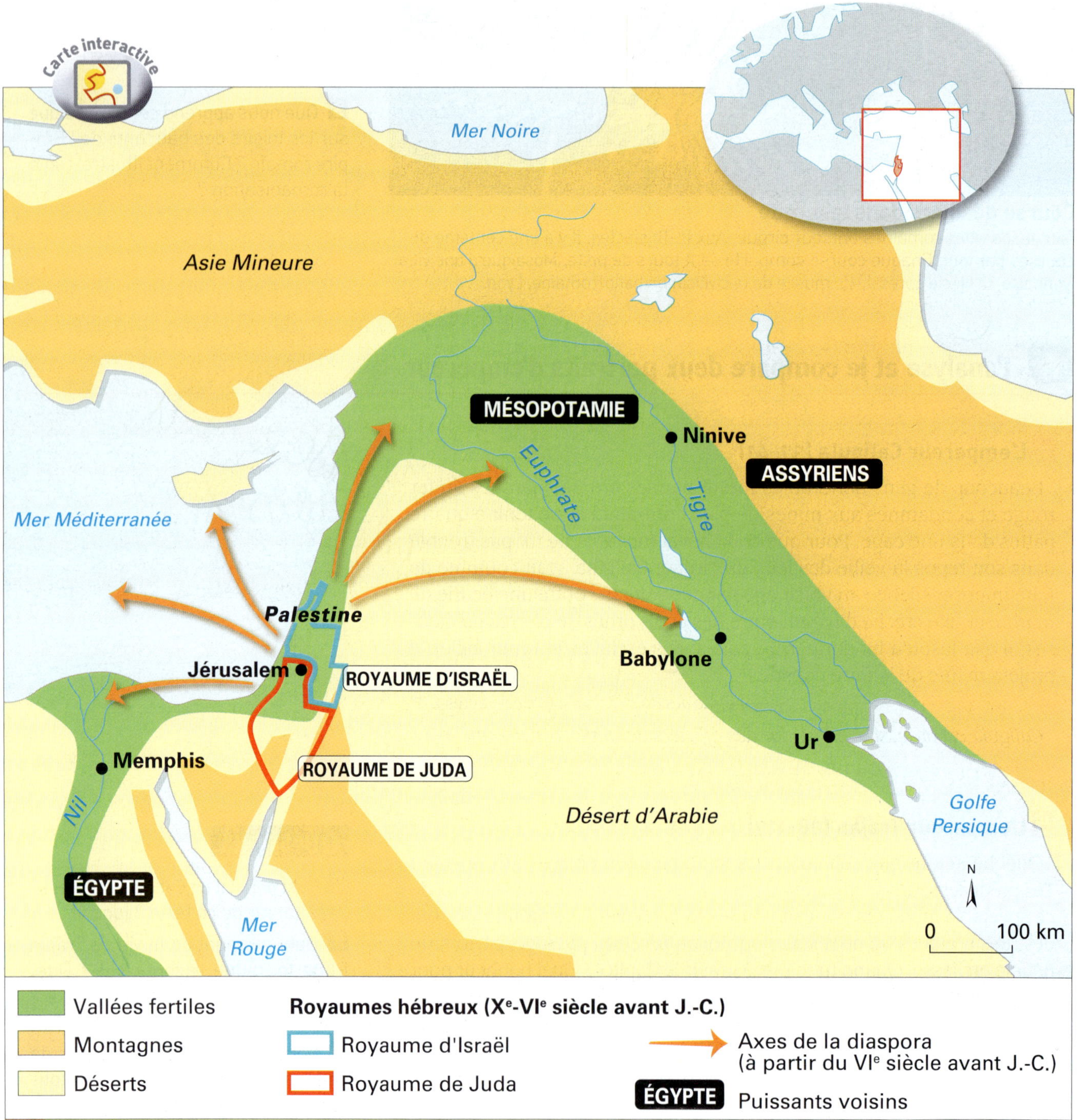

1 Les Hébreux dans l'Antiquité

800 av. J.-C. | 587 av. J.-C. | 70 ap. J.-C.

LE TEMPS DES ROIS

VIIIe siècle av. J.-C. Début de l'écriture de la Bible

640-609 av. J.-C. Josias

LE TEMPS DES INVASIONS - DIASPORA

70 ap. J.-C. Destruction du 2^d temple de Jérusalem par les Romains

2 **Jérusalem aujourd'hui**

Les Hébreux au temps de l'écriture de la Bible

● À l'origine peuple nomade, les **Hébreux** se fixent au début du Ier millénaire avant J.-C. au pays de Canaan ou Palestine. Cette terre leur aurait été promise par leur dieu unique **Yahvé**. Attaqués par leurs puissants voisins, ils perdent leur territoire entre le IXe et le Ve siècle avant J.-C. Pour garder la trace de leur histoire, ils décident d'écrire **la Bible**.

Quelle est l'histoire des Hébreux ?

1 Un dieu unique pour les Hébreux

Josias devient roi de Juda en 640 avant J.-C. Il rétablit le judaïsme abandonné par les Hébreux au contact de leurs voisins polythéistes.

Le roi monta au Temple de Yahvé à Jérusalem avec tout le peuple. Il fit la lecture des paroles du Livre de l'alliance avec l'Éternel[1]. Debout sur l'estrade, le roi rappela l'alliance qui oblige à suivre le Seigneur[1], ses commandements, ses lois. Tout le peuple s'engagea dans l'alliance.

Le roi ordonna de retirer du Temple tous les objets de culte qu'on avait fait pour Baal[2] et pour tous les dieux étrangers, le Soleil, la Lune, le Zodiaque. On les brûla hors de Jérusalem. Il immola sur les autels tous les prêtres de ces lieux. Il détruisit tous les autels hors de Jérusalem.

Josias ordonna : « Célébrez la Pâque en l'honneur de l'Éternel, votre Dieu, comme il est écrit dans le Livre de l'alliance. » Aucune Pâque pareille n'avait été célébrée auparavant.

D'après la Bible, Deuxième Livre des Rois, 23.

1. L'Éternel est un des noms du dieu unique des Hébreux, Yahvé.
2. Baal est un des dieux vénérés au Moyen-Orient.

2 La soumission des Hébreux aux Assyriens

Au IXe siècle avant J.-C., les Assyriens détruisent le royaume d'Israël dont Jéhu est le roi. Sur ce bas-relief est inscrit : « Je reçus de Jéhu de l'argent, de l'or, de l'étain, un sceptre pour la main du roi et des poignards de chasse. »
Bas-relief en basalte de Salmanazar III, roi d'Assyrie, IXe siècle avant J.-C.

3 La bataille de Lakish (701 avant J.-C.)

Lakish est une citadelle du royaume de Juda, proche de Jérusalem. Alors que le royaume d'Israël a déjà été vaincu, cette ville est assiégée par les Assyriens en 701 avant J.-C.

Fragment de la frise du palais de Ninive, capitale du roi mésopotamien, VIIIe siècle avant J.-C., British Museum, Londres.

❶ Remparts de Lakish
❷ Archers hébreux
❸ Torches enflammées
❹ Archers assyriens
❺ Bélier de siège
❻ Hébreux vaincus partant en exil

4 La prise de Jérusalem (587 avant J.-C.)

Nabuchodonosor, roi de Babylone, entra dans Jérusalem. Il emporta tous les objets et les trésors du Temple et de la maison du roi. Ses soldats incendièrent le Temple, ils démolirent les remparts de Jérusalem, ils mirent le feu à tous les palais. Puis il déporta à Babylone ceux que l'épée avait épargnés pour qu'ils deviennent des esclaves jusqu'à l'avènement de la royauté des Perses[1].

D'après la Bible, Chroniques, 36.

1. Les Perses font la conquête du royaume de Babylone en 539 avant J.-C.

5 Le chant de l'exil

Là-bas, au bord des fleuves
de Babylone,
Nous restions assis tout éplorés
En pensant à Jérusalem. (...)
Si je t'oublie, Jérusalem,
Que disparaisse ma main droite !

D'après la Bible, Psaume 137.

6 Les Juifs sous la domination perse (Ve siècle avant J.-C.)

Haman dit au roi Xerxès[1] : « Il y a un peuple particulier, dispersé et séparé au milieu des peuples dans toutes les provinces de ton royaume. Leurs lois sont différentes de celles de tout peuple, elles sont celles de leur Dieu. Ils n'exécutent pas les lois royales. »

D'après la Bible, Esther, 3.

1. Xerxès est le roi de Perse au Ve siècle avant J.-C. ; Haman est son conseiller.

Questions

Je me situe dans l'espace et le temps

1 Où vivent les Hébreux ? À quels siècles se déroulent les événements cités dans les documents ?

Je décris et j'explique

2 **Doc 1.** Qu'ordonne le roi Josias aux Hébreux ? Montrez que les Hébreux croient en un dieu unique.

3 **Docs 2 et 3.** Quelles sont les relations entre les Hébreux et les Assyriens ?

4 **Doc 3.** Décrivez la bataille de Lakish : quelles sont les deux armées en présence ? Qu'arrive-t-il aux Hébreux à la fin du combat ?

5 **Doc 4.** Qui est Nabuchodonosor ? Que fait-il subir aux Hébreux ?

6 **Doc 5.** À quel lieu les Hébreux en exil doivent-ils toujours penser ?

7 **Doc 6.** Que constate le conseiller du roi Xerxès sur les Hébreux ? Quelles lois suivent les Hébreux ?

Je raconte

8 Racontez l'histoire des Hébreux entre le IXe siècle et le Ve siècle avant J.-C.

La diaspora juive dans l'Empire romain

- Au Ve siècle avant J.-C., les descendants des Hébreux déportés à Babylone obtiennent des Perses le droit de rentrer à Jérusalem. Ils reconstruisent le Temple, fondent un petit royaume, la **Judée**. On leur donne alors le nom de Juifs.
- Au Ier siècle avant J.-C., les Romains s'emparent de la Judée et la transforment en province romaine. En 70, les Juifs se révoltent. L'empereur romain s'empare de Jérusalem et détruit son temple. Les Juifs se dispersent alors autour de la Méditerranée : c'est la diaspora.

Comment vivent les Juifs dispersés dans l'Empire romain ?

1 L'étoile de David

L'étoile est un symbole pour le peuple juif. Bas-relief de la synagogue de Capharnaüm du IIIe siècle.

2 Les lieux de la diaspora juive

3 L'empereur Claude et les Juifs d'Alexandrie

Un million de Juifs habitaient alors en Égypte, principalement à Alexandrie.

Je conjure les habitants d'Alexandrie de se conduire avec douceur et humanité envers les Juifs qui habitent la même cité depuis longtemps ; de ne déshonorer en rien ce qui traditionnellement fait partie du culte qu'ils rendent à leur Dieu, mais de les laisser vivre conformément à leurs coutumes. Quant aux Juifs, qu'ils se contentent de jouir de ce qui leur appartient en profitant d'une abondance de biens.

Lettre de l'empereur romain Claude aux Alexandrins, 41 après J.-C.

4 Un nouveau lieu de culte

a La fondation d'une synagogue

Théodotos, prêtre et chef de synagogue[1], a construit la synagogue pour la lecture de la Loi et pour l'enseignement des commandements, ainsi que l'hôtellerie, les chambres et les aménagements des eaux, comme auberge pour ceux qui en auraient besoin venant de l'étranger.

Inscription en grec du début du Ier siècle après J.-C., trouvée à Jérusalem.

1. C'est-à-dire rabbin, chef religieux juif.

Le Temple de Jérusalem ayant été détruit, les Juifs n'ont plus de lieu de culte. Ils se retrouvent alors dans des synagogues (en grec « lieu de réunion »). Elles sont toujours orientées vers Jérusalem.

❶ Salle de prière et de culte ❷ Cour

b La synagogue de Capharnaüm en Palestine (IIIe siècle)

5 Garder le lien avec Jérusalem

Fresques de la synagogue de Doura Europos, Syrie, IIIe siècle.

❶ Niche où étaient déposés les rouleaux de la Torah.

❷ Le Temple de Jérusalem.

❸ Un chandelier à sept branches du Temple et les objets utilisés pour certaines fêtes (citron, branche de palmier).

❹ Le sacrifice d'Abraham.

Questions

Je me situe dans l'espace

1 **Doc 2.** Où vivent les Juifs au IIIe siècle ? Qui domine le Bassin méditerranéen à cette époque ?

Je décris et j'explique

2 **Doc 3.** Que demande l'empereur Claude aux habitants non juifs d'Alexandrie ? Dans l'Empire romain, les Juifs sont-ils libres de pratiquer leur religion ?

3 **Doc 4.** Quel est le nouveau lieu de culte des Juifs ? Pourquoi ?

4 **Doc 4.** Que font les Juifs à la synagogue ?

5 **Doc 5.** Quel élément de la fresque rappelle le lien avec Jérusalem ?

6 **Docs 1 et 5.** Quels symboles unissent les Juifs de la diaspora ?

Je raconte

7 Racontez comment vivent les Juifs dans la diaspora.

Découvrir

La Bible, livre sacré des Hébreux

• La Bible des Hébreux est un ensemble de 24 livres écrits entre les VIIIe et IIe siècles avant J.-C. À cette époque, les Hébreux ont perdu leur territoire et se sont dispersés. Ils écrivent alors leur histoire, que peu de sources archéologiques peuvent confirmer. Les textes de la Bible sont très variés : mythes sur l'histoire du peuple hébreu, lois, prières...

➤ ***Que raconte la Bible ?***

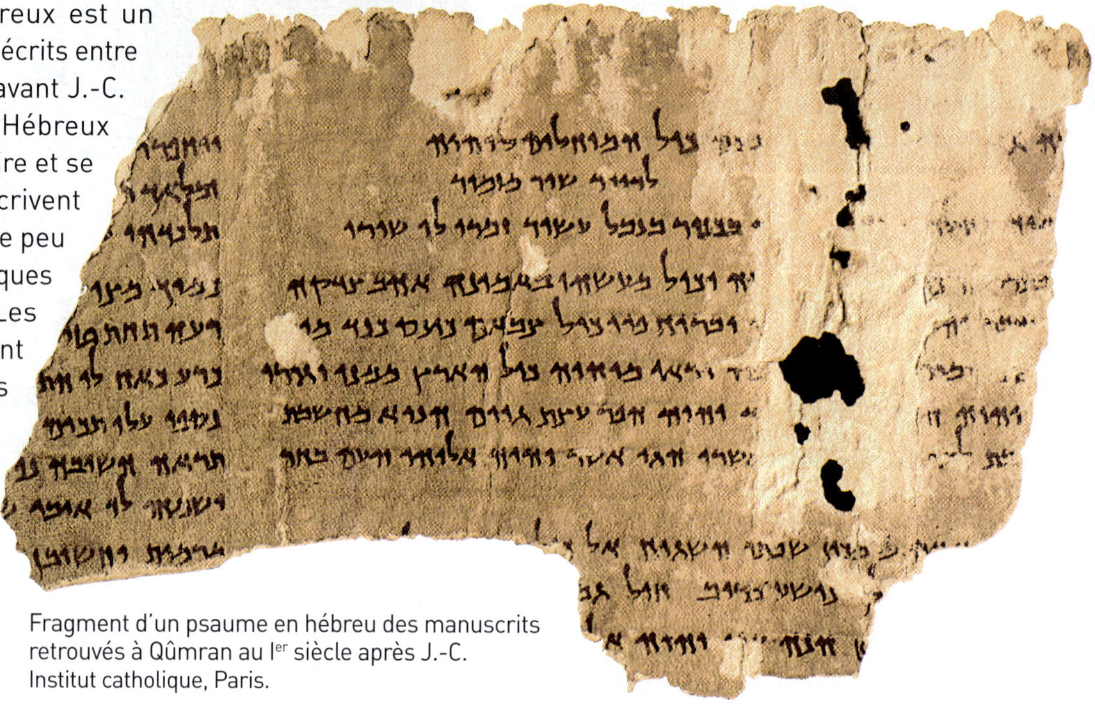

Fragment d'un psaume en hébreu des manuscrits retrouvés à Qûmran au Ier siècle après J.-C. Institut catholique, Paris.

1 la Bible hébraïque

I. la Torah : les cinq premiers livres
– **La *Genèse*** Les débuts de l'histoire du monde et des hommes ; l'alliance de Dieu avec Abraham et ses descendants.
– **L'*Exode*** Moïse délivre les Hébreux de l'esclavage en Égypte et les ramène vers la Terre promise, Canaan.
– **Le *Lévitique*, Les *Nombres*, Le *Deutéronome*** Ensemble de lois établies par Moïse pour l'organisation de la religion et de la vie des Hébreux.
II. Les Prophètes : 8 livres
Les prophètes parlent au nom de Dieu. Ils racontent l'histoire des Hébreux après l'installation en Canaan. Les premiers livres sont *Josué*, *Juges*, *Samuel*, *Rois*.
III. Les Écrits : 11 livres
Textes variés, poétiques ou religieux, dont les plus connus sont : – les *Psaumes* ; – les *Proverbes* ; – le *Cantique des Cantiques*.

2 La création du monde

Lorsque Dieu commença la création du ciel et de la terre, la terre était déserte et vide, et la ténèbre à la surface de l'abîme ; le souffle de Dieu planait à la surface des eaux.

Et Dieu dit : « Que la lumière soit ! » et la lumière fut. Dieu vit que la lumière était bonne. Dieu appela la lumière « jour » et la ténèbre, il l'appela « nuit ». Il y eut un soir, il y eut un matin : premier jour.

Le deuxième jour Dieu crée le ciel, puis la terre, la mer et la végétation, le troisième jour ; le quatrième jour, il crée le soleil, la lune et les étoiles, et le cinquième les animaux.

Dieu dit : « Faisons l'homme à notre image, selon notre ressemblance, et qu'il soumette les poissons de la mer, les oiseaux du ciel, les bestiaux, toute la terre et toutes les petites bêtes qui remuent sur la terre ! »

Dieu créa l'homme à son image, mâle et femelle, il les créa le sixième jour. Dieu bénit le septième jour et le consacra au repos, car il avait terminé de créer le monde.

D'après la Bible, Genèse, 1.

3 Moïse et la sortie d'Égypte

a Les Hébreux s'enfuient d'Égypte

Selon la Bible, les Hébreux ont été esclaves en Égypte au IIe millénaire avant J.-C.

Dieu appela Moïse et lui dit : « J'ai vu la misère de mon peuple en Égypte et je l'ai entendu crier sous les coups de ses chefs de corvée. Je suis descendu pour le délivrer et le faire monter vers un bon et vaste pays, vers un pays ruisselant de lait et de miel, vers le pays de Canaan[1]. Va, fais sortir d'Égypte mon peuple, les fils d'Israël[2]. » (...)

Le troisième jour après leur sortie d'Égypte, Dieu appela Moïse et dit : « Vous avez vu comment je vous ai fait sortir d'Égypte. Et maintenant, si vous entendez ma voix et gardez mon alliance, vous serez pour moi une nation sainte. Telles sont les paroles que tu diras aux fils d'Israël. »

D'après la Bible, Exode, 3 et 19.

1. Nom donné à la Palestine dans la Bible.
2. Petit-fils d'Abraham puis nom donné aux Hébreux.

b La traversée de la mer Rouge

Pendant la fuite, la mer Rouge s'ouvre pour laisser passer les Hébreux. Puis Moïse lui ordonne de se refermer sur l'armée du pharaon qui est alors engloutie.

Haggada d'or, vers 1340, British Library, Londres.

4 Salomon, roi d'Israël

Le roi Salomon était roi sur tout Israël[1]. Les Hébreux étaient nombreux. Ils avaient à manger et à boire, et ils étaient heureux. Ils vivaient en paix avec tous les pays qui les environnaient. Les Hébreux demeuraient en sécurité, chacun sous sa vigne et sous son figuier. (...) Dieu donna à Salomon sagesse et intelligence. Son nom était connu de toutes les nations alentour. (...) Salomon dit : « À présent qu'il n'y a plus ni adversaire ni menace de malheur, j'ai l'intention de bâtir une Maison pour mon Dieu, conformément à ce que le Seigneur avait dit à David mon père ». Salomon bâtit le Temple en sept ans.

D'après la Bible, Premier Livre des Rois, 4 et 5.

1. Nom du royaume des Hébreux.

5 Des règles de vie

S'il y a chez toi un pauvre, l'un de tes frères, dans le pays que ton Dieu te donne, tu lui ouvriras ta main toute grande. Tu lui donneras généreusement. Tu n'exploiteras pas un salarié malheureux et pauvre. Le jour même tu lui donneras son salaire. Tu ne porteras pas atteinte au droit de l'étranger et de l'orphelin, et tu ne prendras pas en gage le vêtement de la veuve.

D'après la Bible, Deutéronome, 15 et 24.

Questions

Je me situe dans le temps

1 Quand la Bible a-t-elle été écrite ?

Je décris et j'explique

2 **Doc 2.** Selon la Bible, qu'aurait créé le dieu des Hébreux ? En combien de temps ?

3 **Doc 3.** Qui est Moïse ? Quelle est sa mission et comment parvient-il à la remplir ?

4 **Doc 4.** Qui est Salomon ? Que décide-t-il de construire ?

5 **Doc 5.** Selon la Bible, quel doit être le comportement des Hébreux ?

6 **Docs 2, 3, 4 et 5.** Selon la Bible, comment le dieu des Hébreux intervient-il dans leur histoire ?

Je raconte

7 Racontez la fuite des Hébreux d'Égypte.

1 Les Hébreux et leur histoire

Qui sont les Hébreux ?

A Un peuple à la recherche d'une terre

1. D'après la **Bible**, les **Hébreux** sont à l'origine, un peuple nomade, errant entre la Mésopotamie et l'Égypte. Leur dieu unique, **Yahvé**, leur aurait promis une terre.

2. Les plus anciens vestiges de leur existence datent du IXe siècle avant J.-C. Ils vivent au **pays de Canaan** ou Palestine, sous l'autorité de rois (doc 1). **Jérusalem** est leur capitale. Ils y ont construit leur **Temple**, en l'honneur de leur dieu unique Yahvé (doc 3).

B Un peuple dominé

1. Les Assyriens, puis le roi de Babylone, s'emparent des royaumes hébreux d'Israël et de Juda, et détruisent Jérusalem (IXe-VIe siècles avant J.-C.). Captifs, **les Hébreux partent en Mésopotamie**.

2. Libérés par les Perses au Ve siècle avant J.-C., une partie de leurs descendants rentrent à Jérusalem et reconstruisent le Temple (doc 3). Mais ils sont ensuite dominés par les Perses, puis par les Grecs (IIe siècle avant J.-C.) et les Romains.

C Un peuple dispersé

1. Les Hébreux se révoltent contre les Romains. En 70, l'empereur Titus s'empare de Jérusalem et détruit le Temple (doc 4). Les Hébreux appelés désormais **Juifs** quittent leur terre et poursuivent leur dispersion autour de la Méditerranée : c'est la **diaspora**.

2. Afin de rester uni, ce peuple dispersé décide d'écrire son histoire. La Bible, écrite entre le VIIIe et le IIe siècle avant J.-C., raconte le **judaïsme**.

Vocabulaire

Diaspora : mot grec signifiant « dispersion » d'un peuple.

Judaïsme : mot désignant la religion, la culture et la manière de vivre des Juifs.

Juifs : nom donné aux descendants hébreux du royaume de Juda.

1 Une forteresse du royaume de Juda

Combattant les Égyptiens à Megiddo, le roi Josias y trouve la mort en 609 avant J.-C.

2 Le mur des Lamentations

Le mur des Lamentations est aujourd'hui le seul vestige du temple de Jérusalem après sa destruction en 70. Il est désormais un lieu de pèlerinage.

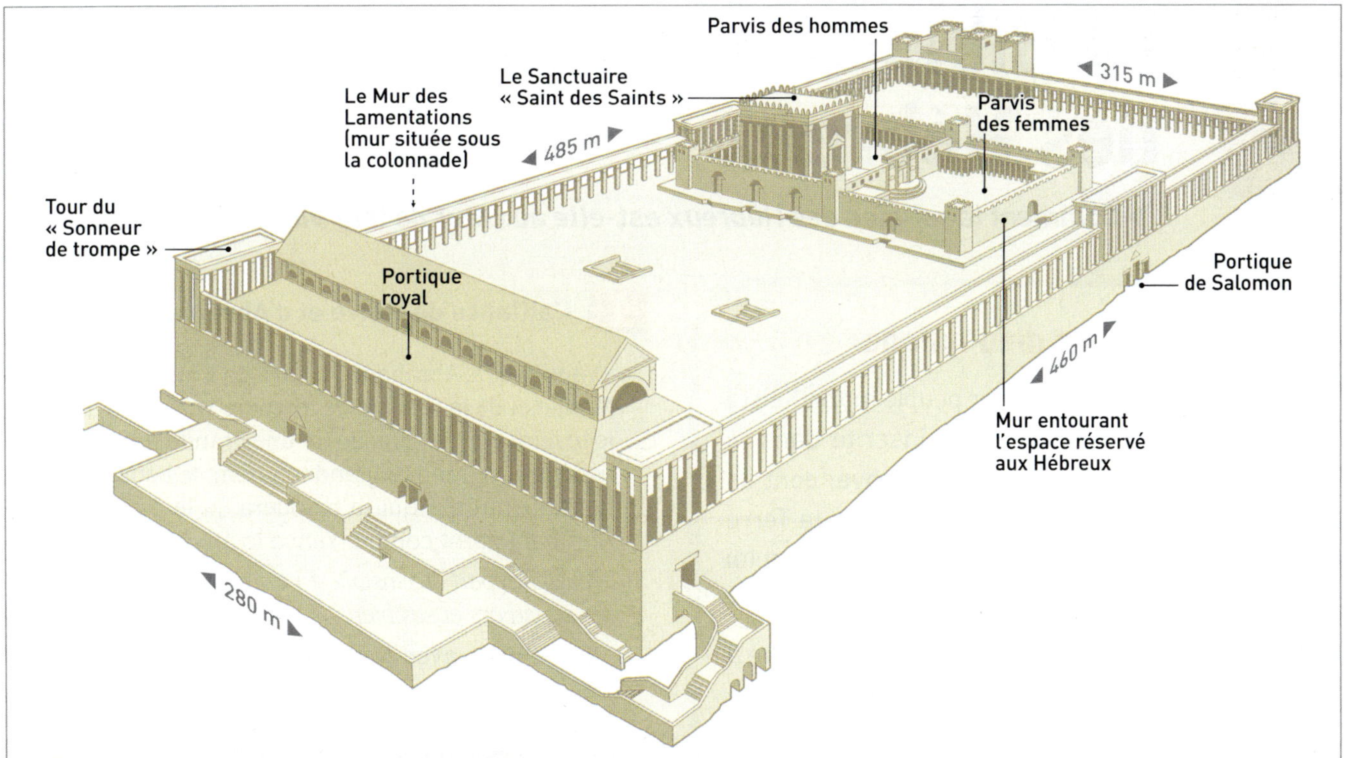

3 Le Temple de Jérusalem (Ier siècle avant J.-C.)

1 Quelle partie du Temple est la plus importante pour les Hébreux ? Que renfermait-elle ?

2 D'après le document 2, que reste-t-il du Temple aujourd'hui ?

4 Les Romains à Jérusalem (70 après J.-C.)

Bas-relief de l'arc de triomphe de Titus, à Rome, qui commémore la victoire de l'empereur sur les Juifs.

❶ Le pillage du temple ❷ Soldats romains couronnés de laurier ❸ Trompettes, table et chandelier du Temple

1 Décrivez la scène de ce bas-relief.

2 Sur quel monument cette scène a-t-elle été réalisée ? Pourquoi a-t-il été construit ?

2 La Bible et la religion des Hébreux

➤ ***Comment la religion des Hébreux est-elle au cœur de leur vie ?***

A La croyance en un dieu unique

1. Les Hébreux sont le premier peuple **monothéiste** de l'histoire. Leur croyance est inscrite dans la **Bible**. Ils croient en un seul dieu, **Yahvé**, dont ils sont le **peuple élu**. Yahvé leur a donné « la Terre promise » et les protège. En échange, ils doivent lui être fidèles. C'est l'**Alliance** (doc 1).

2. Les **Dix commandements** transmis par Yahvé à Moïse obligent les Hébreux à honorer leur dieu et à se respecter (doc 3). Ils figurent dans la **Torah**. Les Hébreux attendent la venue d'un **messie**, annoncé par les **prophètes**. Il rétablirait le **royaume** disparu des Hébreux.

B Des pratiques religieuses

1. La Bible fixe des règles religieuses quotidiennes (prière, pratiques alimentaires). Le **Shabbat**, 7e jour de la semaine, est un jour sacré. De grandes fêtes rappellent les moments importants de l'histoire des Hébreux. La plus importante est la **Pâque** qui commémore la fuite d'Égypte (docs 2 et 4b).

2. Jusqu'à sa destruction par les Romains, le **Temple de Jérusalem** est le seul lieu du culte. Les Hébreux s'y retrouvent pour offrir des sacrifices à Yahvé (doc 4a). Depuis leur dispersion, les Juifs se réunissent dans des **synagogues** pour lire la Bible et prier sous la direction d'un **rabbin**.

Vocabulaire

Messie : envoyé de Dieu qui doit diriger le peuple juif.

Monothéiste (du grec *monos*, un seul, et *theos*, dieu) : fait de croire en un seul dieu.

Prophète : homme qui est inspiré par Dieu et parle en son nom.

Rabbin : chef religieux juif.

Synagogue : lieu où se réunissent les Juifs pour lire la Bible et prier.

Torah : les cinq premiers livres de la Bible.

1 L'alliance de Yahvé et d'Abraham

Yahvé dit à Abraham : « Pars de ton pays[1], de ta famille et de la maison de ton père vers le pays que je te ferai voir. Je ferai de toi une grande nation et je te bénirai. Je rendrai grand ton nom. Je bénirai ceux qui te béniront ; qui te bafouera, je le maudirai. » Abraham partit comme Yahvé le lui avait dit.

Abraham part et s'installe en Canaan avec sa femme, ses serviteurs et ses biens.

Yahvé parla avec Abraham et lui dit : « Pour moi, voici mon alliance avec toi : des rois sortiront de toi. J'établirai mon alliance entre moi, toi et après toi les générations qui descendront de toi ; cette alliance perpétuelle fera de moi ton Dieu et Celui de ta descendance après toi. Je donnerai à toi et à ta descendance le pays que j'ai choisi, tout le pays de Canaan. »

D'après la Bible, Genèse, 12 et 17.

1. Selon la Bible, Abraham était le chef d'une tribu nomade vivant à Ur, en Mésopotamie.

1 **Qu'offre Yahvé à Abraham et à sa descendance ?**

2 **En échange, que demande-t-il à Abraham et à sa descendance ?**

2 Les grandes fêtes juives

Fête	Date	Signification
Roch Hachana Nouvel An	Septembre	Rappelle la création du monde par Dieu.
Yom Kippour Grand Pardon	Septembre-octobre	Journée de jeûne et de prières pour le pardon des péchés.
Soukkhot Fête des Tentes	Octobre	Rappelle l'errance dans le Sinaï.
Pessah Pâque	Mars-avril	Rappelle la sortie d'Égypte.
Shabouot Pentecôte	50 jours après Pessah	Rappelle le don des Dix commandements à Moïse.
Hanoukkah Fête des Lumières	Décembre	Rappelle une victoire des Hébreux contre les Grecs.

3 L'alliance de Yahvé et de Moïse

a Les Dix Commandements

Selon la Bible, Dieu a transmis le Décalogue à Moïse sur le mont Sinaï pendant la fuite d'Égypte, l'Exode.

1. C'est moi Yahvé, ton Dieu qui t'ai fait sortir d'Égypte. Tu n'auras pas d'autres dieux que moi.
2. Tu ne te feras pas d'image ni rien qui ait la forme de ce qui se trouve au ciel, sur terre ou dans les eaux.
3. Tu ne prononceras pas à tort le nom de Yahvé ton Dieu.
4. Tu travailleras six jours mais le septième jour, c'est le shabbat. Tu ne feras aucun ouvrage.
5. Honore ton père et ta mère.
6. Tu ne commettras pas de meurtre.
7. Tu ne commettras pas d'adultère.
8. Tu ne voleras pas.
9. Tu ne feras pas de faux témoignage contre ton prochain.
10. Tu ne convoiteras pas la maison, la femme de ton prochain, ni quoi que ce soit qui lui appartienne.

D'après la Bible, Exode, 20.

1 Relevez les commandements envers Yahvé, et les commandements envers les hommes.
2 Quel commandement montre que la religion des Hébreux est monothéiste ?
3 Quelle scène de la Bible est ici représentée (doc b) ?

b Moïse reçoit les Tables de la Loi.
Manuscrit extrait de *Biblia de Alba*, 1422, Casa de Alba, Madrid.

4 Le culte

a La fête de la Pâque

Tu feras le sacrifice de la Pâque pour Yahvé, avec du petit et du gros bétail au lieu que Yahvé aura choisi pour y faire demeurer son nom[1]. Tu ne mangeras pas à ce repas du pain levé ; pendant sept jours, tu mangeras des pains sans levain, du pain de misère, car c'est en hâte que tu es sorti du pays d'Égypte.

D'après la Bible, Deutéronome, 16.

1. Il s'agit du temple de Jérusalem.

b Les règles alimentaires

Vous pourrez manger tout animal terrestre qui a le sabot fendu en deux et qui rumine. Vous ne pourrez pas manger le porc car s'il a le sabot fendu, il ne rumine pas. Parmi tout ce qui vit dans l'eau, vous ne pourrez pas manger tout ce qui n'a pas de nageoires et d'écailles. Vous ne mangerez pas de sang d'animal. Quiconque mangerait ce sang serait retranché de sa parenté.

D'après la Bible, Lévitique, 7 et 11.

1 Quel rite particulier était pratiqué dans le temple de Jérusalem le jour de la Pâque ? Que mange-t-on lors de cette fête ? (doc a)
2 Que n'ont pas le droit de manger les Juifs (doc b) ?

1 Je sais me repérer dans l'espace

À imprimer

● Recopiez le fond de carte ci-contre, puis indiquez au bon endroit :

1. Le nom de deux mers proches des royaumes hébreux.
2. Le nom des deux royaumes hébreux.
3. Le nom de la région où se situent les deux royaumes.
4. Le nom de la capitale des Hébreux.
5. Le nom de deux puissants voisins des royaumes hébreux.

● Complétez la légende.

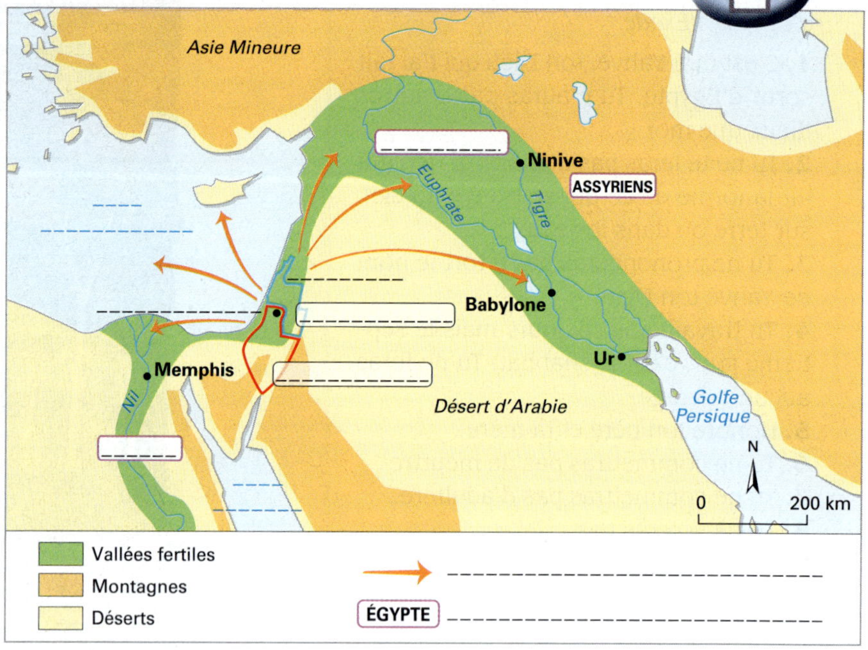

2 Je sais me repérer dans le temps

Reliez les dates indiquées sur la frise chronologique avec les éléments suivants :

1. Le début de l'écriture de la Bible
2. La destruction du second Temple de Jérusalem
3. Le début de la diaspora

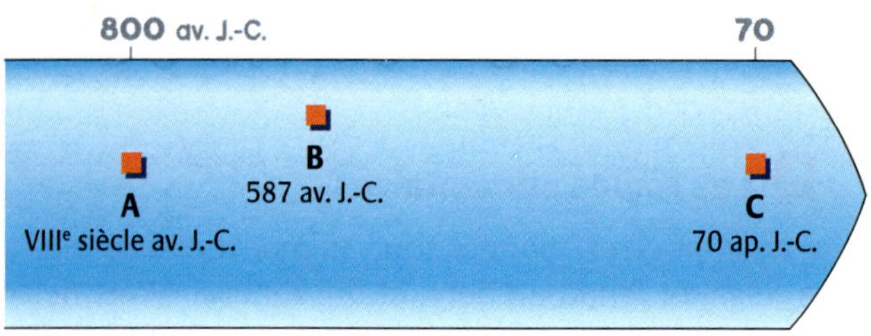

3 Je sais définir les mots clés

Associez chacun des mots clés ci-dessous à sa définition.

1. Juifs – 2. Diaspora – 3. Messie – 4. Monothéiste – 5. Torah – 6. Judaïsme

A. Envoyé de Dieu qui doit diriger le peuple juif.
B. Fait de croire en un seul dieu.
C. Mot grec signifiant « dispersion » d'un peuple.
D. Mot désignant la religion, la culture et la manière de vivre des Juifs.
E. Les cinq premiers livres de la Bible.
F. Nom donné aux descendants hébreux du royaume de Juda.

4 Je sais raconter et expliquer

1. Entre le VIIIe et le VIe siècle avant J.-C., quelle est l'histoire des Hébreux du royaume de Juda ?
2. Pour quelles raisons les Hébreux ont-ils écrit la Bible ?
3. Présentez les principales caractéristiques de la religion des Hébreux.
4. Qu'est-ce que la diaspora ?

5 J'observe et je compare un texte et une enluminure

a Le jugement du roi Salomon

Deux femmes vinrent se présenter devant le roi. L'une dit : « Le fils de cette femme est mort pendant la nuit. Elle s'est levée, a pris mon fils ; et son fils mort, elle le coucha contre moi. » L'autre femme dit : « Non ! Mon fils c'est le vivant et ton fils c'est le mort ! » Le roi dit : « Apportez-moi une épée. Coupez en deux l'enfant vivant et donnez-en la moitié à chacune. » Émue, la vraie mère dit au roi : « Seigneur, donnez-lui le bébé vivant, mais ne le tuez pas ! » Tandis que l'autre disait : « Il ne sera ni à moi ni à toi ! Coupez ! » Alors le roi dit : « Donnez à la première le bébé vivant, ne le tuez pas ; c'est elle qui est la mère. »

D'après la Bible, 1 Rois, 3.

b La scène du jugement

Enluminure, manuscrit juif français, XIIIe siècle, British Library, Londres.

Questions

1 Présentez en trois phrases l'histoire racontée dans cet extrait de la Bible. (doc a)

2 Retrouvez dans l'image les personnages du texte : qui sont-ils et comment les reconnaît-on ? (docs a et b)

3 Quel moment de l'histoire de ces personnages est représenté sur l'image ? (docs a et b)

4 Y a-t-il des différences entre ce que raconte le texte et ce que raconte l'image ? (docs a et b)

6 Je construis un récit

David et Goliath

❶ Alors dans son sac, il prit une pierre qu'il tira avec la fronde.
❷ Goliath sortit des rangs des Philistins. Sa taille était de plus de 2,80 mètres.
❸ Il atteignit Goliath au front, qui tomba la face contre terre.
❹ « Tu marches contre moi avec une épée, une lance et un javelot ; moi, je marche contre toi au nom de Yahvé. »
❺ Les Philistins occupaient la montagne d'un côté et les Israélites de l'autre.
❻ Puis, la fronde à la main, il marcha vers le Philistin et lui dit : « ...
❼ David choisit dans le torrent cinq pierres lisses et les mit dans son sac de berger.
❽ Le géant avait sur la tête un casque de bronze et était revêtu d'une cuirasse à écailles.

D'après La Bible, Samuel, 1.

1. Retrouvez le déroulement du récit en vous posant les questions suivantes :
– Où se passe cette histoire ?
– Qui sont les personnages ? Que font-ils ?
– Comment se termine cette histoire ?

2. Remettez les phrases dans l'ordre afin de raconter l'histoire de David et Goliath.

3. Selon la Bible, qui est victorieux ? Cela vous étonne-t-il ?

Chapitre 8

Les débuts du christianisme

- **Comment le christianisme est-il né ?**
- **Comment s'est-il diffusé dans l'Empire romain ?**

Carte interactive

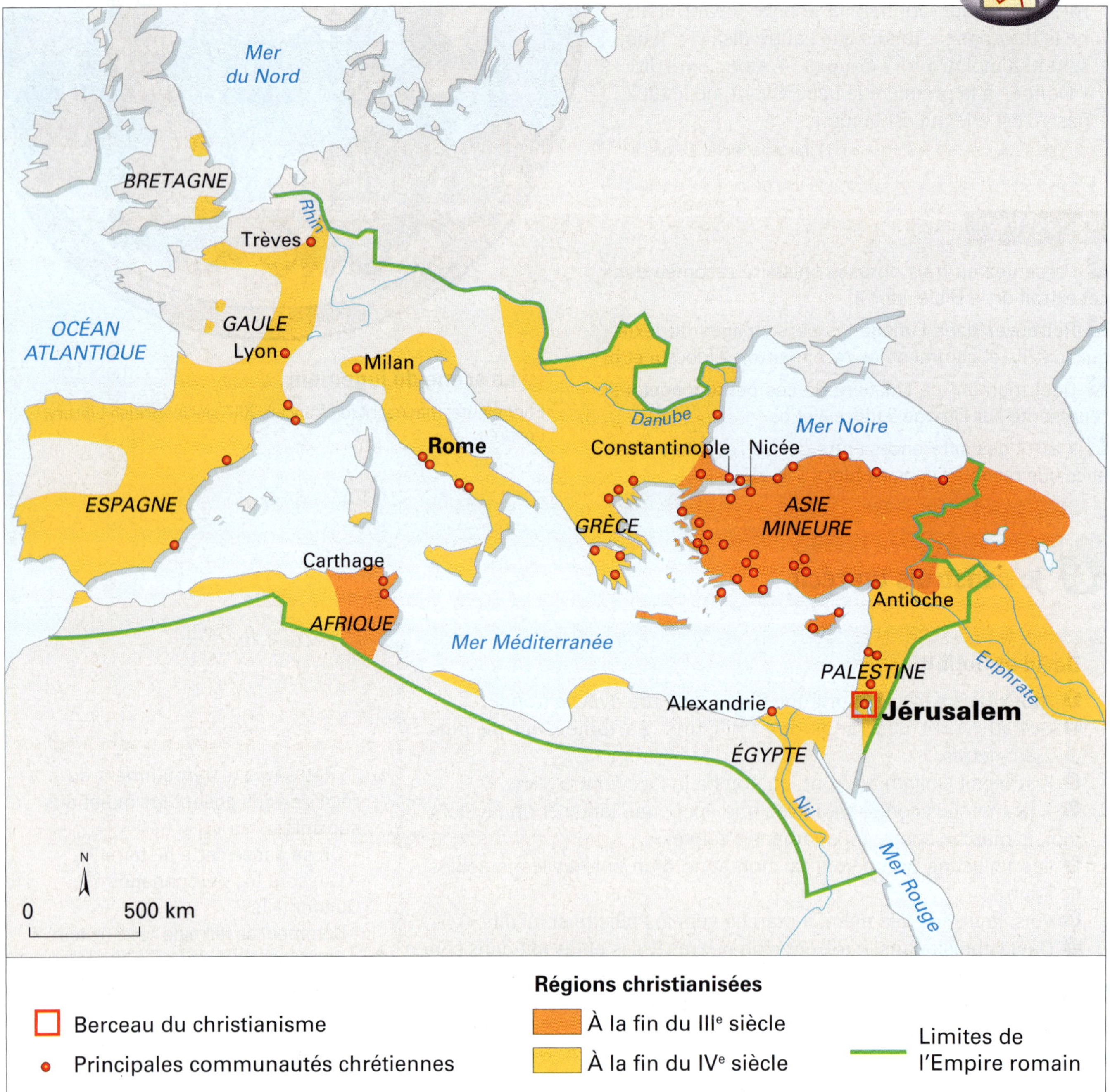

1 Le christianisme dans l'Empire romain (IVe siècle)

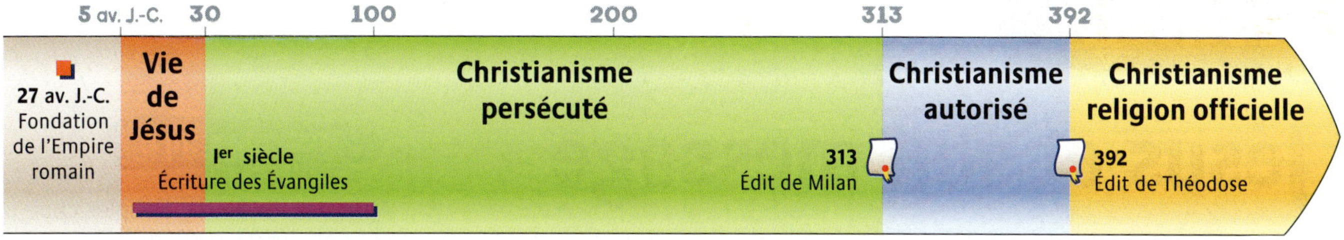

2 Jésus et les apôtres

Mosaïque du VIe siècle, basilique de Saint-Apollinaire, Ravenne.

Découvrir

Jésus et son message

- Au Ier siècle après Jésus-Christ, l'agitation règne en Judée : la domination romaine est mal acceptée. Le peuple juif est dans l'attente du **messie** annoncé par les prophètes. C'est alors qu'un Juif, **Jésus**, se fait connaître par son enseignement ; ses disciples l'appellent **Christ**, « envoyé de Dieu » en grec.
- Sa vie et son message nous sont connus par le Nouveau Testament écrit au Ier siècle. Il comprend les quatre **Évangiles** rédigés par les **apôtres** après la mort de Jésus, entre 70 et 90.

➤ ***Qui est Jésus ?***

Vocabulaire

Apôtres : les douze disciples choisis par Jésus pour diffuser son message.

Évangile (« bonne nouvelle » en grec) : récit de la vie et du message de Jésus.

Messie : envoyé de Dieu qui doit diriger le peuple juif.

Parabole : récit imagé pour faire comprendre une idée.

A La vie de Jésus

1 La vie de Jésus, selon les Évangiles

Vers 4 av. J.-C. : naissance à Bethléem en Judée.

4 av. J.-C. /28 : jeunesse à Nazareth en Galilée.

Vers 28-29-30 : Jésus prêche en Palestine.

Vers 30 : procès à Jérusalem. Les autorités religieuses juives lui reprochent de se faire passer pour le Messie et le livrent aux autorités romaines.
Mort de Jésus.

2 Le témoignage d'un historien juif

À cette époque vécut Jésus, un homme exceptionnel, car il accomplissait des choses prodigieuses. Il gagna beaucoup de monde parmi les Juifs et jusque parmi les Grecs. Lorsque, sur la dénonciation de nos notables, Pilate[1] l'eut condamné à être crucifié, ses disciples ne cessèrent pas de l'aimer, parce que, disaient-ils, il leur était apparu le troisième jour, de nouveau vivant (...). De nos jours, il a encore de nombreux fidèles, ceux qu'à cause de lui on appelle chrétiens.

Flavius Josèphe, *Les Antiquités juives*, Ier siècle après J.-C.

1. Pilate : gouverneur romain de la Judée.

3 La crucifixion de Jésus

Au dessus de la tête du Christ est inscrit le motif de sa condamnation « Rex jud », « roi des Juifs ».
Panneau de coffret en ivoire réalisé vers 420, British museum, Londres.

B Le message religieux de Jésus

4 La Cène, dernier repas du Christ

Pendant le repas, Jésus prend du pain, le rompt et le donne aux disciples : « Prenez et mangez, ceci est mon corps. » Puis, prenant une coupe, il dit : « Buvez-en tous, car ceci est mon sang, qui va être répandu pour la multitude en pardon des péchés. »
D'après l'Évangile de Mathieu, 26. Mosaïque du VIe siècle, basilique Saint-Apollinaire, Ravenne.

5 La parabole du bon Samaritain

Un homme se lève et dit à Jésus : « Que dois-je faire pour avoir la vie éternelle ? » Jésus lui dit : « Dans la Loi, il est écrit : tu aimeras ton Dieu de tout ton cœur et ton prochain comme toi-même. » Il demande à Jésus : « Qui est mon prochain ? » Jésus reprend : « Un homme tombe aux mains des brigands qui le rouent de coups et le laissent à demi mort. Un prêtre et un serviteur du temple[1] le voient et passent à bonne distance. Mais un Samaritain[2] l'aperçoit, a pitié, panse ses plaies, le mène à l'hôtellerie et prend soin de lui. De ces trois-là, qui te semble le prochain de l'homme blessé ? » « Celui qui a témoigné de l'amour par ses actes. » « Eh bien, va et fais de même. »

Évangile de Luc, 10.

1. Le temple de Jérusalem.
2. Les Samaritains, habitants de Samarie, sont considérés par les Juifs comme des païens.

6 La résurrection du Christ

Le premier jour de la semaine, Marie de Magdala et Marie mère de Jacques vinrent à la tombe de Jésus. Et voilà qu'il se fit un grand tremblement de terre. Un ange descendit du ciel. Il dit aux femmes : « Soyez sans crainte. Vous cherchez Jésus, le crucifié. Il n'est pas ici, car il est ressuscité comme il l'avait dit ; venez voir l'endroit où il gisait. Puis allez dire à ses disciples : il est ressuscité des morts. »

Évangile de Matthieu, 28.

Questions

Je me situe dans l'espace et le temps

1 **Doc 1.** Dans quelles régions de Palestine Jésus est-il né et a-t-il grandi ? À quelle époque a-t-il vécu ?

Je décris et j'explique

2 **Doc 2.** D'après cet auteur, Jésus a-t-il existé ? Comment Flavius Josèphe a-t-il entendu parler de lui ?

3 **Docs 1 et 3.** Quelles sont les circonstances de la mort de Jésus ?

4 **Doc 4.** Que fait Jésus pendant la Cène ?

5 **Doc 5.** Quelle attitude Jésus recommande-t-il à ceux qui l'écoutent ?

6 **Doc 6.** D'après les Évangiles, que s'est-il passé trois jours après la mort de Jésus ?

Je raconte

7 Racontez un ou deux épisodes de la vie de Jésus.

Découvrir

Les premiers chrétiens

• À la mort de Jésus au Ier siècle, les **chrétiens** sont très peu nombreux. Les apôtres continuent de transmettre son enseignement. Parmi eux, Paul de Tarse, un Juif devenu chrétien, joue un rôle essentiel dans la **conversion** des Juifs et des **païens**. Les chrétiens commencent alors à s'organiser en communautés, partageant les mêmes pratiques religieuses.

Quelle est la vie des premiers chrétiens ?

Vocabulaire

Chrétiens : ceux qui croient en Jésus-Christ et en son message.

Conversion : le fait de changer de religion.

Païen : personne qui reste polythéiste.

A Le rôle des apôtres

1 La Pentecôte

Le jour de la Pentecôte, les apôtres se trouvaient réunis. Tout à coup, un bruit vint du ciel comme le souffle d'un violent coup de vent : toute la maison en fut remplie. Alors leur apparurent des langues de feu qui se posèrent une à une sur chacun d'eux. Ils furent tous remplis du Saint Esprit et se mirent à parler en d'autres langues.

À Jérusalem vivaient des Juifs venus de tous les pays du monde ; entendant la rumeur, ils s'assemblèrent et étonnés ils disaient : « Tous nous les entendons annoncer dans nos diverses langues les merveilles de Dieu. »

Actes des Apôtres, 1.

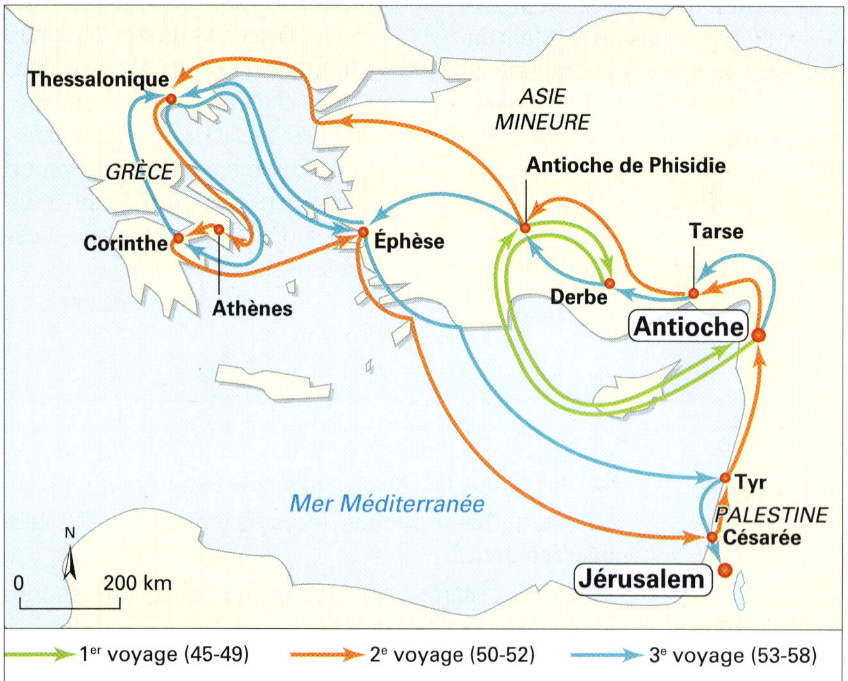

3 Les voyages de Paul (45-67)

2 Paul de Tarse (10-67)

Mosaïque du XIIe siècle, basilique San Giusto, Trieste.

4 Une religion universelle

Vous êtes tous baptisés : il n'y a plus ni Juif ni Grec ; il n'y a plus ni esclave ni homme libre ; il n'y a plus ni l'homme ni la femme ; car tous vous ne faites qu'un en Jésus-Christ.

Épître de Paul aux Galates, 3.

B La vie des premiers chrétiens

5 Le baptême

Le baptême, immersion dans l'eau, marque l'entrée dans la communauté des chrétiens. Le baptisé est, selon la croyance, lavé de ses péchés. Au fond de la cuve, on aperçoit le chrisme. Il est composé des deux premières lettres du mot Christos : le X = (ch) et le P = (r). Les deux lettres α et ω sont la première et la dernière lettre de l'alphabet grec.

Cuve du VIe siècle, musée du Bardo, Tunis.

6 L'assemblée du dimanche

Tous se réunissent dans un même lieu : on lit les Évangiles et les écrits des prophètes. La lecture finie, l'évêque fait un discours pour instruire et pour encourager à imiter ces beaux enseignements ; ensuite nous prions ensemble. Puis on apporte du pain avec du vin et de l'eau. L'évêque prie, remercie Dieu, et tout le peuple répond par l'acclamation « amen ». On partage alors le pain et le vin. Enfin, chacun donne librement, et ce qui est recueilli permet s'assister les orphelins, les veuves, les malades, les indigents, les prisonniers, les hôtes étrangers.

D'après Justin, *Apologie*, IIe siècle.

7 Le mode de vie des chrétiens

L'habit ordinaire d'un homme vertueux est sans recherche, décent et propre. Que la femme porte elle aussi un habit tout uni et sérieux. Que les vêtements soient adaptés à l'âge, à la personne, aux lieux, au climat, aux occupations.

Chez les humains, la gourmandise n'a point de bornes : elle les fait dériver vers la pâtisserie, vers les gâteaux au miel. Il me semble qu'un homme aussi gourmand n'est rien d'autre qu'une bouche. Est-ce qu'il n'y a pas aussi dans la simplicité une saine variété de nourriture ? Des oignons, des olives, quelques légumes, du lait, du fromage, des fruits, divers aliments cuits sans sauce.

D'après Clément d'Alexandrie, *Le Pédagogue*, IIe siècle.

Questions

Je me situe dans l'espace et le temps

1 **Docs 1, 4, 6 et 7.** De quels siècles datent ces textes ?

2 **Doc 3.** Dans quelles régions Paul diffuse-t-il le christianisme ?

Je décris et j'explique

3 **Doc 1.** D'après ce récit, à qui les apôtres vont-ils pouvoir transmettre le message de Jésus ?

4 **Docs 2 et 4.** Qui est Paul ? Selon lui, à qui s'adresse le message de Jésus ?

5 **Doc 5.** Que signifie le baptême pour les chrétiens ?

6 **Doc 6.** Quelles sont les étapes de la réunion de l'assemblée du dimanche qui réunit les chrétiens ?

7 **Doc 7.** Quelle doit être l'attitude des chrétiens dans la vie quotidienne ? Que doivent-ils éviter ?

Je raconte

8 Racontez la vie d'un chrétien du Ier siècle.

1 La naissance du christianisme

▶ ***Qu'est-ce que le christianisme ?***

A Jésus en Palestine

1. Jésus est un Juif qui vit dans la province romaine de Palestine au Ier siècle. Considéré comme un envoyé de Dieu, **le Christ** (« messie » en grec) annonce partout la « **Bonne nouvelle** » (doc 1). Tous les hommes sont égaux. En aimant Dieu et son prochain, ils auront la vie éternelle.

2. Jésus ne rejette pas la **Bible**, ni la religion juive. Mais il inquiète les chefs religieux juifs qui ne reconnaissent pas en lui le messie qu'ils attendent. Ils le livrent aux autorités romaines qui le condamnent à mort. Il est **crucifié** vers 30.

B Les premières communautés chrétiennes

1. Après la mort de Jésus, ses apôtres annoncent sa résurrection et répandent la « Bonne nouvelle » (doc 5). Paul de Tarse, un Juif, citoyen romain converti à la foi chrétienne, convertit les **païens** hors du monde juif. Ses lettres, les épîtres, ainsi que les **Évangiles** de Matthieu, Marc, Luc et Jean sont rassemblés dans le **Nouveau Testament** (docs 3 et 4).

2. Le christianisme s'étend dans l'Empire romain. Pour entrer dans une communauté chrétienne, il faut recevoir le **baptême**. Les chrétiens croient en Dieu, incarné en Jésus-Christ : leur religion est **monothéiste**. Ils se réunissent le dimanche, sous la direction d'un prêtre, pour lire les Évangiles et prier (doc 2). Ils commémorent **la Cène** et partagent le pain et le vin : c'est la **communion**. Ils enterrent leurs morts dans des cimetières souterrains, les **catacombes** (doc 6).

Vocabulaire

Communion : partage du pain et du vin consacrés par le prêtre. Ils représentent alors pour les chrétiens le corps et le sang du Christ.

Évangile (« bonne nouvelle » en grec) : récit de la vie et du message de Jésus.

Païen : personne qui reste polythéiste.

1 Les symboles du Christ

La croix est le symbole de la résurrection. Le poisson se traduit en grec par le mot *Ichtus* dont les trois premières lettres « ICH » signifient Jésus-Christ. Bas-relief du IVe siècle.

2 Un enfant en prière

Fresque des catacombes de San Gennaro à Naples, Ve-VIe siècle.

3 La Bible des chrétiens

Livres de la Bible	Contenu	Dates d'écriture
Ancien Testament		
• La Torah	La vie du peuple hébreu	Du IXe au IIe siècle avant J.-C.
• Les Prophètes	La Première alliance	
• Les autres écrits		
Nouveau Testament		
Les récits		
• Quatre Évangiles (Matthieu, Marc, Luc, Jean)	Vie et enseignement de Jésus	Entre 70 et 80 après J.-C.
• Actes des Apôtres	Vie des premières communautés chrétiennes	Vers 80 après J.-C.
Les lettres		
Épîtres (lettres) de Paul	Explication du message de Jésus et conseils aux premières communautés	Entre 50 et 90 après J.-C.
Épîtres de Pierre, Jean, Jude		
Apocalypse		
(Jean)	Annonce de la fin des temps	Fin du Ier siècle après J.-C.

1 Quelle partie de la Bible est consacrée au christianisme ?

2 Nommez les trois types de documents qui parlent de Jésus et de son message.

4 Les quatre évangélistes

Les quatre évangélistes sont représentés chacun par un symbole : Matthieu par un homme, Marc par un lion, Jean par un aigle et Luc par un taureau. Miniature du IXe siècle.

5 La « Bonne nouvelle »

Pierre est l'un des douze apôtres.

Pierre se leva alors avec les onze autres apôtres et dit d'une voix forte :

« Gens d'Israël, écoutez. Jésus de Nazareth, vous l'avez tué en le faisant clouer sur une croix. Mais Dieu l'a ressuscité. Tout le peuple d'Israël doit donc le savoir : ce Jésus, c'est lui que Dieu a fait Seigneur et Messie ! Que chacun d'entre vous se fasse baptiser au nom de Jésus-Christ pour que vos péchés vous soient pardonnés. »

Un grand nombre d'entre eux acceptèrent les paroles de Pierre et furent baptisés.

Actes des Apôtres, 2.

1 À qui s'adresse l'apôtre Pierre ? Que proclame-t-il ?

2 Comment réagissent les Juifs ?

6 Les catacombes de Priscille à Rome (IIIe siècle)

Les chrétiens enterrent leurs morts dans des cimetières souterrains, les catacombes.

Découvrir

L'empereur romain et les chrétiens

• Les empereurs romains sont tolérants à l'égard des différents cultes pratiqués dans l'Empire. Mais l'expansion du christianisme au cours des Ier et IIe siècles les inquiète. Les chrétiens sont alors persécutés car cette religion monothéiste menace les religions traditionnelles et le culte impérial.

Vocabulaire

Édit : loi.

Comment la religion chrétienne devient-elle la religion de l'Empire ?

A Le temps des persécutions

1 Les chrétiens, de bons citoyens

Les chrétiens ne se distinguent des autres hommes ni par le pays ni par le langage ni par les vêtements. Ils n'habitent pas des villes qui leur soient propres. Ils se répartissent dans les cités grecques et barbares ; ils se conforment aux usages locaux pour les vêtements, la nourriture et la manière de vivre. Ils s'acquittent de tous leurs devoirs de citoyens.

Lettre à Diognète, *Lettre d'un chrétien anonyme*, vers la fin du IIe siècle.

2 L'empereur Trajan et les chrétiens

L'empereur Trajan écrit à Pline, gouverneur d'une province.

Mon cher Pline, tu as suivi la conduite que tu devais dans l'examen des causes de ceux qui t'avaient été dénoncés comme chrétiens. Les chrétiens ne doivent pas être systématiquement poursuivis. S'ils sont dénoncés et confirment qu'ils sont chrétiens, il faut les condamner, mais celui qui aura nié être chrétien et en aura donné la preuve en sacrifiant à nos dieux, même s'il a été suspect auparavant, obtiendra le pardon comme prix de son repentir.

Pline le Jeune, *Correspondance*, X, IIe siècle.

3 Les supplices infligés aux chrétiens

À partir du IIIe siècle, les persécutions s'étendent à tout l'Empire. Ordonnées par les empereurs Dioclétien et Galère, elles font des milliers de victimes. Mosaïque romaine, IIe siècle.

B Le christianisme, religion officielle de l'Empire

4 Le songe de l'empereur Constantin (312)

Constantin est averti pendant son sommeil de marquer sur les boucliers le signe céleste de Dieu et d'engager ainsi le combat contre son rival Maxence. Il obéit et marque le nom du Christ sur les boucliers, avec un X traversé de la lettre P[1]. Munie de ce signe, l'armée tire l'épée. L'ennemi s'avance à sa rencontre et franchit le pont. La lutte s'exaspère. L'armée de Maxence est prise de panique, lui-même s'enfuit et court au pont : il est coupé. Emporté par la masse des fuyards, il est précipité dans le Tibre. Constantin fait son entrée à Rome au milieu de la joie du Sénat et du peuple.

D'après Lactance, *De la mort des persécuteurs*, vers 320.

1. Ce signe est appelé chrisme ; la lettre grecque X devient ch en latin, le P devient r.

5 Le christianisme s'impose

a L'édit de Milan (313)

Étant réunis à Milan, moi Constantin Auguste et moi Licinius Auguste donnons aux chrétiens comme à tous, la liberté de pratiquer la religion de leur choix.

b L'édit de l'empereur Théodose (392)

Il a paru bon que les temples païens soient fermés et que leur accès soit interdit. (...) Nous voulons de même que tous s'abstiennent des sacrifices. Mais si quelqu'un venait à commettre un crime de ce genre, qu'il soit frappé de l'épée vengeresse.

6 Valentinien Ier (364-375), un empereur chrétien

Statue en bronze, IVe siècle, Barletta, Italie.

Questions

Je me situe dans le temps et l'espace

1 **Docs 2 et 3.** Au cours de quels siècles le christianisme est-il persécuté ?

2 **Carte p. 130.** Quelles régions sont christianisées à la fin du IIIe siècle ?

Je décris et j'explique

3 **Doc 1.** Pourquoi les chrétiens estiment-ils qu'ils sont de bons citoyens romains ?

4 **Doc 2.** Quelle est l'attitude de l'empereur Trajan vis-à-vis des chrétiens ? Dans quels cas ordonne-t-il de les condamner ?

5 **Doc 3.** Quel supplice est infligé aux chrétiens ?

6 **Doc 4.** Comment Constantin pense-t-il avoir remporté la victoire sur son rival Maxence ?

7 **Doc 5.** Pourquoi peut-on dire que le christianisme triomphe grâce à ces deux édits ?

8 **Doc 6.** Quel symbole religieux l'empereur Valentinien tient-il dans ses mains ? Quel rôle se donne-t-il ainsi ?

Je raconte

9 À partir de la lettre de Trajan (doc 2), racontez ce que Pline le Jeune a pu écrire et demander à Trajan.

2 Le christianisme dans l'Empire romain

➤ ***Comment l'Empire romain païen est-il devenu un Empire chrétien ?***

A Les chrétiens persécutés

1. Au cours des trois premiers siècles, les **chrétiens** sont accusés par les autorités romaines d'être de mauvais citoyens. En effet, ils refusent de porter les armes pour défendre l'Empire, de sacrifier aux dieux et de participer au culte impérial.

2. À partir du IIe siècle, les empereurs ordonnent de les persécuter. Les **persécutions** au IIIe siècle font des milliers de morts. Le **martyre** provoque l'admiration, et les **conversions** se multiplient (doc 1).

B Le christianisme, religion officielle

1. Pour ramener l'ordre, l'empereur **Constantin** accorde aux chrétiens la liberté de pratiquer leur religion, par l'**édit de Milan en 313**. Lui-même se convertit, imité par ses successeurs. À la fin du IVe siècle, l'empereur Théodose interdit le polythéisme. Le christianisme devient la **religion officielle** de l'Empire romain.

2. Les **Églises** chrétiennes s'organisent, avec à leur tête un évêque dont le supérieur est l'évêque de Rome, le **pape** (doc 5). En 325, le **concile** de Nicée fixe le **Credo** qui définit la foi chrétienne, croyance en un seul Dieu (docs 2 et 4). Il établit les grandes fêtes religieuses (doc 6). Après cette date, les premières églises sont construites. Elles prennent la forme des **basiliques** romaines (doc 3).

Vocabulaire

Basilique : dans l'Empire romain, salle de réunion au forum, servant de tribunal et de lieu de commerce.

Concile : réunion d'évêques.

Credo (« je crois » en latin) : c'est la formule adoptée au concile de Nicée qui résume les croyances des chrétiens.

Église (du grec *ecclesia*, assemblée) : assemblée des croyants.

Martyre : fait d'accepter de souffrir et de mourir pour sa religion.

1 Les martyres de Pierre et Paul

Paul étant citoyen romain, il est décapité. Il meurt à Rome en 67. Pierre est crucifié à Rome au milieu du Ier siècle.

Manuscrit du Xe siècle. BNF, Paris.

▪ **Que subissent les apôtres Pierre et Paul ?**

2 Le concile de Nicée (325)

L'empereur Constantin convoqua tous les évêques à Nicée. Les ordres ayant été partout transmis, tous accoururent. Eux, que séparaient les différences d'opinions, on les voyait maintenant assemblés en un même endroit. (...) L'empereur leur donna la parole. Un violent débat s'engagea. L'empereur prêta l'oreille à tous avec une grande patience, puis finit par les mettre d'accord. Non seulement le concile s'accorda sur la profession de foi, mais il convint également du jour où tous devraient célébrer Pâques.

Eusèbe de Césarée,
Vie de Constantin, IVe siècle.

- Qui Constantin réunit-il à Nicée ? Quelles décisions sont prises ?

3 Une basilique chrétienne

Mosaïque du Ve siècle, musée du Louvre, Paris.

4 Le Credo des chrétiens

À Nicée, en Asie Mineure, en 325, les évêques sont réunis en un concile pour fixer le Credo. Ce texte est encore aujourd'hui la base du christianisme.

Nous croyons en un seul Dieu, Père tout-puissant, créateur du ciel et de la terre, des choses visibles et invisibles.

Nous croyons en un seul Seigneur, Jésus-Christ, fils de Dieu. Il est descendu du ciel pour nous et pour notre salut, et s'est fait homme. Crucifié pour nous sous Ponce Pilate, il a souffert sa passion et fut mis au tombeau. Il est ressuscité le troisième jour, et il est monté au ciel. Il reviendra pour juger les vivants et les morts et son règne n'aura pas de fin.

Nous croyons en l'Esprit Saint qui donne la vie. Nous reconnaissons un seul baptême pour la rémission des péchés. Nous attendons la résurrection des morts, et la vie du monde à venir.

- En qui les chrétiens croient-ils ?

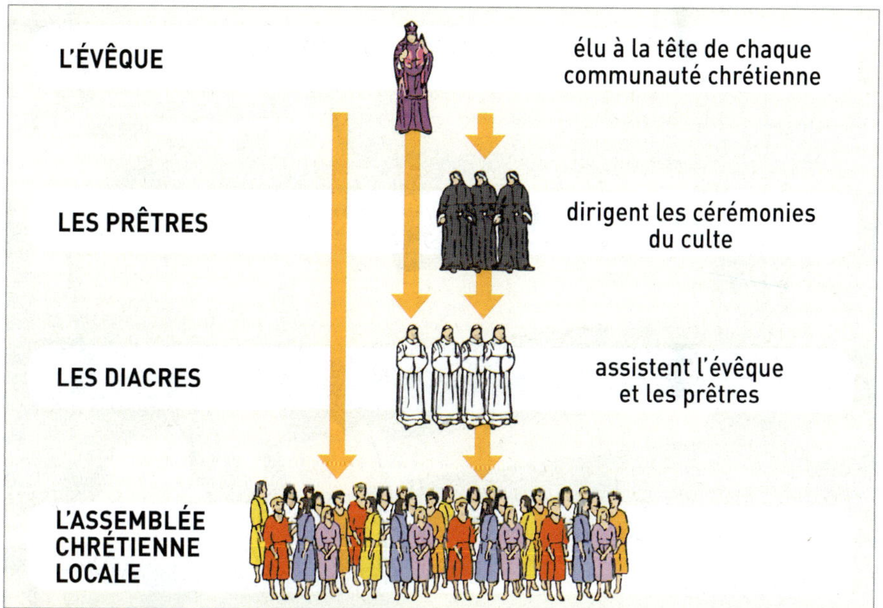

5 L'organisation de l'Église

- Qu'est-ce qu'un évêque ? Qu'est-ce qu'un prêtre ?

6 Les fêtes chrétiennes

Noël	25 décembre	Naissance de Jésus.
Pâques	3 jours au printemps	Crucifixion puis résurrection de Jésus-Christ.
Ascension	40 jours après Pâques	Montée de Jésus-Christ au ciel.
Pentecôte	50 jours après Pâques	Les apôtres reçoivent mission de diffuser le message du Christ.

L'HISTOIRE PAR LES ARTS

→Architecture

La basilique Saint-Apollinaire à Ravenne

Les premiers chrétiens se réunissent dans leurs maisons pour célébrer leur culte. Quand au début du IVe siècle, l'empereur Constantin leur permet de pratiquer librement leur religion, ils construisent d'immenses églises, les **basiliques**.

Au début du VIe siècle, l'évêque de Ravenne, en Italie, fait construire une basilique dédiée à saint Apollinaire, martyr chrétien du IIe siècle.

• *Qu'est-ce qu'une basilique chrétienne ?*

1 Vue extérieure de la basilique Saint-Apollinaire

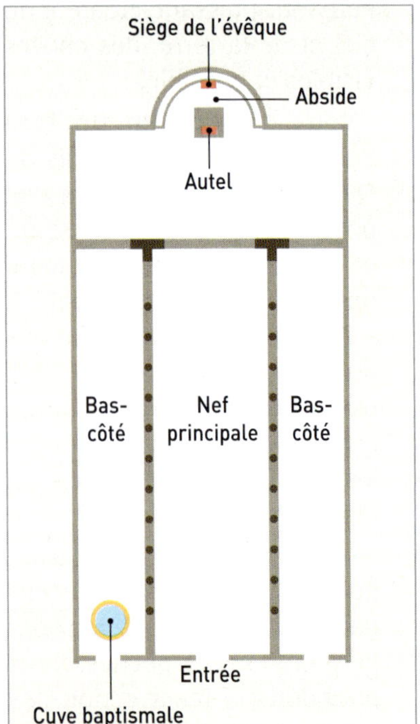

2 Plan de la basilique

3 Vue intérieure de la basilique Saint-Apollinaire ❶ Abside ❷ Nef ❸ Bas-côté

La basilique Saint-Apollinaire

- **Durée des travaux :** 17 ans, entre 532 et 549.
- **Dimensions :** l'intérieur mesure 55 x 30 mètres.
- **Matériaux utilisés :** murs en briques rouges. Nef : 24 colonnes en marbre. Plafond en bois, murs ouverts par 58 fenêtres.
- **Décors intérieurs :** mosaïques en pierres de couleur. Colonnes surmontées de chapiteaux à feuilles d'acanthe.
- **Usages :** les chrétiens ont construit leurs premières églises sur le modèle de la basilique romaine, utilisée comme tribunal ou lieu de commerce. Ces églises devaient pouvoir accueillir de nombreux fidèles pour la messe.

Questions

Je situe l'œuvre d'art

1 Quand la basilique Saint-Apollinaire a-t-elle été construite ?

Je décris l'œuvre d'art

2 **Docs 1 et 2.** Quelle est la forme de la basilique chrétienne ?

3 **Docs 2 et 3.** À l'aide du plan, indiquez à quoi correspondent les différentes parties de la basilique, numérotées de 1 à 3.

4 Quels sont les matériaux utilisés pour la construction ? Pour la décoration intérieure ?

Je fais le lien entre l'art et l'histoire

5 Pourquoi cette basilique a-t-elle été construite ?

6 Pourquoi est-elle aussi grande ?

Exercices

Je révise

1 Je sais me repérer dans l'espace

À imprimer

● Recopiez le fond de carte ci-contre, puis indiquez au bon endroit :

1. Le nom des mers et de l'océan proches des régions christianisées.

2. Le nom de la région où a vécu Jésus-Christ.

3. Le nom de la ville berceau du christianisme.

4. Le nom de trois villes où il existe une communauté chrétienne.

● Complétez la légende.

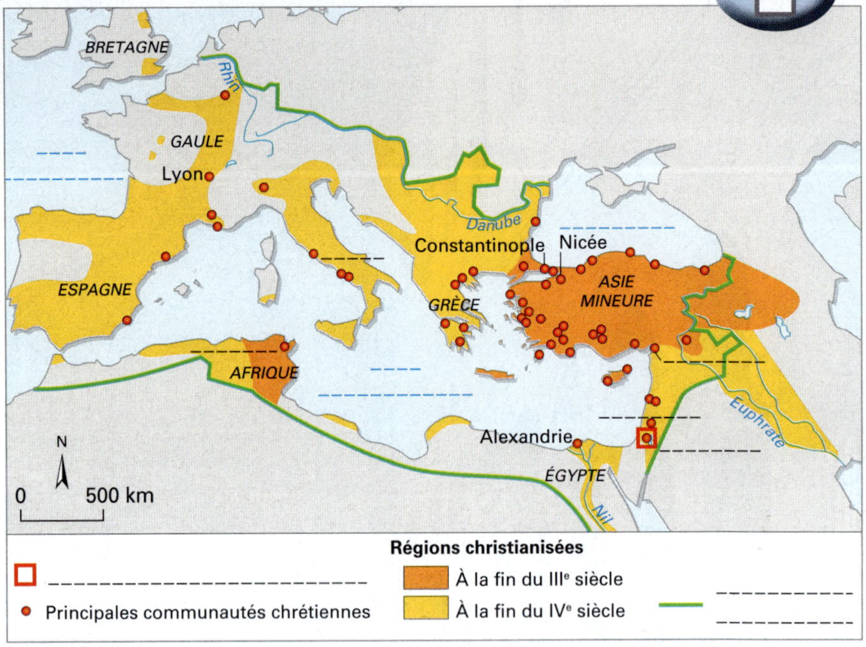

2 Je sais me repérer dans le temps

Reliez les dates indiquées sur la frise chronologique avec les éléments suivants :

1. L'édit de Milan

2. La rédaction des Évangiles

3. La vie de Jésus

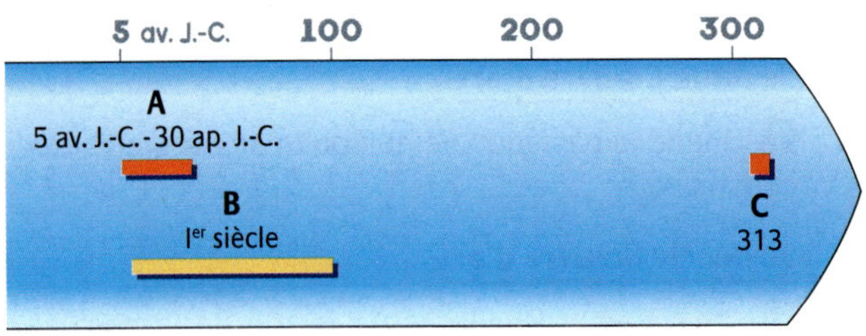

3 Je sais définir les mots clés

Associez chacun des mots clés ci-dessous à sa définition.

1. Apôtres – **2.** Credo – **3.** Évangile – **4.** Messie – **5.** Chrétiens – **6.** Concile – **7.** Église

A. Ceux qui croient en Jésus-Christ et en son message.

B. Les douze disciples choisis par Jésus pour diffuser son message.

C. Récit de la vie et du message de Jésus.

D. Envoyé de Dieu qui doit diriger le peuple juif.

E. Réunion d'évêques.

F. C'est la formule adoptée au concile de Nicée qui résume les croyances des chrétiens.

G. Assemblée des croyants.

4 Je sais raconter et expliquer

1. Qui est Jésus-Christ ?

2. Quel message diffuse-t-il ?

3. Qu'est-ce que le Nouveau Testament ?

4. Comment et à quelle époque le christianisme est-il devenu la religion de l'Empire romain ?

5 Je comprends le sens d'une image

Questions

1 Décrivez la scène représentée sur la mosaïque.

2 Comment sont disposés les différents éléments de l'image ?

3 Qui est le personnage au centre de l'image ? Comment le reconnaissez-vous ?

4 Recherchez qui sont les brebis.

5 Pourquoi cette mosaïque a-t-elle pour titre « Le Bon Pasteur » ?

Le Bon Pasteur

Mosaïque, vers 425 après J.-C., mausolée de Galla Placidia, Ravenne.

6 Je comprends le déroulement d'un récit grâce à mes connaissances

Paul à Jérusalem

Les Juifs d'Asie ayant vu Paul dans le temple, soulevèrent la foule en criant : « Voici l'homme qui prêche contre la loi ; il a même introduit des Grecs dans le temple ; il a profané ce saint lieu. » Ils se saisirent de Paul et le traînèrent hors du temple dont les portes furent aussitôt fermées.

Le bruit arriva jusqu'au tribun[1] romain. Aussitôt, il prit des soldats et courut vers eux. Voyant le tribun et les soldats, les Juifs cessèrent de frapper Paul. Le tribun s'approcha et se saisit de lui. Il le fit attacher de deux chaînes et le conduisit à la forteresse.

Là, il l'interrogea : « Tu n'es pas cet Égyptien qui s'est révolté dernièrement et qui a emmené dans le désert quatre mille brigands ? »

Paul répondit : « Je suis juif, né à Tarse, mais j'ai été élevé à Jérusalem. »

Le tribun ordonna de l'enfermer dans la forteresse et de le fouetter afin de savoir pourquoi les Juifs lui en voulaient. Mais, Paul dit : « Vous est-il permis de faire battre un citoyen romain ? »

Le tribun voyant que Paul était citoyen romain fut dans la crainte parce qu'il l'avait fait lier.

Luc, Actes des Apôtres, 21-22.

1. Tribun : magistrat romain.

1. Utilisez vos connaissances pour répondre aux questions suivantes :
- Qui est Paul ?
- Où est-il né ?
- Que vient faire Paul à Jérusalem ?
- Pourquoi y a-t-il un tribun romain à Jérusalem ?

2. À partir du texte, rédigez cinq phrases simples présentant ce qui arrive à Paul. Soyez attentif à bien respecter l'ordre chronologique.

Chapitre 9

Les empires chrétiens du Haut Moyen Âge

➤ L'Empire byzantin et l'Empire carolingien sont-ils les héritiers de l'Empire romain ?

1 Les empires chrétiens du IXe siècle

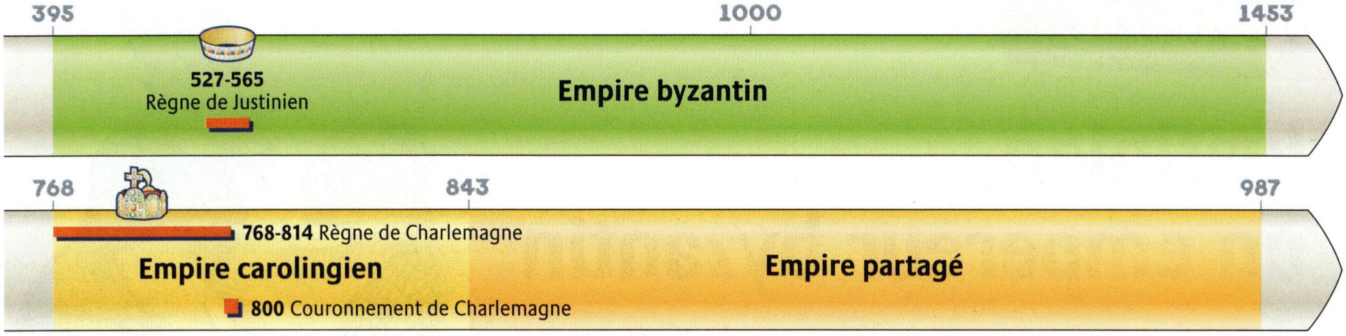

2 L'empereur byzantin Constantin IX (1042-1055)

Mosaïque du XIe siècle, basilique Sainte-Sophie, Istanbul.

3 L'empereur carolingien Charlemagne (768-814)

Statue équestre en bronze doré, IXe siècle, 24 cm de hauteur, musée du Louvre, Paris.

Découvrir

Justinien, un empereur byzantin

• En 395, à la mort de l'empereur Théodose, l'Empire romain est partagé en deux : l'Empire romain d'Occident à l'ouest, l'Empire romain d'Orient à l'est, qui résiste aux Barbares et prend le nom d'**Empire byzantin**. En 527, **Justinien** en devient le **basileus** jusqu'en 565.

► ***Quel empereur était Justinien ?***

Vocabulaire

Basileus (en grec, « roi des rois ») : titre donné à l'empereur byzantin.

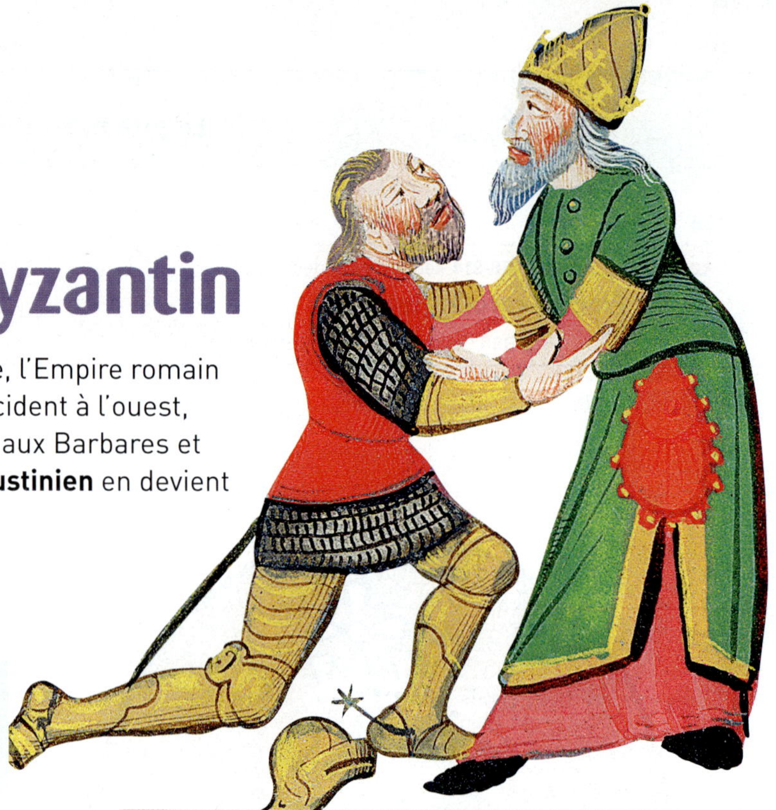

1 Justinien et son général Bélisaire

Justinien reçoit Bélisaire, son meilleur général, qui a conquis l'Italie et l'Afrique. Manuscrit français du XVe siècle.

Carte interactive

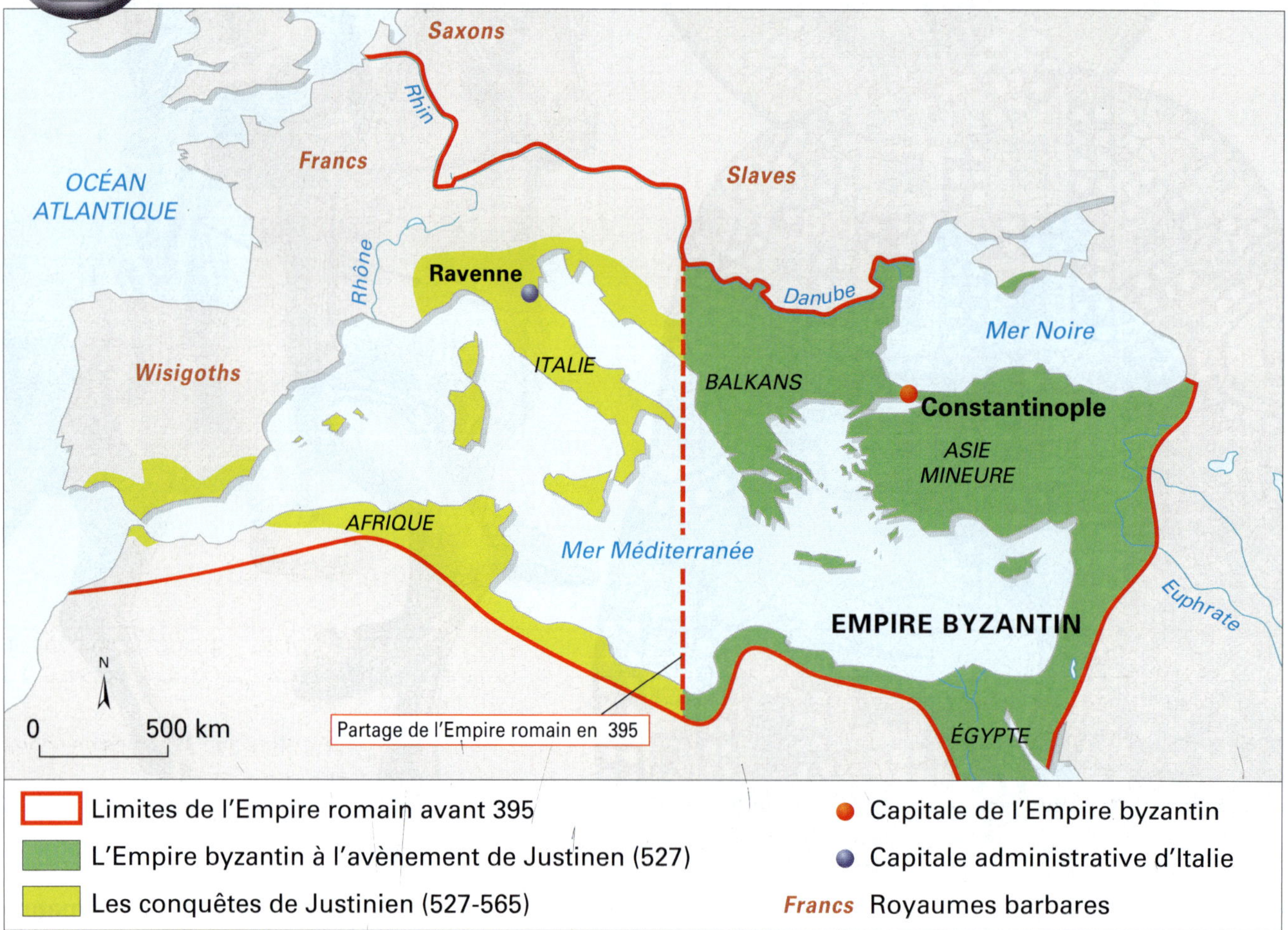

2 Justinien, empereur conquérant

3 Justinien « basileus »

Mosaïque du VIe siècle, église Saint-Vital de Ravenne, construite sur l'ordre de Justinien.

❶ L'empereur Justinien
❷ Les hauts fonctionnaires de l'Empire (à droite, le général Bélisaire)
❸ Les soldats (sur les boucliers, le X et le P, les deux premières lettres du mot Christ en grec)
❹ Maximianus, évêque de Ravenne
❺ Les hommes d'Église
❻ Auréole autour de la tête de l'empereur

4 Justinien, empereur législateur

Au nom de Notre Seigneur Jésus-Christ,

L'empereur César Flavien Justinien, vainqueur des Alamans, des Goths, des Francs, des Germains, des Antes, des Alains, des Vandales, des Africains, pieux, heureux, glorieux, victorieux et triomphateur, toujours Auguste, à la jeunesse désireuse d'étudier les lois, salut.

Pour que l'État soit également bien gouverné en temps de paix comme en temps de guerre, la Majesté Impériale doit s'appuyer sur les armes, mais aussi sur les lois.

Recevez donc ces lois avec dévouement et empressement et montrez-vous à ce point zélés que vous soyez animés de l'espérance de pouvoir, vos études des lois une fois terminées, participer au gouvernement de l'État.

Donné à Constantinople, le 11 des calendes de décembre[1], sous le troisième consulat de Notre Seigneur Justinien, toujours Auguste.

Institutes de l'empereur Justinien.

1. 21 novembre 533.

Questions

Je me situe dans le temps

1 Quand apparaît l'Empire byzantin ? À quel moment Justinien règne-t-il ?

Je décris et j'explique

2 **Docs 1 et 2.** Quels territoires Justinien conquiert-il ? Avec qui ?

3 **Doc 3.** Qu'est-ce qui permet de distinguer l'empereur sur la mosaïque ? Qui sont les personnages réunis autour de lui ?

4 **Doc 4.** Selon Justinien, à quelles conditions un empire est-il bien gouverné ? Que propose-t-il à la jeunesse à qui il s'adresse ?

5 **Docs 2, 3 et 4.** Montrez que Justinien se considère comme un empereur romain.

6 **Docs 3 et 4.** Montrez que Justinien se considère comme un empereur chrétien.

Je raconte

7 Présentez l'empereur Justinien en montrant qu'il est un empereur puissant.

L'HISTOIRE PAR LES ARTS

→ **Architecture**

La basilique Sainte-Sophie

En 537, lors de la fête de Noël, l'empereur Justinien inaugure la basilique **Sainte-Sophie** à Constantinople : « Gloire à Dieu qui m'a jugé digne d'accomplir une telle œuvre. » Cette église, il l'a voulue la plus grande et la plus belle de tout le monde chrétien. Dix mille ouvriers ont participé à sa construction. Gigantesque et somptueuse, la basilique Sainte-Sophie (*Sophia* signifie « la sagesse » en grec), est achevée en cinq ans.

• ***Que représente Sainte-Sophie pour les empereurs byzantins ?***

Plan de la basilique

1 Vue extérieure de la basilique

❶ Coupole ❷ Contreforts ❸ Minarets ajoutés par les Turcs.

2 Vue intérieure de la basilique

❶ Coupole
❷ Colonnes
❸ Piliers
❹ Nef
❺ Emplacement de l'autel
❻ Inscriptions en arabe ajoutées par les Turcs.

La basilique Sainte-Sophie

■ **Forme :** plan carré (77 m x 72 m) dans lequel est inscrite une croix grecque, aux branches égales.

■ **Technique**
Extérieur : murs en briques ; Coupole : 55 m de haut, 31 m de diamètre ; soutenue à l'intérieur par 4 énormes piliers, à l'extérieur par des contreforts.
Décor intérieur oriental : colonnes de marbres. Partie basse des murs : revêtement en marbres blancs, verts, roses, rouges, jaunes venant de tout l'Empire. Partie haute des murs : mosaïques sur fond d'or.

■ **Sens**
Religieux : la coupole, c'est le ciel. Par elle, entre la lumière divine. Le décor est l'image du paradis ; le fond d'or symbolise la lumière divine.
Politique : la splendeur de la basilique proclame la puissance de Justinien. L'origine des marbres symbolise l'étendue de son empire.

■ **Usage :** lieu de couronnement des empereurs byzantins.

QUESTIONS

Je situe l'œuvre d'art

1 Quand la basilique Sainte Sophie est-elle construite ? Qui a décidé sa construction ?

2 Montrez que sa construction donne lieu à des travaux gigantesques.

Je décris l'œuvre d'art

3 **Doc 1.** Quelle est la forme de cette basilique ? Montrez qu'elle est imposante.

4 **Doc 2.** Décrivez l'intérieur de la basilique. Pourquoi peut-on affirmer qu'il est impressionnant ?

Je fais le lien entre l'art et l'histoire

5 Pourquoi la basilique a-t-elle été construite ?

1 L'Empire byzantin (Ve-XVe siècle)

Quels sont les caractères de l'Empire byzantin ?

A Un empire convoité

1. Au VIe siècle, l'empereur **Justinien** (527-565) agrandit l'empire par des conquêtes et y applique les lois romaines, réunies dans un code. Le **grec** devient la langue officielle.

2. Sous ses successeurs, l'Empire est sans cesse attaqué. En 1453, les Turcs s'emparent de Constantinople, la plus grande et la plus riche ville du monde chrétien (doc 3). L'Empire byzantin disparaît.

B Un empereur tout puissant

1. Empereur romain, le **basileus** est acclamé par le peuple. Empereur chrétien, il est « **l'élu de Dieu** » et son représentant sur terre. Empereur grec, on se prosterne devant lui (doc 4).

2. L'empereur dispose d'un **pouvoir absolu**. Entouré de fonctionnaires, il est le chef de l'armée, de l'administration et de l'Église.

C Un empire chrétien

1. Le christianisme **orthodoxe** est la religion officielle. Il se distingue du christianisme pratiqué en occident par la vénération des **icônes** (doc 1), la messe en grec et le mariage des prêtres.

2. En 1054, l'Église orthodoxe rompt avec le pape de Rome qui s'oppose à ces pratiques. L'empereur nomme à sa tête un **patriarche**. Des moines sont envoyés pour évangéliser les Slaves d'Europe orientale (doc 5).

Vocabulaire

Basileus (en grec, « roi des rois ») : titre donné à l'empereur byzantin.

Icône : image du Christ, de la Vierge ou des saints, sur panneau de bois, dans les églises et les monastères.

Orthodoxe (en grec, « fidèle à la vraie foi ») : nom donné par les Byzantins à leur Église, après sa rupture avec le pape de Rome en 1054.

Patriarche : évêque de Constantinople, chef de l'Église dans l'Empire byzantin.

1 Le culte des icônes

Icône en or, argent, émail et pierres précieuses, 1204, trésor de Saint-Marc, Venise.

- Sur cette image sacrée, qui est vénéré ?

2 L'église orthodoxe de Pilos (Grèce)

Le plan de l'église est en croix grecque, dont les quatre branches sont de longueur égale.

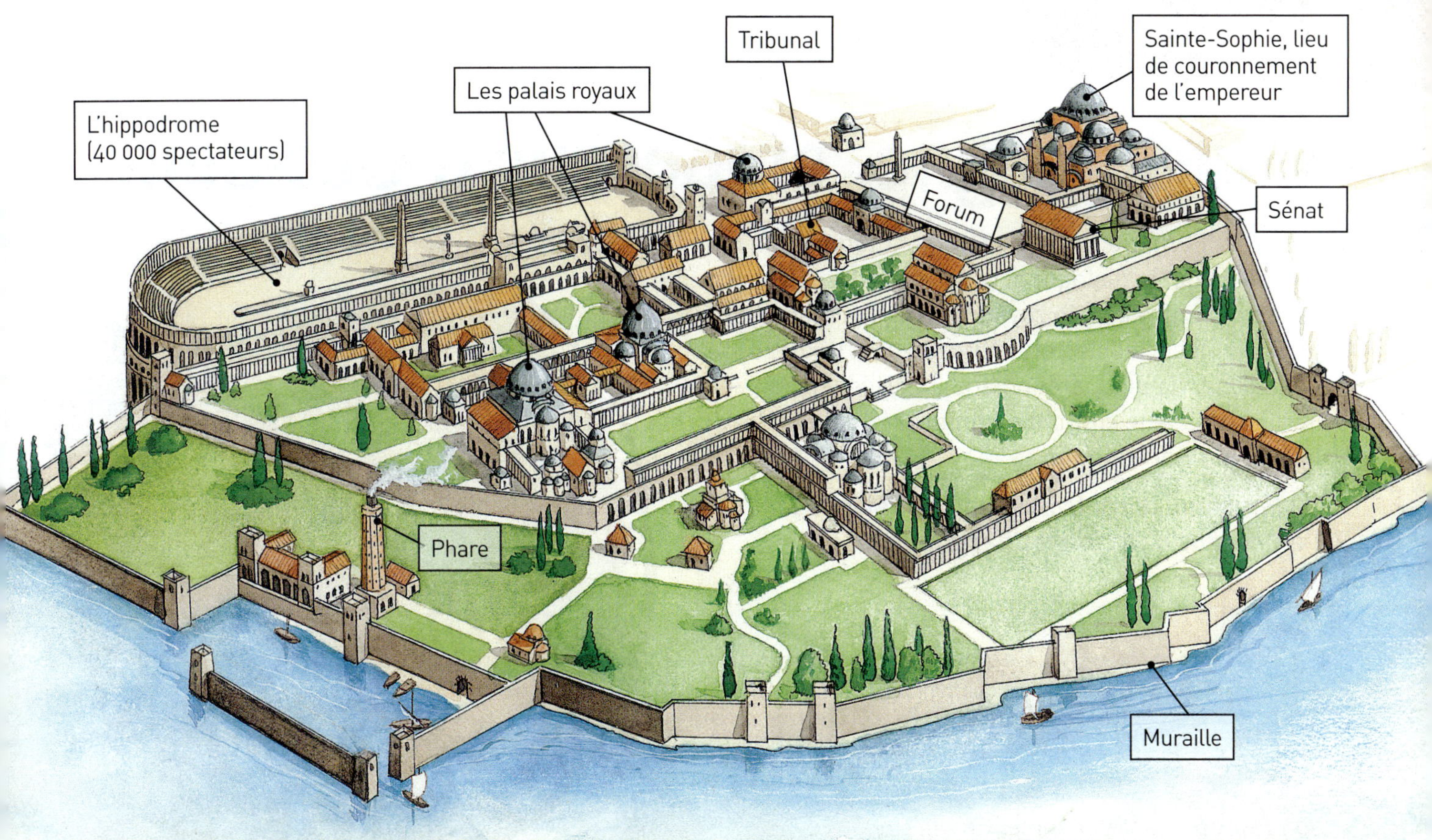

3 Constantinople, une capitale prestigieuse

1 Nommez les bâtiments hérités de Rome.

2 Nommez les bâtiments qui font de Constantinople une capitale politique, religieuse et de loisirs.

4 Le cérémonial de cour

Un poète de la cour de Justinien, Corippus, décrit une audience accordée par l'empereur à des ambassadeurs avars, peuple du nord de l'Empire.

Lorsque le Prince bienveillant fut monté sur son trône élevé et qu'il se fut enveloppé dans son vêtement pourpre, le chambellan de la Cour Divine annonça que les envoyés des Avars sollicitaient la faveur de voir les pieds sacrés du clément souverain. L'Avar Targitès éleva ses regards vers la tête de César. Elle était entourée du diadème sacré qui étincelait. Trois fois pliant le genou, il l'adora, prosterné, et il resta ainsi le front touchant le sol.

Corippus, VIe siècle.

1 Relevez dans le texte les éléments qui symbolisent la puissance de l'empereur.

2 Quelle attitude faut-il adopter devant l'empereur ?

5 Des moines missionnaires

Cyrille et Méthode inventent l'alphabet cyrillique pour traduire la Bible dans les langues slaves.
Fresques du monastère Saint-Marc de Dracévo (Macédoine), XIVe siècle.

1 Qui sont ces personnages ?

2 Quelle est leur mission ?

Charlemagne, empereur d'Occident

• En 476, l'Empire romain d'Occident tombe aux mains des Barbares germains qui le disloquent et forment des royaumes. Le plus durable d'entre eux, le **royaume franc**, s'étend sur toute la Gaule. Trois siècles plus tard, en 768, un descendant de la dynastie des Carolingiens, Charles, en devient le roi. Le pape le couronne empereur en **800**. Il devient **Charlemagne**.

Pourquoi le roi franc Charles devient-il l'empereur d'Occident Charlemagne ?

L'empereur Charlemagne
Denier d'argent portant l'inscription « Karolus IMP(erator) AUG(ustus) », « Charles, empereur Auguste », 812, BNF, Paris.

Carte interactive

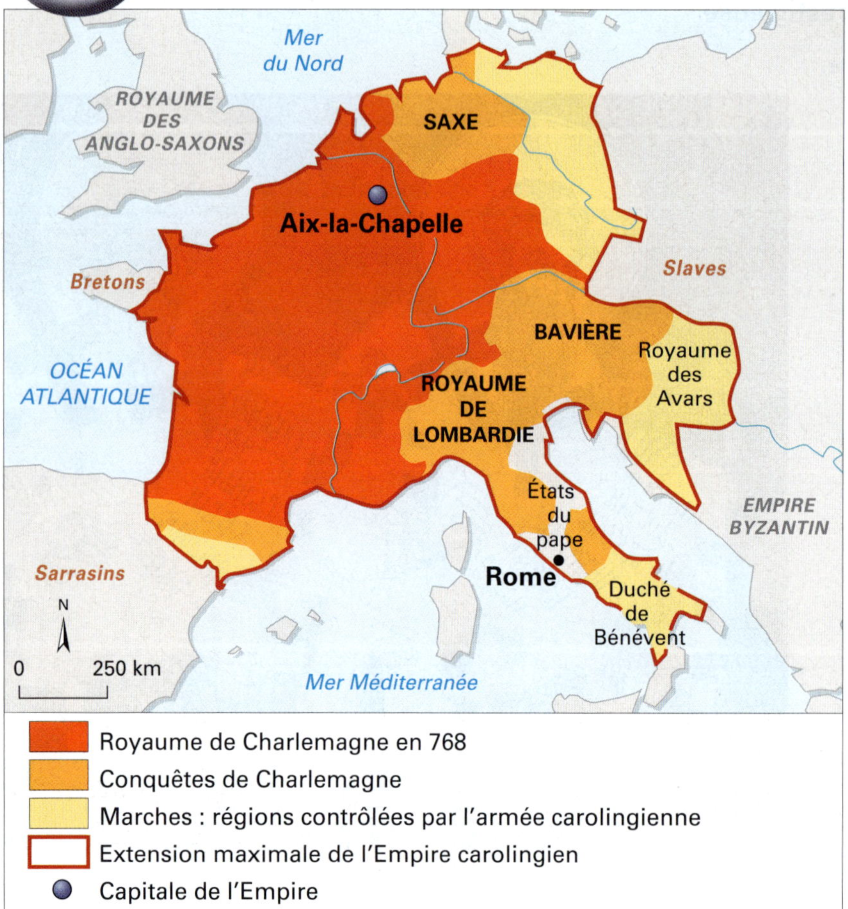

1 Les conquêtes de Charlemagne

Les États du pape ont été donnés au pape par le père de Charlemagne, Pépin, pour le remercier de l'avoir sacré roi.

Vocabulaire

Capitulaire : recueil de lois.

2 La christianisation des Saxons

Quiconque, par mépris pour le christianisme, refusera de respecter le jeûne du Carême sera mis à mort. Quiconque livrera aux flammes le corps d'un défunt suivant le rite païen sera condamné à mort. Tout Saxon non baptisé qui refusera de se faire administrer le baptême, voulant rester païen, sera mis à mort.

Quiconque complotera avec les païens contre les chrétiens sera mis à mort. Quiconque manquera à la fidélité qu'il doit au roi sera puni de la peine capitale.

Extrait d'un capitulaire, 785.

3 Le sacre de Charlemagne (800)

À Rome, le pape Léon attendit Charlemagne sur les marches de la basilique Saint-Pierre. Accompagné des évêques, il reçut le roi à sa descente de cheval. Ceci se passa le 24 décembre 800.

Le 25 décembre, tandis que Charlemagne se levait après avoir entendu la messe, le pape Léon lui mit une couronne sur la tête et tout le peuple des Romains l'acclama en criant : « Vie et victoire à Charles, Auguste, couronné par Dieu, grand et pacifique empereur des Romains ! » Et après ces acclamations, Charles fut adoré à la manière des anciens empereurs. On l'appela empereur et Auguste.

D'après *Les Annales royales*, IXe siècle.

4 Charlemagne à Aix-la-Chapelle

Charlemagne s'adonnait assidûment à l'équitation et à la chasse. Il aimait prendre les eaux des thermes et se livrait souvent au plaisir de la natation. Ceci le conduisit à faire construire un palais à Aix où il aimait résider. Le matin, pendant qu'il s'habillait, si le comte du palais lui parlait d'un procès, il prononçait la sentence.

Charlemagne pratiqua avec une très grande piété la religion chrétienne. Aussi construisit-il une chapelle d'or et d'argent. »

D'après Éginhard, *Vie de Charlemagne*, Xe siècle.

5 La chapelle du palais impérial d'Aix-la-Chapelle

Les colonnes et les marbres viennent de Rome.

❶ La coupole où est représenté le Christ
❷ Le trône de l'empereur
❸ L'autel

Questions

Je me situe dans l'espace et le temps

1 Sur quel territoire Charlemagne règne-t-il en 768 ? Quand devient-il empereur ?

Je décris et j'explique

2 **Doc 1.** Quelles sont les principales conquêtes de Charlemagne ?

3 **Doc 2.** Comment Charlemagne s'y prend-il pour christianiser les Saxons ?

4 **Doc 3.** Qui couronne Charlemagne ? Quelles informations montrent que Charlemagne est un empereur romain et chrétien ?

5 **Doc 4.** Où Charlemagne réside-t-il ? Quelle vie mène-t-il dans son palais ?

6 **Docs 4 et 5.** Pourquoi Charlemagne fait-il construire une chapelle dans son palais ? Décrivez cette chapelle.

Je raconte

7 Racontez les principaux moments de la vie de Charlemagne.

2 L'Empire carolingien

➤ *Quel empire Charlemagne organise-t-il en Occident ?*

A La conquête de l'Empire

1. Le roi des Francs **Charlemagne** (768-814) est un guerrier qui veut agrandir son royaume. En Italie, il s'empare du royaume des Lombards, en Germanie du territoire des Saxons. À la fin du VIIIe siècle, il est maître d'une grande partie de l'**Occident**.

2. Roi très chrétien, Charlemagne impose le christianisme dans les territoires conquis (doc 1a). Le pape voit en lui un fidèle allié. À Rome, en **800**, il le couronne **empereur** (doc 1b).

B Le gouvernement de l'Empire

1. Charlemagne établit sa capitale à **Aix-la-Chapelle** (doc 2). Il divise son empire en 300 comtés et nomme un comte à leur tête. Celui-ci rend la justice, lève les impôts et l'armée. Il est surveillé par des **missi dominici**, envoyés par l'empereur (doc 4).

2. Charlemagne réunit dans son palais d'Aix-la-Chapelle l'assemblée des comtes. Les décisions prises sont regroupées en **capitulaires**. Le **latin** est la langue officielle.

C La renaissance culturelle

1. Entouré de conseillers lettrés, Charlemagne encourage la création d'écoles (doc 3). Une écriture plus lisible est inventée, la **minuscule caroline**. Elle facilite la copie des manuscrits de l'Antiquité par les moines.

2. Partout, des églises sont construites, ornées de mosaïques, de fresques, d'objets d'orfèvrerie et d'ivoire.

Vocabulaire

Capitulaire : recueil de lois.

Minuscule caroline : caractère d'écriture qui facilite le recopiage des manuscrits.

Missi dominici (en latin, « envoyés du maître ») : envoyés de l'empereur, chargés d'inspecter les comtés de l'Empire.

1 Les symboles de l'empereur

a Le globe de Charlemagne
Or, argent et pierres précieuses, Kunsthistorisches Museum, Vienne.

b La couronne du sacre
Or, argent et pierres précieuses, Kunsthistorisches Museum, Vienne.

1 Décrivez ces deux objets (docs a et b).

2 Quels sont les deux éléments qui composent ce globe (doc a) ?

3 Quel élément du globe retrouve-t-on sur la couronne (docs a et b) ?

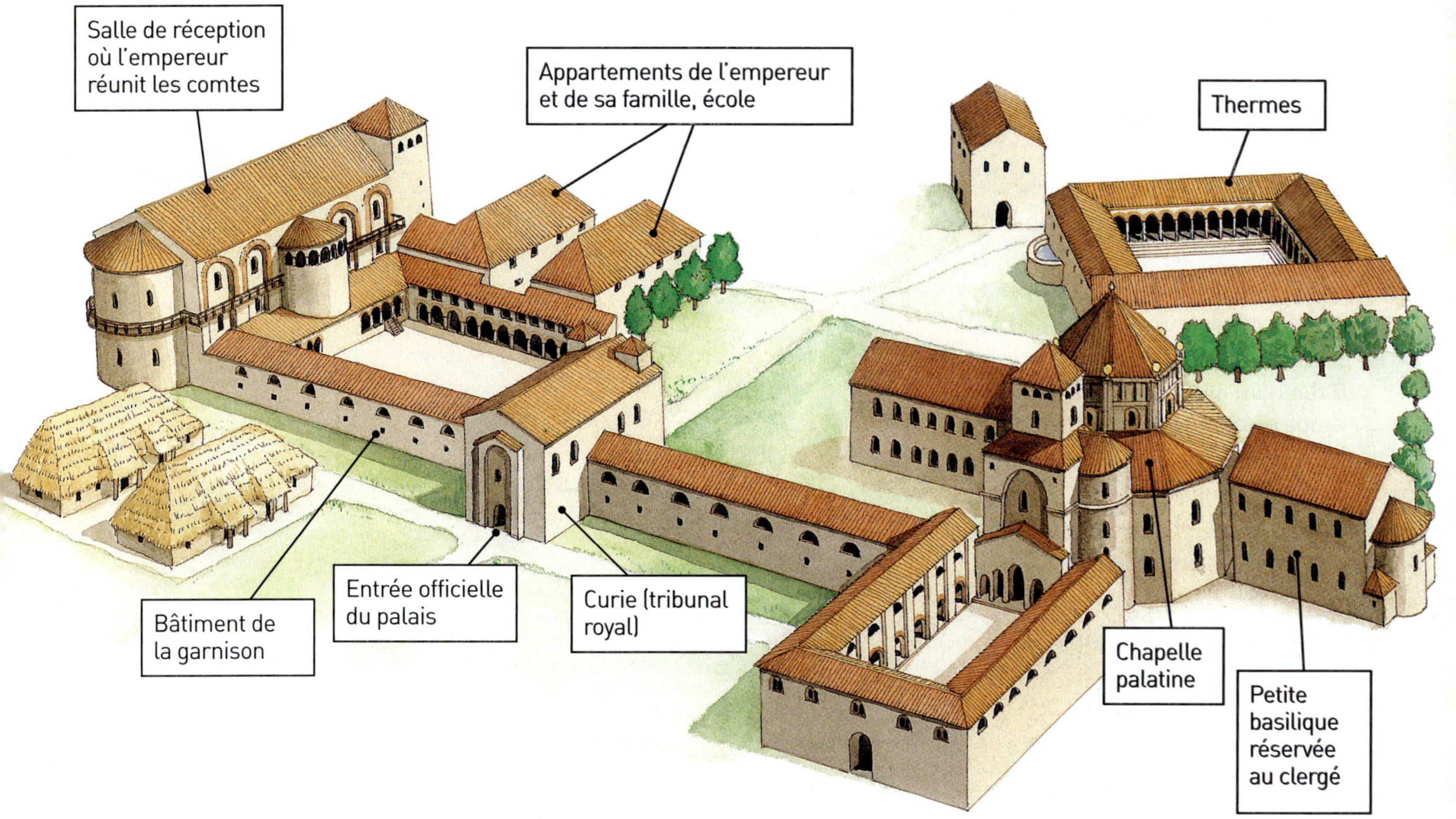

2 Le palais impérial d'Aix-la-Chapelle

■ Nommez les bâtiments à fonction politique, à fonction religieuse, à fonction résidentielle et de loisirs.

3 Lire et écrire

Qu'on rassemble non seulement les fils de riches familles mais les fils de condition modeste. Qu'il y ait des écoles pour l'instruction des garçons. Que dans chaque évêché, dans chaque monastère, on enseigne les psaumes, les notes, le chant, le calcul, la grammaire et que l'on ait des livres soigneusement corrigés. Car souvent, les hommes voulant prier Dieu le prient mal, à cause des livres incorrects qu'ils ont dans les mains. Ne permettez pas qu'ils nuisent à vos enfants qui les lisent ou les copient.

Capitulaire de Charlemagne, 23 mars 789.

1 Qui reçoit une instruction ? Où ?

2 Qu'apprend-on ?

3 Pourquoi lire et écrire sont-ils essentiels pour Charlemagne ?

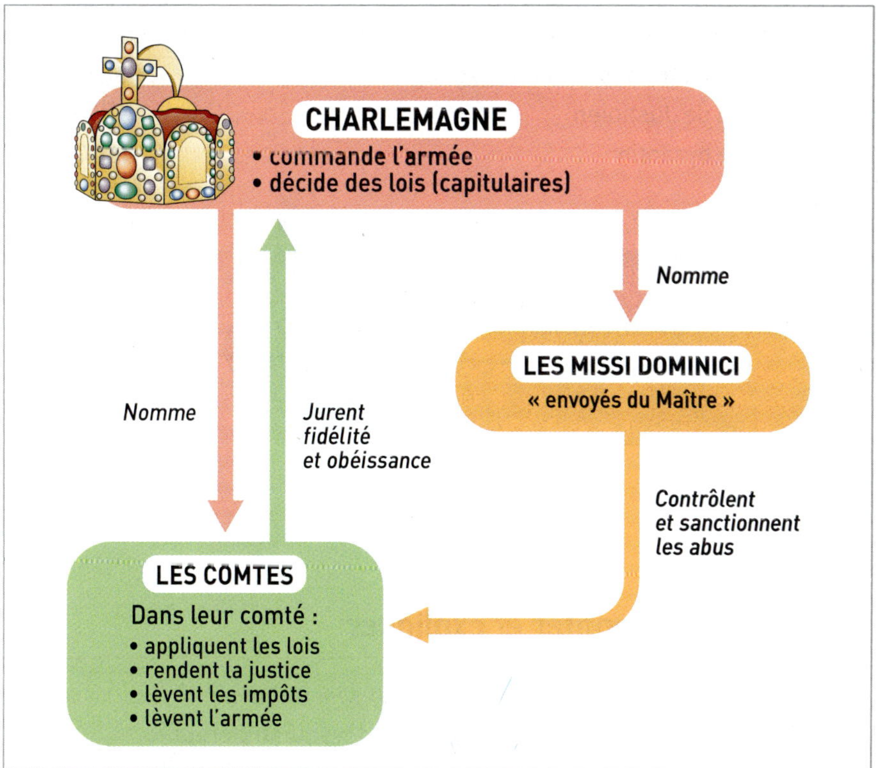

4 L'administration de l'Empire

■ Quels sont les pouvoirs de Charlemagne ? Des comtes ? Des missi dominici ?

Exercices

Je révise

1 Je sais me repérer dans l'espace

À imprimer

● Recopiez le fond de carte ci-contre, puis indiquez au bon endroit :

1. Le nom des mers et de l'océan proches des deux empires chrétiens.
2. Le nom de chacun des deux empires chrétiens.
3. Le nom de la capitale de chacun des deux empires.
4. Le nom de deux peuples voisins de l'Empire carolingien.

● Complétez la légende.

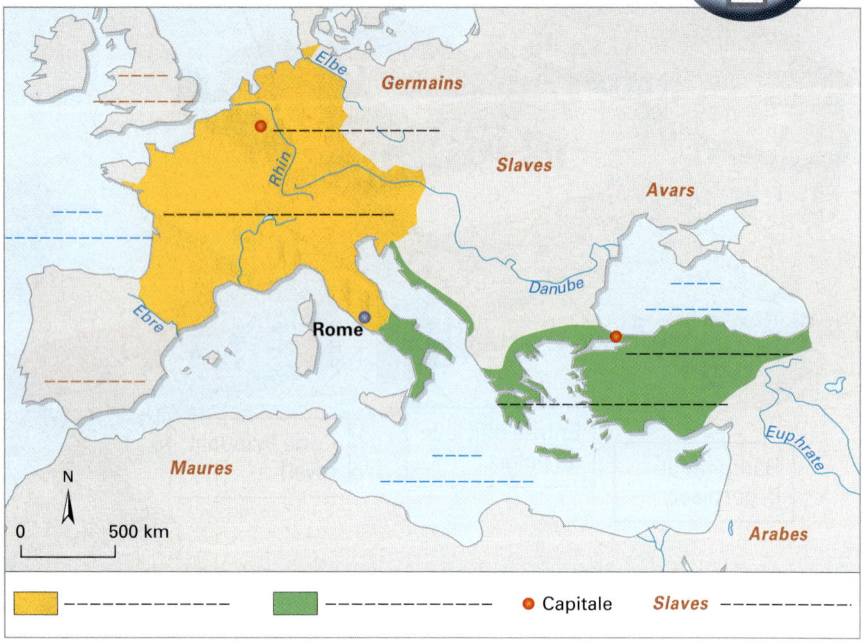

2 Je sais me repérer dans le temps

Reliez les dates indiquées sur la frise chronologique avec les éléments suivants :

1. Le couronnement de Charlemagne
2. Le règne de Justinien
3. L'Empire byzantin

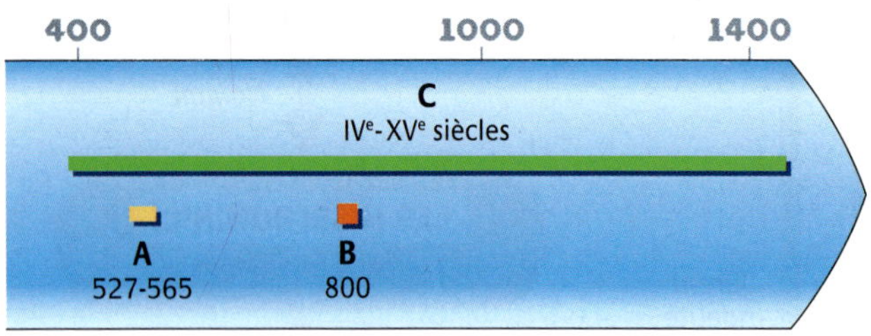

3 Je sais définir les mots clés

Associez chacun des mots clés ci-dessous à sa définition.

1. Patriarche – 2. Missi dominici – 3. Capitulaire – 4. Orthodoxe – 5. Basileus

A. Nom donné par les Byzantins à leur Église, après sa rupture avec le pape de Rome en 1054.

B. Évêque de Constantinople, chef de l'Église dans l'Empire byzantin.

C. Recueil de lois.

D. Titre donné à l'empereur byzantin.

E. Envoyés de l'empereur, chargés d'inspecter les comtés de l'Empire.

4 Je sais raconter et expliquer

1. Qui est Justinien ? Pourquoi son règne est-il important ?
2. Qui est Charlemagne ? Comment est-il devenu empereur ?
3. Comment Charlemagne gouvernait-il son vaste territoire ?

5 Je décris et j'explique une mosaïque

Questions

1 Qui sont les personnages représentés sur la mosaïque ? Dans quel lieu se trouvent-ils ?

2 Décrivez Théodora. Comment voit-on qu'elle est l'impératrice ?

3 Comparez la mosaïque représentant Théodora et celle représentant Justinien (doc 3 p. 149) : quelles ressemblances et quelles différences observez-vous ?

4 Pourquoi Théodora et Justinien se sont-ils fait représenter ainsi ?

L'impératrice Théodora
Épouse de Justinien, elle est associée à toutes les décisions de l'empereur.
Mosaïque du VIe siècle, église Saint-Vital de Ravenne.

6 J'apprends à raconter un événement à partir d'une miniature

1. Que représente cette miniature ?
2. À partir des mots suivants, racontez le couronnement de Charlemagne :

- Le pape Léon
- Couronne
- Empereur des Romains
- Rome
- L'an 800
- Évêques
- Basilique Saint-Pierre

Le couronnement de Charlemagne
Miniature du IXe siècle,
Annales Laureshamenses.

Chapitre

10 Chine et Inde, des mondes lointains

▶ ***Quelles civilisations se développent dans la Chine des Han et dans l'Inde des Gupta ?***

1 Un cavalier chinois

Terre cuite polychrome, IIe siècle avant J.-C., 70 cm de hauteur, musée Guimet, Paris.

L'Empire des Han au Ier siècle avant J.-C.

Capitales de l'Empire

206 av. J.-C. — J.C. — 220 ap. J.-C.

DYNASTIE DES HAN

Vers 140 av. J.-C. Ouverture de la Route de la Soie

146 - 87 av. J.-C. Règne de Wu

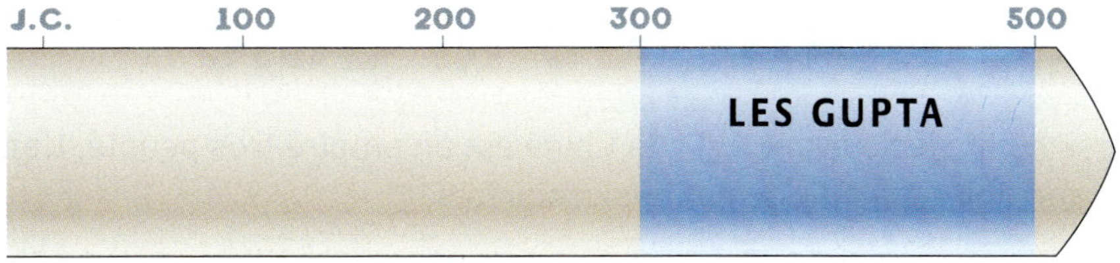

2 La création du monde par Vishnu, dieu hindou

Façade d'un temple de Deogard, en Inde, début du VIe siècle.

Découvrir

La Route de la Soie

• Au IIe siècle avant J.-C., la Chine est un empire très peuplé. **L'empereur Wu** étend le territoire qu'il dirige par des conquêtes.

• Vers 140 avant J.-C., il envoie une ambassade à l'ouest de la Chine. Elle revient avec des informations sur des peuples jusqu'alors inconnus. L'empereur Wu décide de commercer avec eux. Il ouvre alors ce qu'on appellera plus tard « la Route de la Soie ».

Qu'est-ce que la Route de la Soie ?

1 L'empereur Wu et sa suite

Peinture murale du VIIIe siècle après J.-C., grotte de Mogao, province du Gansu.

2 L'empereur Wu à la recherche d'alliés

L'empereur Wu envoie Zhang Qian auprès du peuple Yuezhi, afin de nouer une alliance contre le puissant peuple nomade des Xiongnu qui harcèle l'Empire chinois au nord. Le général Zhang Qian part avec 99 officiers et soldats. Mais il est capturé par les Xiongnu et devient leur esclave.

Au bout de dix ans, Zhang Qian s'enfuit. Il séjourne alors dans le royaume du Ferghana dont il découvre les « chevaux célestes » [volants], puis arrive enfin chez les Yuezhi. Mais il ne réussit pas à nouer d'alliance avec eux.

De retour en Chine, Zhang Qian raconte à l'empereur ses découvertes dont les chevaux du Ferghana. Wu décide alors de le renvoyer en mission afin d'établir des relations commerciales avec les peuples de l'Ouest.

D'après Ban Gu, *Le Livre des Han*, fin du Ier siècle.

3 Les chevaux du Ferghana

Les chevaux de la région du Ferghana ont permis à l'empereur Wu de renforcer son armée pour mieux lutter contre les peuples envahisseurs.

Statuette en bronze, fin du IIe siècle, 34,5 x 45 cm, musée national, Pékin.

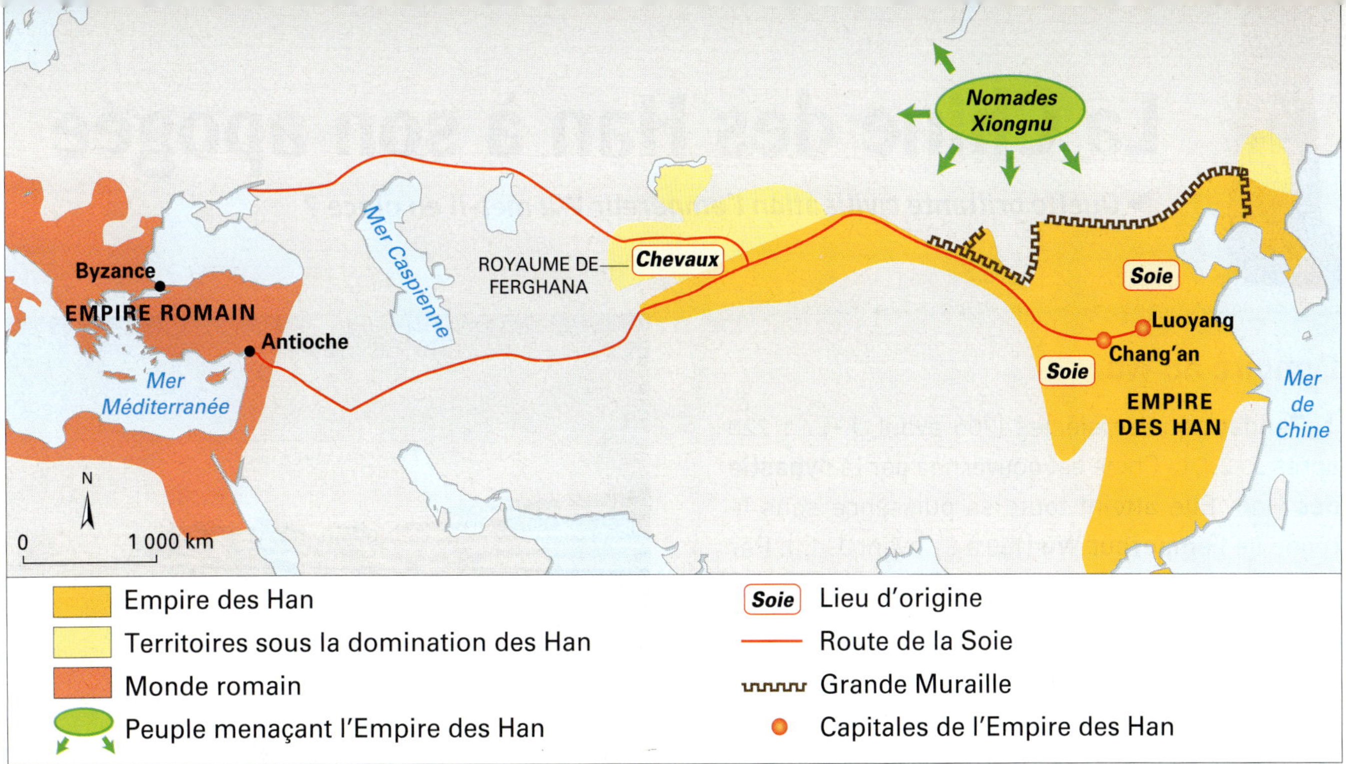

4 La Route de la Soie

5 La soie, une invention chinoise

Nourris de feuilles de mûrier, les vers à soie sécrètent un fil très fin d'un kilomètre de long, qu'ils enroulent en cocon. Celui-ci est jeté dans de l'eau bouillante afin de préparer le fil pour le tisser. La soie est un produit de grande valeur dont la fabrication est un secret : le révéler entraîne la peine de mort.
Aquarelle chinoise sur papier de riz, musée du Tissu, Lyon.

6 La soie à Rome

Les premiers hommes qu'on connaisse (en ce pays) sont les Sères[1], célèbres par la laine de leurs forêts[2]. Ils détachent le duvet blanc des feuilles en l'arrosant d'eau ; puis nos femmes exécutent le double travail de dévider les fils et de les tisser.

Pline l'Ancien, *Histoire naturelle*, 77 après J.-C.

1. Sères : nom donné par les Romains aux Chinois.
2. Les cocons des mûriers.

Questions

Je me situe dans l'espace et le temps

1 **Doc 4.** Sur quel continent se situe la Route de la Soie ? Au cours de quel siècle est-elle ouverte ?

Je décris et j'explique

2 **Doc 2.** Pourquoi l'empereur Wu envoie-t-il le général Zhang Qian à l'ouest de la Chine ? Qu'y découvre-t-il ?

3 **Docs 2, 3 et 4.** À la suite de cette mission, que décide l'empereur Wu ? Pourquoi achète-t-il les chevaux du Ferghana ?

4 **Docs 5 et 6.** Qu'est-ce que la soie ? Quel peuple connaît le secret de sa fabrication ?

5 **Docs 4 et 6.** Quels produits sont échangés sur la Route de la Soie ? Avec quels peuples ?

Je raconte

6 Vous êtes un marchand chinois et vous vendez votre soie aux Romains. Racontez votre voyage.

1 La Chine des Han à son apogée

Quelle brillante civilisation l'empereur Wu met-il en place ?

A L'empire de Wu

1. Pendant quatre siècles (206 avant J.-C. à 220 après J.-C.), la Chine est gouvernée par la **dynastie des Han**. Elle atteint toute sa puissance sous le règne de **l'empereur Wu** (140 à 87 avant J.-C.). Par la guerre contre les peuples voisins, il double la surface de l'Empire.

2. Pour protéger l'empire des envahisseurs, Wu renforce et prolonge la Grande Muraille construite par ses prédécesseurs (doc 1). Pour échanger avec l'Asie et l'Occident, il ouvre la **Route de la Soie** (pp. 162-163).

B Un empire organisé

1. L'empereur Wu, « fils du ciel », gouverne un **empire bien organisé**. Il s'entoure de fonctionnaires lettrés et fidèles, les **mandarins**. Formés dans l'université impériale, ceux-ci maîtrisent la **calligraphie** (docs 5 et 6).

2. Les Chinois appartiennent à une **société hiérarchisée** : à sa tête les fonctionnaires, puis les paysans, les artisans, les marchands. Ils doivent appliquer les enseignements du philosophe **Confucius** (doc 3).

C L'essor des arts et des techniques

1. Sous le règne des Han, la civilisation chinoise connaît un **développement technique et artistique** sans égal (doc 2). Wu favorise l'essor de la musique et de la poésie.

2. Les artisans chinois sont des artistes. Ils maîtrisent **l'art de fabriquer la soie** et de broder les tissus. Ils inventent le papier. Ils fabriquent des objets en laque, en céramique, en jade (doc 4).

Vocabulaire

Han : nom de la dynastie qui règne en Chine de 206 avant J.-C. à 220 après J.-C.

Mandarin : fonctionnaire de l'empereur de Chine.

1 La Grande Muraille des Han

Vestiges de la Grande Muraille construite par les Han.

■ Pourquoi la Muraille de Chine est-elle construite ?

2 Les inventions chinoises sous les Han

Technique	Inventée en Chine	Introduite en Occident
La manivelle	IIe siècle av. J.-C.	IXe siècle
La brouette	Ier siècle av. J.-C.	XIIIe siècle
La roue hydraulique pour irriguer les champs	Ier siècle ap. J.-C.	XIIe siècle
Le gouvernail d'étambot à la place de la rame	IIe siècle ap. J.-C.	XIIe siècle
Le papier	IIe siècle ap. J.-C.	XIIIe siècle

1 Quelles techniques sont inventées sous les Han ?

2 Quand ces mêmes techniques apparaissent-elles en Occident ?

3 La pensée de Confucius

Confucius dit : « L'homme de bien a souci de neuf choses : il s'applique à bien voir ce qu'il regarde, à entendre ce qu'il écoute. Il a souci de respirer la bienveillance dans son expression, la déférence dans ses manières, l'honnêteté dans ses paroles, le sérieux dans son travail. Dans le doute, il demande conseil ; dans un accès de colère, il pense aux conséquences ; dans la perspective d'un profit, il garde le souci du juste. »

Propos rapportés par ses disciples dans *Entretiens*, Ve siècle avant J.-C.

■ D'après Confucius, quelles qualités l'homme doit-il posséder ?

4 Le jade, une pierre magique

Pour les Chinois, le jade empêche le corps de se décomposer après la mort.
Linceul de la femme du frère de l'empereur Wu, composé de deux mille lamelles de jade, assemblées au moyen de fils d'or, IIe siècle avant J.-C., musée provincial du Hebei, Chine.

5 Le concours des fonctionnaires

Le fonctionnaire doit connaître la calligraphie chinoise. BNF, Paris.

6 « L'empereur », en calligraphie chinoise

La calligraphie chinoise, mise au point au VIe siècle avant J.-C., est un ensemble de signes. Chaque signe, ou idéogramme, représente une idée.

Les représentations de Bouddha

Le prince Siddhârta Gautama naît vers 560 avant J.-C., au nord de l'Inde. Un jour, sortant du palais de son père, il découvre la maladie, la vieillesse et la mort. Il renonce alors au luxe de sa vie. Au bout de 49 jours de méditation, il reçoit **l'Éveil**. Il devient **Bouddha**, « l'Éveillé », et diffuse par des sermons son enseignement, le **bouddhisme**. Après sa mort, vers 486 avant J.-C., le bouddhisme se développe en Inde. C'est à l'époque des Gupta que les sculptures de Bouddha deviennent des chefs-d'œuvre de l'art indien.

• *Comment Bouddha est-il représenté ?*

1 Bouddha enseignant

Sculpture en grès, vers 475,
1,60 m de hauteur,
musée archéologique de Sârnâth, Inde.

Vocabulaire

L'Éveil : selon Bouddha, pour éviter les souffrances de la vie, il faut se détacher des désirs du monde.

2 **Bouddha attendant la mort**

Sculpture en grès, Vᵉ siècle, grotte n° 26 d'Ajantâ, Inde.

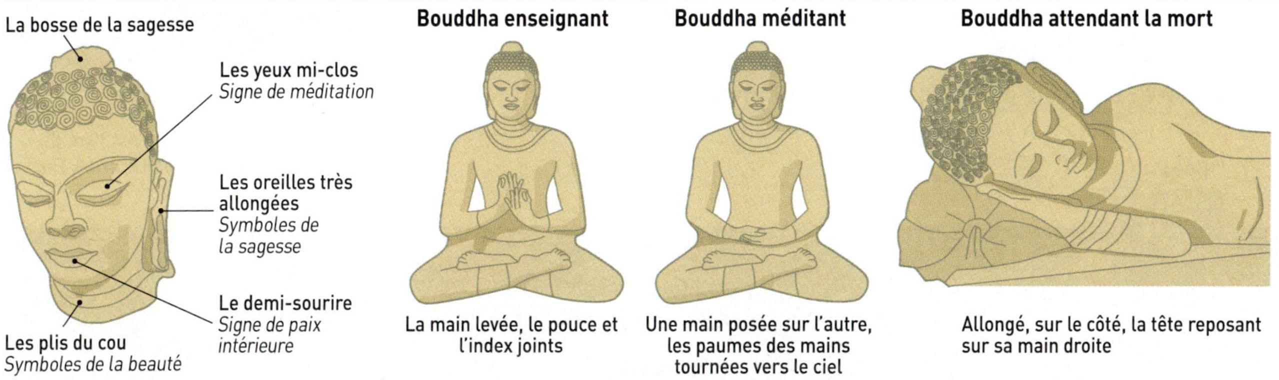

3 **Le sens des attitudes de Bouddha**

Les représentations de Bouddha

- **La période :** Inde des Gupta (IVᵉ et Vᵉ siècle après J.-C.), âge d'or de l'art.
- **Les écoles d'art :** les ateliers de Mathurâ et de Sârnâth, en Inde.
- **Les artistes :** des sculpteurs anonymes, qui produisent des Bouddha en abondance.
- **Le matériau :** le grès beige.
- **L'outil :** le ciseau du sculpteur.
- **La signification :** représenter, de la manière la plus belle, les différentes étapes de la vie de Bouddha.
- **L'usage :** les statues ornent les temples et les monastères bouddhiques. Elles invitent les Indiens bouddhistes à méditer pour se libérer des souffrances de la vie terrestre.

Questions

Je situe l'œuvre d'art

1 **Docs 1 et 2.** À quel siècle ces représentations de Bouddha ont-elles été sculptées ?

Je décris l'œuvre d'art

2 **Docs 1 et 2.** En quel matériau ces Bouddha sont-ils sculptés ? Avec quel outil ?

3 **Docs 1, 2 et 3.** Sur chaque sculpture, comment l'artiste montre-t-il la sagesse ? La paix intérieure ?

4 **Doc 1.** Comment Bouddha est-il représenté en train d'enseigner ?

Je fais le lien entre l'art et l'histoire

5 Combien de siècles se sont écoulés entre la période où Bouddha a vécu et le siècle où les sculpteurs l'ont représenté ?

6 Qu'est-ce que cela signifie sur le développement du bouddhisme en Inde ?

Découvrir

Ajantâ, un sanctuaire bouddhique en Inde

• Né au VIe siècle avant J.-C. en Inde, **Bouddha** a enseigné la méditation pour se libérer des souffrances du monde. Il est à l'origine du **bouddhisme**. Des sanctuaires sont construits et lui sont consacrés. Ils attirent de nombreux pèlerins. Parmi eux, **Ajantâ** est un ensemble de 30 grottes, creusées entre le IIe siècle avant J.-C. et le Ve siècle après J.-C. à l'époque Gupta. Ces monastères sont richement décorés.

Pourquoi les habitants de l'Empire des Gupta se rendent-ils à Ajantâ ?

Vocabulaire

Monastère : lieu isolé du monde où vivent des religieux.

Bouddha
Sculpture en grès rose, vers 430-435, 50 cm de hauteur, musée Guimet, Paris.

Vidéo

1 Vue d'Ajantâ aujourd'hui

Les grottes d'Ajantâ ont été creusées dans une falaise rocheuse haute de 76 mètres. On y accède par un torrent. Elles ont été découvertes par hasard en 1819 par des militaires britanniques qui chassaient le tigre.

2 À l'intérieur d'un monastère d'Ajantâ

Les pèlerins et les moines ont décoré les grottes pour honorer Bouddha. Grotte n° 2.

❶ Grande salle
❷ Cellules des moines
❸ Sanctuaire, avec la statue de Bouddha

3 Les peintures murales d'Ajantâ

Les peintures qui ornent les murs des grottes illustrent des moments de la vie de Bouddha et invitent à la méditation.

Fresque représentant danseuse et musiciennes, grotte n° 1, fin du Ve siècle.

Questions

Je me situe dans l'espace et le temps

1 Où se situe Ajantâ ? Quand ce site a-t-il été construit ?

Je décris et j'explique

2 **Doc 1.** Comment ont été construits les monastères d'Ajantâ ? À qui sont-ils consacrés ?

3 **Doc 2.** Nommez les différentes parties du monastère. Où est située la statue de Bouddha ?

4 **Docs 2 et 3.** Quels décors ornent l'intérieur des monastères ?

5 **Doc 3.** Décrivez la scène peinte en indiquant ce que font les femmes.

6 **Docs 2 et 3.** Pourquoi les pèlerins sont-ils nombreux à venir à Ajantâ ?

Je raconte

7 Vous faites partie d'une expédition d'archéologues et vous découvrez Ajantâ. Racontez votre découverte du sanctuaire.

Découvrir

Le *Râmâyana*, un mythe hindou

- Le *Râmâyana* ou « la marche de Râma » est une **épopée** écrite par Valmiki au début du Ier siècle après J.-C. Celui-ci a réuni en un long poème de 24 000 vers un ensemble de chansons, de légendes qui étaient transmises oralement en Inde.
- Le *Râmâyana* mêle l'histoire des dieux **hindous** et la légende du héros Râma, **avatar** de Vishnu, dont il célèbre les exploits.

Vocabulaire

Avatar : incarnation du dieu Vishnu sur terre.

Hindou : relatif à l'hindouisme, une des religions des Indiens.

➤ ***Que nous apprend le* Râmâyana *sur les croyances des Indiens ?***

1 L'intervention des dieux dans la vie des hommes

Le vieux roi Dasaratha n'a pas d'enfant pour lui succéder. Pour se concilier la bienveillance des dieux, il offre le sacrifice d'un cheval. Dans le même temps, dans la demeure céleste des dieux...

Les dieux s'étaient approchés de Brahmâ, le dieu créateur de l'univers, et lui disaient :

– Le démon Râvana nous harcèle. Tu le fis invulnérable aux dieux. Il ne chercha point à se protéger des hommes. Qu'il soit donc vaincu par un humain.

Vishnu, le dieu conservateur de l'univers vint alors se placer près de Brahmâ.

– Je prendrai forme humaine et je tuerai Râvana. (...)

Au même instant, sur terre, un être de lumière apparut au milieu des flammes du sacrifice offert par Dasaratha. Il parla ainsi au roi :

« Je suis un messager de Vishnu. Tu as rendu aux dieux l'hommage qu'ils attendaient. En récompense, tu auras des enfants. »

Le Râmâyana, Ier siècle après J.-C.

2 La force de Râma

Grâce à l'intervention des dieux, le roi Dasaratha a quatre fils. L'aîné, Râma est l'avatar de Vishnu sur terre. Râma possède toutes les vertus et une force exceptionnelle. Partant combattre le démon Râvana, il arrive dans la ville du roi Mithilâ.

Cinq mille hommes de haute stature traînèrent avec effort l'arc dans son étui de fer à huit roues. Cette arme colossale, jamais personne n'avait pu s'en servir ni même la soulever. (...) Et Râma, sans fatigue, saisit l'arc et le banda. Il le banda si fort qu'il le brisa et le bruit que fit la corde en se rompant jeta la peur dans l'assistance. Alors le roi Mithilâ, joignant les mains contre son front, dit à Râma :

« J'ai vu ton énergie. Ma fille, Sîtâ, sera le prix de ta vigueur. » Et Râma épousa Sîtâ.

Le Râmâyana, Ier siècle après J.-C.

3 Râma et le roi Mithilâ

Miniature indienne du XVIIIe siècle, musée des Arts asiatiques, Berlin.

1. Râma, avatar de Vishnu
2. Le roi Mithilâ
3. Sîtâ, fille du roi Mithilâ

4 Râma et Sîtâ

Sîtâ est enlevée par le démon Râvana qui la garde prisonnière. Il tente sans succès de la séduire. Le peuple des singes, allié de Râma, ramène Sîtâ à son époux...

Râma aidé du Roi des Singes, combat le démon Râvana.
Miniature indienne du XVIIIe siècle, musée des Arts asiatiques, Berlin.

Une fois prête, les cheveux tressés et semés de bijoux, Sîtâ, vêtue de soie chatoyante, monta sur un palanquin porté par des ogres. Râma attendait, entouré de ses amis. Elle regarda son époux qu'elle aimait comme un dieu. Il lui parla avec une certaine froideur :

« Illustre princesse, je t'ai regagnée après une guerre terrible. Mon ennemi est tombé sur le champ de bataille. Quel guerrier reprendrait chez lui une femme ayant vécu dans la demeure d'un autre ? Tu es libre, choisis donc parmi ces hommes le mari que tu préfères. »

À ces paroles, Sîtâ éclata en sanglots. Se tournant vers le frère de Râma, elle lui dit : « Prépare un bûcher pour moi. La vie n'a plus de sens. » Sîtâ se prosterna en invoquant les dieux, puis, les mains jointes devant le feu, déclara : « Si dans mon cœur je suis restée toujours fidèle à Râma, protégez-moi. » Sîtâ sauta dans le brasier : les langues écarlates jaillirent, hautes comme des arbres, et l'engloutirent.

Une lumière éclatante éblouit alors la foule. Brahmâ, Shiva et Indra[1] apparurent dans leurs chars d'or. Brahmâ dit : « Ô Vishnu[2], aurais-tu oublié ton origine céleste ? Et comment peux-tu rester indifférent devant Sîtâ menacée par les flammes ? Maintenant tu es Râma. Ne reconnais-tu pas en Sîtâ ton éternelle épouse ? »

Ces paroles remplirent Râma de bonheur.

« Sîtâ est pure, je le savais, déclara-t-il, mais il fallait qu'elle passe par le feu. » Râma prit Sîtâ par la main.

Le Râmâyana, Ier siècle après J.-C.

1. Indra est le dieu de la guerre.
2. Râma est l'avatar de Vishnu.

Questions

Je me situe dans l'espace et le temps

1 Où est racontée l'histoire du *Râmâyana* ? Quand a-t-elle été écrite ?

Je décris et j'explique

2 **Doc 1.** Qui sont les dieux cités dans cet extrait ? Que décident-ils au sujet de Râvana ?

3 **Doc 1.** Que souhaite le roi Dasaratha ? Que fait-il pour l'obtenir ?

4 **Docs 2 et 3.** Qui est Râma ? Quel exploit réalise-t-il et qu'obtient-il en récompense ?

5 **Doc 4.** Pourquoi Râma ne veut-il plus de Sîtâ pour épouse ? Comment prouve-t-elle son innocence ?

6 **Docs 1, 2 et 4.** D'après ce mythe, quelles sont les croyances des Indiens ?

Je raconte

7 Vous êtes un poète indien et vous racontez un épisode de l'histoire de Râma.

2 L'Inde des Gupta (IVe-Ve siècle)

➤ ***Quelle civilisation les Gupta développent-ils en Inde ?***

A Les Gupta, une puissante dynastie

1. En 320 après J.-C., Chandragupta Ier, roi d'un petit royaume indien, fonde la nouvelle dynastie des Gupta. Par des mariages et des conquêtes, ce roi et ses descendants deviennent les maîtres d'un **immense empire**.

2. Cet empire, le premier de l'Inde, connaît son apogée aux **IVe et Ve siècles** (doc 1). Les rois se font appeler « mahârâjâdhirâja », c'est-à-dire « roi suprême des grands rois ».

B Des empereurs tolérants

1. Dans l'Empire des Gupta, les souverains pratiquent l'**hindouisme**. Cette religion est **polythéiste** (doc 3). Ses croyances sont contenues dans les textes sacrés, les **Veda**, et racontées dans des épopées, tel le *Râmâyana*. Parmi les milliers de divinités, trois principales sont vénérées : **Brahmâ**, **Vishnu** et **Shiva**. (doc 3). Les hindous croient en la **réincarnation**. Ils sont divisés en **castes** hiérarchisées (doc 2).

2. Les rois Gupta tolèrent le **bouddhisme**. Ses adeptes mettent en pratique les paroles de **Bouddha** qui enseigne la méditation pour atteindre le **Nirvâna** (doc 4).

C Un âge d'or pour les arts

■ Sous les Gupta, l'Inde connaît un **brillant développement artistique**. L'hindouisme et le bouddhisme sont les principaux thèmes d'inspiration des artistes. Sculptures et fresques ornent les temples hindouistes et les monastères bouddhiques.

Vocabulaire

Caste : groupe dont les membres ne se marient et ne vivent qu'entre eux.

Nirvâna : fin de la vie terrestre et des souffrances.

Réincarnation : croyance des hindous selon laquelle l'homme est appelé à avoir plusieurs vies sur terre.

Veda : ensemble des textes sacrés de l'hindouisme.

1 Un roi puissant, Chandragupta II

Pièces de monnaie à l'effigie du roi Chandragupta II, IVe siècle, musée Guimet, Paris.

2 Les castes de la société indienne

Aux brahmanes, le Seigneur assigna d'enseigner et d'étudier les Veda, de sacrifier pour soi et pour autrui, de faire des dons et d'en recevoir ; aux guerriers, il ordonna de protéger le peuple, de donner, de sacrifier et d'étudier ; aux producteurs d'élever du bétail, de donner, de sacrifier, d'étudier, de faire le commerce, le prêt d'argent, la culture économique ; aux serviteurs enfin de servir les autres classes.

Lois de Manu de 600 avant J.-C. à 300 après J.-C.

1 Nommez, en les hiérarchisant, les groupes de la société qui forment les castes.

2 Quel est le rôle de chacune de ces castes ?

3 Les divinités hindoues

a Brahmâ
Il est le créateur de l'univers.
Statuette du XIIIe siècle.

b Vishnu
Il est le conservateur de l'univers.
Statuette du XIIe siècle,
musée national de Madras.

c Shiva
Il détruit le monde pour mieux le reconstruire.
Shiva dansant, XIe siècle,
musée national de New Dehli.

1 Qui sont les principaux dieux des Indiens ? **2** Comment qualifier leur religion ?

4 Bouddha et son enseignement

a Paroles de Bouddha

La Première Vérité est : la vie n'est que douleur. La Deuxième Vérité est : la douleur ne vient que des désirs. La Troisième Vérité, c'est la fin possible de la douleur en arrachant de ton cœur les désirs. Écoute bien cette Quatrième Vérité qu'est la Voie du Salut : une fois que tu auras pulvérisé les désirs et que tu renaîtras alors dans une nouvelle existence, tu seras bien près du Nirvâna.

Sermons de Bouddha,
VIe siècle avant J.-C.

1 Selon Bouddha, quelle est la cause de la « vie de douleur » ?
2 Comment l'homme peut-il se libérer de cette douleur ? Quel état atteint-il ?

b Un stupa bouddhiste
Un stupa est un édifice contenant à l'origine les reliques de Bouddha.
Grotte d'Ajanta,
IIe siècle après J.-C.

1 Je sais me repérer dans l'espace

À imprimer

- Recopiez le fond de carte ci-contre, puis indiquez au bon endroit :

1. Le nom des montagnes au sud de l'Empire.

2. Le nom des fortifications aux frontières de l'Empire des Han.

3. Le nom de l'Empire autour de la mer Méditerranée.

- Complétez la légende.

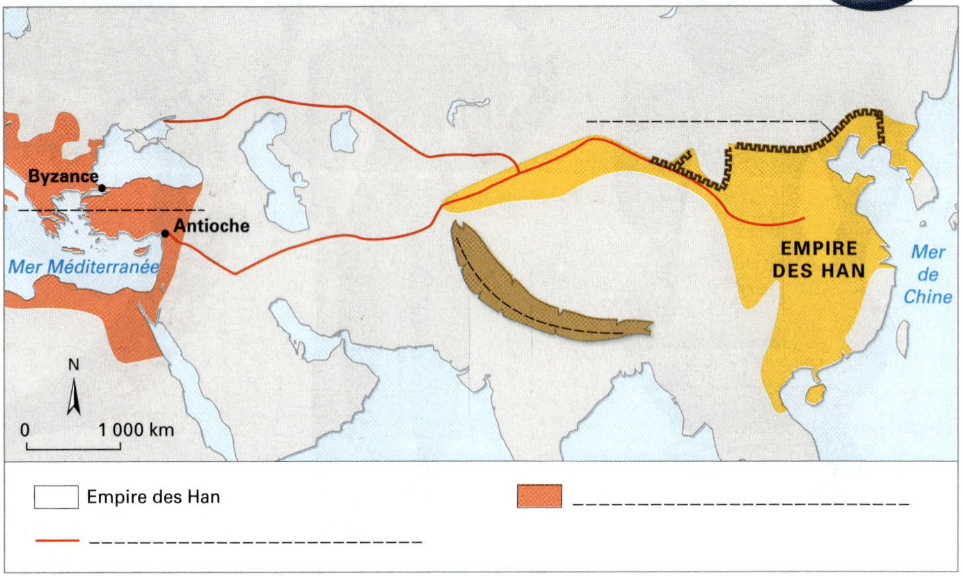

2 Je sais me repérer dans le temps

Reliez les dates indiquées sur la frise chronologique avec les éléments suivants :

1. La dynastie des Han

2. L'ouverture de la Route de la Soie

3. Le règne de l'empereur Wu

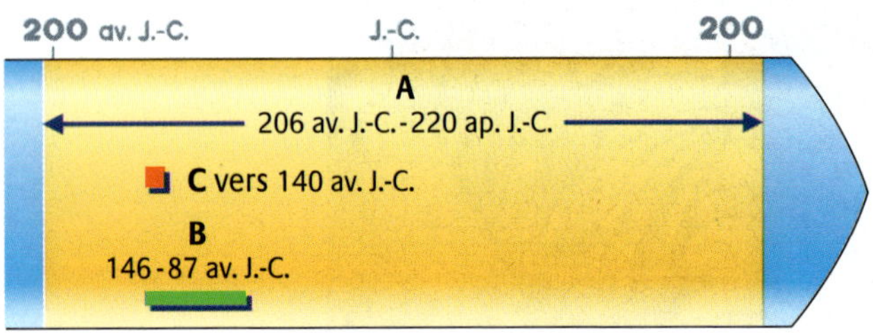

3 Je sais définir les mots clés

Associez chacun des mots clés ci-dessous à sa définition.

1. Mandarin – 2. Monastère – 3. Hindou – 4. Castes – 5. Réincarnation

A. Relatif à l'hindouisme, une des religions des Indiens.

B. Groupe dont les membres ne se marient et ne vivent qu'entre eux.

C. Lieu isolé du monde où vivent des religieux.

D. Fonctionnaire de l'empereur de Chine.

E. Croyance des hindous selon laquelle l'homme est appelé à avoir plusieurs vies sur terre.

4 Je sais raconter et expliquer

1. Qui sont les Han ?

2. Quel empereur a rendu la Chine puissante ?

3. Qu'est-ce que la Route de la Soie ?

4. Qui sont les Gupta ?

5. Quelles sont les différentes croyances des habitants de l'Inde ?

Je m'entraîne

5 J'observe et j'analyse une sculpture

Questions

1 Comment se nomme cette œuvre d'art ?

2 Où a-t-elle été fabriquée ?

3 Quel personnage est représenté ?

4 Dans quelle attitude le sculpteur l'a-t-il représenté ?

5 Que signifie la représentation des différentes parties de son visage ? Vous pouvez vous aider du document 3 p. 167.

Profil de Bouddha, détail de la tête

Grès rose, Ve siècle, atelier de Sârnâth, musée archéologique de Sârnâth, Inde.

6 J'écris un récit en histoire

Racontez les événements qui ponctuent le voyage de l'ambassadeur Zhang Qian, de son départ de Chine à son retour, puis les conséquences de cette ambassade.

1. Relisez le récit de l'ambassadeur Zhang Qian (doc 2 p. 162).

2. Recopiez puis complétez le tableau ci-dessous.

Où ?	
Quand ?	
Qui ?	
Que se passe-t-il ?	
Quelles sont les conséquences ?	

3. À l'aide des informations rassemblées dans le tableau, rédigez votre récit.

Le monde vu de nuit

Géographie

La Terre, planète habitée

La population mondiale

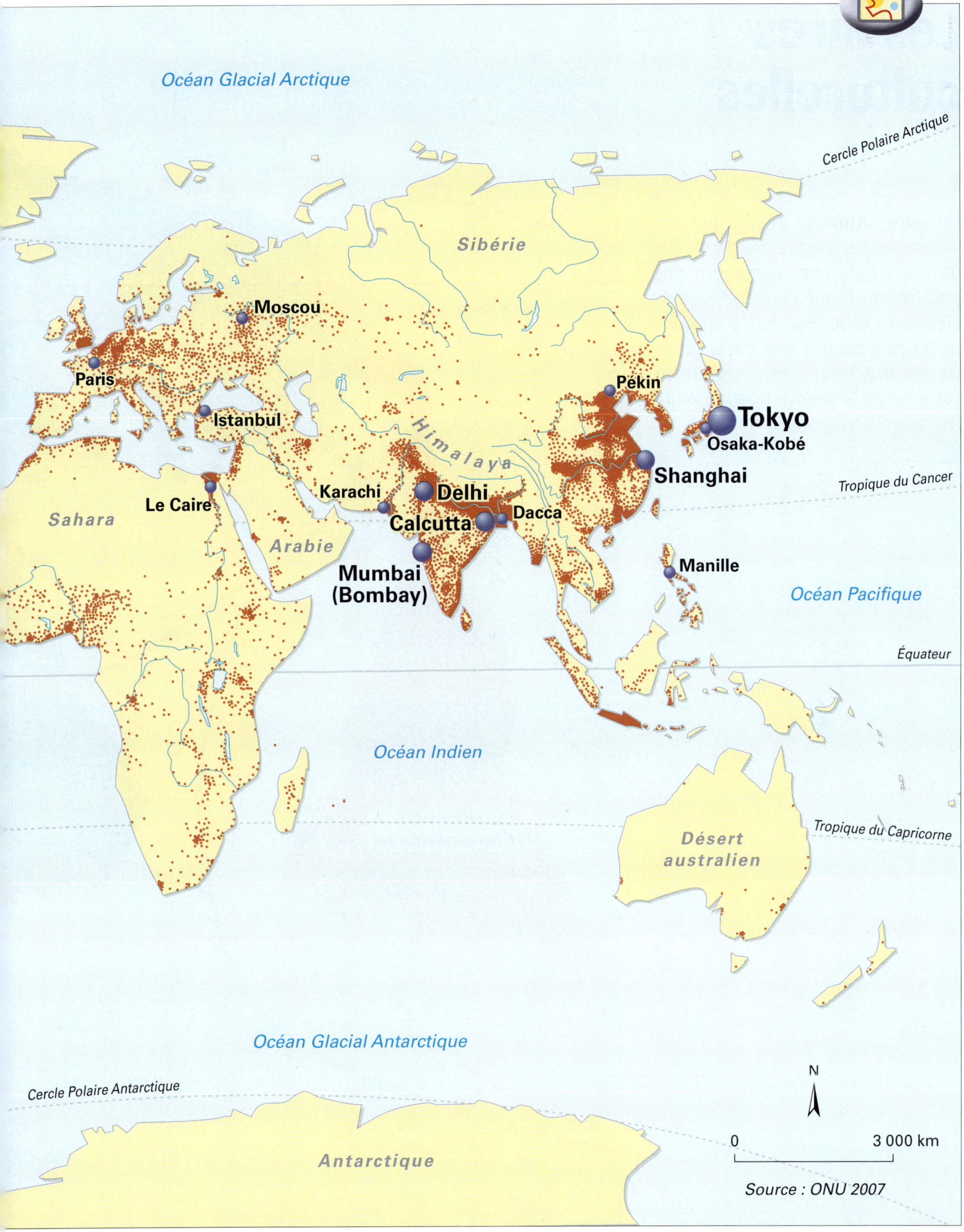
Carte interactive
Océan Glacial Arctique
Cercle Polaire Arctique
Sibérie
Moscou
Paris
Istanbul
Pékin
Tokyo
Osaka-Kobé
Himalaya
Shanghai
Tropique du Cancer
Karachi
Delhi
Le Caire
Dacca
Sahara
Calcutta
Arabie
Mumbai
(Bombay)
Manille
Océan Pacifique
Équateur
Océan Indien
Tropique du Capricorne
Désert
australien
Océan Glacial Antarctique
Cercle Polaire Antarctique
N
0
3 000 km
Antarctique
Source : ONU 2007

Les aires culturelles

Une **aire culturelle**, ou aire de civilisation, est un espace géographique dont les habitants partagent une culture commune : leurs modes de vie, leurs religions, leurs langues et leurs arts ont des caractéristiques proches. Ces aires culturelles sont le résultat de l'histoire mais évoluent constamment.

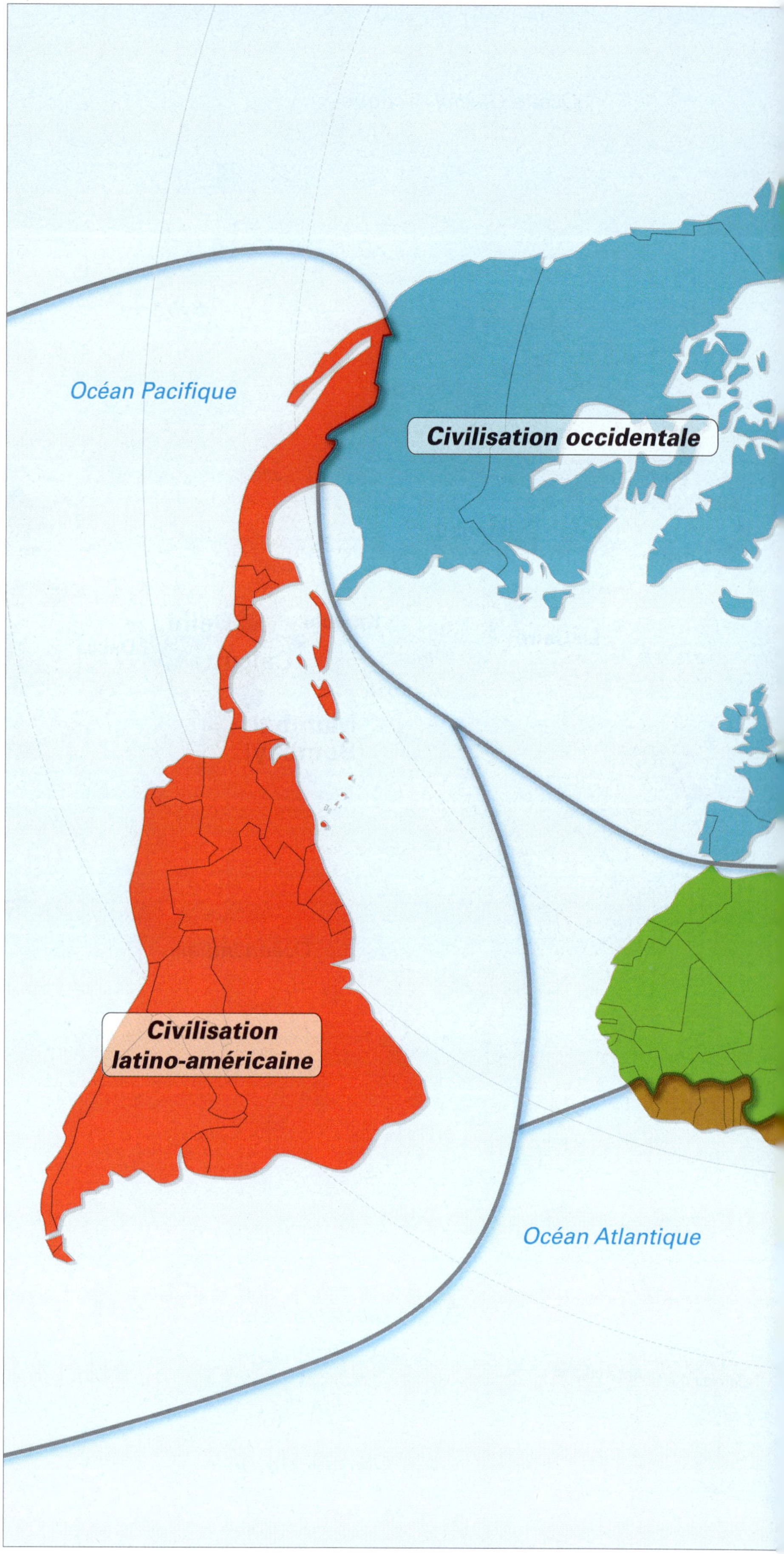

Carte interactive

Atlas

Le niveau de vie

L'indicateur de développement humain (IDH)

C'est un indicateur du niveau de vie qui prend en compte trois éléments : le revenu par habitant, le niveau d'instruction et l'espérance de vie (qui mesure la durée moyenne de vie). Cet indicateur varie entre 0 et 1. Plus l'IDH est élevé, plus le pays est développé et les conditions de vie satisfaisantes.

Carte interactive
Océan Glacial Arctique
Groenland
NORVÈGE
SUÈDE
FINLANDE
RUSSIE
ROYAUME-UNI
FRANCE
ESPAGNE
ITALIE
GRÈCE
KAZAKHSTAN
MONGOLIE
CORÉE DU NORD
CORÉE DU SUD
JAPON
CHINE
MAROC
ISRAËL
IRAK
IRAN
AFGH.
PAKISTAN
ALGÉRIE
LIBYE
ÉGYPTE
ARABIE SAOUDITE
TAÏWAN
Tropique du Cancer
INDE
MALI
NIGER
TCHAD
SOUDAN
NIGERIA
BURKINA FASO
SOMALIE
KENYA
RÉP. DÉM. DU CONGO
THAÏLANDE
VIETNAM
Océan Pacifique
SINGAPOUR
Équateur
INDONÉSIE
ANGOLA
Océan Indien
MADAGASCAR
NAMIBIE
AFRIQUE DU SUD
AUSTRALIE
Tropique du Capricorne
NOUVELLE-ZÉLANDE
Océan Glacial Antarctique
N
0
3 000 km

Le relief

Détroit de Béring
Mont McKinley
6 194 m
Montagnes Rocheuses
AMÉRIQUE DU NORD
Grandes Plaines
Appalaches
Mississippi
Golfe du Mexique
Mer des Caraïbes
Océan Atlantique
Isthme de Panamá
Amazone
Amazonie
Cordillère des Andes
Océan Pacifique
AMÉRIQUE DU SUD
Aconcagua
6 959 m
Cap Horn
Le relief
Plaines
Moyennes montagnes et plateaux
Hautes montagnes
Inlandsis
Principaux sommets

Carte interactive

Les climats

Alaska
Montagnes Rocheuses
AMÉRIQUE DU NORD
Grandes Plaines
Golfe du Mexique
Mer des Caraïbes
Océan Atlantique
Océan Pacifique
Cordillère des Andes
Amazonie
AMÉRIQUE DU SUD
Les climats froids
Polaire
Montagnard
Les climats tempérés
Tempéré continental
Tempéré océanique
Méditerranéen
Les climats chauds
Aride
Tropical
Équatorial

Carte interactive

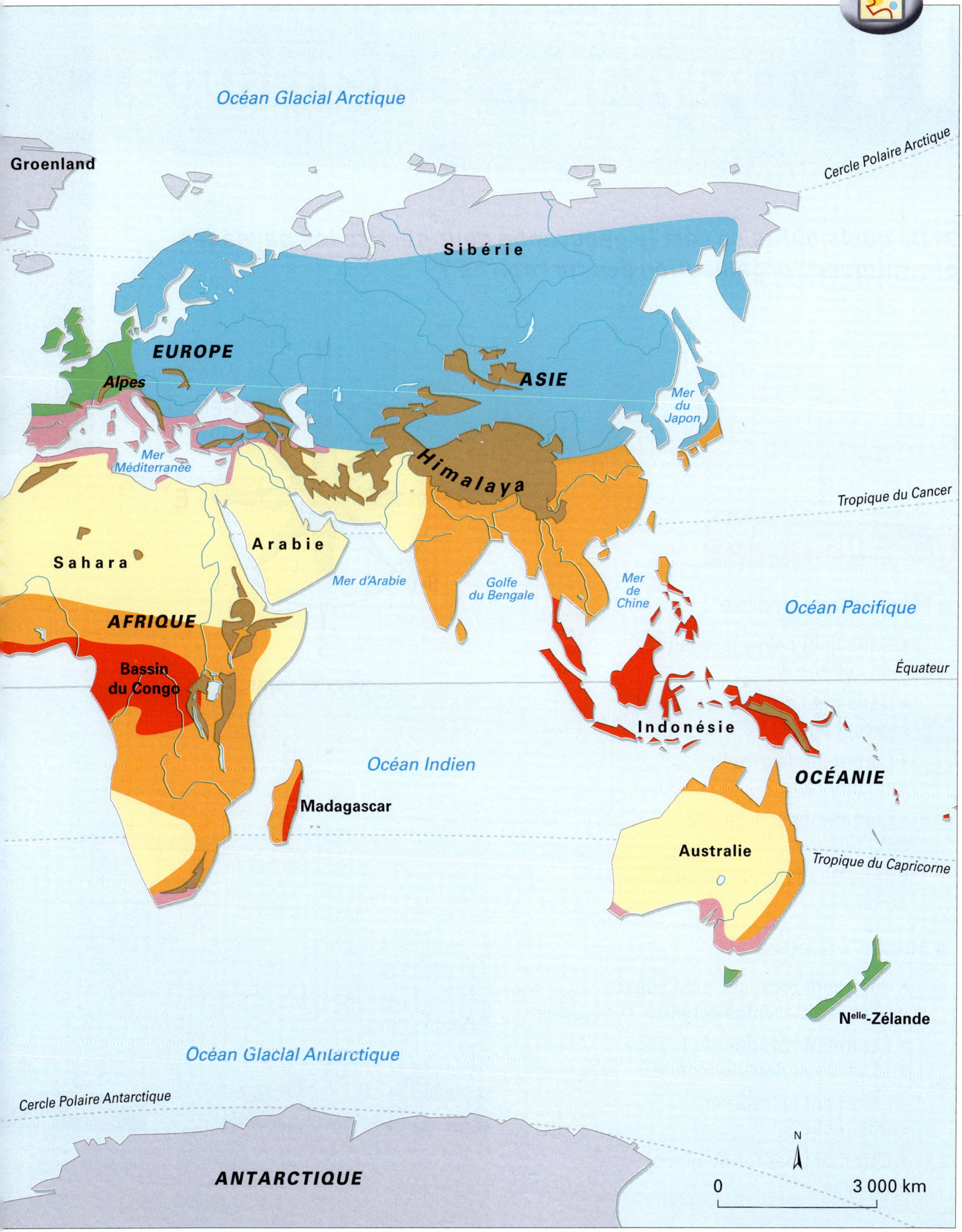

Chapitre 11

Mon espace proche : paysages et territoire

▶ *De quels outils se sert le géographe pour décrire les paysages et expliquer l'organisation des territoires ?*

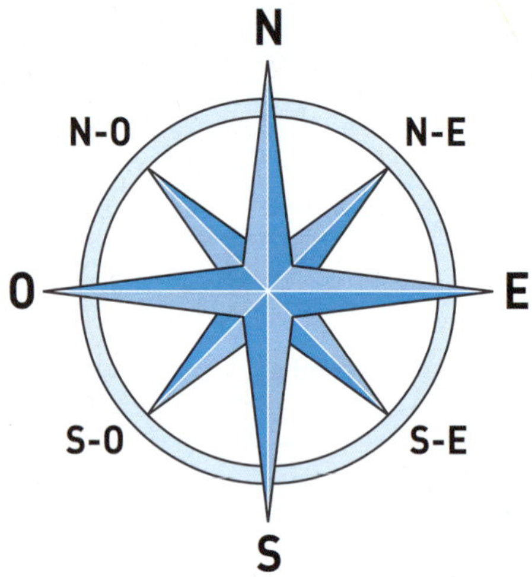

La rose des vents

PLAN DU CHAPITRE

Une vue au sol

Une vue aérienne

Un planisphère

Dans quel paysage se situe mon collège ?

Objectifs

1. Lire une photographie de paysage (vue au sol et vue oblique).
2. Décrire mon paysage quotidien.

Mots clés

Paysage : ce que l'on voit d'un espace.
Périurbain : situé en bordure de la ville.
Rural : ce qui concerne la campagne.
Urbain : ce qui concerne la ville.

1 Quatre exemples de paysages quotidiens (vues au sol)

a

b

c

d

2 **Vue aérienne oblique d'un collège « au Hasard » : le collège du Cèdre**

Démarche

À imprimer

1 **Doc 1.** Lequel des quatre paysages ressemble le plus à celui qui est autour de votre collège ? Pourquoi ?

2 **Doc 1.** Après avoir lu la définition des mots urbain, rural et périurbain, attribuez le bon adjectif à chacun de ces paysages.

3 **Doc 2.** Dans quel type de paysage le collège du Cèdre se situe-t-il ?

4 **Docs 1 et 2.** Quel est l'avantage d'une vue oblique par rapport à une vue au sol pour définir le type de paysage ?

5 **Doc 2.** Décrivez les trois plans de la photographie.

6 **Doc 2.** Identifiez sur le croquis ci-contre les couleurs correspondant aux trois plans de la photographie et associez à chaque couleur l'élément de légende qui s'y rapporte : collège, ville et forêt.

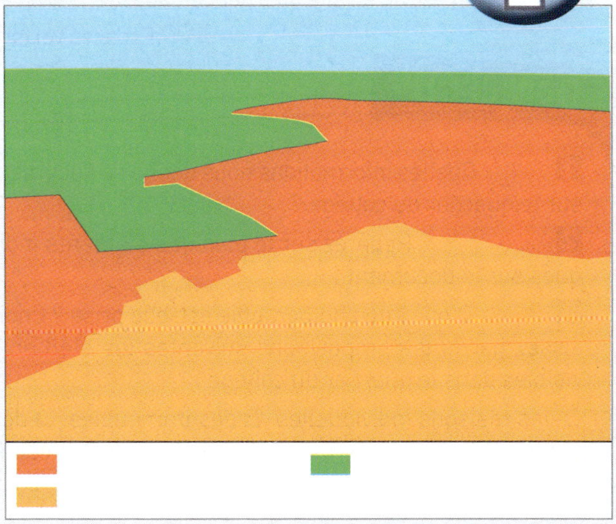

Dans quel quartier se situe mon collège ?

Objectifs

1. Lire une photographie aérienne, une carte et un plan de quartier.
2. Identifier différents types de quartiers.

Mots clés

Carte : représentation d'une portion de l'espace terrestre ou maritime.

Plan : représentation détaillée d'une portion de terrain (ex : plan de ville...).

Quartier : partie d'une ville dans laquelle les habitants se reconnaissent (« être du quartier »).

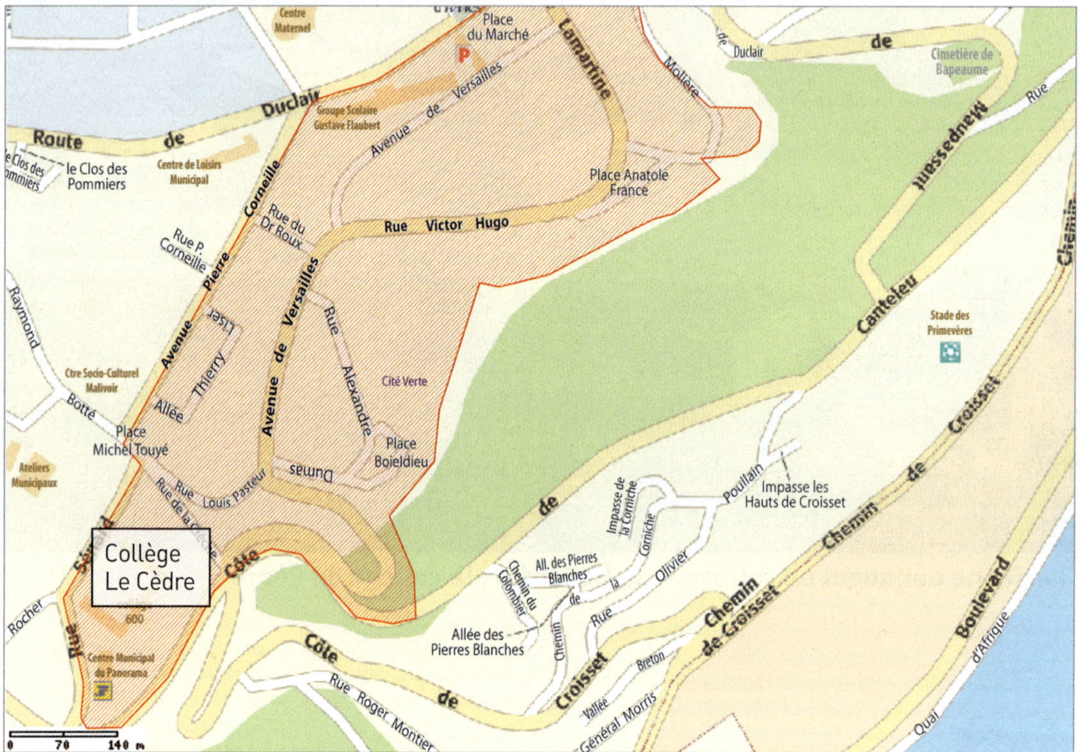

1 **Plan du quartier du collège du Cèdre**

Plan extrait du site Internet du Cadastre, www.cadastre.gouv.fr.

Espaces verts | Espaces bâtis | Zone urbaine en difficulté

Démarche

1 **Doc 1.** Quelles informations nous donne ce document sur le quartier du collège ?

2 **Docs 1 et 2.** Repérez sur le plan des éléments indiqués sur le document 2.

3 **Doc 2.** D'où cette photographie est-elle prise ? Choisissez parmi les propositions suivantes les éléments visibles dans le quartier du collège :

❑ des maisons individuelles ❑ des immeubles ❑ des établissements scolaires ❑ des usines ❑ des espaces de loisirs ❑ des éléments naturels (fleuve, bois) ❑ autres (précisez).

4 **Docs 1 et 3.** Lequel de ces deux documents reproduit le plus précisément les informations de la photographie ? Donnez deux exemples d'informations.

5 **Docs 1 et 3.** Quel document est le plus utile pour se rendre chez un camarade de classe qui habite dans le quartier ? Pourquoi ?

6 **Docs 1 et 3.** Lequel nous permettra de savoir si l'itinéraire pour s'y rendre est plat ou en pente ? S'il habite dans un quartier d'immeubles ou un lotissement ?

2 Photographie aérienne du collège Le Cèdre et de ses alentours

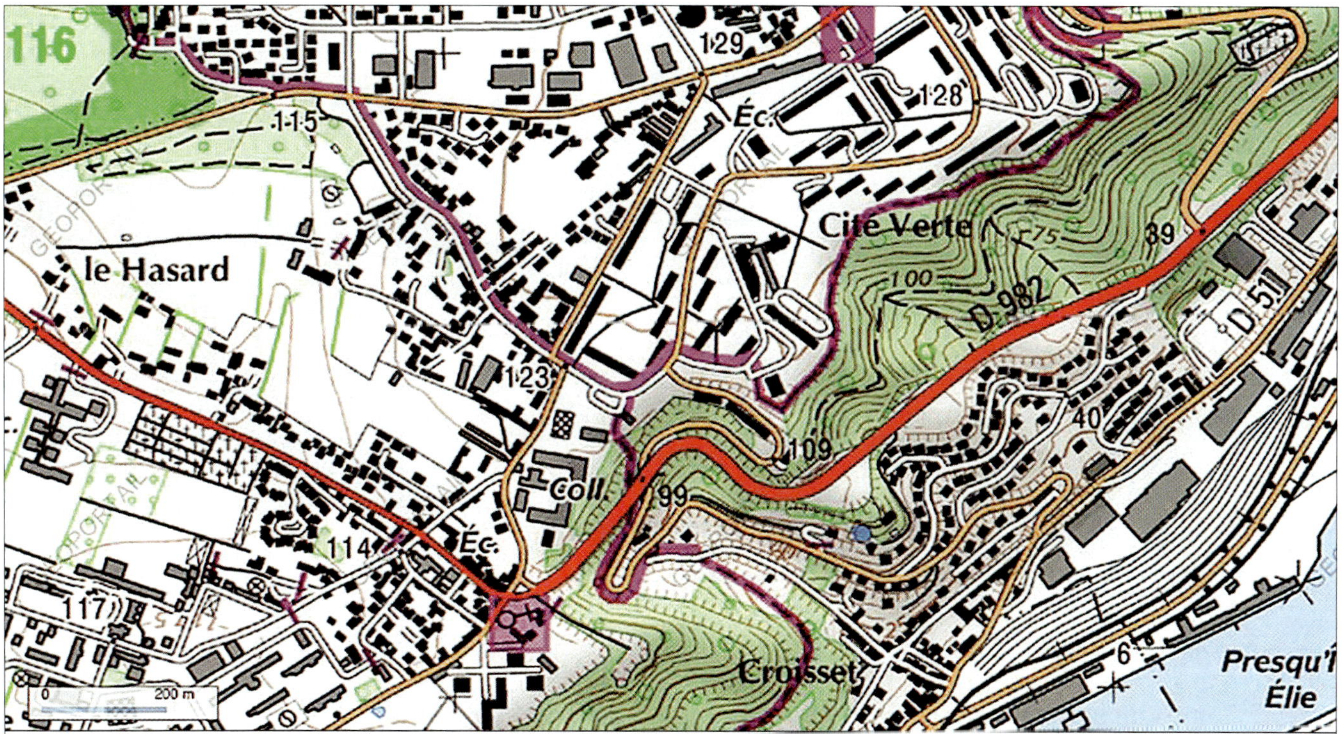

Routes
Bâtiments
Immeubles
Maisons individuelles
Gare de triage
Cimetière
GR Chemin de grande randonnée
Terrain de sport
Bois et forêt
Verger, plantation
Coll. Collège
Éc. École

3 Carte IGN de la commune de Canteleu (Seine-Maritime)

(1 cm = 200 m) Site Internet Géoportail, www.geoportail.fr.

Comment décrire mon itinéraire ?

Objectifs

1. Comprendre la différence entre distance et temps de parcours.
2. Apprendre à décrire un itinéraire.

Mots clés

Distance : intervalle entre deux points.

Itinéraire : chemin, route à suivre ou suivie pour aller d'un lieu à un autre.

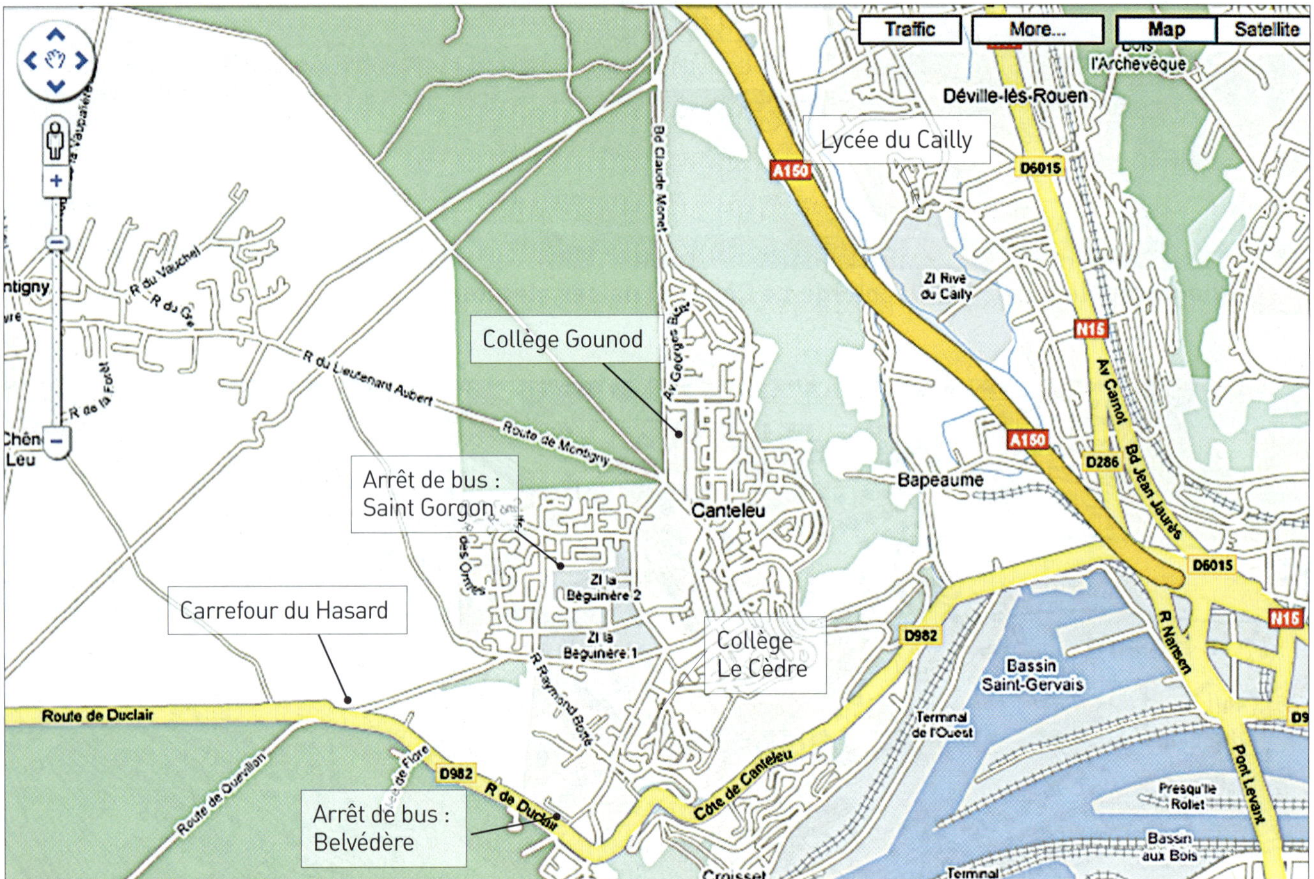

1 Plan Google Maps de la commune du collège du Cèdre

Carte extraite du site Internet Google Maps, http://maps.google.com.

2 Temps de parcours en transports en commun, un jour de semaine

Départ	Arrivée	Durée du trajet
Carrefour du Hasard	Arrêt de bus Belvédère	2 minutes
Carrefour du Hasard	Arrêt de bus Saint-Gorgon	2 minutes
Collège Le Cèdre	Collège Gounod	5 minutes
Collège Gounod	Lycée du Cailly	Entre 18 et 29 minutes

D'après le site Internet des Transports en commun de Rouen.

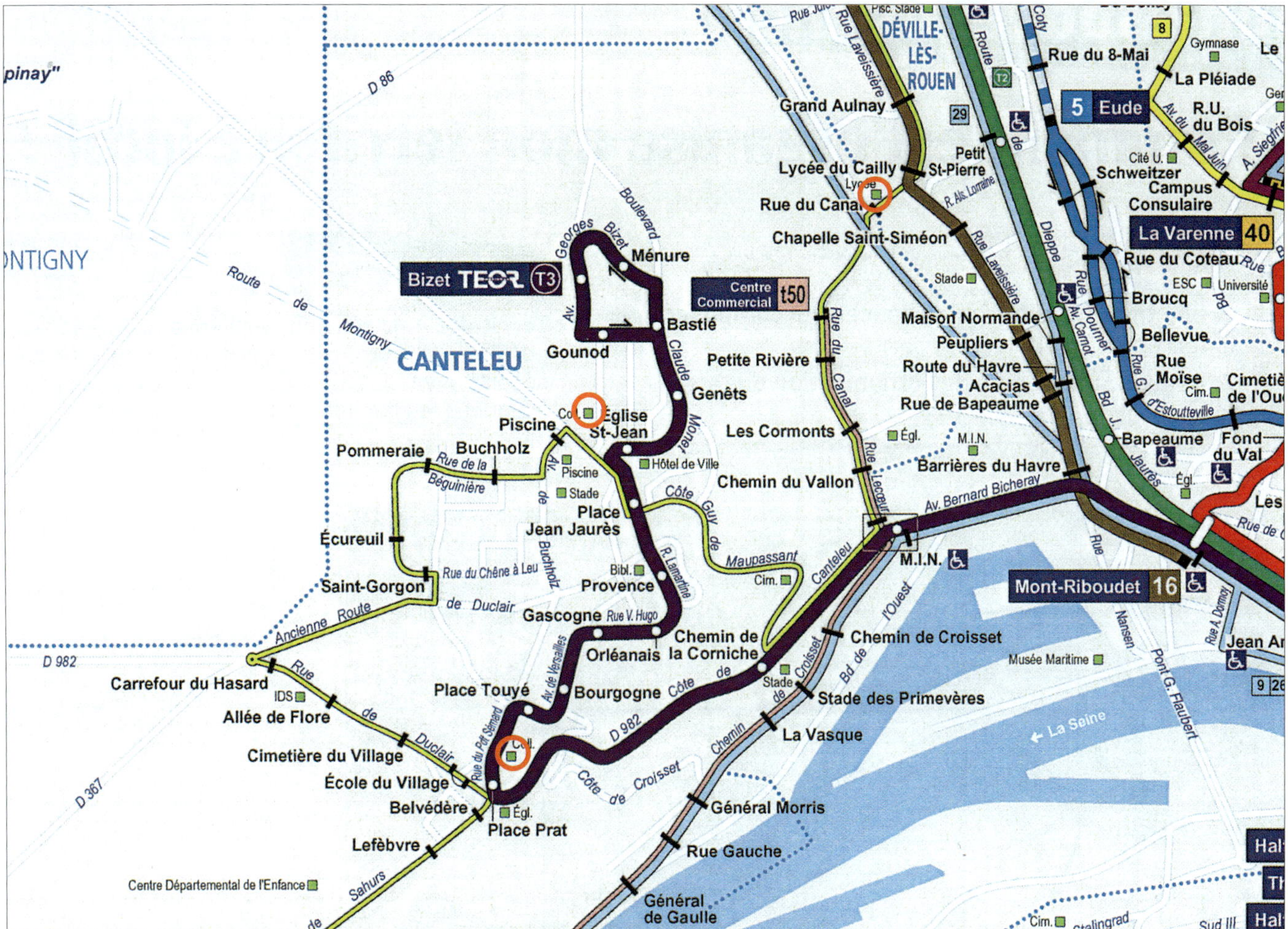

3 Plan des transports en commun pour la commune de Canteleu

Extrait du plan du réseau de transports de la ville de Rouen.

Ligne TEOR (Transport Est-Ouest Rouennais)

Ligne BUS

Établissements scolaires

4 Un bus de la ligne TEOR à Rouen

Démarche

1 Doc 1. Mesurez avec une règle la distance qui sépare le carrefour du Hasard de l'arrêt de bus Belvédère en suivant le tracé des rues. Faites de même entre le carrefour du Hasard et l'arrêt de bus Saint-Gorgon.

2 Doc 2. Quel est le temps nécessaire pour effectuer chacun des deux trajets ? Que constatez-vous ?

3 Doc 1. Mesurez avec une règle la distance en ligne droite entre le collège du Cèdre et le collège Gounod. Faites de même entre le collège Gounod et le lycée.

4 Doc 2. Quel constat faites-vous sur la durée de transport pour ces deux trajets ?

5 Doc 3. Retrouvez les deux itinéraires possibles en transports en commun entre le collège du Cèdre et le collège Gounod. Faites de même entre le collège Gounod et le lycée.

6 Docs 1 et 3. Pour quelles raisons les moyens de transport entre le collège Gounod et le lycée doivent-ils suivre cet itinéraire et faire ce détour ?

Comment est organisé mon territoire local ?

Objectifs

1. Identifier les différents espaces qui composent le territoire local.
2. Réaliser un croquis de l'organisation du territoire local.

Mots clés

Territoire : **1.** portion de l'espace terrestre administré par une autorité (commune, département…). **2.** Portion de l'espace terrestre à laquelle les habitants s'identifient (quartier…).

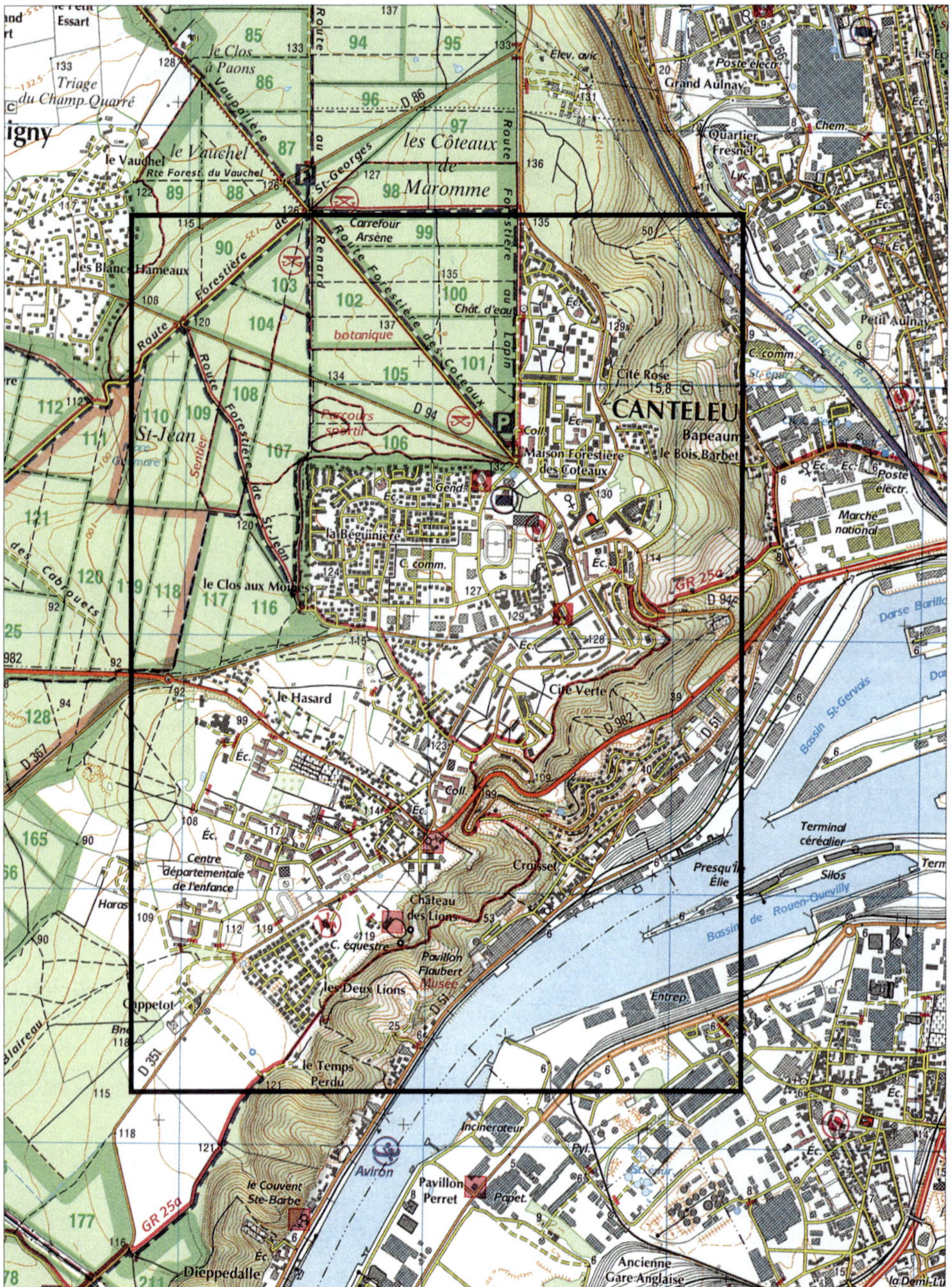

Routes
Bâtiments administratifs
Immeubles
Maisons individuelles
Gare de triage
Forêt domaniale
Chemin de grande randonnée
Bois et forêt
Verger, plantation
Église
Mairie
Centre équestre
Aire de détente
Coll. Collège
Éc. École
C.comm Centre commercial

1 **Carte de la commune de Canteleu** (1 cm = 250 m)

Extrait de la carte de randonnée IGN, *Rouen, forêts rouennaises*, 1/25 000e.

Étape 1

À imprimer

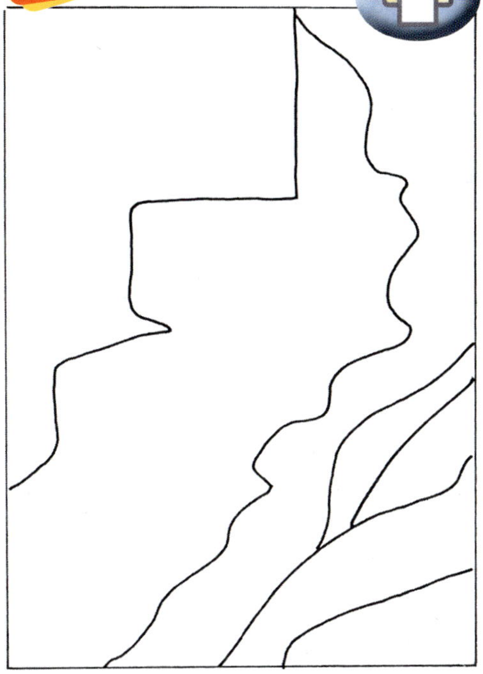

Étape 2

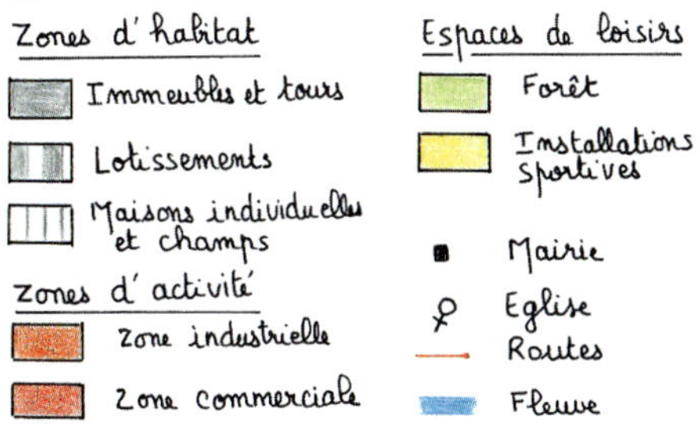

Étape 3

Démarche

Étape 1 J'identifie les différents espaces

1 À l'aide des zones de couleurs (vert, bleu, marron, fond blanc avec figurés gris), identifiez les différents ensembles qui composent la carte.

2 À l'aide d'un calque, tracez les limites des espaces puis repassez les axes de communication en orange.

3 Consultez la légende de la carte pour comprendre la signification des couleurs et des figurés.

4 Pour vérifier votre dessin, répondez aux questions suivantes :
- Chaque morceau de votre croquis correspond-il à une couleur dominante ?
- Avez-vous bien identifié et localisé la mairie ?
- Êtes-vous capable de nommer un quartier d'immeubles ? un lotissement ?

Étape 2 Je construis la légende du croquis

5 Repérez précisément les différents figurés utilisés sur la carte et leur signification donnée en légende.

6 Construisez la légende de votre croquis en trois parties : Zones d'habitat – Zones d'activités – Espaces de loisirs. À chacune de ces parties, associez un ensemble dessiné.

7 Pour être plus précis, tracez si besoin sur le calque, de nouveaux sous-ensembles distinguant par exemple différentes formes d'habitats dans la zone d'habitat.

Étape 3 Je réalise le croquis

8 Coloriez les différents ensembles et sous-ensembles identifiés en respectant les couleurs et figurés choisis dans l'étape 2.

Étudier mon espace proche

Étape 1 Dans quel paysage se situe mon collège ? (pp. 190-191)

Objectifs

1. Lire une photographie de paysage (vue au sol et vue oblique).
2. Décrire mon paysage quotidien.

Mots clés

- Paysage
- Périurbain
- Rural
- Urbain

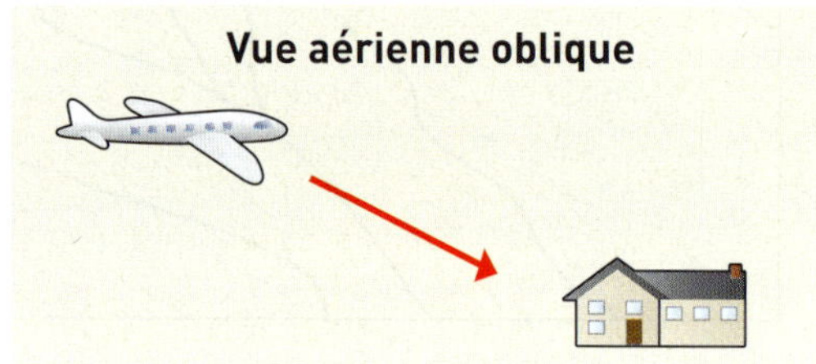

Étape 2 Dans quel quartier se situe mon collège ? (pp. 192-193)

Objectifs

1. Lire une photographie aérienne, une carte et un plan de quartier.
2. Identifier différents types de quartiers.

Mots clés

- Carte
- Plan
- Quartier

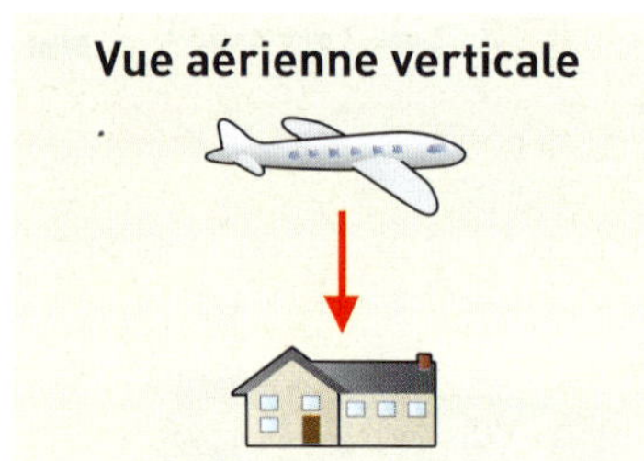

Sites utiles

- http://earth.google.fr : photographies aériennes, de rues.
- www.cadastre.gouv.fr : réaliser un plan, faire des calculs de distances.
- www.geoportail.fr : mise en relation de photographies aériennes et de cartes IGN.

Photographie aérienne sur le site Géoportail

Étape 3 Comment décrire mon itinéraire ? (pp. 194-195)

Objectifs

1. Comprendre la différence entre distance et temps de parcours.
2. Apprendre à décrire un itinéraire.

Mots clés

- Distance
- Itinéraire

Calculette Éco-déplacements, sur le site de l'ADEME

Sites utiles

- www.maps.google.fr : associe photographie aérienne et nom des rues.
- www.ademe.fr : agence de l'environnement et de la maîtrise de l'énergie, rubrique « transports » (calculette Éco-déplacements, comparateur Éco-déplacements).

Étape 4 Comment est organisé mon territoire local ? (pp. 196-197)

Objectifs

1. Identifier les différents espaces qui composent le territoire local.
2. Réaliser un croquis de l'organisation du territoire local.

Mots clés

- Territoire

Croquis d'organisation du territoire local

Sites utiles

- www.ign.fr : pour trouver les cartes à la bonne échelle.
- www.geoportail.fr : cartes à différentes échelles mises en relation avec photographies aériennes, réseau de transports, limites des communes, réseau hydrographique...

Comment localiser mon espace proche à différentes échelles ?

Mots clés

Occident : région située à l'Ouest par rapport à un lieu donné.
Orient : région située à l'Est par rapport à un lieu donné.
S'orienter : déterminer la position où l'on est en utilisant les points cardinaux.

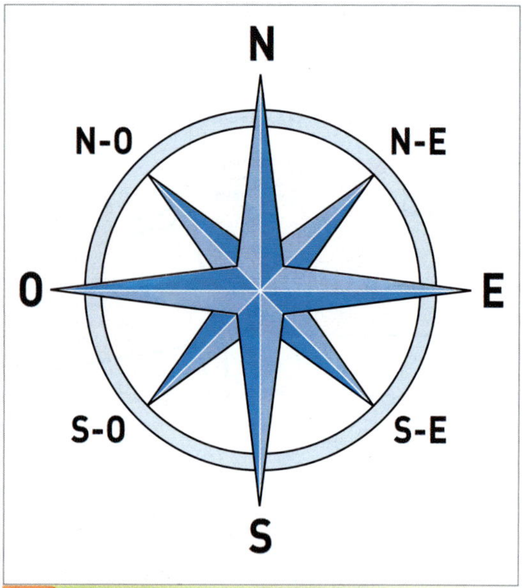

1 La rose des vents

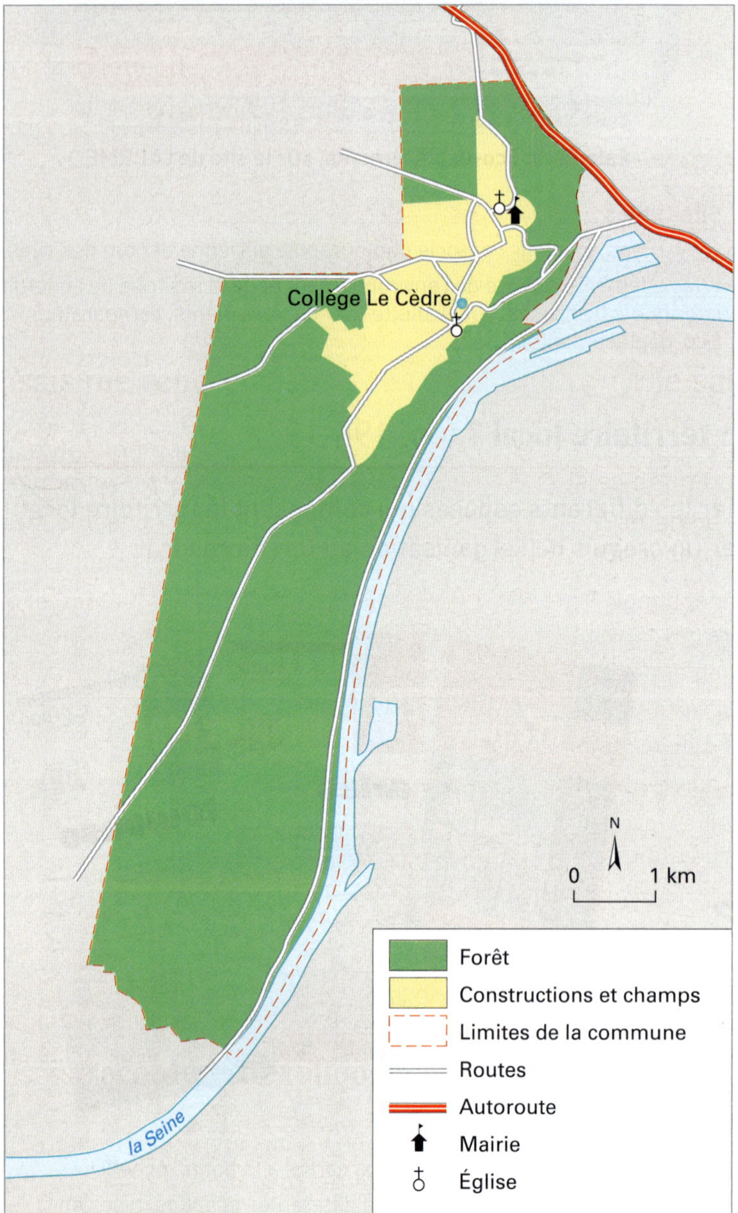

2 Le collège dans sa commune

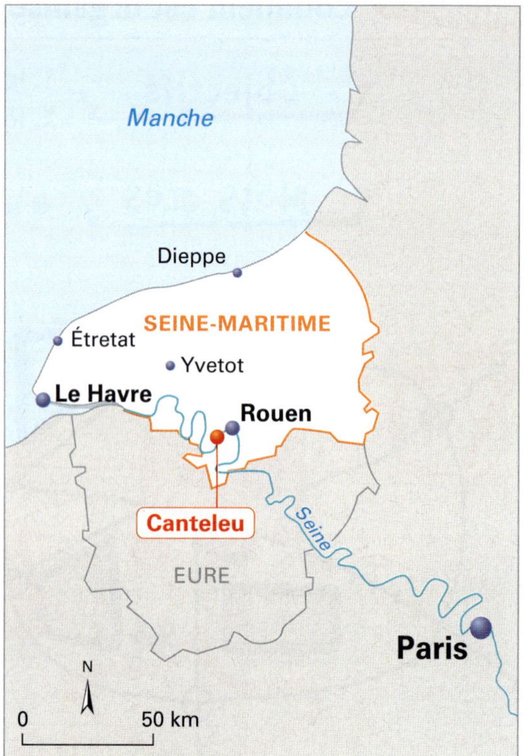

3 La commune dans son département

4 Le département dans sa région et en France

Questions

1 Doc 1. Quel point cardinal désigne « le haut » d'une carte ?

2 Docs 1 et 2. Utilisez les points cardinaux qui figurent sur la rose des vents pour situer le collège du Cèdre par rapport à la mairie de la commune.

3 Doc 3. Dans quel département se situe la commune de Canteleu ? Localisez-la précisément à l'aide des points cardinaux.

4 Doc 4. Comment s'appelle la région qui comprend le département de Seine-Maritime ? Où se situe-t-elle en France ?

5 Répondez de nouveau aux questions 3, 4 et 5 en les appliquant à votre collège dans votre commune (question 3), dans votre département (question 4) et dans votre région (question 5).

6 Combien de départements compte votre région ?

Comment identifier la France en Europe et dans le monde ?

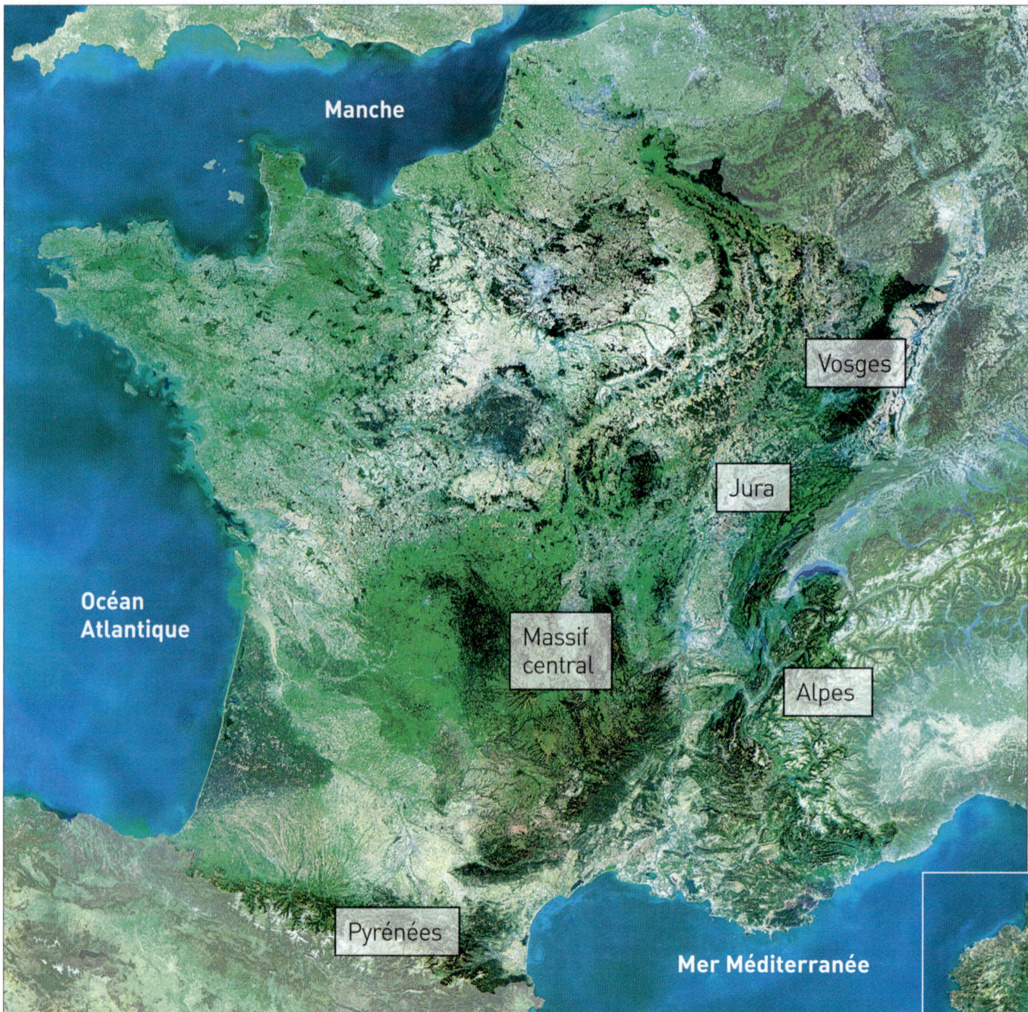

La France symbolisée sur cette pièce de deux euros.

1 La France métropolitaine

Image satellite.

Questions

1 Doc 1. À quelle forme géométrique correspond la France métropolitaine ?

2 Doc 2. Identifiez la France en Europe.

3 Doc 2. Situez-la en Europe à l'aide des points cardinaux. Par quels mers et océan ses côtes sont-elles baignées ?

4 Doc 2. Expliquez pourquoi un département français et un cap espagnol s'appellent respectivement « Finistère » et « Finisterre ».

5 Doc 3. Sur quel continent se situe la Guyane ?

6 Doc 3. Pourquoi une projection centrée sur l'Amérique plutôt que sur l'Europe est-elle préférable pour localiser les territoires d'outre-mer ?

2 La France en Europe

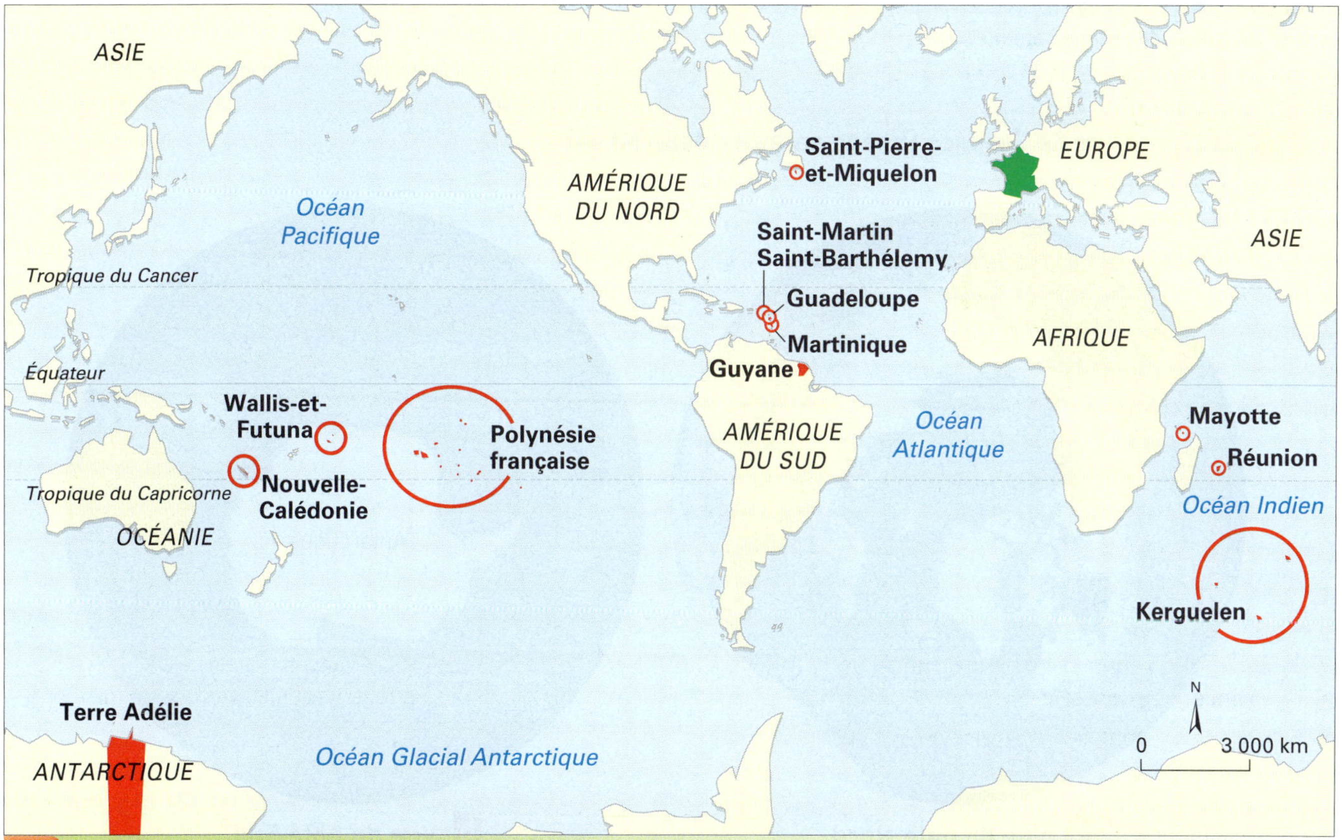

3 La France métropolitaine et les territoires d'outre-mer

Jeux d'échelles

Comment se repérer sur le globe ?

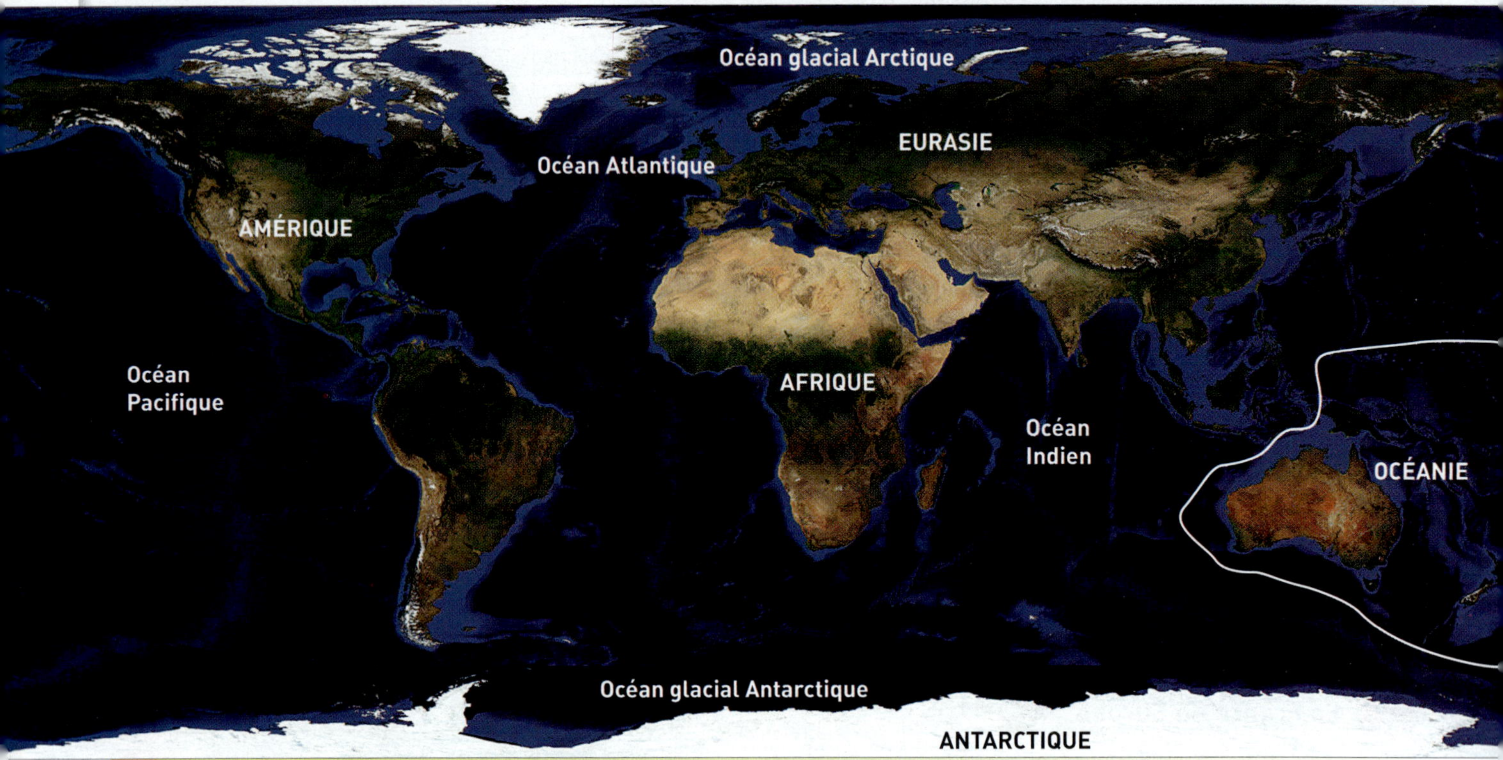

1 Continents et océans

La Terre en 2005, image satellite.

2 La Terre vue de l'espace (image satellite de la Nasa)

a Vue du pôle Nord

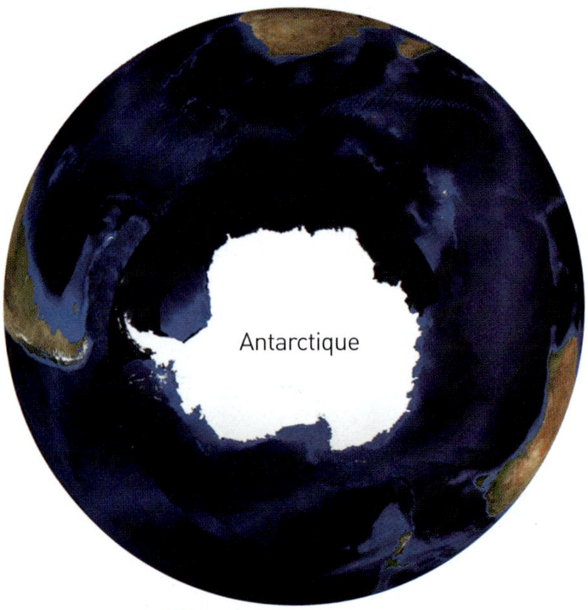

b Vue du pôle Sud

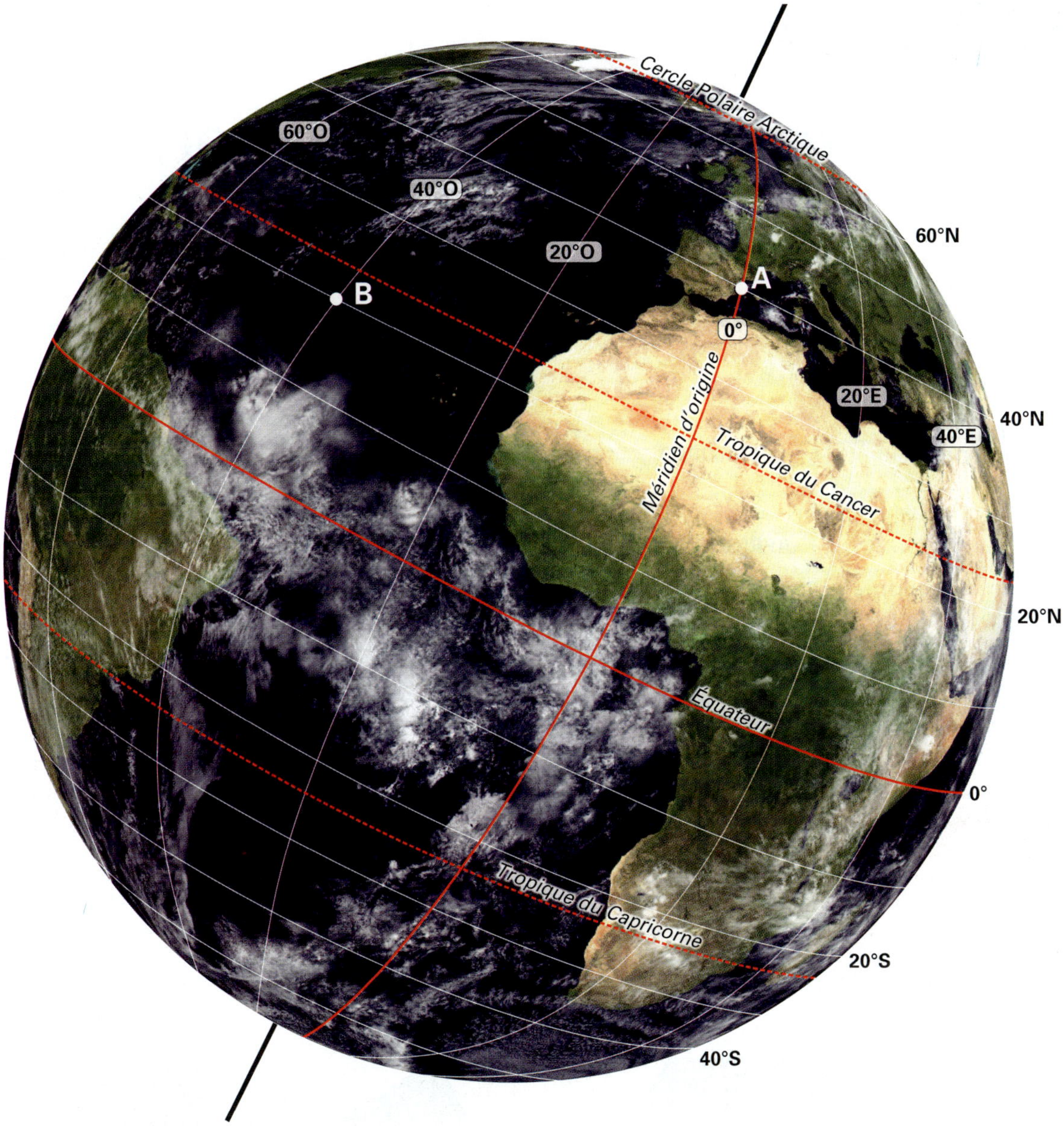

3 Le globe terrestre

Vocabulaire

Continent : vaste étendue de terre entourée d'eau.

Coordonnées d'un lieu : position d'un point sur le globe donnée par sa latitude et sa longitude.

Équateur : plus grand cercle de la Terre, il sépare la terre en deux hémisphères identiques.

Latitude : position par rapport à l'équateur. Elle est soit Nord, soit Sud.

Longitude : position par rapport au méridien de Greenwich qui sert de référence. Elle est soit Est soit Ouest.

Méridien : demi-cercle imaginaire rejoignant les deux pôles et perpendiculaire à l'équateur.

Parallèle : cercle qui fait le tour de la terre parallèle à l'équateur.

Questions

1 **Docs 1 et 2.** Pourquoi appelle-t-on la Terre la planète bleue ?

2 **Docs 1 et 2a.** À l'aide du document 1, nommez les continents visibles sur le document 2a.

3 **Doc 1.** Quelle anomalie pouvez-vous relever entre la définition d'un continent et l'un des cinq continents indiqués ?

4 **Doc 3.** Quels sont les continents visibles sur ce document ?

5 **Doc 3.** Nommez les parallèles visibles sur ce document. Quels sont ceux qui traversent l'Afrique ?

6 **Doc 3.** Quel méridien traverse la France ?

7 **Doc 3.** Les coordonnées du point A sont 40° de latitude N et 0° de longitude. Quelles sont les coordonnées du point B ?

Comment passer du globe à la carte ?

Aux hautes latitudes, les terres sont déformées et paraissent bien plus grandes qu'en réalité.

Seule cette zone n'est pas déformée.

Quelques exemples de superficies
- Groenland : 2 175 000 km²
- Antarctique : 14 000 000 km²
- Afrique : 30 333 000 km²
- Amérique du Sud : 17 800 000 km²

1 La projection de Mercator (1569)

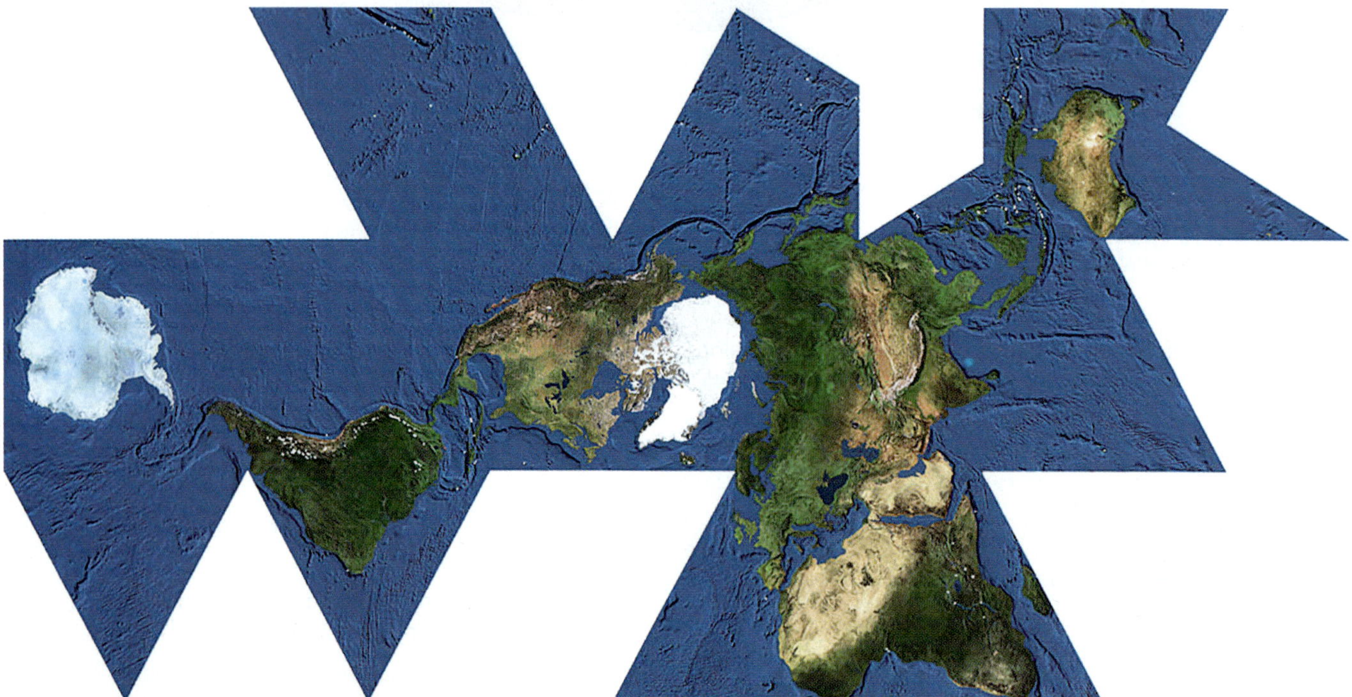

2 La projection de Fuller (1954)
Elle est la seule à ne pas déformer la planète mise à plat.

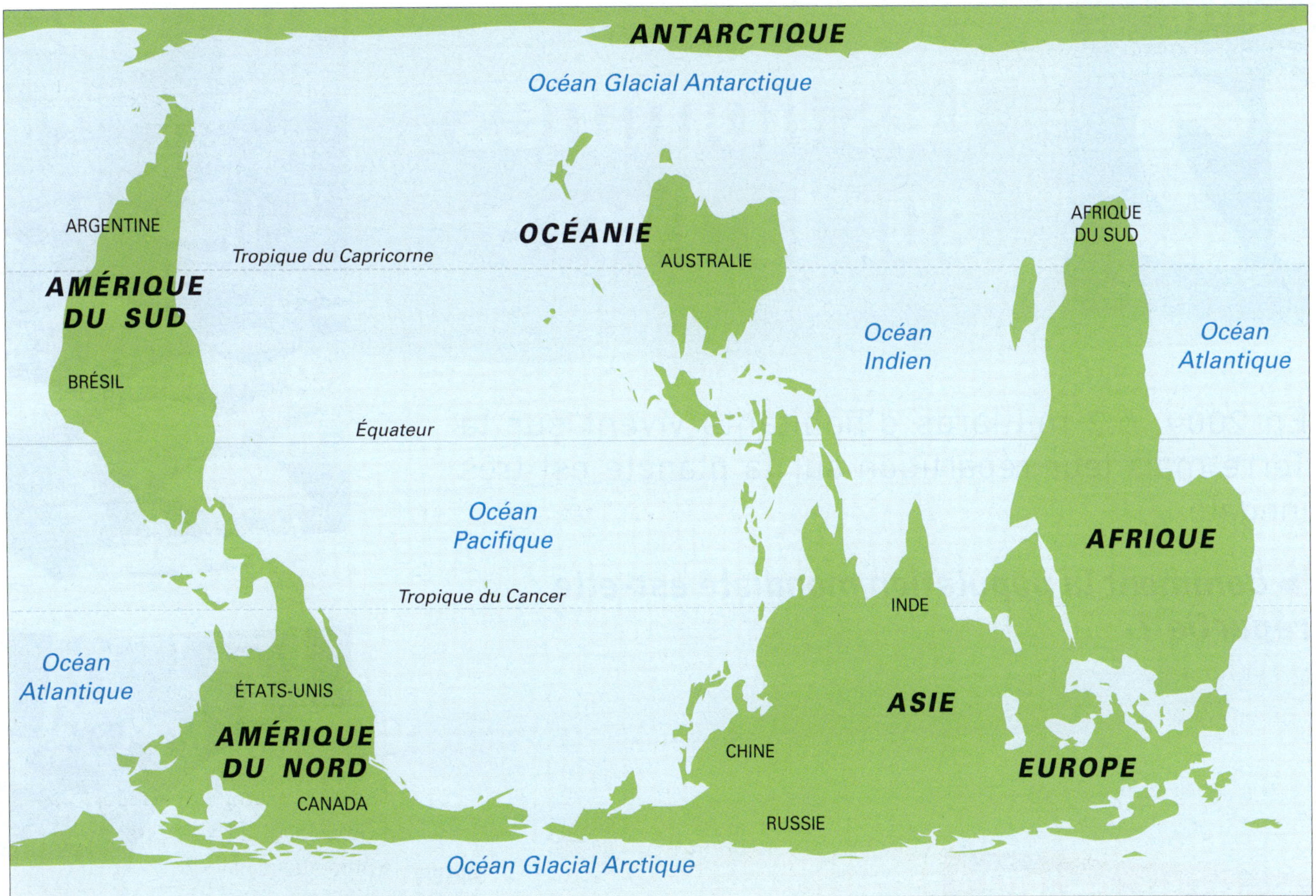

3 Le monde « à l'envers »

4 La projection polaire

Questions

1 **Docs 1, 2 et 3.** Pour chaque planisphère, indiquez sur quelle partie du monde il est centré. Quel est celui qui vous est le plus familier ? Pourquoi ?

2 **Doc 1.** Comparez la taille du Groenland et de l'Afrique : Quel territoire est le plus grand ? Et en réalité ?

3 **Doc 1.** Quelles régions du globe la projection de Mercator déforme-t-elle ?

4 **Doc 2.** La projection de Fuller est la seule parfaite. Pourquoi ne peut-on pas l'utiliser ?

5 **Doc 4.** Quels sont les continents visibles sur cette projection ? Quelles parties du monde ne voit-on pas ? Pourquoi ?

6 **Doc 1 et 4.** Repérez sur chacune des deux cartes les continents et océans visibles en totalité. Quels sont les avantages de l'une par rapport à l'autre ?

Chapitre

12 Les hommes sur la Terre

En 2009, 6,7 milliards d'habitants vivent sur la Terre mais leur répartition sur la planète est très inégale.

▶ *Comment la population mondiale est-elle répartie ?*

Plan du chapitre

1 La ville de Lagos, au Nigeria

2 Un village au Niger

Étude de cas

Les hommes en Asie de l'Est

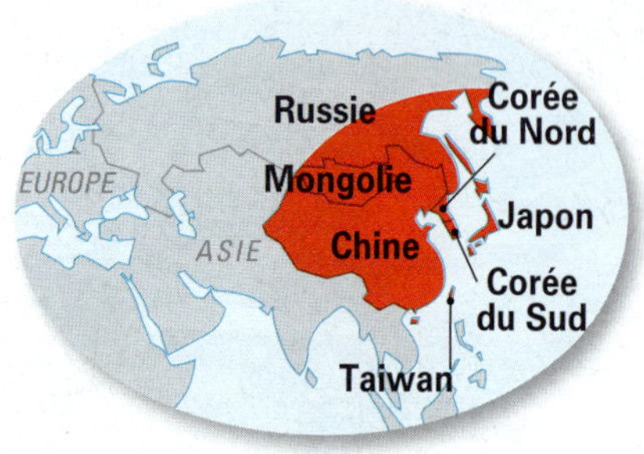

Avec 1,7 milliard d'habitants, l'Asie de l'Est abrite le principal **foyer de peuplement** du monde : y vivent. Nulle part ailleurs, les régions de fortes **densités** sont aussi étendues.

➤ ***Comment se répartit la population en Asie de l'Est ? Pourquoi ?***

Vocabulaire

Agglomération : ville entourée de ses banlieues.

Densité : nombre d'habitants par km².

Foyer de peuplement : région très fortement peuplée.

A Les vides et les pleins de l'Asie de l'Est

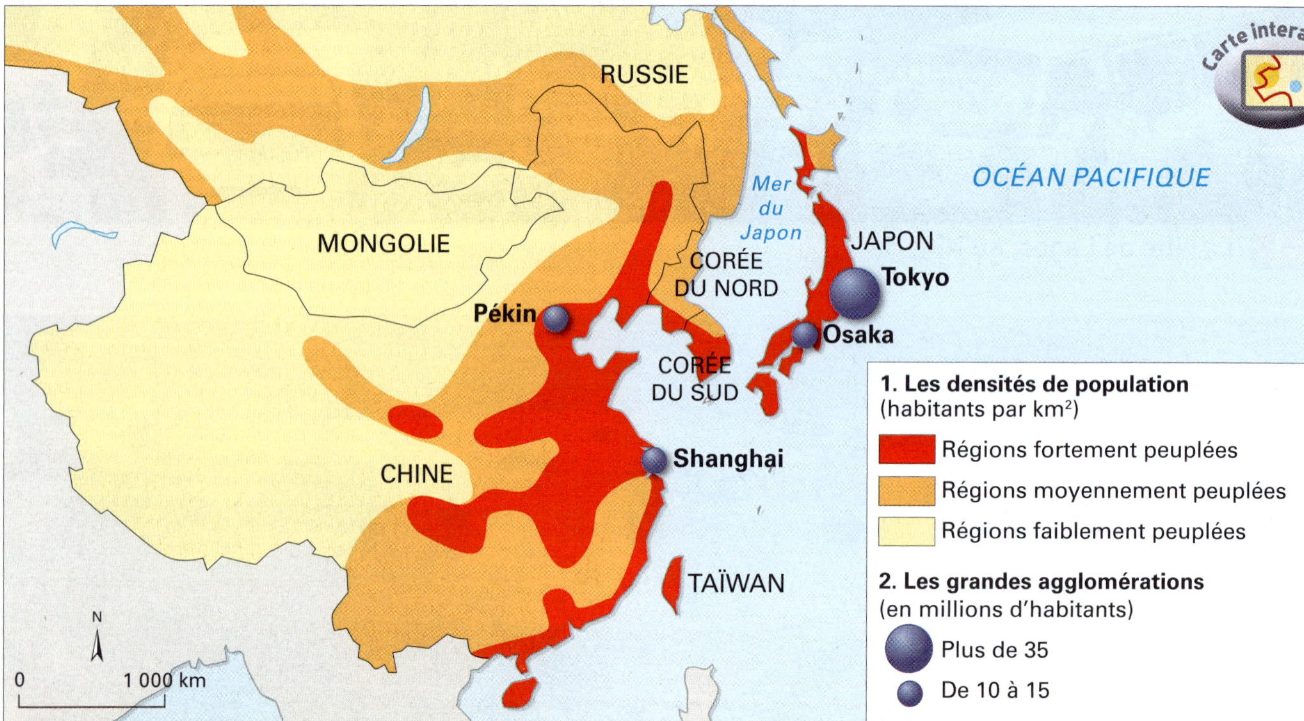

1 La répartition de la population et les grandes agglomérations en Asie de l'Est

Questions

Je localise

1 **Docs 1, 2 et 3.** Repérez sur la carte dans quel pays se situe chaque paysage.

Je décris

2 **Docs 2 et 3.** Décrivez chacun des deux paysages. Quelles différences constatez-vous ?

3 **Docs 1, 2 et 3.** Comment a-t-on représenté la forte concentration de population du document 2 sur la carte ? Et la très faible présence humaine du document 3 ?

4 **Doc 1.** Combien de couleurs sont utilisées pour représenter le peuplement de la Chine ? Qu'est-ce-que cela veut dire ?

5 **Doc 1.** Quelle différence constatez-vous entre les densités des régions côtières et celles de l'intérieur des terres en Asie de l'Est ?

Je conclus

6 Montrez avec des exemples précis que la population d'Asie de l'Est est inégalement répartie.

2 Tokyo, capitale du Japon, la plus grande agglomération du monde

3 Campement d'éleveurs nomades en Mongolie

Étude de cas — Les hommes en Asie de l'Est

B Comment expliquer l'inégale répartition de la population ?

4 Les travaux agricoles dans les rizières au XIXe siècle

Estampe japonaise du XIXe siècle.

Vocabulaire

Contraintes naturelles : éléments naturels (climat, relief…) pouvant représenter un obstacle à l'installation de l'homme.

Exode rural : départ définitif des habitants des campagnes vers les villes.

Littoral : région située au bord de la mer.

Migration : déplacement de population d'une région à une autre.

Riziculture : culture du riz.

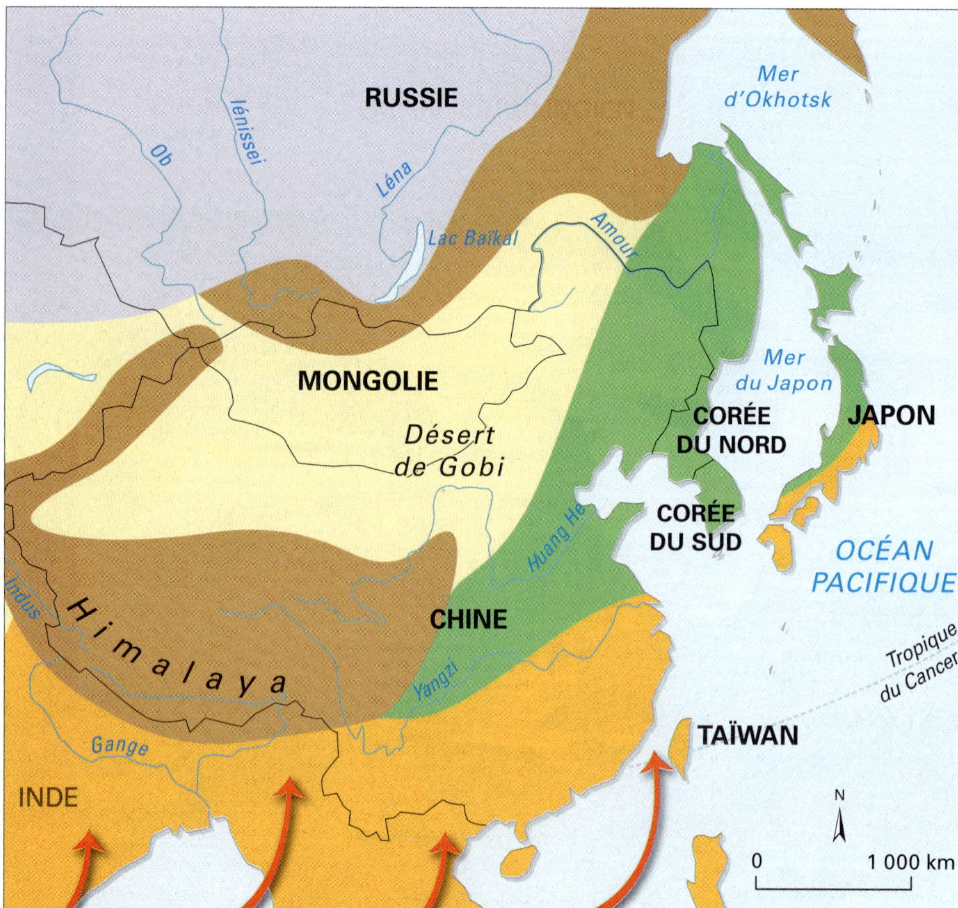

Milieu :

- **Polaire** : Hiver long et très froid, agriculture impossible
- **Montagnard** : Altitude et pentes très fortes, terres cultivables réduites
- **Désertique** : Aridité, agriculture impossible sans irrigation
- **Tempéré** : 4 saisons favorables à l'agriculture
- **Tropical humide** : Chaud et longue saison humide, favorable à la riziculture
- **Mousson** : Vents saisonniers apportant de fortes pluies depuis l'océan Indien

5 Les milieux naturels en Asie de l'Est

6 L'exode rural en Chine

À l'occasion des fêtes du nouvel an chinois, presque deux milliards de déplacements sont prévus sur les réseaux de transport à l'intérieur de la Chine. Une partie de ces déplacements internes est le fait de travailleurs migrants qui ont quitté la campagne et se sont installés dans les villes. Ils trouvent là la seule occasion de l'année de retourner chez eux. Chaque année, quelque 20 millions de travailleurs chinois supplémentaires passent de l'extrême pauvreté due à l'absence d'emplois ruraux au travail dans les secteurs modernes et urbains. Cet exode rural chinois est sans précédent historique. Ce n'est rien encore : 800 millions de ruraux pourraient migrer vers les villes car deux tiers de la population chinoise vivent encore à la campagne.

D'après Philippe Martin, « Compétitivité à la chinoise », *Libération*, 14 février 2005.

7 La ville de Shimizu, au Japon, et sa zone d'activités industrielles et portuaires

Questions

J'explique

1 Doc 4. Que nous apprend ce document sur la pratique de la riziculture en Asie ?

2 Doc 5. Quelles contraintes naturelles peuvent expliquer les faibles densités de population, dans le désert de Gobi et dans l'Himalaya ?

3 Docs 4 et 5. À l'aide du document 1 p. 210, expliquez pourquoi la région tropicale de l'Asie est-elle plus densément peuplée que les autres régions. Quel autre milieu permet aussi de fortes densités de population ?

4 Doc 6. Quel type de migration connaît la Chine aujourd'hui ? Quelle conséquence ces migrations vont-elles avoir sur la répartition de la population chinoise ?

5 Doc 7. Pourquoi les hommes sont-ils concentrés sur le littoral ?

Je conclus

6 Faites la liste des facteurs expliquant les fortes concentrations de population sur les littoraux et les vides de l'intérieur en Asie de l'Est.

Ce que j'ai appris de l'étude de cas

7 Recopiez, puis coloriez le croquis de l'Asie de l'Est.

1. La répartition de la population
- Régions fortement peuplées
- Régions peu peuplées
- • Principales agglomérations

2. Les éléments d'explication
- Milieux naturels hostiles à l'homme (climat, relief)

À imprimer

Les hommes en Europe

Avec plus de 700 millions d'habitants, l'Europe est le troisième **foyer de peuplement** de la planète. Il compte un très grand nombre d'**agglomérations**.

Comment se répartit la population en Europe ? Pourquoi ?

Vocabulaire

Agglomération : ville entourée de ses banlieues.

Densité : nombre d'habitants par km².

Foyer de peuplement : région très fortement peuplée.

A Les vides et les pleins de l'Europe

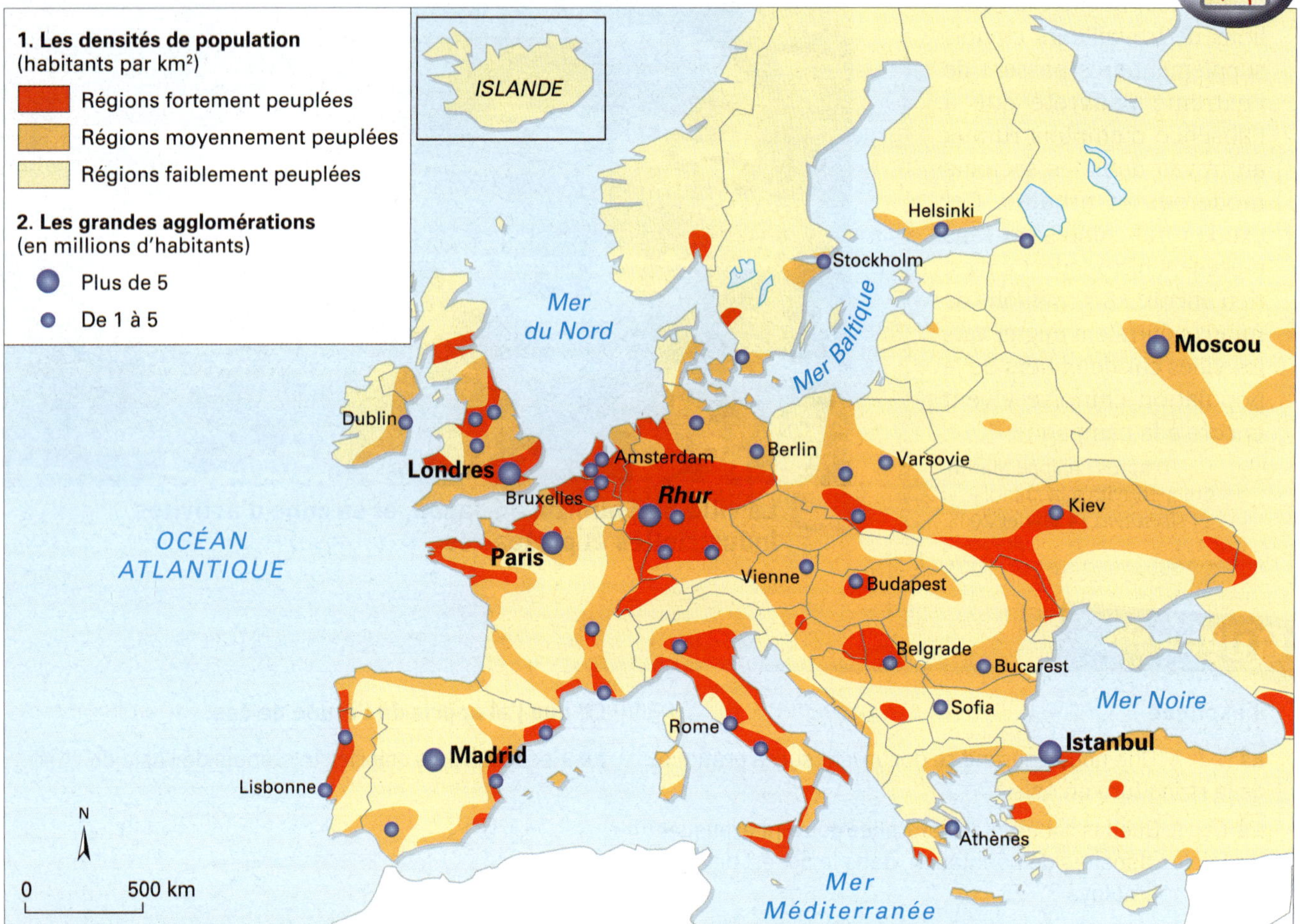

1 La répartition de la population et les grandes agglomérations en Europe

Questions

Je localise

1 **Docs 1, 2 et 3.** Où se situe chaque paysage ?

Je décris

2 **Docs 2 et 3.** Quel paysage montre la plus forte densité de population ? Expliquez votre réponse.

3 **Docs 1, 2 et 3.** Comment a-t-on représenté sur la carte la densité de chaque paysage ?

4 **Doc 1.** Citez deux pays où la densité est forte et deux autres pays où la densité est faible.

5 **Doc 1.** Quelle est la région d'Europe la plus peuplée et comptant le plus de villes d'après cette carte ?

Je conclus

6 Montrez, en utilisant des exemples précis, que la population d'Europe est inégalement répartie.

2 Londres (capitale du Royaume-Uni), une des plus grandes villes d'Europe

3 Un village au nord de l'Islande

Les hommes en Europe

B Comment expliquer l'inégale répartition de la population ?

4 La révolution industrielle et le peuplement de l'Europe

Avant la révolution industrielle, l'Europe était moins densément peuplée que les foyers asiatiques : 146 millions d'Européens en 1800 contre 330 millions de Chinois et 180 millions d'Indiens. La forte croissance de l'industrie et des villes entre 1750 et 1950, une forte baisse de la mortalité pendant la même période, ont eu un effet décisif : la population de l'Europe a été multipliée par 3,5 de 1750 à 1950 contre 2,5 pour la Chine et le monde indien pendant la même période. Son poids s'est donc renforcé.

G. Baudelle, *Géographie du peuplement*, Armand Colin, rééd., Paris, 2005.

Vocabulaire

Contraintes naturelles : éléments naturels (climat, relief...) pouvant représenter un obstacle à l'installation de l'homme.

Littoral : région située au bord de la mer.

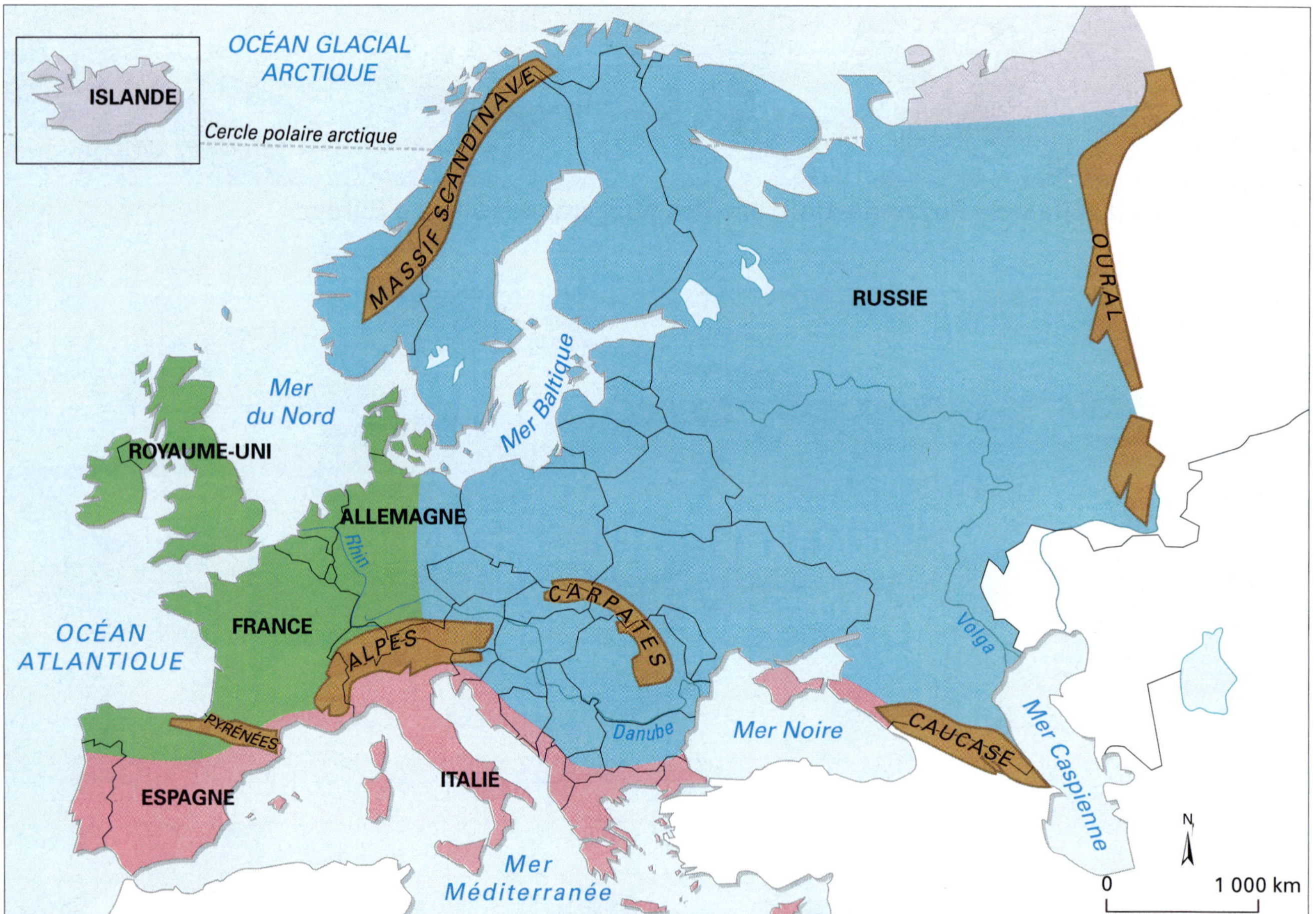

1. Milieux très contraignants
- **Montagnard** Altitude et pentes très fortes, terres cultivables réduites
- **Polaire** Hiver long et très froid, agriculture impossible

2. Milieux tempérés permettant l'agriculture
- **Océanique** Hivers frais, étés doux, humide toute l'année
- **Continental** Hivers longs et enneigés, étés chauds et orageux
- **Méditerranéen** Hivers doux, étés chauds et secs, irrigation nécessaire

5 Les milieux naturels en Europe

6 Rotterdam (Pays-Bas), le plus grand port d'Europe

Questions

J'explique

1 **Doc 5.** Quelles contraintes naturelles peuvent expliquer les faibles densités de population en Europe du Nord et de l'Est ?

2 **Doc 5.** Dans quels milieux se situent les plus fortes concentrations de population en Europe du Nord-Ouest ?

3 **Doc 4.** Comment a évolué la population européenne entre 1750 et 1950 ? Pourquoi ?

4 **Doc 6.** À l'aide du document 1 p. 214, situez Rotterdam par rapport à la région la plus fortement peuplée d'Europe.

5 **Doc 6.** Quels éléments naturels ont favorisé le développement d'un grand port à Rotterdam ?

Je conclus

6 Faites la liste des facteurs expliquant les fortes concentrations de population en Europe du Nord-Ouest.

Ce que j'ai appris de l'étude de cas

7 Recopiez, puis coloriez le croquis de l'Europe.

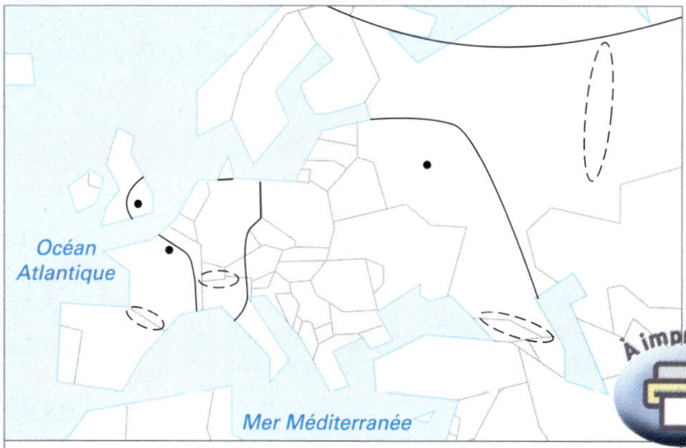

1. La répartition de la population
- Régions fortement peuplées
- Régions moyennement peuplées
- Régions peu peuplées
- Principales agglomérations

2. Les éléments d'explication
- Milieux naturels hostiles à l'homme (climat, relief)

À imprimer

Carte

La répartition de la popu

Questions

1 En dehors de celui que vous venez d'étudier, quels sont les deux autres principaux foyers de peuplement ?

2 Lors de l'étude de cas (pp. 210-213 ou pp. 214-217), vous avez constaté la présence de déserts humains ; nommez deux autres déserts humains à l'échelle mondiale.

3 Donnez deux exemples qui confirment l'idée que la population se concentre sur les littoraux.

4 L'étude de cas (pp. 210-213 ou pp. 214-217) a montré que la population se concentrait dans de grandes agglomérations : citez quatre des plus grandes agglomérations du monde.

lation mondiale

1 La répartition des hommes sur la Terre

▶ *Que nous a appris l'étude de cas ?*

A En Asie de l'Est ou en Europe, certaines régions sont très densément peuplées, d'autres sont presque vides d'hommes.

B En Asie de l'Est ou en Europe, une partie importante de la population se concentre dans de grandes agglomérations.

▶ *Qu'en est-il à l'échelle mondiale ?*

A Des vides et des pleins

1. La **population mondiale est inégalement répartie**. Trois grands **foyers de peuplement** (doc 4) rassemblent plus de la moitié des 6,7 milliards d'habitants de la planète : l'Asie de l'Est (1,7 milliard), l'Asie du Sud (1,3 milliard) et l'Europe (730 millions). Les **densités** de population y sont très élevées (doc 1).

2. Des **régions côtières**, appelées **littoraux**, sont souvent très peuplées : elles constituent les foyers de peuplement secondaires. C'est le cas de la côte Nord-Est des États-Unis, du littoral Sud-Est du Brésil, du golfe de Guinée ou de l'Indonésie.

3. Au contraire, de vastes espaces sont pratiquement **vides d'hommes** : les **régions froides** proches des pôles, les régions intérieures des continents et les **hautes montagnes** sont des zones de faible occupation humaine. Les densités y sont très faibles : ce sont des **déserts humains** (docs 1, 3 et 4).

B Le rôle des villes

1. Les villes ne représentent qu'une minuscule partie de la surface de la Terre et pourtant elles regroupent la moitié de la population mondiale. Aujourd'hui, **un homme sur deux vit dans une agglomération** (docs 2 et 3).

2. Tous les grands foyers de peuplement comptent d'**immenses agglomérations** de plusieurs dizaines de millions d'habitants, à l'image de Tokyo, la plus grande agglomération du monde (doc 2 p. 211).

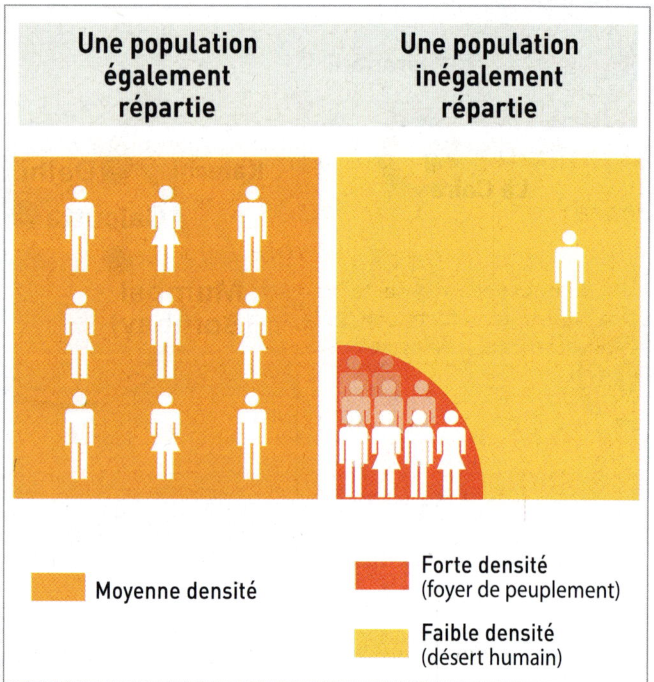

1 Les densités de population

Vocabulaire

Agglomération : ville entourée de ses banlieues.
Densité : nombre d'habitants par km².
Désert humain : région très peu peuplée.
Foyer de peuplement : région très fortement peuplée.
Littoral : région située au bord de la mer.
Peuplement : manière dont une population se répartit sur le territoire.

2 Rio de Janeiro, une grande agglomération du Brésil

▪ Quels éléments de la photographie montrent la très forte concentration de la population dans cet espace ?

3 La répartition géographique de la population

Malgré les six milliards d'habitants atteints en l'an 2000, la terre reste modérément peuplée avec 44 hab/km² (hors Antarctique) (...). Cette population est cependant très inégalement répartie puisque les deux tiers vivent sur un dixième des surfaces et la moitié sur 8 %.

Inversement, plus du quart de la superficie abrite moins de 2 % de l'humanité. (...)

La population du monde est aussi désormais majoritairement urbaine et toujours davantage.

A. Ciattoni et Y. Veyret, *Les fondamentaux de la géographie*, Armand Colin, nouv. éd., Paris, 2007.

1 Quelle expression prouve que la population mondiale est inégalement répartie ?

2 Où habite la majorité des hommes ?

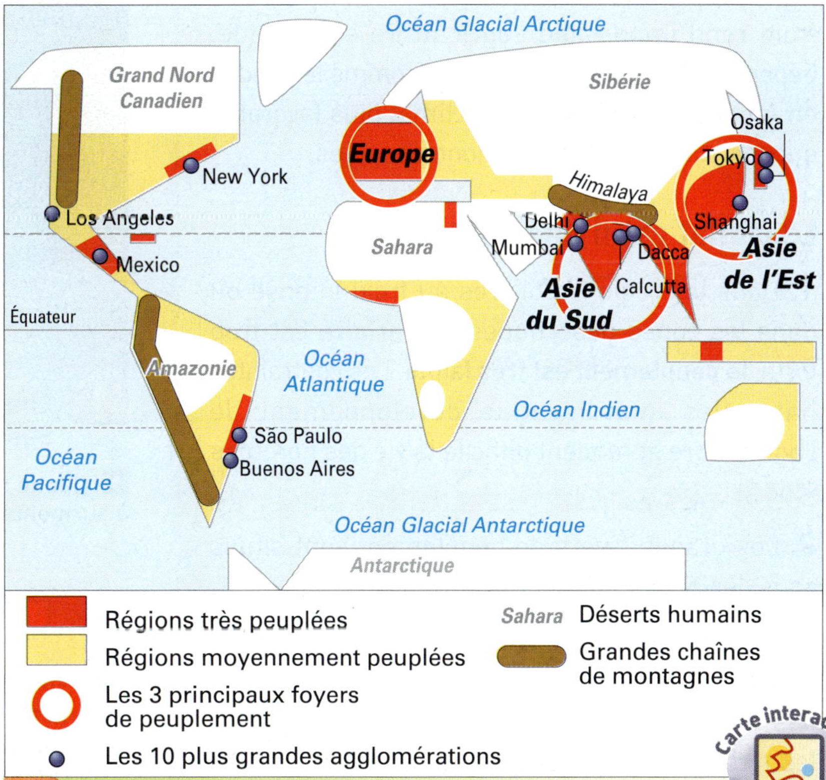

Carte interactive

4 Croquis de synthèse : la répartition de la population mondiale

2 Les hommes face au relief et au climat

Que nous a appris l'étude de cas ?

A En Asie de l'Est ou en Europe, les régions de plaines sont plus peuplées que les régions de montagne.

B Les régions européennes et asiatiques soumises à des climats rigoureux sont plus faiblement peuplées que celles soumises à des climats plus tempérés.

Qu'en est-il à l'échelle mondiale ?

A Le relief est-il un obstacle ?

1. Les hommes s'installent dans **les plaines et sur les plateaux**, favorables à l'agriculture et aux communications. Les plaines littorales et les vallées des grands cours d'eau sont les espaces les plus attractifs (doc 2). La moitié des êtres humains vit à moins de 50 kilomètres de la mer.

2. En montagne, les **contraintes naturelles** sont fortes : la pente entraîne des difficultés de communication et de construction (doc 4). Le froid rend impossible l'agriculture en altitude. Cependant, certaines montagnes, comme les Andes en Amérique du Sud, ont un climat plus favorable que les plaines. Elles sont donc peuplées.

B Le climat est-il une contrainte ?

1. Dans les régions polaires au froid intense ou dans les zones désertiques où l'**aridité** est trop forte, **le peuplement est très faible**. Les contraintes naturelles interdisent le développement de l'agriculture et rendent difficile la vie des hommes (doc 3).

2. Les grands foyers de peuplement sont situés sous des climats tempérés et tropicaux.

3. Cependant, **grâce aux moyens techniques modernes**, les hommes parviennent à vivre dans des milieux très contraignants pour en exploiter les richesses : pétrole dans le désert du Sahara ou le Grand Nord canadien, cultures dans le désert (doc 1).

1 Champs irrigués dans le désert, en Arabie Saoudite

Quelle contrainte naturelle l'homme a-t-il réussi à surmonter ici ? Grâce à quoi ?

Vocabulaire

Aridité : manque d'eau.

Contraintes naturelles : éléments naturels (climat, relief…) pouvant représenter un obstacle à l'installation de l'homme.

Relief : inégalité de la surface de la Terre.

2 La vallée du Rhône

▪ Quels atouts naturels les hommes ont-ils su utiliser pour vivre dans ce paysage ?

3 Climats et peuplement

Le froid est redoutable pour l'homme. La principale difficulté est moins le risque de gel de certaines parties du corps, contre lequel il est possible de se protéger, que la disparition de la végétation pendant de longs mois. En fait, la limite du peuplement correspond à la limite de l'agriculture.

La chaleur humide a souvent été considérée comme un autre obstacle pour l'homme : de fait, le milieu tropical pluvieux est difficile en raison de l'exubérance de la forêt, de la pauvreté des sols, de la fatigue entraînée par les efforts physiques et de la fréquence de certaines maladies (...). Cependant, le milieu chaud et humide n'empêche pas l'agriculture à condition d'utiliser des techniques appropriées et de choisir des plantes adaptées au climat.

D'après D. Noin, *Géographie de la population*, Armand Colin, Paris, 2002.

1 Pourquoi le froid est-il une contrainte pour le peuplement ?

2 À quelles conditions l'agriculture est-elle possible dans le milieu tropical ?

4 Les contraintes du milieu montagnard

En Afghanistan, les ânes sont utilisés pour transporter le charbon à 2800 m d'altitude.

3 Les hommes et l'histoire du peuplement

Que nous a appris l'étude de cas ?

A Depuis la Préhistoire, l'Asie de l'Est et l'Europe ont toujours été des foyers de peuplement. Ces deux régions du monde ont développé leur économie grâce à l'agriculture ou l'industrie.

B Dans les États asiatiques et européens, la concentration toujours plus grande de la population dans les villes modifie la répartition des hommes sur le territoire.

Qu'en est-il à l'échelle mondiale ?

A Une grande stabilité du peuplement

1. Plus l'occupation d'un territoire est ancienne, plus celui-ci a de chances d'être très peuplé (doc 1). Ainsi, depuis 400 avant J.-C., la **Chine** a toujours été le **premier foyer de peuplement** de la planète et les trois principaux foyers sont les mêmes depuis 2 000 ans.

2. Tous les grands foyers de peuplement actuels pratiquent **l'agriculture** depuis au moins 7 000 ans. Les hommes y ont développé des **techniques agricoles** permettant de nourrir de fortes densités de population, comme la **riziculture** en Asie de l'Est.

3. Depuis 200 ans en Europe et plus récemment dans les autres foyers, **le développement de l'industrie, des échanges commerciaux et des services** a créé de nouvelles activités pour répondre aux besoins d'une population toujours plus nombreuse.

B Des évolutions récentes et très lentes

1. La concentration croissante des hommes dans les villes et sur les littoraux modifie la répartition de la population à l'échelle des pays (doc 2).

2. La population mondiale n'augmente pas partout au même rythme : fortement ralentie dans le foyer européen, la **croissance démographique** reste forte en Asie, en Amérique du Sud et en Afrique (doc 3). À long terme, ces différences peuvent modifier la répartition des hommes sur la Terre.

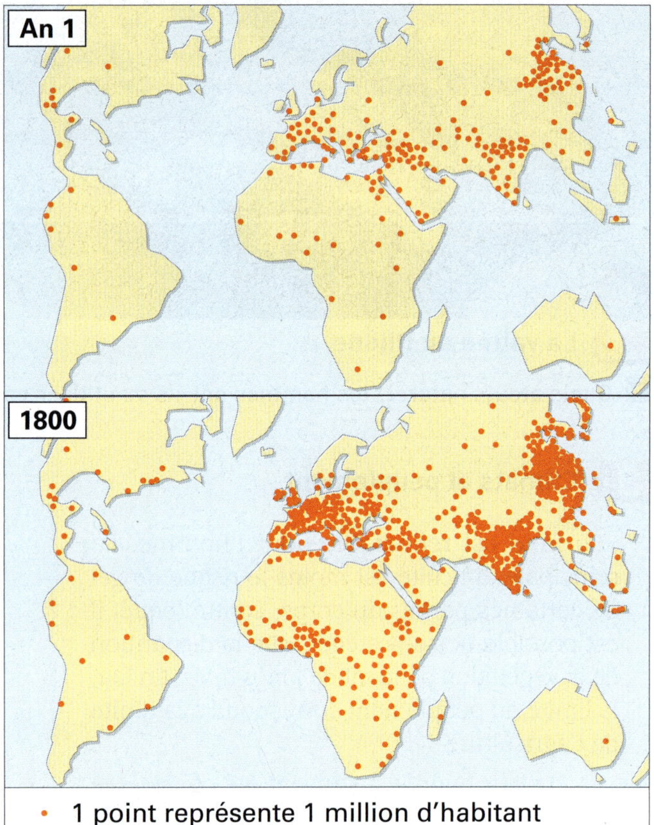

1 **Le peuplement du monde vers l'an I et vers l'an 1800**

Vocabulaire

Croissance démographique : augmentation de la population.

Riziculture : culture du riz.

Services : l'enseignement, les soins médicaux, les transports, etc. sont des activités de services. Elles ne fabriquent pas de produit.

2 La ville de Vancouver au Canada

- Comment peut-on expliquer la concentration des hommes et des activités sur le littoral ?

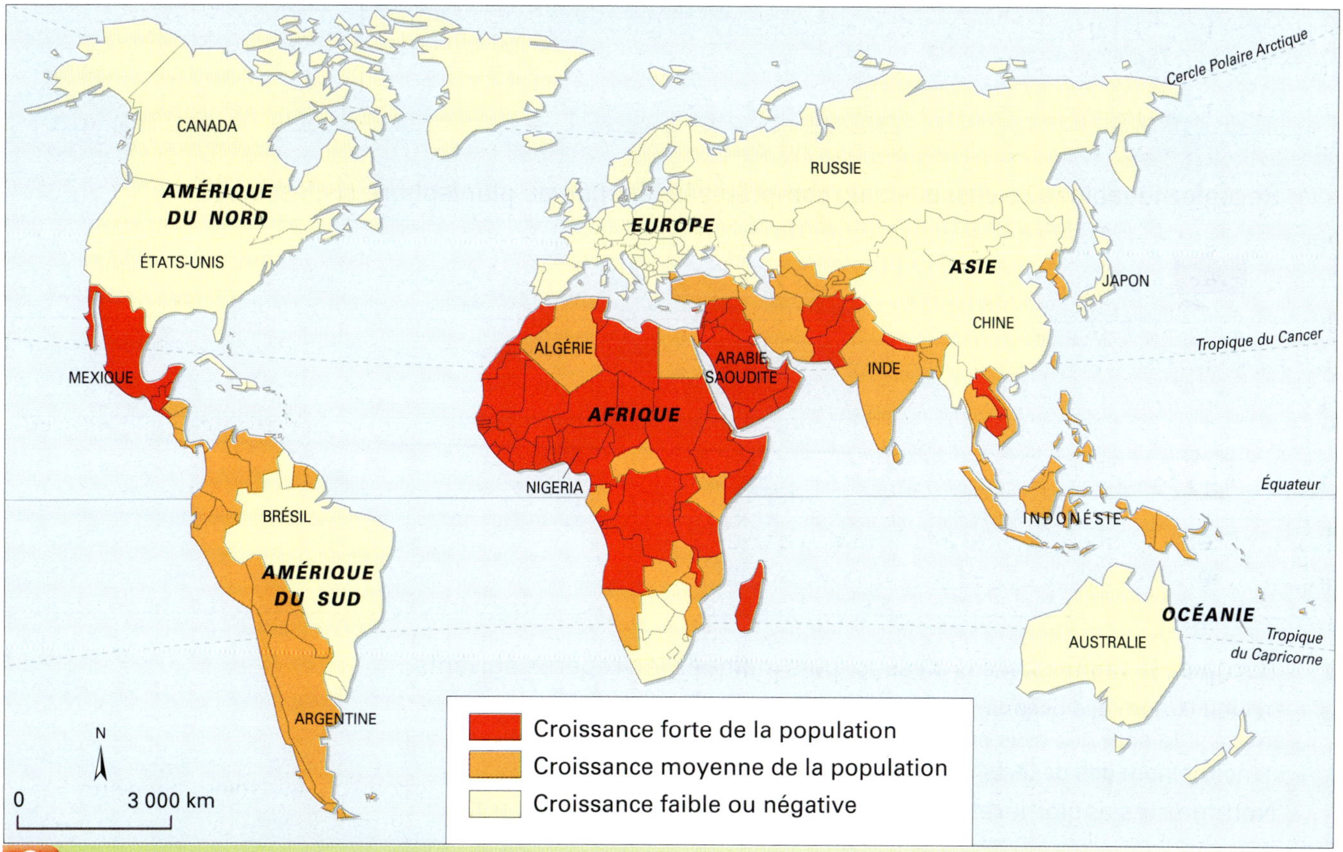

3 La croissance démographique dans le monde

Je révise

1 Je sais compléter un planisphère de la répartition de la population mondiale

À imprimer

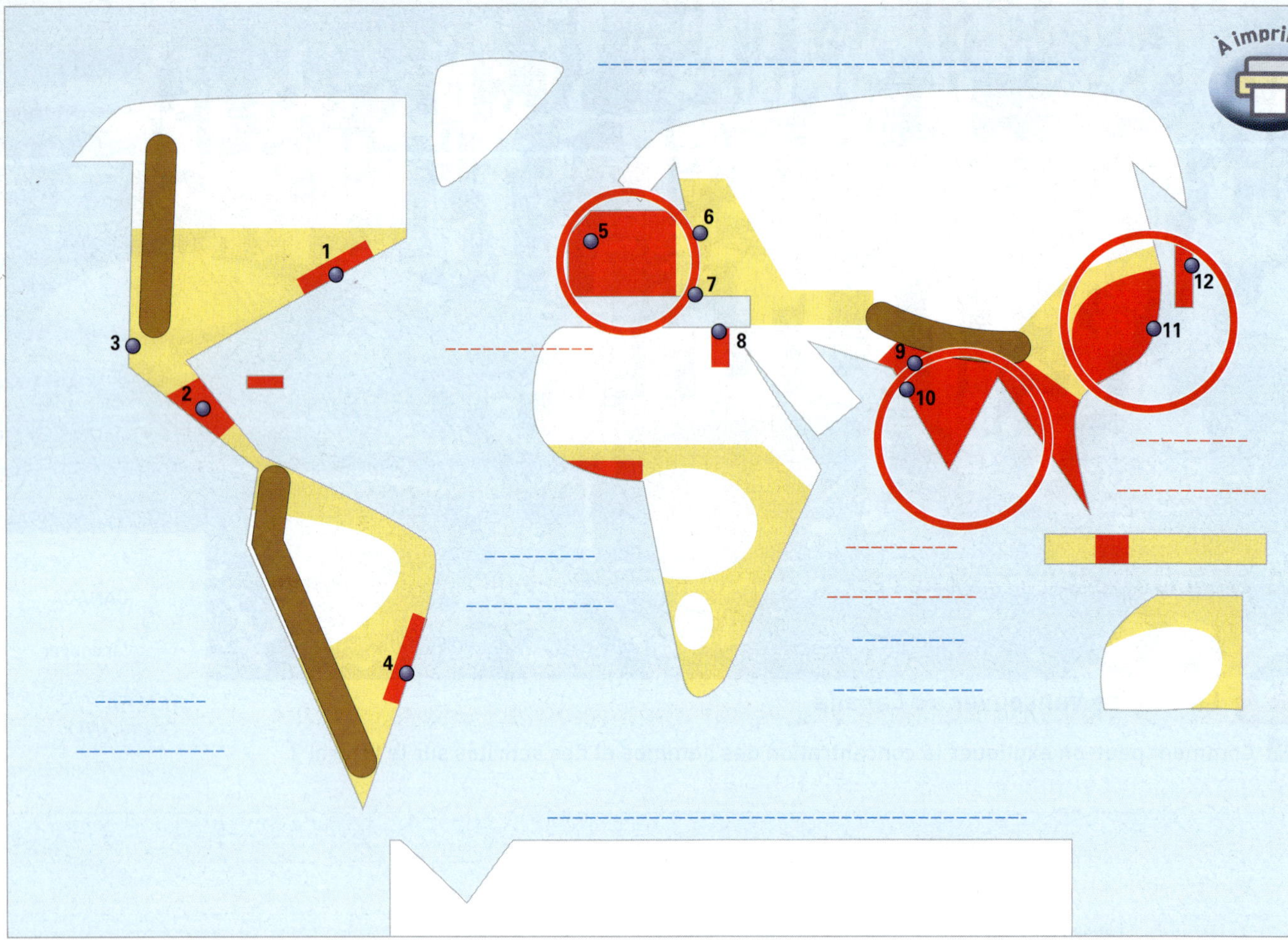

1. Recopiez le tableau ci-dessous puis complétez la légende du planisphère ci-dessus.

(rectangle rouge)	
(rectangle jaune)	
(cercle rouge)	
(point)	

2. Recopiez le planisphère ci-dessus, puis indiquez les repères suivants :
- en bleu le nom des océans ;
- en rouge le nom des trois principaux foyers de peuplement ;
- en noir le nom des déserts humains.

3. Nommez les agglomérations désignées par les numéros de 1 à 12.

Je m'entraîne

2 Je complète un croquis simplifié

À imprimer

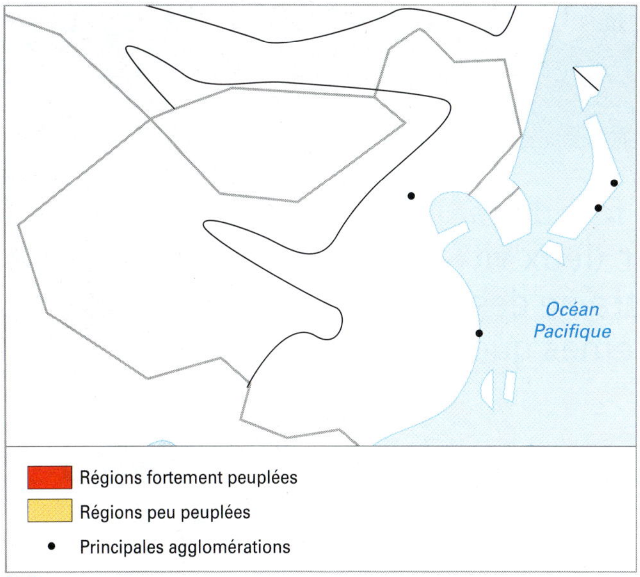

a Croquis simplifié : l'Asie de l'Est

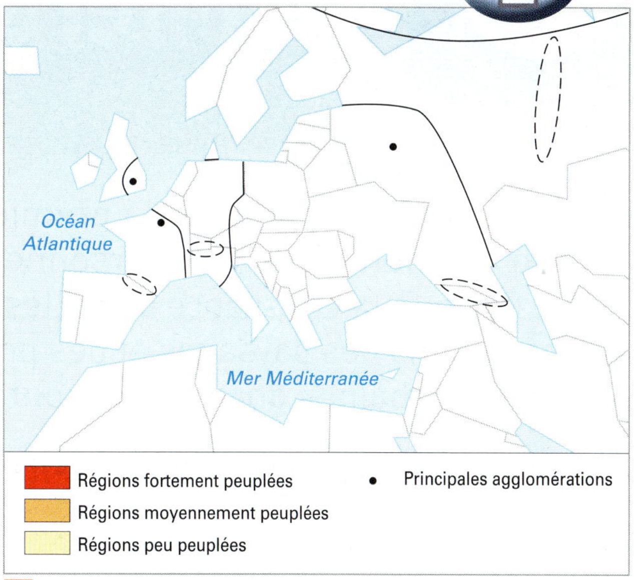

b Croquis simplifié : l'Europe

3 Je mets en relation les densités de population et les contraintes

Recopiez, puis complétez le tableau ci-dessous.

	Localisation	Densité de population	Contraintes du lieu
Doc a			
Doc b			

a Nomades dans le désert du Sahara, au Maroc

b Un village en Amazonie, au Brésil

Chapitre

13 Habiter la ville

Au début du XXIe siècle, pour la première fois dans l'histoire de l'humanité, une personne sur deux vit en ville. Partout, la croissance des villes entraîne des transformations des paysages et des problèmes que les sociétés urbaines doivent surmonter.

➤ ***Comment les hommes habitent-ils les villes ?***

Plan du chapitre

1 Yazd, en Iran (500 000 habitants), une des plus anciennes villes du monde (3 000 avant J.-C.)

2 Melbourne, en Australie (3 800 000 habitants), fondée en 1835

Étude de cas

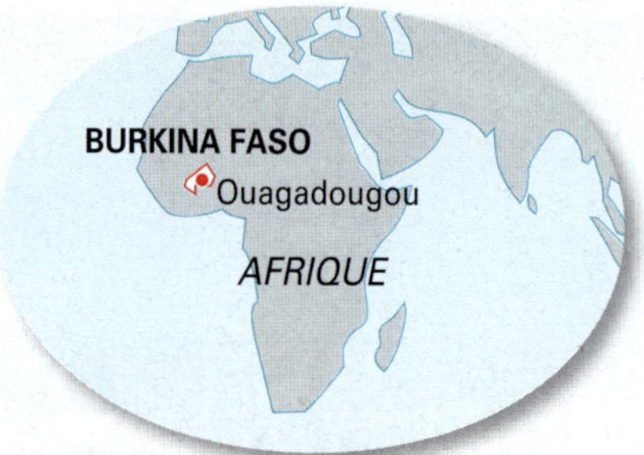

Habiter Ouagadougou

Le Burkina Faso est l'un des pays les plus pauvres de la planète.
Il compte environ 15 millions d'habitants, dont 80 % vivent à la campagne.
Cependant, Ouagadougou, la capitale, concentre plus d'1 million d'habitants et connaît une croissance spectaculaire.

▶ ***Comment décrire et expliquer la croissance de Ouagadougou ?***
À quels problèmes les Ouagalais sont-ils confrontés ?

A Des Ouagalais de plus en plus nombreux

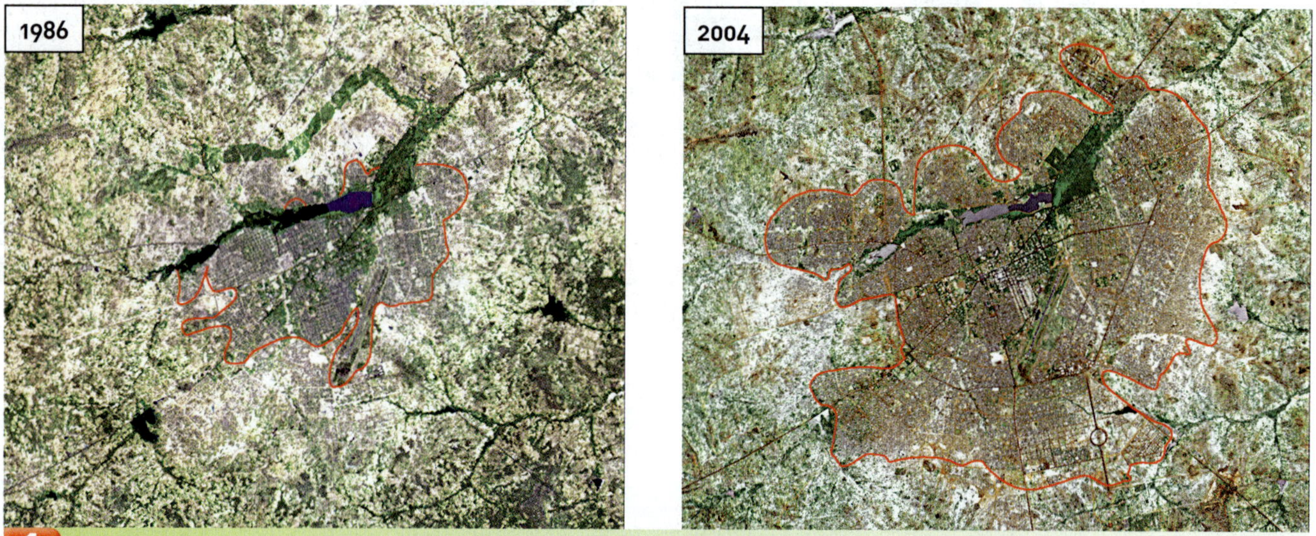

1 **L'extension de la ville de Ouagadougou entre 1986 et 2004** (Images satellites)

2 **Le centre-ville de Ouagadougou**

3 **Quartier d'habitat spontané en périphérie de Ouagadougou**

4 Croissance urbaine et exode rural

Depuis 1960, la population de Ouagadougou a été multipliée par douze. Cette croissance s'explique par une fécondité élevée (4,1 enfants par femme en moyenne) et par un flux ininterrompu de ruraux qui espèrent trouver en ville de meilleures conditions de vie. Dans les campagnes, la misère, la faim, le chômage et le manque d'argent conduisent de nombreux jeunes à tenter leur chance en ville. Ainsi, entre 1985 et 1996, la capitale a accueilli à elle seule 240 000 nouveaux migrants.

Cela s'est traduit par une extension désordonnée de l'espace urbain. Aux portes de la ville se sont implantées de petites maisons en banco[1] recouvertes de tôles ondulées, parfois sans fenêtre.

D'après G. Compaore et O. Nebie, in *Études urbaines à Ouagadougou*, « Pays enclavés » n° 11, CRET, 2003.

1. Banco : matériau de construction fait de terre argileuse et de paille séchée.

Questions

Je localise

1 **Atlas p. 182.** Localisez le Burkina Faso en Afrique. Est-ce un pays développé ou un pays en développement ?

Je décris et j'explique

2 **Doc 2.** Décrivez le centre-ville de Ouagadougou.

3 **Docs 3 et 4.** Localisez et décrivez le paysage de la photographie. Qui sont les habitants de ce quartier ?

4 **Docs 3 et 4.** Pour quelles raisons se sont-ils installés ici ? Comment appelle-t-on ce type de migration ?

5 **Doc 4.** Comment a évolué la population de Ouagadougou ? Donnez deux raisons qui expliquent cette évolution.

6 **Doc 1.** Comparez les deux images satellite de Ouagadougou. Que constatez-vous ?

Je conclus

7 À l'aide des figurés ci-dessous, construisez un schéma de l'organisation de Ouagadougou.

Centre — Périphérie — Exode rural — Extension de la ville

Habiter Ouagadougou

B Comment vit-on à Ouagadougou ?

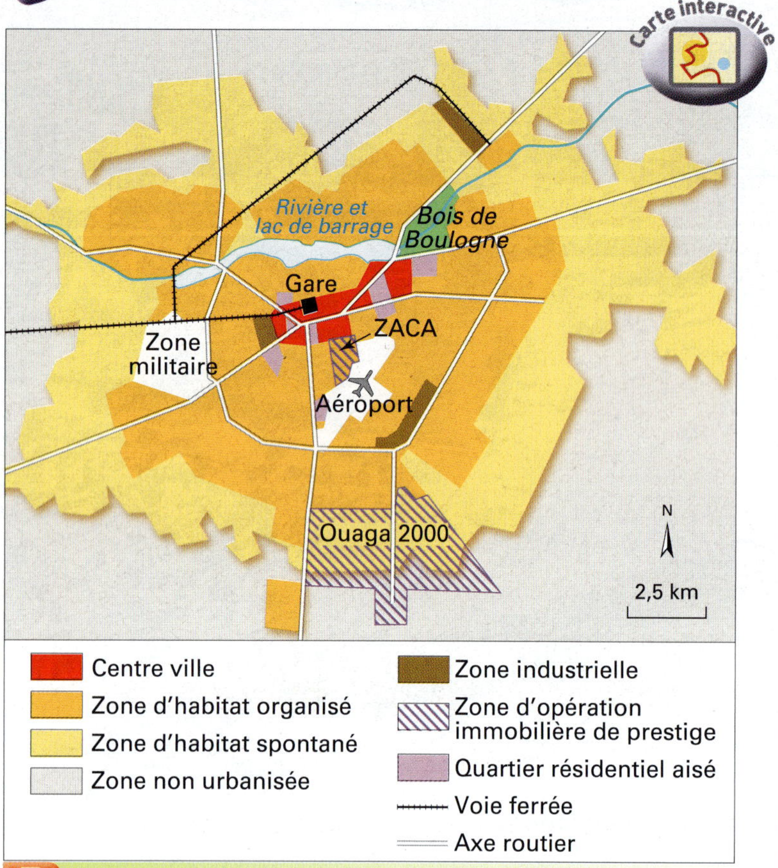

5 Plan de Ouagadougou

6 Des conditions de vie difficiles

Le manque de qualification professionnelle et d'emplois entraîne un chômage persistant des jeunes. Beaucoup d'entre eux en sont réduits à des activités de survie.

L'insuffisance des moyens financiers conduit à de forts contrastes entre les quartiers centraux relativement bien équipés et les quartiers périphériques où les équipements, l'assainissement[1] et l'adduction[2] d'eau, l'électrification et les services sociaux de base (écoles, hôpitaux….) font gravement défaut. La promiscuité[3] et l'insuffisance d'hygiène sont des facteurs de développement de certaines maladies telles que le paludisme, la tuberculose, le choléra…

D'après G. Compaore et O. Nebie, in *Études urbaines à Ouagadougou*, « Pays enclavés » n° 11, CRET, 2003.

1. Assainissement : fait de rendre l'eau potable.
2. Adduction : action d'amener l'eau vers la ville.
3. Promiscuité : situation qui oblige des personnes à vivre très près les unes des autres.

7 La vie quotidienne en périphérie de Ouagadougou

8 Des villas dans le nouveau quartier de « Ouaga 2000 »

9 « Zaca », un projet de rénovation urbaine

Le projet Zaca (zones d'activités commerciales et administratives) a pour mission d'améliorer le cadre urbain pour les activités et les habitants. Pour cela, il devra :

- réaménager l'organisation de la ville pour améliorer la fluidité de la circulation, le stationnement, le niveau de service, la répartition des activités ;
- favoriser le développement des activités commerciales et des services pour créer des emplois ;
- améliorer l'image de la ville.

D'après http://www.projetzaca.bf

Questions

Je décris et j'explique

1 **Docs 6 et 7.** Décrivez les conditions de vie de la très grande majorité des Ouagalais.

2 **Docs 5, 7 et 8.** À l'aide du plan de Ouagadougou, localisez les deux paysages des photographies.

3 **Docs 6, 7 et 8.** Montrez que les conditions de vie des Ouagalais sont très inégales selon les quartiers où ils habitent.

4 **Docs 3 et 4 p. 231.** Pourquoi de très nombreux Ouagalais sont-ils confrontés à ces difficultés ?

5 **Doc 9.** Quelles actions la ville de Ouagadougou a-t-elle entreprise ? Dans quels buts ?

Je conclus

6 Quelles sont les conséquences de la croissance urbaine de Ouagadougou ?

Étude de cas

Habiter Strasbourg

Strasbourg, siège du Parlement européen, est une ville dynamique qui attire les populations et les activités. Mais les quartiers de cette agglomération de près de 500 000 habitants se distinguent par des paysages et des usages très différents.

Quels sont les usages du centre-ville ? Des quartiers périphériques ? Quels problèmes pose le développement urbain ?

A La vie dans le centre-ville

Vidéo

1 La place de l'Homme de Fer, dans le centre-ville

2 La nouvelle médiathèque

Cette médiathèque a été construite dans un ancien espace d'entrepôts en cours de rénovation. Ce nouveau quartier accueille des bâtiments administratifs et culturels (Cité de la Musique, cinéma…), un centre commercial et des logements. Il pourrait devenir un second centre-ville pour Strasbourg.

3 Une vue aérienne oblique du centre-ville

① Cathédrale ② Place de l'Homme de Fer

4 Strasbourg, une ville attractive

Siège du Conseil de l'Europe, Strasbourg est aussi le siège de la Cour européenne des droits de l'Homme et du Parlement européen. Le centre-ville de Strasbourg est entièrement classé Patrimoine mondial de l'humanité. Chaque année, le célèbre marché de Noël draine un nombre toujours plus grands de visiteurs. Durant cette période, les hôtels de la ville et de toute la région font le plein.

Aujourd'hui, dotée d'une multitude de boutiques attrayantes, de grands magasins et d'un centre facile d'accès, Strasbourg s'affirme comme le plus grand pôle commercial de l'est de la France.

D'après le site Internet de la ville de Strasbourg, www.strasbourg.eu/decouvrir, 2009.

Questions

Je localise

1 Situez Strasbourg en France.

Je décris et j'explique

2 **Docs 1 et 4.** Qui sont les personnes qui fréquentent le centre de Strasbourg ?

3 **Docs 1 et 4.** Que viennent faire ces personnes dans le centre-ville ?

4 **Doc 1.** Comment se déplace-t-on dans cet espace ?

5 **Docs 1 et 2.** Quels aménagements la ville a-t-elle réalisés ? En quoi améliorent-ils les conditions de vie des habitants ?

6 **Doc 3.** Quels éléments du paysage font du centre de Strasbourg un espace attractif ?

Je conclus

7 Quelles ressources et quelles activités font de Strasbourg une ville attractive ?

Habiter Strasbourg

B La vie en périphérie de Strasbourg

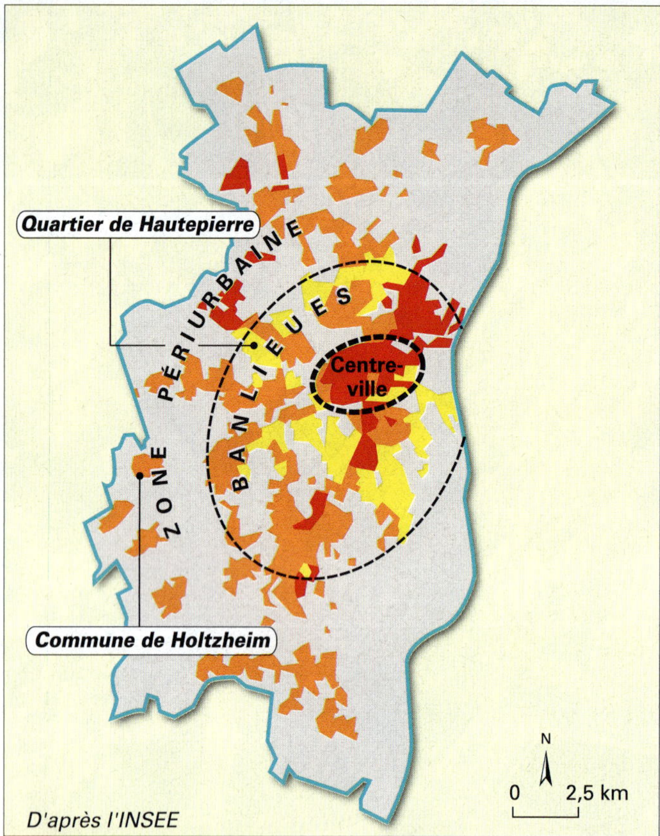

5 Le niveau de vie des habitants

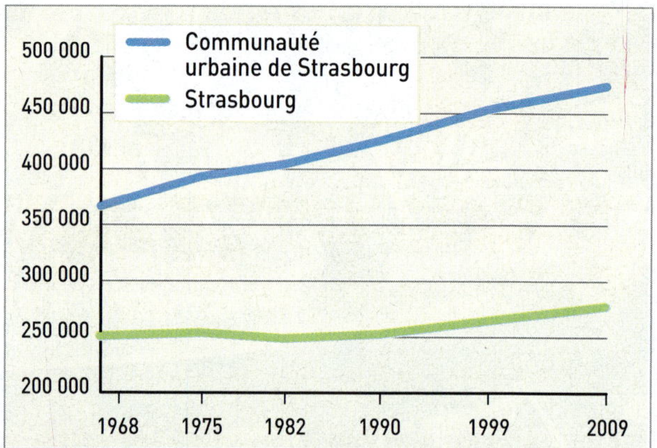

6 L'évolution de la population

❶ Centre-ville
❷ Logements sociaux
❸ Centre commercial

7 Hautepierre, un quartier de Strasbourg

8 **Holtzheim, commune périurbaine : 1 922 habitants en 1968, 2 995 en 2009**

① Agglomération de Strasbourg ② Zone d'activités ③ Lotissements ④ Vieux village

9 **Inégalités et étalement urbain**

En raison de la rénovation des logements, les quartiers du centre-ville sont de plus en plus réservés aux populations aisées. Les populations modestes doivent s'installer dans les logements sociaux des banlieues. Ces banlieues, que quittent les habitants les moins touchés par les problèmes d'emploi, concentrent les populations les plus en difficulté.

Parallèlement, une partie des familles à revenus moyens a tendance à quitter la ville, pour des raisons de prix du logement ou de qualité de vie, vers les communes périurbaines où subsiste un cadre villageois. Cet étalement urbain provoque de nombreux embouteillages autour de Strasbourg.

D'après *Dimension Villes*, n° 35 (2002) et n° 39 (2003), ADEUS.

Questions

Je décris et j'explique

1 **Docs 5, 7 et 8.** Localisez et décrivez ces deux paysages (types d'habitat, voie de communication, activités visibles...).

2 **Docs 6, 7 et 8.** Comparez l'évolution de la population à Strasbourg et dans la communauté urbaine. Que constatez-vous ? Comment voit-on sur les paysages que la population a augmenté ?

3 **Docs 5 et 9.** À l'aide de ces deux documents, recopiez puis complétez le tableau suivant.

	Centre-ville (doc 3)	Quartier Hautepierre (doc 7)	Commune de Holtzheim (doc 8)
Quelle catégorie de population habite ici ?			
Dans quel type de logement ?			
Pourquoi ici ?			

4 **Docs 8 et 9.** Quel problème de déplacement pose l'étalement urbain ?

Je conclus

5 Quels sont les problèmes posés par le développement urbain à Strasbourg ?

Carte

La population urbaine

Vocabulaire

Agglomération : ensemble formé par une ville et ses banlieues.

Taux d'urbanisation : pourcentage de personnes habitant en ville.

Questions

1 Quel est le taux d'urbanisation des États-Unis ? Nommez les plus grandes agglomérations de cet État. Comment évolue leur population ?

2 Quel est le taux d'urbanisation de la Chine ? Nommez les plus grandes agglomérations de cet État. Comment évolue leur population ?

3 Observez l'ensemble des États du monde. Quelle différence constatez-vous entre les taux d'urbanisation des pays développées et ceux des pays en développement ? Dans quel type de pays se localise le plus grand nombre de très grandes villes ?

4 Comment évolue la population des très grandes agglomérations dans les pays développés et les pays en développement ?

dans le monde

1 Une planète de citadins

➤ *Que nous ont appris les études de cas ?*

A À Ouagadougou, la population augmente très fortement. À Strasbourg, en revanche, la croissance est faible, sauf en périphérie de la ville.

B Ouagadougou comme Strasbourg sont des villes qui s'étalent de plus en plus.

➤ *Qu'en est-il à l'échelle mondiale ?*

A Une croissance urbaine inégale

1. La Terre compte aujourd'hui 3,3 milliards de citadins : **une personne sur deux vit en ville**.

2. Dans les pays développés, 75 % de la population est urbaine. La fin de l'**exode rural** et un faible **accroissement naturel** expliquent que ce taux ne varie pratiquement plus (doc 1).

3. Dans les pays en développement (PED), le taux d'**urbanisation** n'est que de 44 %, mais les villes connaissent une croissance accélérée (doc. 1). Cette explosion urbaine est due à l'exode rural mais surtout à un accroissement naturel encore élevé (doc. 3). Quatorze des vingt plus grandes villes du monde sont aujourd'hui des villes de PED (carte pp. 238-239).

B Des villes dévoreuses d'espace

1. L'étalement des villes aux dépens de l'espace rural est un phénomène mondial, mais il résulte de causes différentes.

2. Dans les pays développés, de nombreux citadins choisissent de quitter le centre-ville pour s'installer dans des maisons individuelles situées dans les espaces périphériques proches. C'est la **périurbanisation** (docs 2 et 3).

3. Dans les PED, la croissance est désordonnée par manque de moyens. Les plus pauvres n'ont d'autre solution que de s'entasser dans des quartiers d'habitats précaires : 1 milliard d'êtres humains vivent aujourd'hui dans des **bidonvilles** (docs 3 et 4).

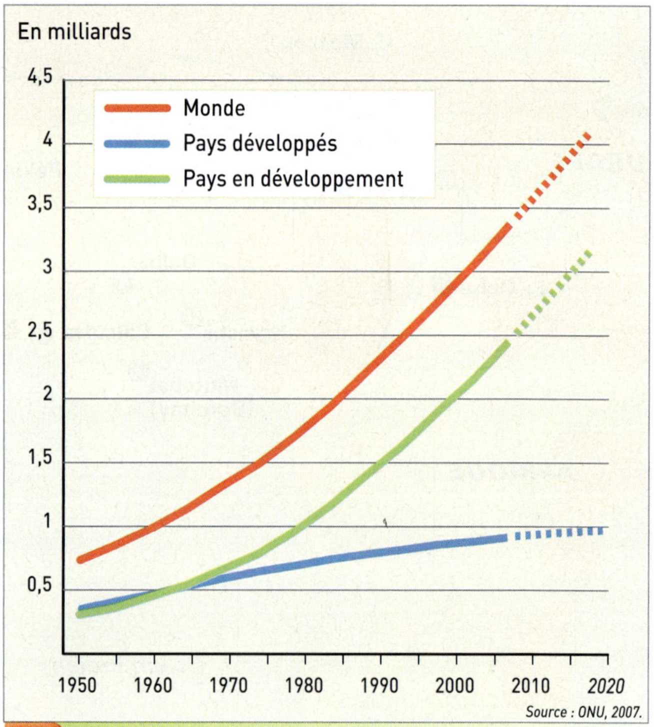

1 Évolution de la population urbaine

Comment a évolué la population urbaine mondiale ? Comparez l'évolution des pays développés et celle des pays en développement.

Vocabulaire

Accroissement naturel : différence entre le nombre de naissances et le nombre de décès.

Bidonville : ensemble des habitations construites avec des matériaux de récupération.

Exode rural : migration de population des campagnes vers les villes.

Périurbanisation : urbanisation de la périphérie des villes par la migration d'urbains vers les campagnes proches.

Urbanisation : augmentation de la part de la population vivant dans les villes.

2 Banlieues de Las Vegas aux États-Unis

Quels éléments du paysage montrent l'étalement de la ville ?

3 Villes et campagnes

a Dans les pays en développement, les villes attirent des paysans à la recherche d'un logement, d'un emploi et de meilleures conditions de vie. Ainsi, les villes du tiers-monde gonflent en raison d'un accroissement naturel élevé et de l'exode rural.

b Dans les pays développés, les causes de la périurbanisation sont principalement la recherche d'une maison individuelle et d'un cadre de vie agréable. Les villes conservent l'emploi tandis que les campagnes deviennent des espaces résidentiels. Ainsi, l'urbanisation se traduit par un étalement des villes.

D'après O. David, *La Population mondiale*, Armand Colin, 2004.

Quelles sont les causes de la croissance des villes dans les pays en développement ? Que se passe-t-il dans les pays développés ?

4 Bidonville à Mumbai (Bombay) en Inde

Comment se manifeste la forte croissance de la ville ?

2 Les espaces de la ville

Que nous ont appris les études de cas ?

A Ouagadougou comme Strasbourg sont des agglomérations organisées autour d'un centre.

B Les périphéries de Ouagadougou et de Strasbourg sont des espaces très étendus et très divers.

Qu'en est-il à l'échelle mondiale ?

A Les centres

1. Toutes les villes s'organisent autour d'un **centre**. C'est l'espace le plus fréquenté, qui concentre des équipements et des activités de services économiques (banques, commerces, bureaux...), politiques (hôtel de ville, préfecture...), culturels (musées, restaurants...). Le centre est la **vitrine de la ville**.

2. Dans les pays qui ont une longue histoire urbaine, le centre des villes, caractérisé par un patrimoine ancien, est riche en **monuments** (doc 1).

3. Dans les villes plus récentes comme aux États-Unis, le centre est le **quartier des affaires**, reconnaissable à ses gratte-ciel. Aujourd'hui, ce type de centre symbolise la **modernité** et la **puissance** de nombreuses grandes villes du monde (doc 2).

B Les périphéries

1. Les centres sont entourés de couronnes urbanisées : les **banlieues** et, au-delà, les **communes périurbaines**. Plus on s'éloigne du centre, plus la densité des aménagements et de la population diminue.

2. Les paysages de banlieues sont **très divers** en fonction du niveau de vie des habitants et des types de constructions : maisons individuelles, grands ensembles, bidonvilles...

3. On y trouve aussi les **activités qui exigent de la place** : zones industrielles, centres commerciaux, entrepôts, parcs technologiques ou nouveau quartier des affaires. Les grandes villes ont ainsi **plusieurs centres spécialisés** (doc 3).

1 La ville de Sfax, en Tunisie

❶ Mosquée ❷ Centre commercial ❸ Port
❹ Ville « européenne » moderne ❺ Médina (vieille ville arabe)

Vocabulaire

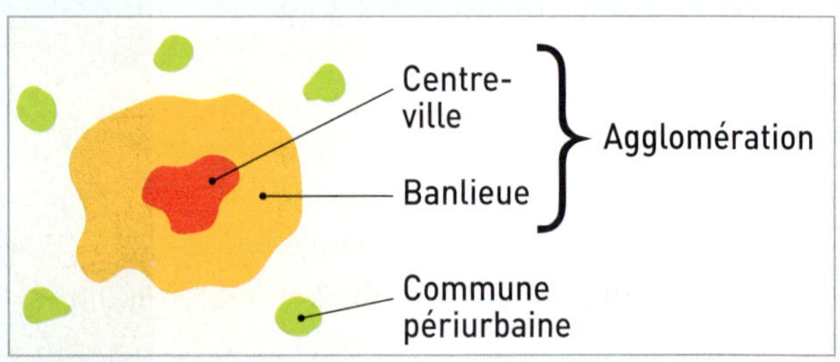

Agglomération : ensemble formé par une ville et ses banlieues.

Quartier des affaires : quartier où se concentrent des bureaux, des banques, des commerces de luxe.

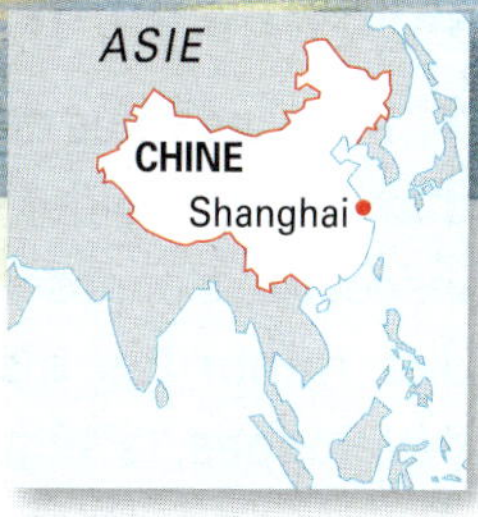

2 **Le nouveau centre des affaires de Lujiazui, à Shanghai (Chine)**

❶ La tour de télévision « Perle d'Orient » (restaurants, hôtel, boutiques) ❷ Le palais des congrès
❸ La Tour Jin Mao (Foreign Trade center, hôtel) ❹ Shanghai World financial center

3 **Saint-Herblain, dans la banlieue de Nantes (France)**

Sur un papier calque, délimitez en noir les axes routiers, en rouge la zone commerciale, en bleu les zones de grands ensembles et en vert les zones d'habitat individuel. Construisez votre légende.

3 Les défis de la croissance urbaine

▶ *Que nous ont appris les études de cas ?*

A À Strasbourg comme à Ouagadougou, d'importants contrastes de conditions de vie opposent les différents quartiers.

B À Ouagadougou, les conditions de vie sont difficiles pour une majorité d'habitants. À Strasbourg, des aménagements sont réalisés pour améliorer la qualité de vie.

▶ *Qu'en est-il à l'échelle mondiale ?*

A Une ville ou des quartiers ?

1. Dans les villes des pays en développement (PED), d'immenses bidonvilles concentrant pauvreté et insécurité s'opposent aux beaux quartiers sécurisés des minorités aisées (doc 2). **Dans les pays développés**, la **ségrégation** s'accentue, les centres rénovés attirent les plus aisés tandis que les classes moyennes migrent vers les zones pavillonnaires périphériques. Les plus pauvres restent dans les quartiers défavorisés des banlieues (doc 3).

2. Les **politiques urbaines** peuvent favoriser la mixité sociale (**rénovation** des quartiers, créations d'emplois...) (doc 1). Mais elles exigent des moyens financiers qui sont insuffisants dans les PED.

B Des qualités de vie très différentes

1. Dans les villes riches, les populations disposent des **services urbains** : eau potable, électricité, ramassage des ordures... **Dans les PED**, ces services sont très insuffisants, ce qui cause de graves problèmes sanitaires et environnementaux (doc 4).

2. L'étalement urbain entraîne une forte augmentation des déplacements quotidiens, donc des **embouteillages** et de la **pollution**. Le développement des transports en commun est une solution, mais qui nécessite des investissements coûteux.

3. Seul le **développement économique** (création de richesses et d'emplois) peut permettre à l'ensemble des urbains d'accéder durablement à une vie décente.

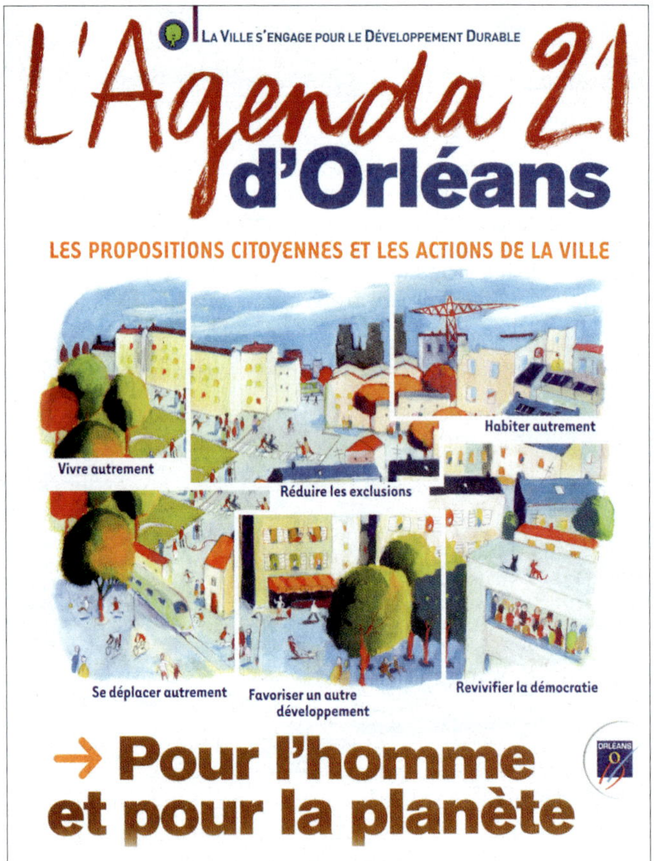

1 L'Agenda 21 d'Orléans (France)

▪ Quels sont les objectifs de la ville d'Orléans ?

Vocabulaire

Politique urbaine : ensemble des actions menées pour aménager une ville.

Rénovation : travaux d'aménagements destinés à améliorer la qualité de vie dans un quartier.

Ségrégation : séparation des populations dans des quartiers distincts selon leur mode de vie et leur origine.

2 Dans la périphérie de São Paulo au Brésil

À gauche la favela (bidonville) de Paraisopolis, à droite le quartier aisé de Morumbi.

Quelles oppositions pouvez-vous observer entre ces deux quartiers ?

3 Habiter Détroit aux États-Unis

Une autoroute à huit voies sépare, au sud, des quartiers noirs pauvres et, au nord, des banlieues blanches aisées. Vers le sud, les entreprises ont fermées leurs portes. Certains immeubles ne sont plus que des coquilles vides calcinées, et les rues sont jonchées de carcasses de voitures. Au nord, les maisons sont fraîchement repeintes ; le revenu moyen des foyers y est deux fois supérieur à celui des résidents du sud. Bien que n'habitant qu'à quelques minutes à pied l'une de l'autre, il est rare que les deux communautés se croisent. Les habitants des banlieues nord ont démonté les panneaux de basket de leurs parcs publics pour dissuader leurs voisins des quartiers pauvres de venir jouer chez eux.

D'après P. Harris, *The Observer*, dans *Courrier International*, 24 mai 2006.

4 Un bidonville de Jakarta en Indonésie

À partir des éléments de ce paysage, décrivez les conditions de vie de ces habitants.

1 Je sais identifier les différents espaces d'une ville européenne

À imprimer

1. Recopiez puis complétez la légende du croquis ci-contre en utilisant les mots suivants :

banlieues – centre – communes périurbaines – voies ferrées – axes routiers.

2. Décrivez chaque espace : type d'habitats, niveau de vie des habitants...

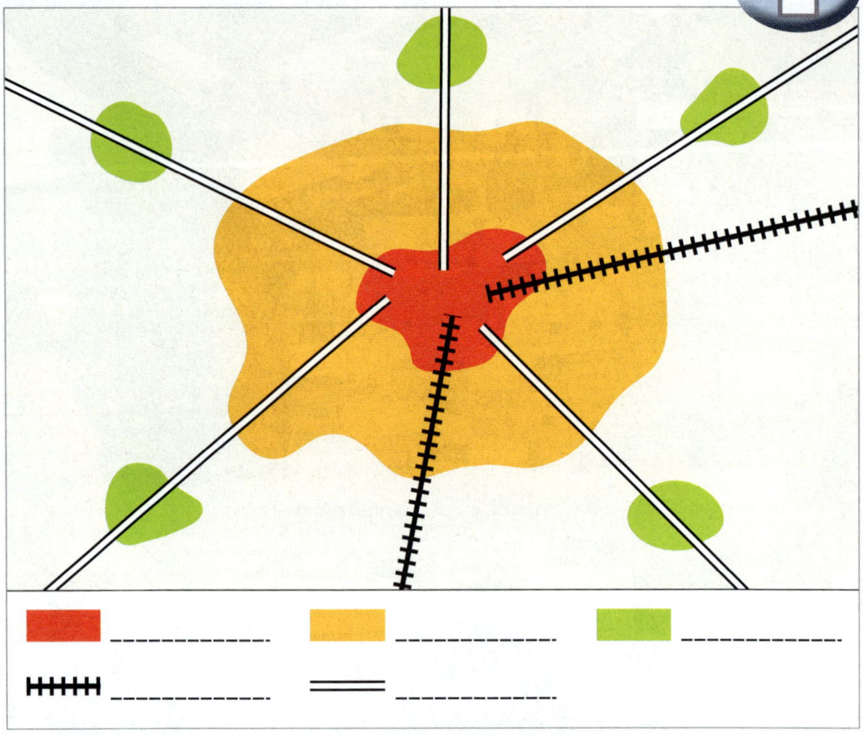

2 Je sais identifier les espaces d'une ville d'un pays en développement

À imprimer

1. Recopiez puis complétez la légende du croquis ci-contre en utilisant les mots suivants :

zone d'habitat spontané (bidonville) – quartier résidentiel aisé – axe routier – centre – zone d'habitat organisé – chemin de fer.

2. Placez sur le croquis les flèches « exode rural » et « extension de la ville ».

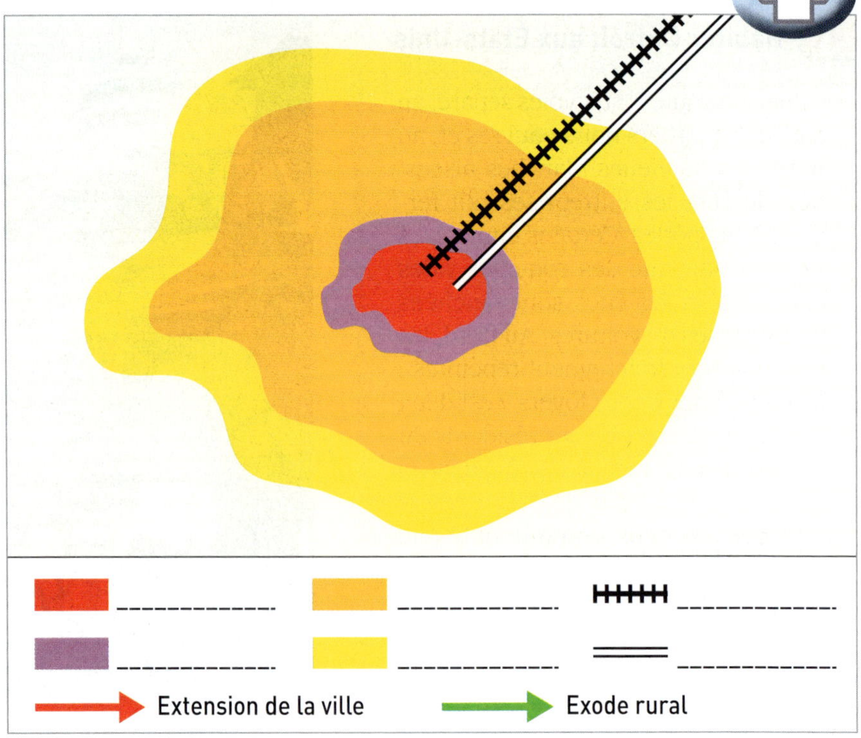

3 Je décris l'organisation de l'espace d'une ville américaine : Détroit

a

b

c

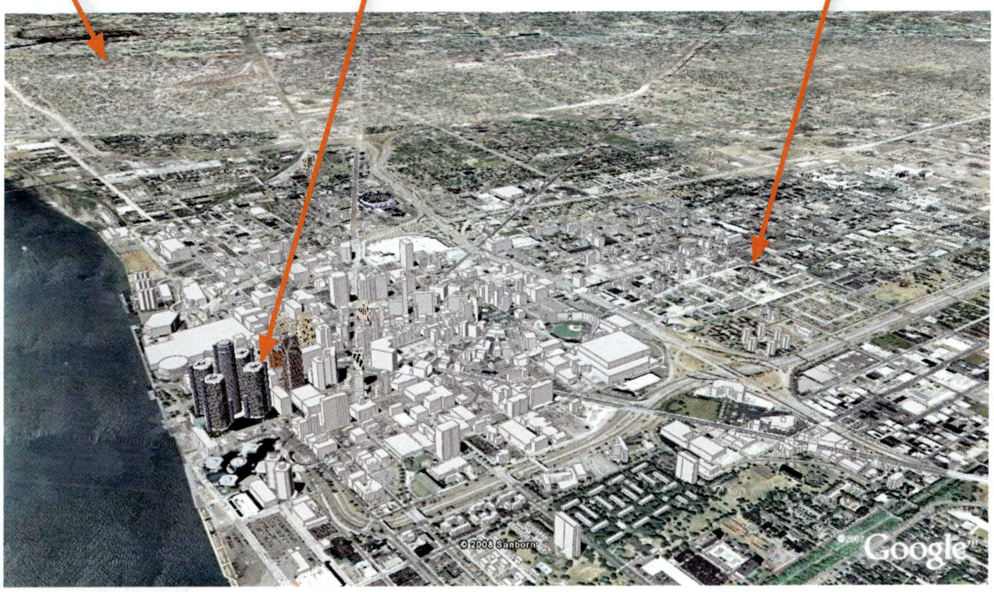

Image satellite extraite du site Google Earth, htpp://earth.google.fr

À imprimer

1. Associez les paysages a, b et c à l'espace correspondant :
banlieues pavillonnaires – quartier dégradé – quartier des affaires.

2. Décrivez chaque espace : type d'habitats, niveau de vie des habitants...

3. Complétez la légende de la coupe schématique ci-contre.

....	....	....	....	....
....	....	....	....	....

Chapitre 14

Habiter le monde rural

Un habitant de la Terre sur deux vit encore, aujourd'hui, à la campagne. Les espaces ruraux représentent la plus grande partie des surfaces aménagées par les hommes.

➤ ***Comment les hommes habitent-ils les espaces ruraux ?***

Plan du chapitre

1 Village au milieu de rizières en terrasses en Indonésie (Asie du Sud-Est)

2 Village dans la savane au Mali (Afrique)

Étude de cas

Habiter le Mato Grosso, au Brésil

Situé dans l'ouest du Brésil, le Mato Grosso est une immense région rurale. Couvert au nord par la forêt amazonienne en cours de défrichement, son territoire est cultivé, au sud, par les grands producteurs de soja qui en tirent d'énormes richesses.

Qui habite les campagnes du Mato Grosso aujourd'hui ? Comment l'expliquer ?

A Qui sont les habitants du Mato Grosso ?

1 Un paysan pauvre au travail

2 Un riche exploitant agricole

La commune de Sorriso symbolise l'expansion du soja dans la région. Argino Bedin, petit-fils d'immigré italien, a été le premier à tenter sa chance ici, bientôt rejoint par son père, son frère, ses oncles : « Petit à petit, dit-il, ils ont tout vendu dans le Sud pour venir s'installer ici. » Avec 9 000 hectares[1] plantés, la tribu Bedin fait partie des gros producteurs. Signes extérieurs de richesse, une grande maison avec piscine, deux voitures dont un 4 x 4 et un appartement pour les enfants.

D'après Marie Selvou, « Les aventuriers de l'or vert », *L'Express*, 21 mars 2005.

1. Hectare : 10 000 m².

3 Les Indiens Kubenkokre

Nêjamro habite le bout du monde ou presque. Son village se trouve à 216 km de Guaranta do Norte, dans l'État du Mato Grosso. Pour rejoindre la bourgade, il faut une heure d'avion, quatre jours de canoë à moteur ou dix jours de marche à travers la forêt amazonienne. L'électricité, l'eau courante, le portable et Internet ne sont pas encore arrivés, la tribu vit au rythme du soleil.

Disposées en cercle, les 45 maisons au toit en paille et aux murs en torchis[1] ont un intérieur sombre et sobre : entre les hamacs, quelques ustensiles de cuisine et des vêtements (shorts, tee-shirts, robes et tongs).

Le quotidien tourne autour de la recherche de nourriture. Aux hommes la chasse et la pêche, aux femmes la cueillette.

Dans les clairières, les Indiennes récoltent du manioc[2], du maïs, des bananes, des cœurs de palmier.

D'après Annie Gasnier, « Une tribu à l'âge du bio », *Le Monde*, 3 janvier 2008.

1. Torchis : terre argileuse mélangée avec de la paille.
2. Manioc : plante des régions tropicales dont la farine fournit le tapioca.

4 Une grande exploitation de soja

❶ Bâtiments d'habitation et antenne-relais ❷ et ❸ Bâtiments d'exploitation (hangars, silos, machines agricoles)
❹ Champs de soja ❺ Camion sur le chemin en terre desservant la ferme.

Questions

Je localise

1 **Atlas p. 186.** À quelle zone climatique appartient le Brésil ?

2 **Atlas p. 184.** Quel est le relief dominant au Mato Grosso ?

Je décris et j'explique

3 **Doc 2.** Où habite la famille Bedin ? Comment cette famille gagne-t-elle sa vie ? Citez deux exemples de son niveau de richesse.

4 **Doc 3.** Où vit Nêjamro ? Peut-on accéder facilement à son village ? À quoi occupe-t-il sa journée ?

5 **Docs 1, 2 et 4.** Recopiez puis complétez le tableau suivant à l'aide des documents.

	Doc 1	Doc 2 et 4
Taille de l'exploitation		
Techniques agricoles		
Productions		
Niveau de vie des agriculteurs		

6 **Doc 4.** À l'aide de la photographie et de la légende, coloriez de la bonne couleur les différentes parties du croquis ci-dessous.

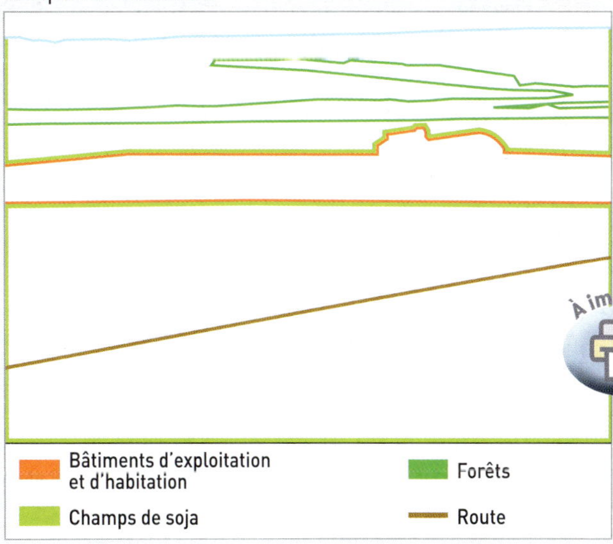

À imprimer

Je conclus

7 À quels modes de vie différents renvoie l'expression « Habiter le Mato Grosso » ?

Habiter le Mato Grosso, au Brésil

B Comment expliquer ces différences dans les modes de vie ?

Vidéo

Vocabulaire

Culture commerciale : culture destinée à la vente.

Culture vivrière : culture consommée par les paysans qui la produisent.

Front pionnier : limite entre la forêt dense et les terres cultivées.

5 L'espace agricole au Brésil

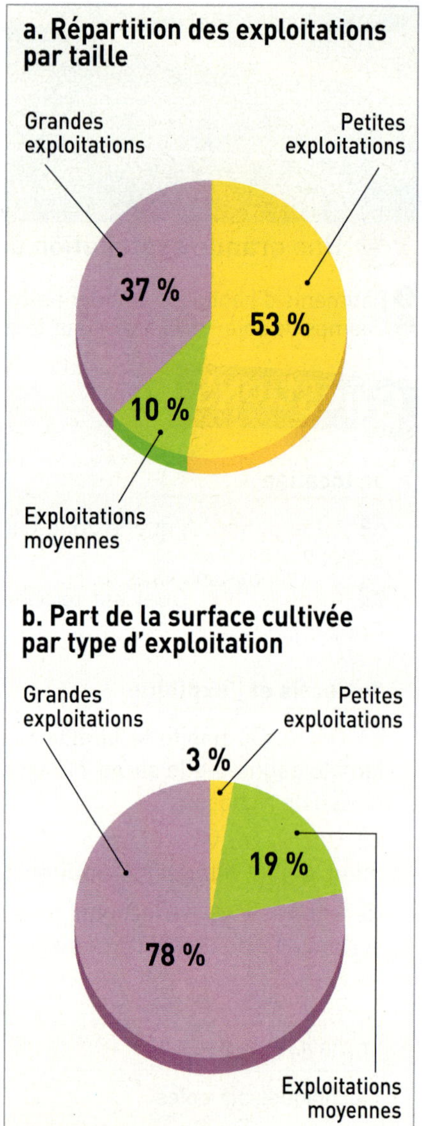

7 La répartition des terres au Brésil

6 Défricher la forêt

On trouve les pionniers[1] à l'ouest du pays, dans le Mato Grosso. Ils comptent bien repousser encore un peu plus loin la frontière, cette ligne floue qui sépare les nouveaux champs de soja de la forêt amazonienne. Tel le vieux Mario Guardado Rodrigues, au volant de sa camionnette climatisée, ces pionniers foncent sur la transamazonienne, cette unique route étroite et défoncée, bordée de terre rouge et d'herbes hautes. Ils slaloment entre les camions qui emportent leurs précieuses marchandises, grains de soja ou bois coupé, pour aller défricher la forêt un peu plus loin, toujours plus loin.

D'après Michel Faure, *Le Monde*, 15 juillet 2006.

1. Pionnier : personne qui s'installe dans une région qui n'a encore jamais été habitée.

8 La déforestation de l'Amazonie

Chaque année, d'après les relevés satellites, entre 10 000 et 20 000 km² de forêt sont détruits en Amazonie.

9 Le problème de la terre

On se trouve en présence d'une situation classique où se trouvent face à face des paysans sans terres (ou sans assez de terres) et des propriétaires de terres souvent absents ou négligents. Cette situation provoque du chômage rural, de la misère et l'exode rural. Elle crée aussi des tensions sociales qui ont pris autrefois une forme violente et peuvent à tout moment mener à l'explosion. Sous la pression du MST, le « Mouvement des sans-terre », des milliers de familles ont été installées dans des zones de conquête et de nouvelles terres. Malheureusement, ces dernières se situent principalement en Amazonie, dans des régions pauvres et mal desservies par les transports.

D'après H. Théry et N. Aparecida De Molle, *Atlas du Brésil*, CNRS-Libergéo, La Documentation française, 2003.

Questions

Je localise

1 **Atlas p. 182.** Quel est le niveau de développement du Brésil ?

Je décris et j'explique

2 **Doc 5.** Quels sont les différents espaces agricoles du Mato Grosso ?

3 **Docs 5 et 6.** Comment s'appelle la zone de contact entre la forêt dense et les terres cultivées ?

4 **Doc 7.** Quelle taille ont les exploitations les plus nombreuses au Brésil ? Quelle part de la surface cultivée totale représentent-elles en pourcentage des terres cultivées ?

5 **Doc 9.** Quel problème pose l'inégale répartition des terres au Mato Grosso?

6 **Doc 9.** Quelle est l'une des solutions apportée au manque de terres ?

7 **Doc 8.** Quel type de problèmes la déforestation de l'Amazonie pose-t-elle à l'échelle du Brésil et de la planète ?

Je conclus

8 Résumez les évolutions que connaissent les paysages ruraux du Mato Grosso.

Étude de cas

Habiter le village de Vertheuil, en France

Vertheuil est un village d'environ 1 000 habitants, situé dans le sud-ouest de la France. Le paysage est marqué par la culture de la vigne ; la tradition viticole remonte à l'époque de Louis XIV.

Qui sont les habitants de Vertheuil ?
Comment expliquer les transformations que connaît ce village ?

A Qui habite Vertheuil aujourd'hui ?

1 « Bienvenue à Vertheuil »

Lorsque l'on parcourt le Médoc, entre Pauillac et Lesparre, à mi-chemin, sur un plateau planté de vignes, on découvre un vaste panorama. Au premier plan, les restes d'une forteresse, plus bas le village groupé dans un vallon autour d'une imposante abbaye ; et plus loin au nord la Gironde. C'est Vertheuil. La situation de la forteresse, les dimensions de l'abbaye font deviner combien ce site fut important dans le passé.

Mais Vertheuil se conjugue aussi au présent avec une économie basée sur la viticulture[1]. Le prix abordable des terrains nous vaut une population jeune et l'école est peuplée de près de 100 enfants.

La vie à Vertheuil est rythmée par les animations organisées par de nombreuses associations proposant des activités culturelles, sportives ou tout simplement festives.

Vertheuil c'est aussi le futur, avec notre projet sur le devenir de l'abbaye et une offre plus nombreuse de terrains constructibles.

D'après la page d'accueil du site de Vertheuil, www. vertheuil-medoc.com.

1. Viticulture : culture de la vigne.

2 Vertheuil, un village viticole

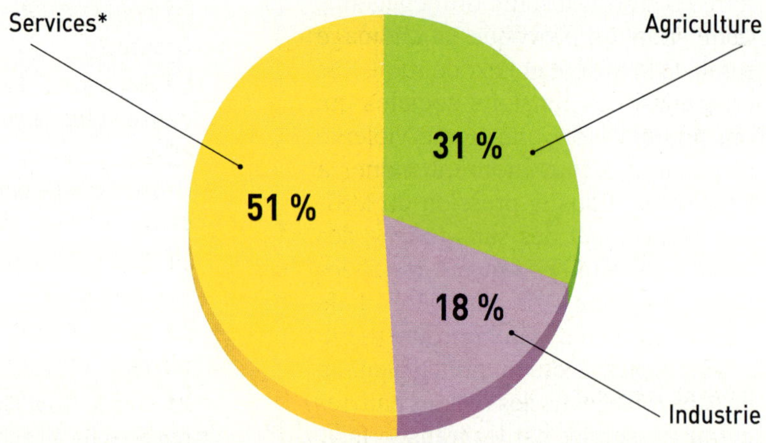

* Les activités de services regroupent tous les métiers qui ne fabriquent pas des produits : enseignement, hôpital, transports...

3 Les métiers des habitants de Vertheuil

4 Le village et son terroir

① Village ancien ② Quartier récent ③ Château viticole ④ Vignes ⑤ Gironde ⑥ Principales routes.

Questions

Je localise

1 **Atlas p. 182.** Quel est le niveau de développement de la France ?

Je décris et j'explique

2 **Docs 1 et 4.** Quels éléments prouvent que Vertheuil est un village ancien ?

3 **Docs 2 et 4.** Quelle activité économique semble dominer à Vertheuil?

4 **Doc 3.** Dans quel secteur d'activité travaille en réalité la majorité des habitants de Vertheuil ? Donnez des exemples de métiers appartenant à ce secteur d'activité.

5 **Doc 1.** Qui sont les nouveaux habitants ?

6 **Doc 4.** Comment l'installation de ces nouveaux habitants se voit-elle dans le paysage ?

7 **Docs 1 et 3.** Quelles activités sont liées à la présence de ces nouveaux habitants ?

8 **Doc 4.** À l'aide de la photographie et de la légende, coloriez de la bonne couleur les différentes parties du croquis ci-après.

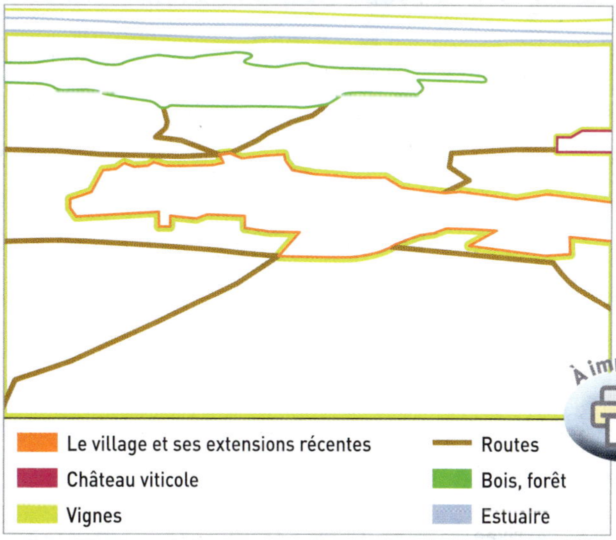

À imprimer

Je conclus

9 Le maire de Vertheuil souhaite réunir un représentant de tous les types d'habitants qui vivent dans sa commune. Qui invite-t-il ?

Étude de cas

Habiter le village de Vertheuil, en France

B Comment expliquer les transformations de ce village rural ?

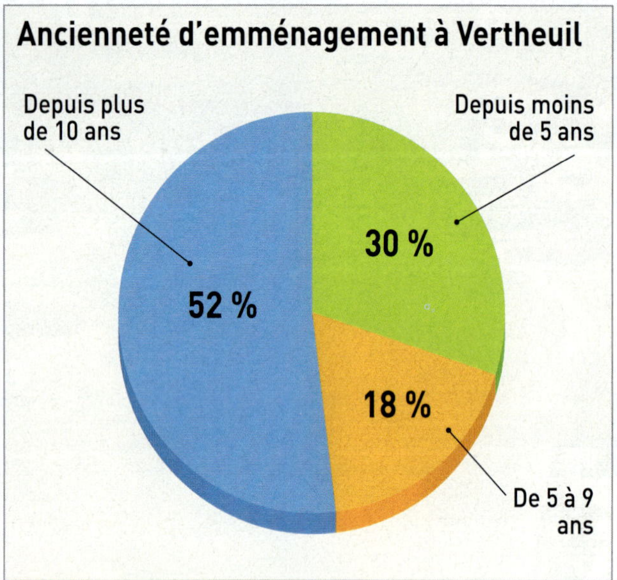

5 Habiter à Vertheuil

Le graphique ne prend en compte que les résidences principales.

6 Un attrait touristique : l'abbaye de Vertheuil

C'est non loin de Saint-Estèphe que fut fondée au XIe siècle par Guillaume VIII d'Aquitaine l'ancienne abbaye Saint-Pierre. Plusieurs fois dévastée au cours de la guerre de Cent Ans et des guerres de Religion, elle fut largement transformée aux XVIIIe et XIXe siècles. Plusieurs édifices témoignent de ce passé : l'église romane à trois nefs, le clocher du XIIe siècle, les bâtiments abbatiaux du XVIIIe siècle... Aujourd'hui propriété de la commune, l'abbaye a une vocation de centre culturel et accueille des manifestations et expositions, comme la foire aux plantes d'automne.

D'après le site Internet www.petitfute.com

Départ Vertheuil, Aquitaine (33 180, France)	**Durée** : 01h08 **Distance** : 57,32 km, dont voies expresses : 0.00 km
Arrivée Bordeaux, Aquitaine (33 000, France)	**Véhicule** : routière **Essence** : 5,22 € (5 L)

7 Itinéraire de Vertheuil à Bordeaux sur le site Mappy

8 Tourisme et viticulture

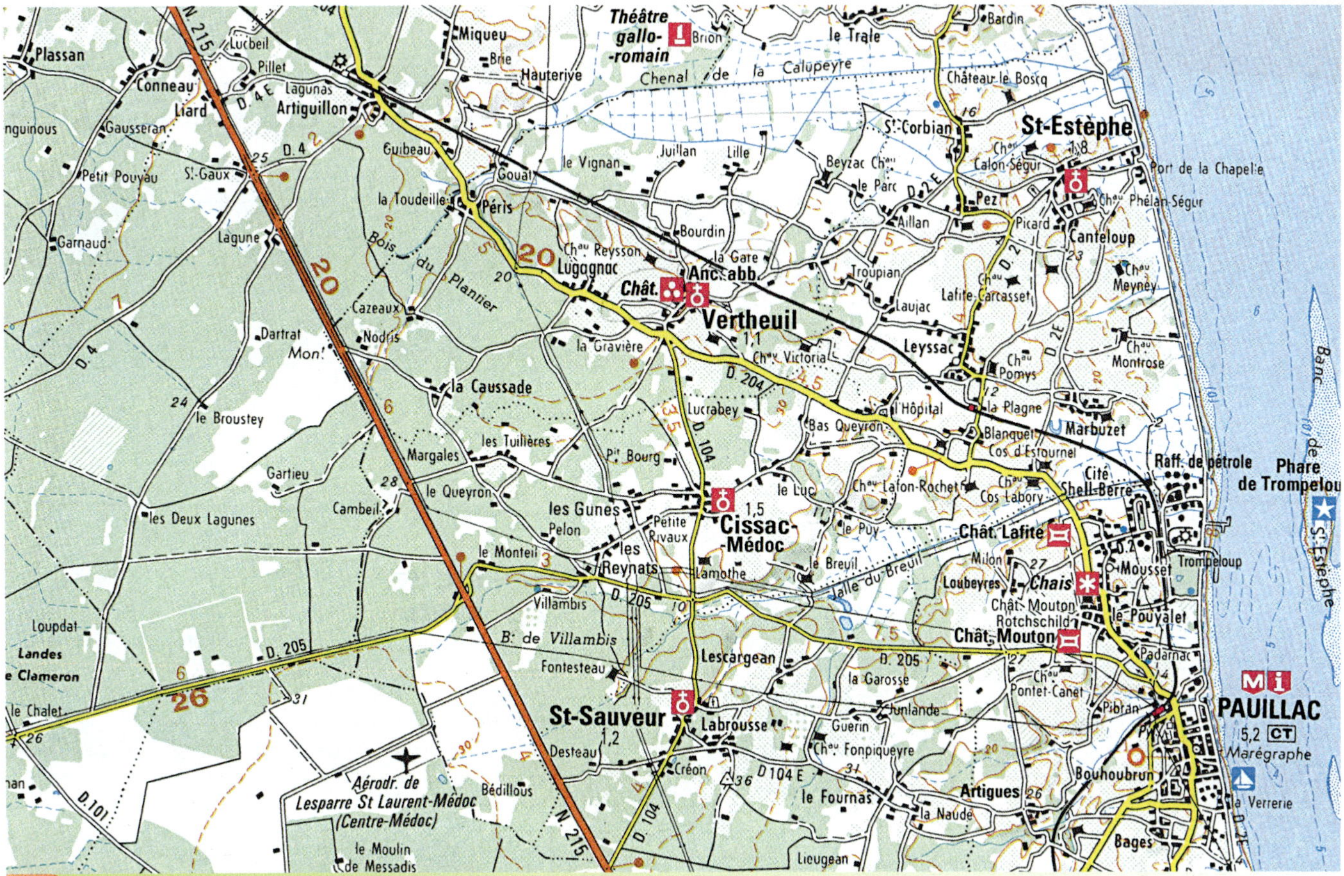

9 Un riche patrimoine historique et culturel (carte IGN, 1 cm = 1 km)

Église classée. Ruines intéressantes. Château. Curiosité.

Office de tourisme. Musée. Bâtiment remarquable. Vestiges antiques.

10 La périurbanisation

Alors que la population rurale a tendance à s'accroître, les villes centres et leurs banlieues immédiates perdent des habitants. Ce rejet de la ville a de multiples causes : rénovation urbaine avec remplacement de logements par des bureaux, prix excessifs des loyers…

L'image de la ville se dégrade (pollution, insécurité…) alors que celle de la campagne redevient positive. La campagne offre la possibilité d'une maison individuelle avec jardin et le développement des transports permet des déplacements de plus en plus longs entre le lieu de résidence et le lieu de travail.

Les espaces ruraux proches des villes sont tous marqués par la périurbanisation.

D'après J.-P. Diry, *Les espaces ruraux*, Armand Colin, Paris, 2004.

Questions

Je décris et j'explique

1 **Doc 5.** Quel pourcentage de la population habite à Vertheuil depuis moins de cinq ans ? Qu'en concluez-vous ?

2 **Docs 4 et 5.** Quels éléments du document 4 confirment les informations du document 5 ?

3 **Doc 7.** Quelle distance sépare Vertheuil de Bordeaux ? Combien de temps faut-il en voiture pour aller de l'un à l'autre ?

4 **Doc 10.** Qu'est-ce que la périurbanisation ?

5 **Docs 7 et 10.** Quel phénomène explique l'augmentation de la population à Vertheuil ?

6 **Docs 7 et 10.** Où travaillent certains habitants du village ? Pourquoi habitent-ils Vertheuil ?

7 **Docs 6, 8 et 9.** Citez au moins deux raisons de visiter la région de Vertheuil.

Je conclus

8 Pourquoi peut-on dire que « Vertheuil n'est plus un village agricole » ?

9 Que recherchent avant tout les habitants de ce monde rural aujourd'hui ?

Carte

La population rurale dans

Production alimentaire mondiale par continent et par an
(en millions de tonnes)

Asie	3 136
Amérique du Sud	1 078
Europe	950
Afrique	605
Amérique du Nord	601

Questions

1 Quels sont les continents qui comptent le plus de ruraux dans le monde ?

2 À l'aide de la carte et du tableau, comparez la situation de l'Amérique du Nord à celle de l'Afrique. Que pouvez-vous en conclure ?

3 Quelle est la situation de l'Asie ?

le monde

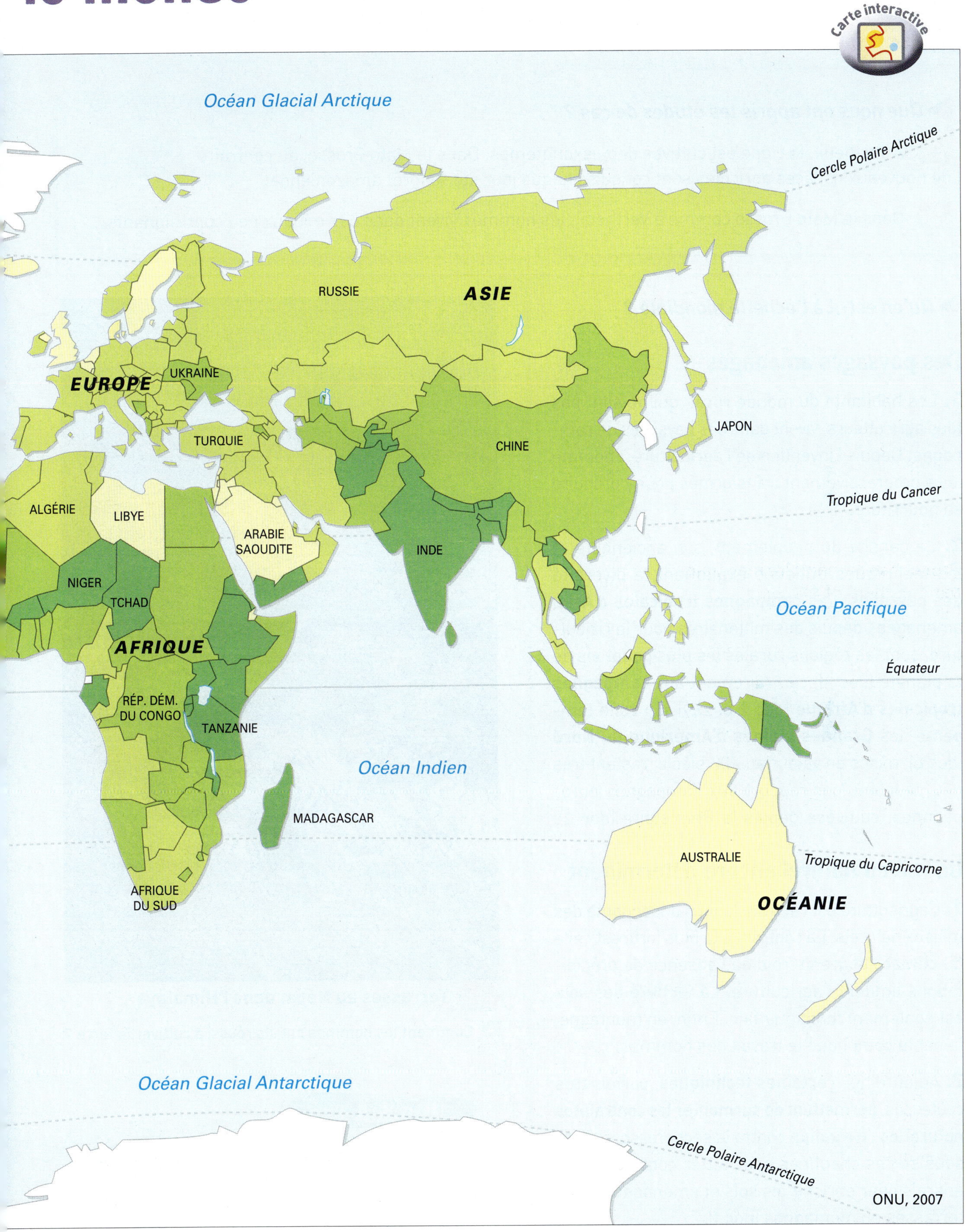
Carte interactive
Océan Glacial Arctique
Cercle Polaire Arctique
RUSSIE
ASIE
EUROPE
UKRAINE
TURQUIE
JAPON
CHINE
Tropique du Cancer
ALGÉRIE
LIBYE
ARABIE SAOUDITE
INDE
NIGER
TCHAD
AFRIQUE
Océan Pacifique
Équateur
RÉP. DÉM. DU CONGO
TANZANIE
Océan Indien
MADAGASCAR
AUSTRALIE
Tropique du Capricorne
OCÉANIE
AFRIQUE DU SUD
Océan Glacial Antarctique
Cercle Polaire Antarctique
ONU, 2007

1 Habiter la campagne

Que nous ont appris les études de cas ?

A À Vertheuil, la vigne est cultivée depuis longtemps. Dans le Mato Grosso, au contraire, de nouveaux espaces agricoles sont conquis chaque jour sur la forêt amazonienne.

B Dans le Mato Grosso comme à Vertheuil, les hommes vivent dans des milieux peu contraignants.

Qu'en est-il à l'échelle mondiale ?

A Des paysages aménagés

1. Les habitants du monde rural, qui ne sont pas tous agriculteurs, vivent dans des paysages de campagne. Depuis l'invention de l'agriculture, l'homme les a progressivement transformés pour y produire sa nourriture.

2. La densité du peuplement, son ancienneté et les techniques utilisées expliquent la diversité des paysages. Les **campagnes tropicales d'Asie**, aménagées depuis des millénaires pour la riziculture, sont les régions rurales les plus peuplées de la planète (doc 3), contrairement aux **campagnes tropicales d'Afrique** (doc 2 p. 249). En zone tempérée, les **Grandes plaines d'Amérique du Nord** (doc 4), mises en valeur au XIXe siècle, restent très peu peuplées par rapport aux campagnes européennes, cultivées depuis la Préhistoire (doc 2).

B Un milieu naturel encore déterminant

1. L'agriculture est l'activité la plus dépendante des milieux naturels. La contrainte la plus forte est celle du **climat** : le grand froid ou l'absence de précipitations limitent l'agriculture. La **fertilité** des sols est également fondamentale. Enfin, en montagne, la pente complique le travail des hommes.

2. Aujourd'hui, **certaines techniques**, parfois très coûteuses, **permettent de surmonter les contraintes naturelles** : **irrigation** contre la sécheresse, culture sous serres chauffées pour lutter contre le froid, engrais pour enrichir les sols et aménagement de terrasses en montagnes (doc 1).

1 Terrasses au Népal dans l'Himalaya

Comment les hommes ont-ils réussi à cultiver la terre ?

Vocabulaire

Fertilité : capacité d'un sol à produire durablement des végétaux utiles à l'alimentation humaine ou animale.

Irrigation : action d'amener de l'eau dans les champs.

2 Élevage et cultures dans le bocage breton

Cette campagne est-elle peuplée ? Justifiez votre réponse.

3 Peuplement et riziculture

L'Asie tropicale a une densité moyenne d'environ 170 habitants par km², alors que, dans le reste du monde tropical humide, les densités moyennes n'atteignent pas 15 habitants par km². Cette différence peut s'expliquer par des modes différents d'utilisation de l'espace : l'Asie tropicale a été le berceau de la mise au point des techniques de la riziculture inondée, qui permet de nourrir de fortes densités de population.

La mise en valeur soignée et totale des plaines a permis la diminution ou la disparition de la malaria[1] : l'aménagement systématique de l'espace disponible et la maîtrise des eaux que suppose la riziculture expliquent cette évolution positive qui n'a été permise que par les fortes densités associées à cette bonne maîtrise territoriale.

D'après O. Dollfus, *Mondes nouveaux*, G.U., Hachette-Reclus, 1990.

1. Malaria : également appelée paludisme, cette maladie tropicale transmise par les moustiques provoque une fièvre importante.

4 Culture de céréales dans les Grandes Plaines aux États-Unis

Comparez les paysages des photographies 2 et 4.

2 Des mondes ruraux inégalement développés

Que nous ont appris les études de cas ?

A À Vertheuil, la majorité des habitants ne travaillent pas dans l'agriculture même s'ils habitent dans un espace rural. Les agriculteurs ont le même mode de vie que les citadins.

B Dans le Mato Grosso, les petits paysans pauvres cultivent la terre pour nourrir leurs familles ; ils s'opposent aux grands exploitants.

Qu'en est-il à l'échelle mondiale ?

A Dans les pays développés

1. Dans les pays riches, la majorité des ruraux ne sont plus des **agriculteurs**. Le monde rural devient un espace résidentiel et un lieu de tourisme pour les citadins.

2. Les agriculteurs pratiquent la **monoculture** dans de grandes exploitations mécanisées. Ils obtiennent des **rendements** très élevés (docs 3 et 4). Cette **agriculture intensive** est **commerciale**. Plus de 50 % de la production agricole de la planète est fournie par moins de 10 % des paysans mondiaux.

3. Les agriculteurs ont un **niveau de vie élevé** et un mode de vie comparable au reste de la population.

B Dans les pays en développement

1. Les ruraux sont surtout des **paysans**. Ils pratiquent une **agriculture vivrière** insuffisante pour nourrir une population en forte croissance. Cette **polyculture**, peu productive (doc 1), nécessite une main-d'œuvre nombreuse, notamment en **Afrique subsaharienne** et en **Asie centrale**.

2. En **Asie de l'Est**, la **riziculture**, système agricole intensif aux rendements élevés, permet plusieurs productions dans l'année pour alimenter une population nombreuse (doc 3 p. 261).

3. En **Amérique du Sud**, en **Afrique tropicale** (doc 2) ou en **Asie du Sud-Est**, quelques riches propriétaires terriens pratiquent une agriculture commerciale mécanisée et très intensive dans de grandes plantations : café, thé, soja...

1 Travail dans les champs au Burundi

Pourquoi cette agriculture est-elle peu productive ?

Vocabulaire

Agriculture commerciale : agriculture dont les productions sont destinées à la vente.

Agriculture intensive : agriculture qui produit beaucoup grâce à l'utilisation d'engrais ou de machines.

Agriculture vivrière : agriculture destinée à la consommation des paysans qui la produisent.

Monoculture : culture d'une seule plante.

Polyculture : culture de plusieurs plantes.

Rendement : production par hectare.

2 Plantation de thé dans l'Ouest du Kenya (Afrique)

- Quels éléments du paysage montrent qu'il s'agit d'une grande exploitation moderne ?

3 Une agriculture très productive

Dans l'État de Washington (nord-ouest des États-Unis) est pratiquée une agriculture puissamment motomécanisée, qui concerne seulement 30 millions d'agriculteurs dans le monde. Ici, une équipe de trois moissonneuses-batteuses récolte du blé. Chacune d'elles peut moissonner un hectare[1] à l'heure sur des exploitations qui couvrent de cinq cents à mille hectares. Dans ces conditions, une seule personne peut produire de 1 000 à 2 000 tonnes de grains. On trouve principalement ce type d'agriculture dans les pays riches, mais aussi dans des pays comme l'Argentine ou le Brésil.

D'après J.-P. Charvet, « L'agriculture mondialisée », *La Documentation photographique*, n° 8059, sept.-oct. 2007.

1. Hectare : 10 000 m²

4 Moissonneuses-batteuses aux États-Unis

3 Quels mondes ruraux pour demain ?

Que nous ont appris les études de cas ?

A Dans le Mato Grosso, la mise en culture de nouvelles terres conduit à la destruction progressive de la forêt amazonienne.

B Dans le Mato Grosso, l'urgence est de mieux répartir les terres pour que tous les paysans puissent vivre ; à Vertheuil, les habitants sont très attentifs à leur cadre de vie.

Qu'en est-il à l'échelle mondiale ?

A Un environnement dégradé ?

1. Pour faire face aux besoins alimentaires d'une population mondiale croissante, les agriculteurs ont développé deux solutions : **mettre en culture de nouvelles terres** (Amérique latine et Afrique) ou **augmenter les productions** en développant l'**irrigation**, en utilisant des produits chimiques ou des semences génétiquement modifiées (OGM).

2. Ces choix ont parfois des **conséquences graves sur l'environnement** : déforestation massive (Amazonie, Indonésie...), **érosion** des sols, pollution des sols et des eaux (doc 1), **désertification** (doc 2)... Ils modifient durablement les paysages ruraux et peuvent également présenter des risques pour la santé des hommes.

B Des enjeux différents selon les pays

1. Dans les **pays développés**, les citadins considèrent la campagne à la fois comme un **lieu de loisirs** et un **espace à protéger** : en France, 12 % du territoire est couvert par des parcs naturels (doc 4). La population est favorable à un plus grand respect de l'environnement et oblige les agriculteurs à économiser l'eau, ralentir l'érosion, utiliser des engrais et pesticides moins polluants...

2. Dans les **pays en développement**, l'urgence est de parvenir à **augmenter les rendements agricoles** pour nourrir toute la population (doc 3) en utilisant de nouvelles techniques qui n'épuisent pas les ressources naturelles.

1 Ramassage des algues vertes en Bretagne

Les cours d'eau pollués par les engrais chimiques utilisés par les agriculteurs favorisent le développement des algues vertes sur la plage.

Qui subit les conséquences des choix faits par les agriculteurs ?

Vocabulaire

Désertification : transformation des terres cultivables en désert.

Érosion : usure et transformation du relief par l'eau, le vent, la glace.

Irrigation : action d'amener de l'eau dans les champs.

2 La progression du désert d'Ala Shan sur les terres cultivées en Chine

Quelle action mènent les hommes pour stopper la progression du désert ?

3 Une « révolution verte » pour l'Afrique

Une révolution verte requiert l'apport de quatre éléments dans l'agriculture, qui manquent tous dans une grande partie de l'Afrique. Les fermiers africains ont besoin d'engrais pour leurs sols, de sources d'eau fiables, de semences améliorées et de variétés qui répondent aux contraintes du climat local et des insectes nuisibles.

Une révolution verte nécessite également que chaque village dispose d'un véhicule pour y apporter l'engrais et pour emporter les récoltes au marché.

D'après J. Sachs et P.-A. Sanchez, *Le Monde*, 11 août 2004.

À quels problèmes les agriculteurs africains sont-ils confrontés ?

4 Page d'accueil du site Internet du parc du Verdon (Alpes de Haute-Provence)

1 Je sais définir les mots clés

Associez chacun des mots-clés ci-dessous à sa définition.

1. Agriculture commerciale – **2.** Agriculture intensive – **3.** Agriculture vivrière – **4.** Désertification

A. Agriculture destinée à la consommation des paysans qui la produisent.

B. Agriculture dont les productions sont destinées à la vente.

C. Transformation des terres cultivables en désert.

D. Agriculture qui produit beaucoup grâce à l'utilisation d'engrais ou de machines.

2 Je vérifie mes connaissances

Les affirmations suivantes sont-elles vraies ou fausses ? Justifiez votre réponse.

1. Dans les pays développés, la majorité des ruraux sont des agriculteurs.

2. Dans les pays en développement, la majorité des ruraux sont des paysans.

3. Habiter le monde rural veut dire habiter à la campagne.

4. L'agriculture est une activité humaine indépendante du milieu naturel dans laquelle elle se développe.

5. Au Brésil, tous les agriculteurs sont pauvres.

3 Je sais identifier un paysage rural

Choisissez dans la liste suivante le nom du paysage correspondant à chaque photographie.

Paysage rural d'Asie – Paysage rural d'Afrique – Paysage rural d'Amérique du Nord – Paysage rural d'Europe.

a

b

c

d

Je m'entraîne

4 J'identifie les étapes de la culture du riz

Observez bien le calendrier de la riziculture puis répondez aux questions.

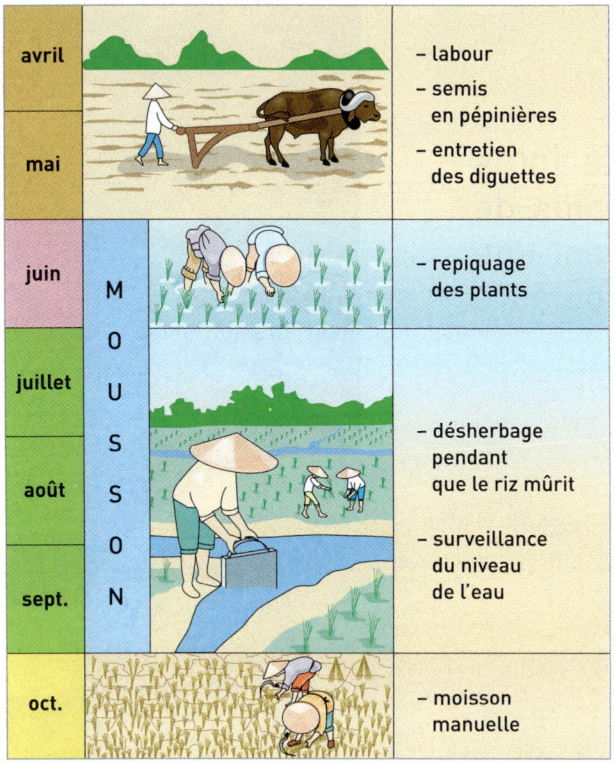

a

b

c

1. À quelle étape de la culture du riz correspond chaque photographie ?
2. À quel moment de l'année chaque photographie a-t-elle été prise ?
3. Pourquoi la culture du riz nécessite-t-elle une main-d'œuvre nombreuse ?

Chapitre

15 Habiter les littoraux

Près de 50 % de la population mondiale (plus de 3 milliards de personnes) habite à moins de 50 km du littoral. Ces espaces côtiers attirent une population et des activités économiques toujours plus nombreuses.

Comment les hommes habitent-ils les littoraux ?

PLAN DU CHAPITRE

1 Un littoral touristique : Gold Coast (« Côte d'Or ») en Australie

2 Un littoral industrialo-portuaire : Busan en Corée du Sud

Étude de cas

Habiter un littoral touristique : la baie des Anges

La Côte d'Azur, qui s'étire le long du littoral méditerranéen de Toulon à la frontière franco-italienne, est l'un des premiers espaces touristiques au monde. D'Antibes à Nice, la baie des Anges, mondialement connue, attire des millions de touristes.

➤ ***Quelles sont les caractéristiques d'un littoral touristique ?***

Vocabulaire

Littoral : région située au bord de la mer.

Marina : ensemble de logements directement accessibles par bateau car incluant un port.

Station balnéaire : ville touristique en bord de mer.

A Des habitants concentrés sur le littoral

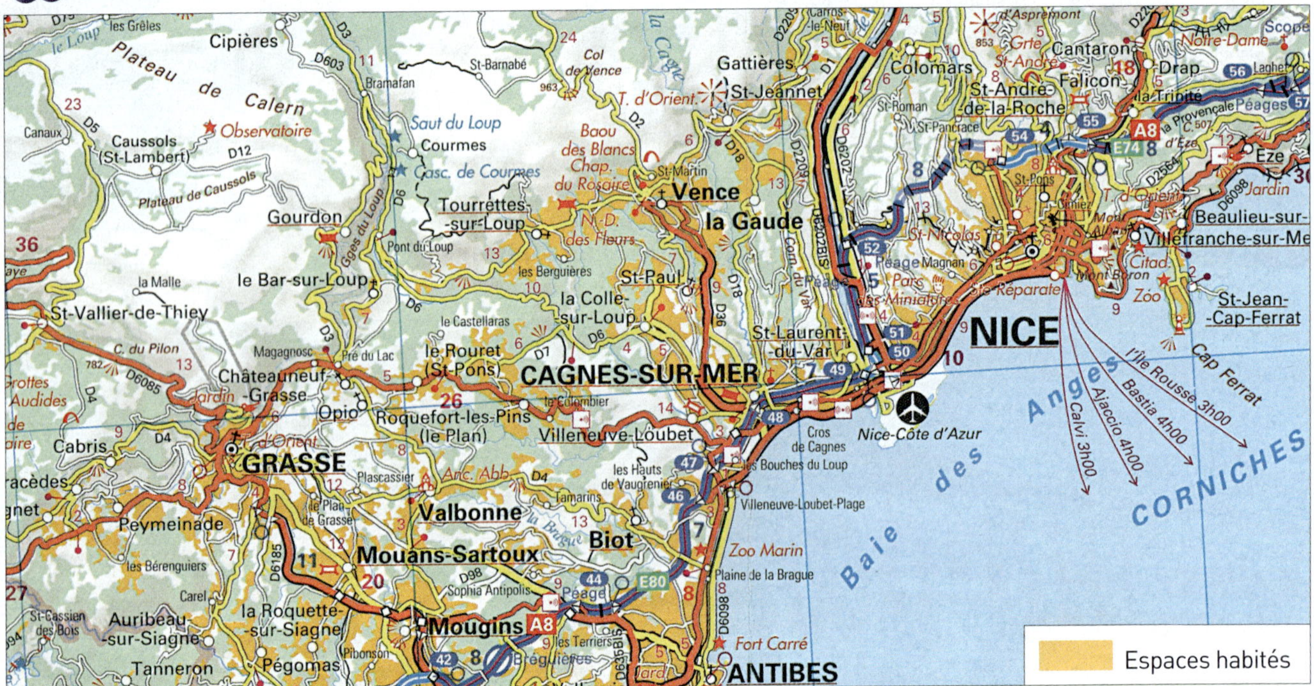

1 **Un littoral urbanisé, un arrière-pays peu peuplé** (carte IGN, 1 cm = 2,5 km)

2 **Des atouts importants**

Près de 10 millions de touristes choisissent chaque année la Côte d'Azur, dont 4 millions la seule ville de Nice. Un tel succès s'explique en partie par le fait que la ville bénéficie d'un climat idéal (3 000 heures de soleil par an), mais aussi par l'accueil réservé à ses visiteurs.

D'après le site Internet de la ville de Nice, www.nice.fr.

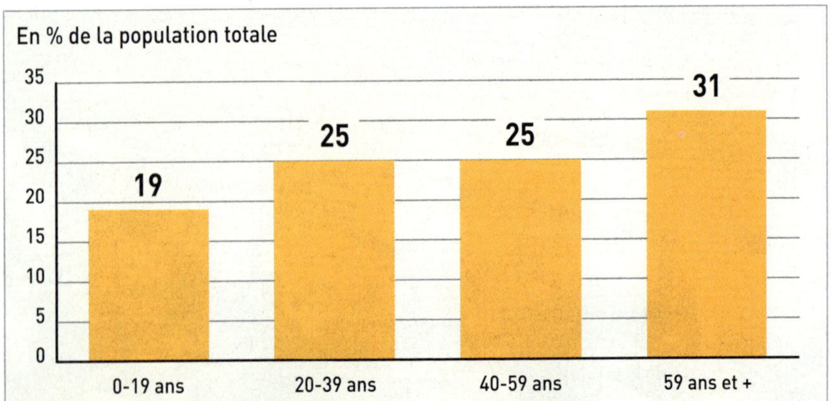

3 **La répartition de la population par âge à Antibes en 2007**

4 Le littoral de la baie des Anges

❶ Nice et son aéroport ❷ L'hippodrome de Cagnes-sur-Mer ❸ Plage aménagée
❹ La marina (habitations et port de plaisance) ❺ Routes littorales ❻ La voie de chemin de fer ❼ Les Alpes

Questions

À imprimer

Je localise

1 **Carte pp. 278-279.** Au bord de quelle mer se situe la baie des Anges ?

2 **Carte p. 216.** Dans quel milieu se situe ce littoral ? Quelles sont les caractéristiques de ce milieu (été et hiver) ?

Je décris et j'explique

3 **Doc 1.** Où se concentre la population ? Pourquoi l'intérieur de la région est-il moins peuplé (voir doc 4) ?

4 **Doc 2.** Quel atout naturel a permis le développement du tourisme ?

5 **Doc 3.** Quelle est la part de population la plus représentée à Antibes ?

6 **Doc 4.** Quelle est la particularité d'une marina ? À qui sont destinés ces logements ?

7 **Doc 4.** Relevez tous les éléments prouvant la présence de nombreux touristes sur ce littoral.

8 **Doc 4.** Observez attentivement la photographie, puis recopiez et complétez le croquis ci-contre.

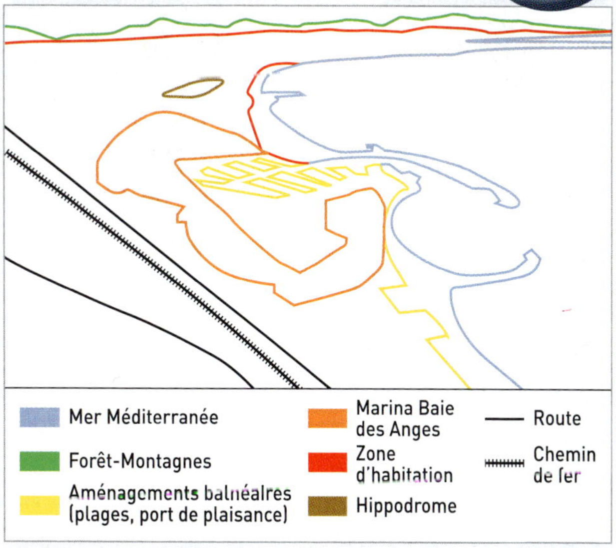

Je conclus

9 Pourquoi dit-on que l'espace littoral est « saturé » ?

Étude de cas

Habiter un littoral touristique : la baie des Anges

B Un littoral fortement aménagé

5 Une plage aménagée à Antibes

6 **Un développement touristique ancien**

Le tourisme est né sur la Côte d'Azur, au XVIIIe siècle, avec le séjour hivernal d'aristocrates anglais puis russes et américains.

Affiche publicitaire de la société PLM, début du XXe siècle.

7 **Aménager pour mieux protéger**

Un constat s'impose : la Méditerranée n'est pas une mer polluée. La bonne qualité de l'eau, la couleur bleu azur, les plages bien entretenues, cette image, c'est le résultat de travaux d'aménagements et d'entretien.

Depuis plusieurs années, les efforts de préservation sont constants : limitation des aménagements littoraux (terrains gagnés sur la mer, endigage...), amélioration du traitement des eaux usées et de leurs rejets en mer, multiplication des zones protégées afin d'éviter la surpêche...

Et, afin de maintenir cette richesse et de prévenir la disparition d'espèces rares, une liste des espèces menacées et/ou protégées a été dressée : la grande nacre, le mérou, la grande cigale, l'oursin diadème...

D'après le site Internet de la ville de Nice, www.nice.fr.

8 Image satellite de la baie des Anges

Image extraite du site Internet Google Maps, http://maps.google.com.

❶ Marina baie des Anges ❷ L'hippodrome de Cagnes-sur-Mer
❸ Port de plaisance de Saint-Laurent-du-Var ❹ L'aéroport de Nice

9 Les chiffres clés de l'activité économique de Nice

- Les recettes touristiques annuelles représentent 30 % des richesses de la ville de Nice.
- 51,2 % des touristes sont étrangers (Italiens, Britanniques et Américains en tête de liste).
- 2e parc hôtelier de France après Paris : un tiers de la capacité hôtelière de la Côte d'Azur est concentré à Nice.
- 20 000 résidences secondaires ont été répertoriées à Nice, soit 10 % environ des logements existants.
- Premier port de croisière de France : 500 000 passagers en escale.
- 2e aéroport de France. Construit sur la mer, d'une superficie de 370 hectares, il héberge 50 compagnies desservant 100 destinations. Il a accueilli près de 10 millions de passagers en 2006.

D'après le site Internet de la ville de Nice, www.nice.fr.

Questions

Je décris et j'explique

1 **Doc 6.** Quand, pour qui et en quelle saison le tourisme s'est-il développé dans la baie des Anges ?

2 **Docs 5, 6 et 9.** Quelles différences constate-t-on aujourd'hui ?

3 **Docs 5 et 8.** Repérez les aménagements réalisés pour favoriser les loisirs liés à la mer.

4 **Docs 1, 4, 8 et 9.** Quelles infrastructures de transports permettent aux touristes de venir sur la côte ?

5 **Doc 9.** Quelle conséquence le tourisme a-t-il sur le nombre de résidences secondaires sur le littoral ?

6 **Doc 7.** Comment les habitants du littoral protègent-ils la mer Méditerranée ?

7 **Doc 7.** Pourquoi le font-ils ?

Je conclus

8 Quels adjectifs permettent de caractériser un littoral touristique ?

Étude de cas

Habiter un littoral industrialo-portuaire : la baie de Houston

Avec plus de 5 millions d'habitants, Houston est la ville la plus peuplée du sud des États-Unis d'Amérique. De part et d'autre de son port, entre la Floride à l'est et le Mexique à l'ouest, le littoral concentre les hommes et de nombreuses activités industrielles et commerciales.

Quelles sont les caractéristiques d'un littoral industrialo-portuaire ?

Vocabulaire

Conteneur : grande caisse métallique servant à transporter les marchandises par bateau, train ou camion.

Exporter : vendre une marchandise à l'étranger.

Importer : acheter une marchandise à l'étranger.

A Un littoral densément occupé et très aménagé

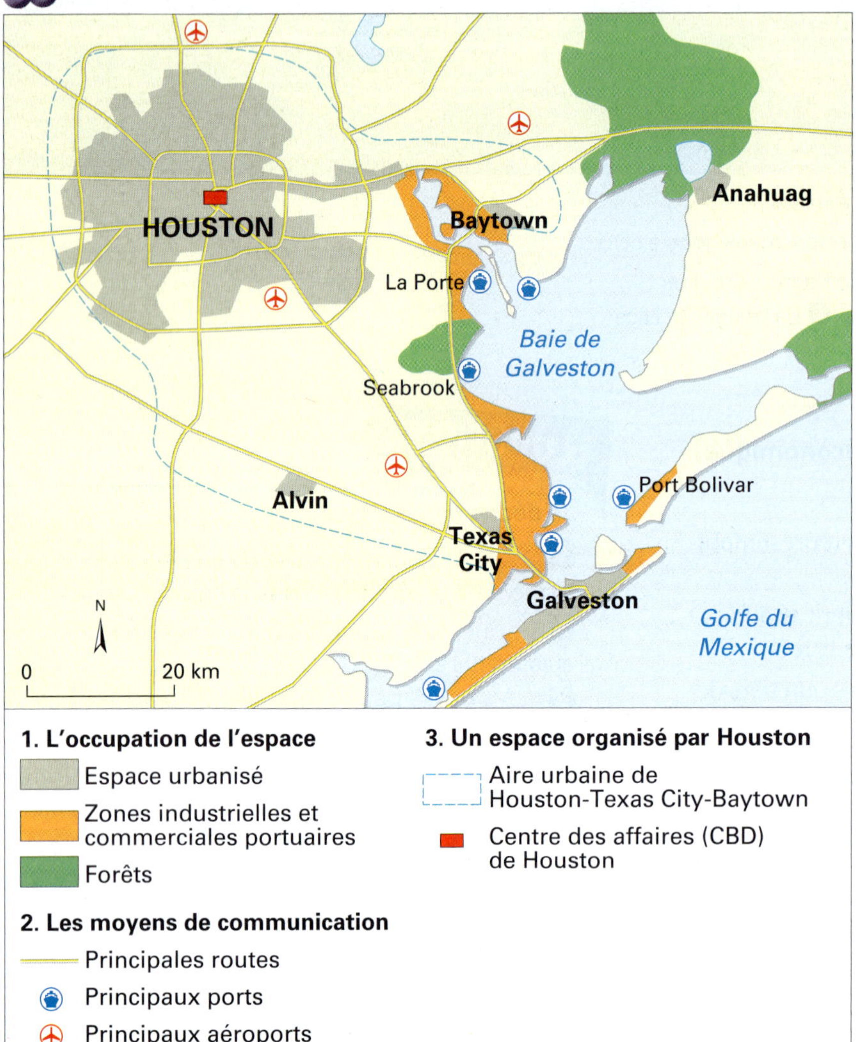

1 La baie de Galveston-Houston : un espace densément peuplé et aménagé

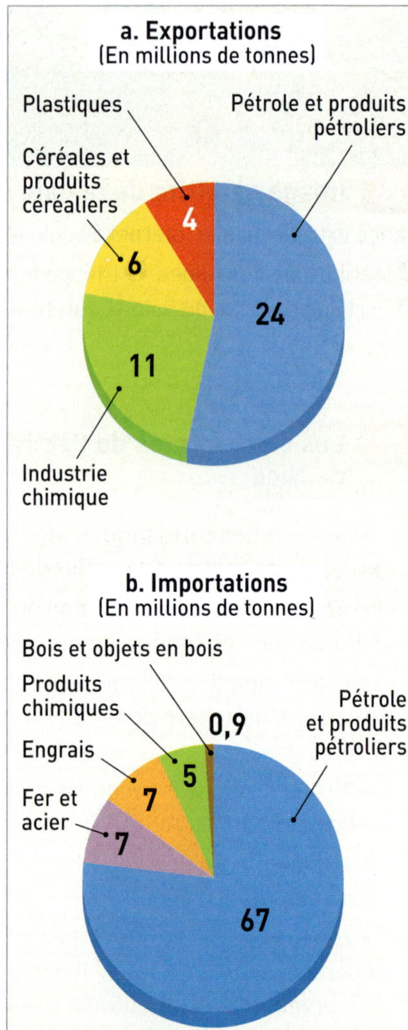

2 Les marchandises échangées dans le port

3 Houston, un port maritime industriel et commercial

① Canal de Houston ② Réservoirs ③ Raffineries ④ Silos à grains ⑤ Hangars et quais à conteneurs ⑥ Pétrolier ⑦ CBD de Houston

Questions

Je localise

1 **Atlas p. 186.** Dans quel climat se situe le golfe du Mexique ?

2 Quels pays se partagent ce littoral ?

3 **Atlas p. 182.** Quel est le niveau de vie de chacun de ces deux pays ?

Je décris et j'explique

4 **Doc 2.** Quelles sont les trois principales marchandises exportées par le port de Houston ? Celles importées ?

5 **Docs 2 et 3.** Quel type d'aménagement correspond à chacune des marchandises dans le port ?

6 **Doc 3.** Où sont situés les bureaux des hommes d'affaires qui gèrent les activités du port ?

7 **Doc 3.** Observez attentivement la photographie puis complétez la légende du croquis ci-contre.

8 **Docs 1 et 3.** Relevez tous les aménagements humains réalisés dans la baie de Houston.

À imprimer

Je conclus

9 Proposez votre définition d'un littoral industrialo-portuaire.

Étude de cas

Habiter un littoral industrialo-portuaire : la baie de Houston

B Un littoral à protéger

4 Atouts et contraintes de la baie de Houston

De la frontière mexicaine au delta du Mississippi, le littoral s'organise sur un même schéma : pour échapper aux cyclones, les ports se sont enfoncés loin vers l'intérieur, et ne communiquent avec la mer que par de longs canaux. Quelques avant-ports comme celui de Galveston s'abritent derrière d'imposantes digues.

Houston est la ville du pétrole ; c'est le principal pôle de raffinage et de pétrochimie du pays, grâce aux multiples ports répartis le long des rives de la baie et du canal de Houston.

Houston s'efforce par ailleurs de concurrencer La Nouvelle-Orléans comme débouché du trafic céréalier des Grandes Plaines.

Tout cela fait de la côte du golfe du Mexique l'une des principales concentrations américaines d'industries.

D'après J. Bethemont, J.-M. Breuil, *Les États-Unis, une géographie régionale*, Masson, Paris, 1996.

5 Vue satellite de la baie de Houston

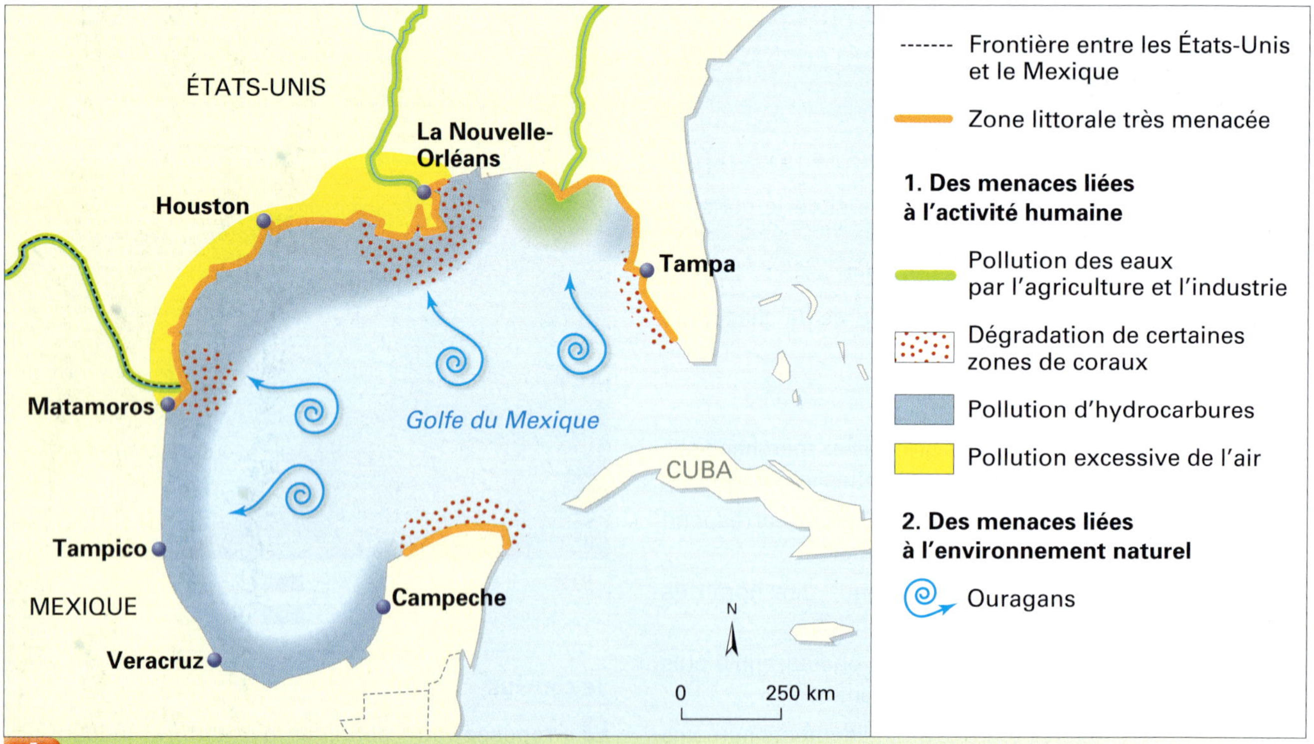

6 Une population et un environnement menacés

7 **Plate-forme pétrolière au large de Campeche, au Mexique**

8 L'ouragan Dolly menace le golfe du Mexique

De violentes rafales et des pluies diluviennes balayaient les côtes du golfe du Mexique à l'approche de l'ouragan Dolly. Avec des vents de 180 km/h, c'est le deuxième ouragan de la saison dans l'Atlantique Nord, et le premier à toucher le golfe du Mexique.

Quelque 35 millions de personnes vivent dans cette région côtière sujette aux ouragans. Environ un quart des installations pétrolières américaines se concentrent dans le golfe du Mexique.

Plusieurs plates-formes pétrolières ont été évacuées. Une alerte ouragan est en vigueur sur les côtes texanes et mexicaines. « Cela ne va pas être une partie de plaisir sur Padre Island ! », bande de terre le long de la côte du Texas, qui abrite plusieurs stations balnéaires, a relevé le directeur du Centre national des ouragans.

D'après l'AFP, 24 juillet 2008.

Questions

Je décris et j'explique

1 **Docs 4 et 8.** Quel risque naturel menace le littoral du golfe du Mexique ?

2 **Docs 4, 7 et 8.** Quelles activités économiques sont menacées par ce risque naturel ?

3 **Docs 4, 5 et 8.** Comment les habitants sont-ils protégés ?

4 **Doc 6.** Quels autres risques menacent le littoral du golfe du Mexique ?

5 **Doc 6.** Quelles menaces concernent directement la santé des habitants ? Lesquelles concernent leur qualité de vie et leur environnement ?

Je conclus

6 Pourquoi peut-on dire qu'un littoral industrialo-portuaire est un espace fragilisé par les hommes ?

Carte

Les littoraux, des espaces

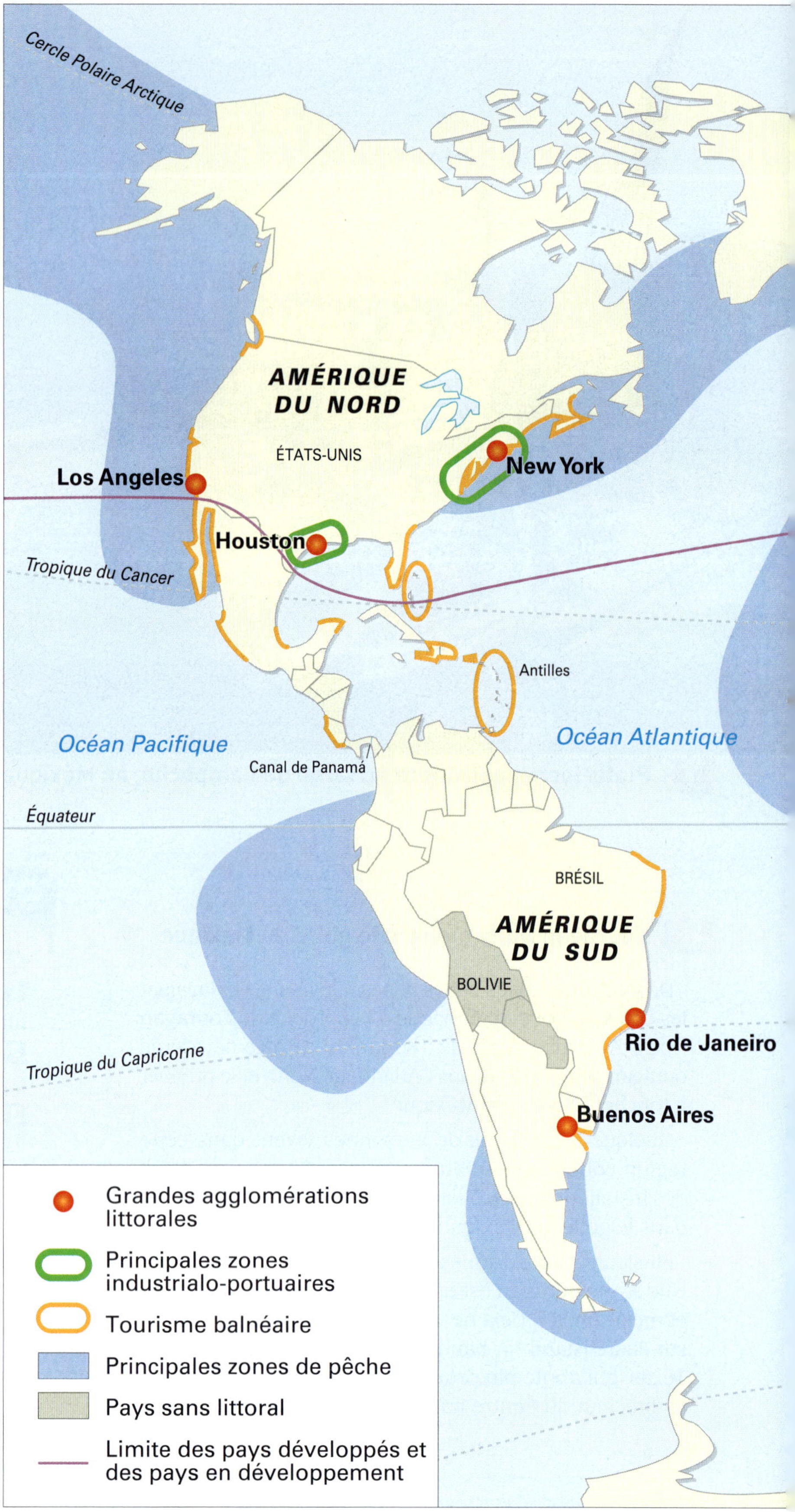

Questions

1 Quels types d'activités se concentrent sur les littoraux ?

2 Pourquoi Suez et Panamà sont-ils des passages stratégiques ?

3 Citez quelques États qui n'ont pas d'accès direct aux littoraux. Quel problème cela pose-t-il ?

très convoités

1

Des littoraux très habités

Que nous ont appris les études de cas ?

A Au contact de la terre et de la mer, les littoraux de la baie des Anges et de Houston sont densément peuplés et urbanisés.

B Dans la baie des Anges comme dans la baie de Houston, les activités économiques sont concentrées sur le littoral.

Qu'en est-il à l'échelle mondiale ?

A Des espaces densément peuplés et urbanisés

1. Aujourd'hui, la moitié de la population mondiale vit à moins de cinquante kilomètres d'un rivage (doc 2). Sur 18 métropoles de plus de 10 millions d'habitants, 12 se trouvent au bord de la mer. L'histoire du peuplement, l'exploitation des ressources de la mer et le développement d'activités économiques expliquent la **concentration croissante des hommes** sur les littoraux (doc 3). Les littoraux les plus intensément occupés correspondent aux principaux foyers de peuplement.

2. Cependant, à l'échelle de la planète, le peuplement des littoraux n'est pas continu. De **nombreux rivages sont vides d'hommes**. Ils correspondent aux principaux déserts humains.

B Des lieux d'activités humaines intenses

1. Le littoral est l'espace de contact, l'**interface** entre la terre et la mer. Il est constitué d'un rivage, d'un avant-pays (en mer) et d'un arrière-pays (sur terre). Les paysages, les aménagements et les activités sont fortement liés à la présence de la mer (doc 1).

2. Les **ports sont au cœur des activités économiques mondiales** puisque les trois quarts des échanges commerciaux se font par bateau. De plus, les littoraux sont la **première destination du tourisme** mondial. Chaque année, des dizaines de millions de touristes choisissent de passer leurs vacances au bord de la mer, dans des **stations balnéaires** (doc 3).

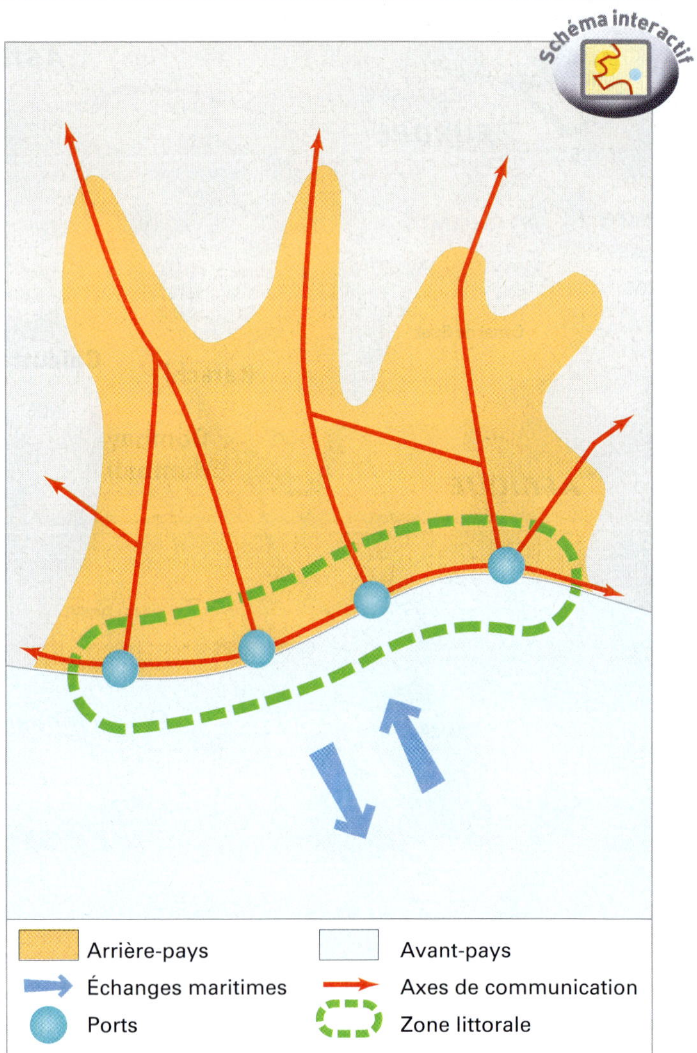

1 **Le littoral : une interface entre terre et mer**

Vocabulaire

Interface : nom féminin. Zone de contact entre deux espaces géographiques différents (terre-mer).
Station balnéaire : ville touristique en bord de mer.
Tourisme : fait de voyager pour son plaisir.

2 La ville du Cap en Afrique du Sud (plus de 3 millions d'habitants)

Quels aménagements les hommes ont-ils réalisé sur ce littoral ?

1. Parcs à huîtres et cultures d'algues
2. Sablière : exploitation de sable
3. Port industriel : docks, terminal, entrepôts, raffinerie
4. Ville et activités industrielles
5. Port de pêche traditionnel
6. Camping
7. Station balnéaire : port de plaisance, plage artificielle

3 Le littoral : un espace qui concentre les hommes et leurs activités

2 Des espaces profondément transformés

Que nous ont appris les études de cas ?

A La baie de Houston est aménagée pour permettre les activités industrielles et portuaires.

B La baie des Anges offre de nombreux aménagements pour accueillir les touristes.

Qu'en est-il à l'échelle mondiale ?

A Habiter un littoral industriel et portuaire

1. Dans les ports, les hommes ont aménagé d'immenses zones industrialo-portuaires ; on y **importe** des produits bruts (pétrole, minerais…) et on y **exporte** des produits fabriqués (automobiles, matériel électronique…). Ces zones occupent de vastes espaces : voies d'accès, bassins, quais spécialisés pour le chargement et le déchargement, zones de stockage des marchandises, grues mais aussi usines et bureaux.

2. Lorsqu'il n'y a plus d'espace disponible, il faut en gagner sur la mer. Les **polders** (doc 1a), **terre-pleins** (doc 1b) ou **îles artificielles** (doc 1c) supportent ainsi des aménagements de transport, des bureaux, des usines et même des immeubles d'habitation, hôtels ou parcs d'attractions (doc 2).

B Habiter un littoral touristique

1. Créées parfois de toutes pièces pour accueillir les touristes, les **stations balnéaires** transforment profondément le paysage littoral. Elles exigent **d'importants aménagements urbains** (logements, hôtels, campings, commerces) et portuaires (port de plaisance, **marinas**). Les équipements de sports et de loisirs (piscines, golfs…) occupent également beaucoup d'espace (doc 3).

2. Autoroutes, aéroports et voies ferrées ont également une forte emprise dans ces paysages littoraux car les vacanciers demandent des moyens de communication rapides pour atteindre les stations.

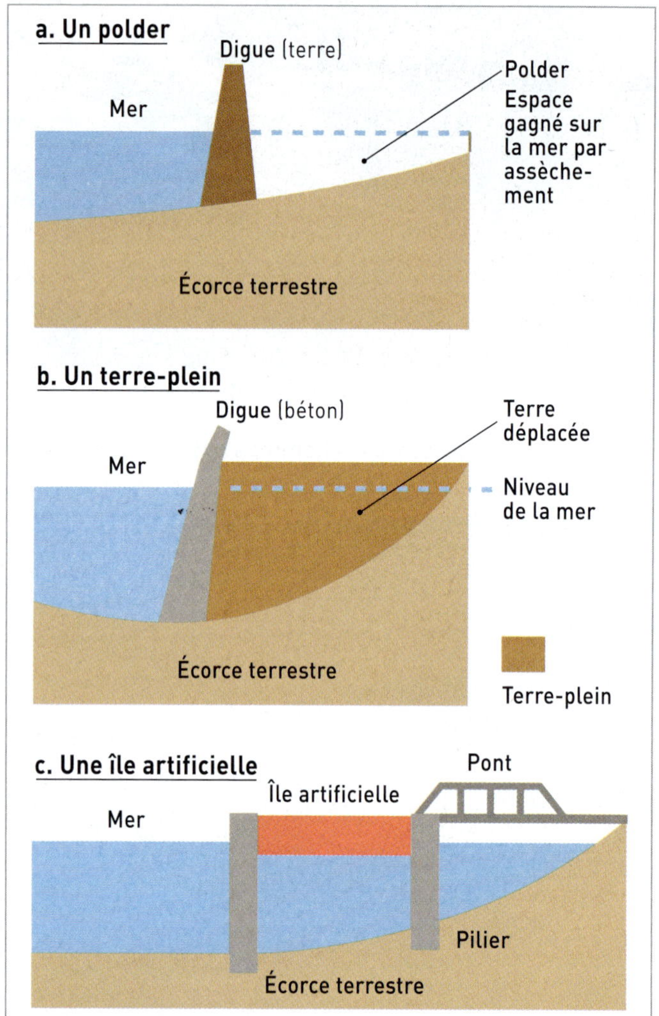

1 Gagner de l'espace sur la mer

Comment a-t-on conquis des terres sur la mer ?

Vocabulaire

Exporter : vendre une marchandise à l'étranger.
Importer : acheter une marchandise à l'étranger.
Marina : ensemble de logements directement accessibles par bateau car incluant un port.

2 L'aéroport d'Osaka-Kobe au Japon

L'île artificielle de 511 hectares sur laquelle est installé l'aéroport a été créée avec la terre provenant de trois montagnes entièrement rasées à cette occasion. Elle est reliée à la côte par un pont de 3,5 km de long.

3 Monastir (en Tunisie), une station balnéaire sur le littoral méditerranéen

3 Des littoraux en danger ?

Que nous ont appris les études de cas ?

A Dans la baie des Anges comme dans la baie de Houston, les littoraux sont des espaces très convoités par des habitants qui n'ont pas les mêmes préoccupations.

B Les littoraux, qu'ils soient touristiques comme dans la baie des Anges ou industrialisés comme dans la baie de Houston, sont des espaces fragilisés par les activités des hommes.

Qu'en est-il à l'échelle mondiale ?

A Des habitants en conflit

1. Pêcheurs, industriels, plaisanciers, résidents, touristes... : les habitants permanents ou occasionnels des littoraux n'ont pas tous les mêmes besoins et les mêmes intérêts. De **véritables conflits** peuvent alors naître entre les différents usagers du littoral (doc 3).

2. Les paysages littoraux constituent, pour certains usagers, **un patrimoine à conserver**. Or, l'urbanisation massive, la construction de plages artificielles ou le creusement de nouveaux bassins pour les voiliers des plaisanciers peuvent aboutir à un véritable « bétonnage » du littoral et « défigurer » le paysage (doc 2).

B Des risques majeurs

1. L'urbanisation et l'industrialisation s'accompagnent de **rejets d'eaux polluées**. Les aménagements portuaires modifient les courants marins et créent de nouveaux phénomènes d'**érosion** (doc 4). Le développement des transports maritimes provoque des pollutions par les **hydrocarbures** ; les **marées noires** perturbent durablement les milieux naturels des littoraux.

2. Il est donc urgent de trouver **un équilibre** entre les aménagements des littoraux et leurs conséquences sur l'environnement (doc 1). Dans les pays développés, des **réglementations** se mettent progressivement en place pour mieux respecter les paysages littoraux (doc 1). La situation est plus complexe dans les pays en développement.

1 Le Pavillon bleu : un label international

Le Pavillon bleu, qui fête ses vingt ans, est remis aux plages et marinas respectant l'environnement.

Vocabulaire

Érosion : usure et transformation du relief par l'eau, le vent, la glace.

Hydrocarbures : produits composés uniquement de carbone et d'hydrogène comme le pétrole ou l'essence.

Patrimoine : ensemble des richesses que nous ont laissées nos ancêtres.

2 **Un littoral bétonné en Espagne : la ville de Calpe**

3 Saint-Tropez en France : un littoral convoité

Le bruit causé par les hélicoptères survolant le golfe de Saint-Tropez provoque la colère des habitants qui menacent de bloquer la ville début août si les autorités n'interviennent pas pour endiguer ce qu'ils qualifient de fléau. Face aux incessantes rotations, l'association Halte Hélico réclame le respect de la loi sur le bruit et le suivi de l'arrêté préfectoral sur les rotations. (...) « Si d'ici quinze jours nos revendications ne sont pas satisfaites, nous engagerons des actions plus musclées et nous irons jusqu'au blocage de Saint-Tropez », a déclaré le président de l'association, Jean-Claude Molho. Au cours d'une réunion de riverains, ce dernier a affirmé que « 325 survols ont été comptabilisés entre le 9 et le 14 juillet, avec un record le 13 juillet : un vol toutes les sept minutes entre 7 heures et 21 heures. »

Iza Zmirli, *Le Point*, 18 juillet 2008.

1 Quel est le problème des habitants de Saint-Tropez ?

2 Comment interviennent-ils pour essayer de le régler ?

4 **Dégradation du littoral au Togo**

Exercices

Je révise

1 Je sais définir les mots clés

Associez chacun des mots clés ci-dessous à sa définition.

1. Station balnéaire
2. Interface
3. Marina
4. Tourisme
5. Importer

A. Acheter une marchandise à l'étranger.
B. Zone de contact entre deux espaces géographiques différents (terre-mer).
C. Ville touristique en bord de mer.
D. Fait de voyager pour son plaisir.
E. Ensemble de logements directement accessibles par bateau car incluant un port.

2 Je sais repérer les aménagements d'un littoral industrialo-portuaire

Associez chacun des numéros indiqués sur la photographie au nom de l'aménagement cité dans la liste ci-dessous :

Ville – Industries – Quai pour les conteneurs – Port de plaisance – Voies de circulations terrestres desservant le port

Le littoral de Gênes, en Italie

Je m'entraîne

3 Je réalise le croquis d'un littoral touristique

Le littoral de Malaga en Espagne

1. Identifiez les différents espaces du paysage.
2. Coloriez chaque espace du croquis.
3. Construisez la légende de votre croquis.
4. Donnez un titre à votre croquis.

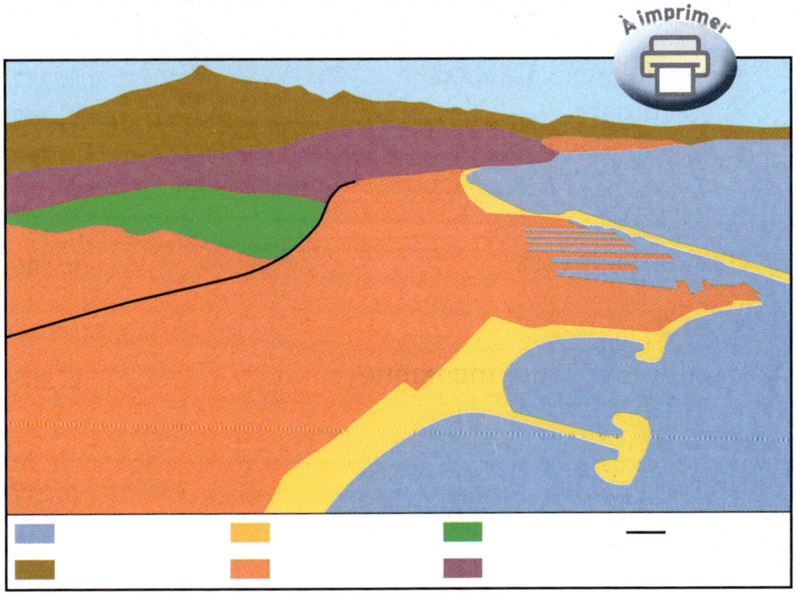

Chapitre 16

Habiter des espaces à fortes contraintes

Certains milieux naturels rendent la vie des hommes très difficile. Pourtant, les territoires qui s'y trouvent sont habités et aménagés.

➤ ***Comment les hommes s'adaptent-ils à ces contraintes ?***

PLAN DU CHAPITRE

1 Nomades dans le désert du Sahara

2 L'île de Rarotonga dans l'océan Pacifique

Étude de cas

Habiter le Sahara

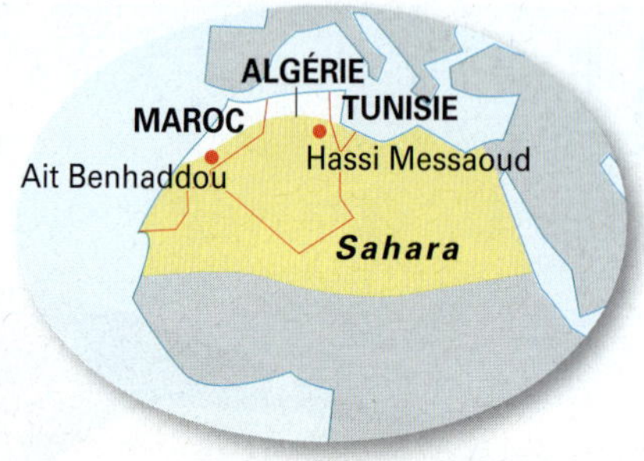

Le Sahara est l'un des plus grands déserts de la zone chaude : 8 millions de km² de sables et de cailloux s'étendent de l'océan Atlantique (à l'ouest) à la mer Rouge (à l'est). Malgré les fortes contraintes liées à l'aridité, des hommes y vivent.

Comment les hommes s'adaptent-ils à la vie dans le Sahara ?

Vocabulaire

Aridité : manque d'eau.

Nomade : personne qui n'a pas d'habitat fixe.

Oasis : dans le désert, lieu où la présence d'eau rend possible l'agriculture.

Sédentaire : personne qui a un habitat fixe.

A Où vivent les habitants du Sahara ?

1 Hassi Messaoud (53 000 habitants), une grande ville dans le Sahara algérien

Le sous-sol d'Hassi Messaoud est riche en pétrôle. Il contient aussi de l'eau à 1300 m. de profondeur.

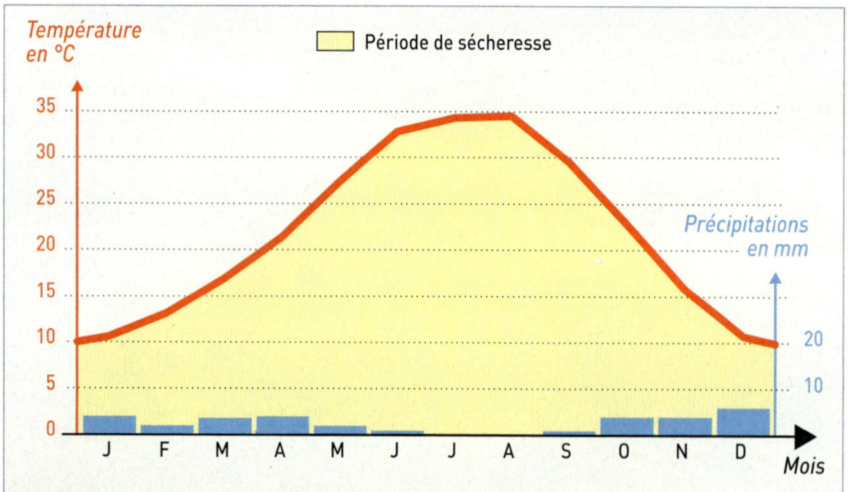

3 Le climat à Hassi Messaoud

2 Les Touaregs, habitants du désert

Maintenant, en 2008, comme beaucoup de Touaregs de sa tribu et des tribus voisines, la famille d'Abdallah a un pied nomade dans les montagnes où pâturent ses chameaux et ses chèvres, et un pied sédentaire au village de Tagmart où elle a troqué la hutte en roseaux contre une maison en dur.

Le village est électrifié ; on possède un réfrigérateur, la télévision et le téléphone portable. Les enfants, garçons et filles, vont à l'école du village et lorsqu'ils sont plus grands, poursuivent leurs études à Tamanrasset[1]. Abdallah, qui circule en 4x4 entre son village et Tamanrasset, s'est fait construire un minuscule logement à Tamanrasset, ce qui évite à son fils aîné d'être pensionnaire.

D'après Odette Bernezat, *Campements Touareg – Moments de vie avec les nomades du Hoggar*, Glénat, 2008.

1. Tamanrasset : ville située à une trentaine de kilomètres.

4 Habiter l'oasis d'Ait Benhaddou dans le Sahara marocain

❶ Le village ❷ L'oued (cours d'eau temporaire) ❸ Les cultures ❹ Le desert et les montagnes désertiques

Questions

Je localise

1 **Carte p. 303.** Quel climat correspond au Sahara ?

2 **Atlas p. 178.** Cette région est-elle très peuplée ?

Je décris et j'explique

3 **Doc 3.** Quelle est la principale contrainte du climat aride pour les hommes ?

4 **Doc 1.** Combien la ville compte-t-elle d'habitants ? Comment est-ce possible en plein désert ?

5 **Doc 1.** Quels sont les principaux éléments du paysage ? Sont-ils particuliers à cette ville du désert ?

6 **Doc 2.** Où habite la famille d'Abdallah ? Quel est son mode de vie aujourd'hui ? Comment vivait-elle autrefois ?

7 **Doc 4.** Pourquoi les hommes ont-ils choisi de s'installer ici ?

8 **Doc 4.** Observez attentivement la photographie. Identifiez les différents éléments du paysage. Complétez la légende puis coloriez le croquis ci-contre.

À imprimer

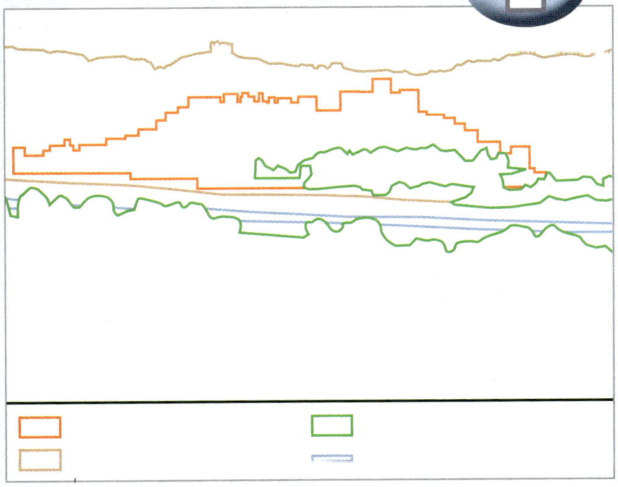

Je conclus

9 Quel est l'élément naturel indispensable à la vie des hommes dans le Sahara ?

Habiter le Sahara

B Pourquoi ces hommes vivent-ils dans le Sahara ?

5 Cultiver la terre dans une oasis

6 Vivre du tourisme

L'oasis de Douz, dans le Sud tunisien, ouvre une grande porte touristique sur le Sahara. Ici, les hôtels s'alignent non pas en front de mer mais en front de désert. Au début du siècle, il y avait là quelques bâtiments et une population essentiellement nomade. À présent, 27 000 habitants, tous sédentaires. (...)

Au coucher du soleil, les derniers touristes déguisés en Bédouins descendent de leurs dromadaires, ravis. Le désert se vide. Restent les sacs en plastique et un quad tonitruant.

Sylvie Briet, *Libération*, 20 mai 2006.

7 Vivre grâce au pétrole

En septembre 2006, le gouvernement algérien a décidé de déplacer la population de l'actuelle ville d'Hassi Messaoud pour l'éloigner des champs d'exploitation pétrolière et des risques associés : explosion, incendie avec pollution... La nouvelle ville d'Hassi Messaoud, située à 70 km de la ville actuelle, comptera une importante zone d'habitation destinée à quelque 80 000 habitants avec une zone résidentielle de logements individuels et une zone de logements collectifs.

Dans cette région désertique mais riche en ressources en eaux souterraines, un intérêt particulier a été donné aux questions d'environnement. Le 28 décembre 2008 a été lancée la plantation d'une véritable barrière verte pour protéger la nouvelle ville contre les vents du sud ; elle s'étendra sur 6 km de longueur et 500 m de largeur.

El Watan, 29 décembre 2008.

8 Vivre des productions agricoles traditionnelles : les dattes

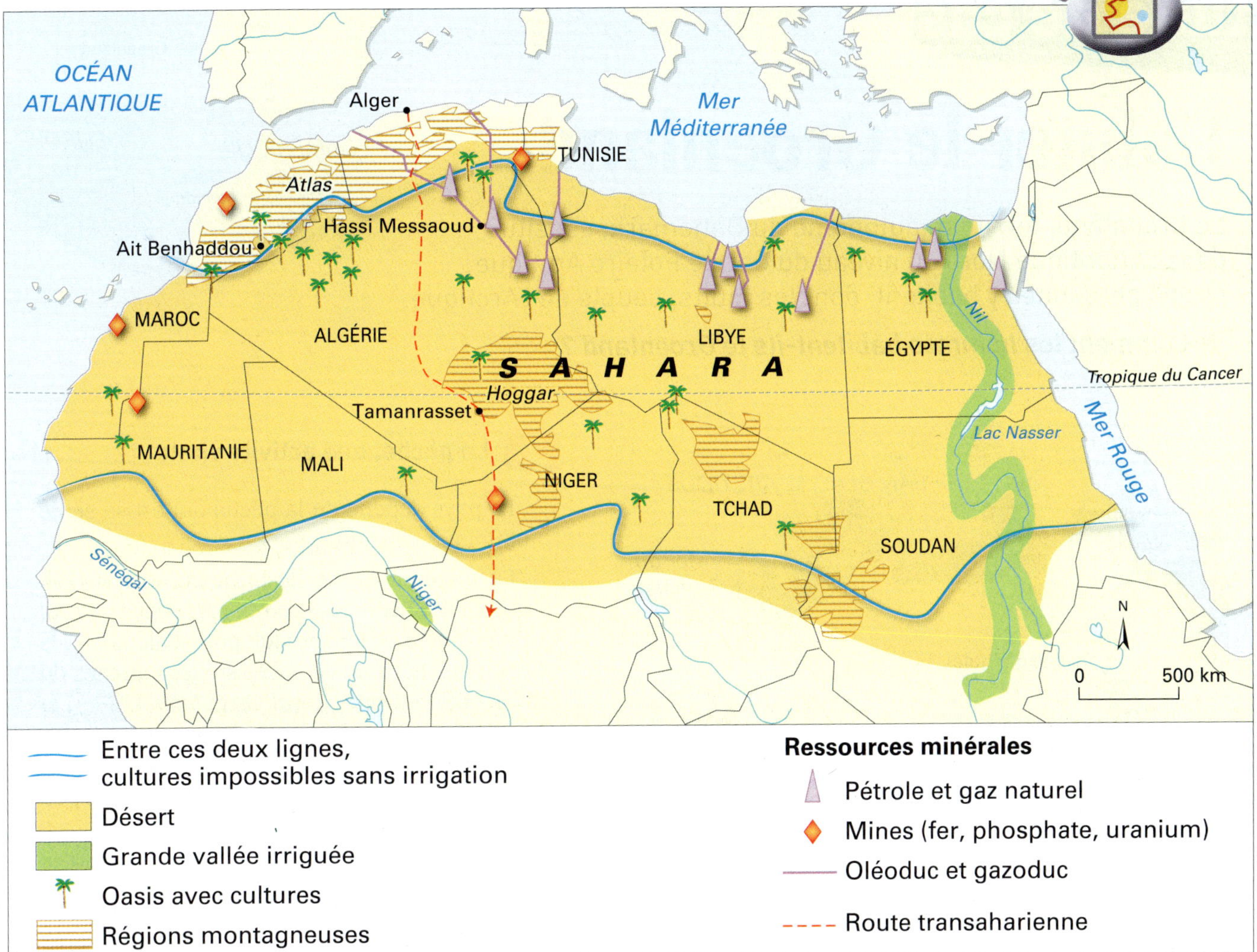

9 **Le Sahara, un désert riche en ressources**

10 La nouvelle vie des Touaregs

Abdallah gagne actuellement sa vie comme guide touristique (chameau et/ou voiture), tout en louant épisodiquement sa voiture et ses chameaux. Il dit qu'il n'est bien que dans le désert…

À son image, beaucoup de Touaregs dans le Hoggar vivent ainsi, tout au moins ceux qui sont aux alentours des agglomérations. Pas forcément du tourisme, mais certainement d'un contrat de travail (chantier, bâtiment, recherche minière). Ils adoptent ce qu'offrent le monde moderne, les progrès technologiques et l'évolution sociale. Chacun s'adapte selon ses moyens, mais bien peu oublient le savoir vivre propre au désert.

D'après Odette Bernezat, *Campements Touareg – Moments de vie avec les nomades du Hoggar*, Glénat, 2008.

Questions

Je décris et j'explique

1 **Docs 5 et 8.** Quelle activité les hommes pratiquent-ils dans les oasis ? Grâce à quoi est-elle possible ?

2 **Doc 6.** Quelle autre activité se développe dans les oasis ? Quelle en est la principale conséquence pour les habitants ?

3 **Doc 7.** Pourquoi la ville d'Hassi Messaoud va-t-elle être déplacée ?

4 **Doc 7.** Quelle contrainte climatique doit être surmontée ?

5 **Doc 9.** Trouvez au moins trois types de richesses exploitées par les hommes dans le Sahara.

6 **Doc 10.** Quels métiers exercent les Touaregs comme Abdallah ? Quels éléments leur rendent la vie plus facile aujourd'hui ?

7 **Doc 10.** Sont-ils complètement satisfaits de cette « nouvelle vie » ?

Je conclus

8 Comment les hommes habitent-ils le Sahara aujourd'hui ?

9 Montrez que leur façon de vivre est adaptée aux contraintes du désert.

Étude de cas

Habiter le Groenland

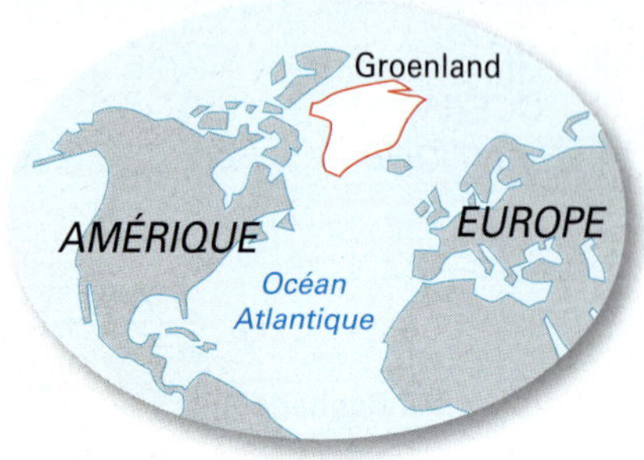

Le Groenland, territoire autonome du Danemark, est situé dans l'Atlantique Nord au niveau du Cercle Polaire Arctique. 56 000 personnes y habitent, dont les Inuits, peuple de l'Arctique.

Comment les hommes habitent-ils le Groenland ?

1 Le Groenland

Vocabulaire

Banquise : mer gelée sur quelques mètres d'épaisseur.
Inlandsis : épaisse couche de glace couvrant les terres.
Inuits : peuple du Groenland et des régions polaires de l'Amérique.

2 La pêche, une activité vitale

Le pays dépend de la pêche qui est sa seule et unique ressource.

La majeure partie de la pêche industrielle groenlandaise est gérée par la société *Royal Greenland A/S*. Elle produit principalement des crevettes qui sont écoulées sur les marchés du nord de l'Europe. *Royal Greenland A/S* est le premier groupe du monde pour le commerce des crevettes des eaux froides. La pêche et les industries qui en dépendent fournissent un peu plus de 6 500 emplois.

D'après le site Internet du ministère des Affaires étrangères du Danemark : www.um.dk/en.

3 Le mode de vie des Inuits hier et aujourd'hui

	HIER	AUJOURD'HUI
Habitat	Igloo	Maison de bois
Mode de vie	Nomade, déplacement avec les troupeaux	Sédentaire
Transport	Kayak, traîneau	Bateau à moteur, scooter des neiges
Activité de subsistance	Pêche, chasse, troc	Travail salarié (commerce, industrie, administration)
Alimentation	Phoque bouilli, graisse crue, algues crues, poissons	Nombreux produits d'importation, mode de consommation occidentale, alcool
Exploitation des ressources	Le juste nécessaire aux besoins des familles	Industries de pêche et minières

D'après J.-D. Porée et Y. Alphandari, *À la découverte des pôles*, Flammarion, Paris, 2003.

4 Le port de Ilulissat, à l'ouest du Groenland

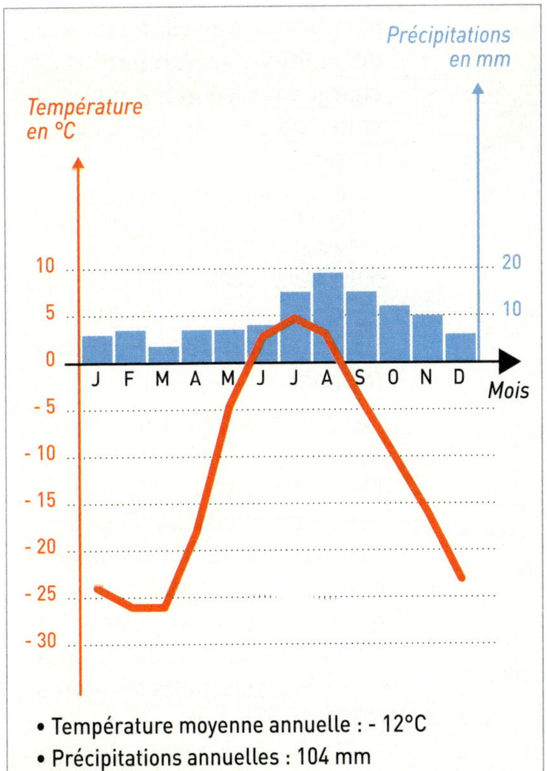

5 Le climat à Qaanaaq (Thulé)

Questions

Je localise

1 **Carte p. 303.** Indiquez quel est le climat du Groenland.

2 **Atlas p. 178.** Le Groenland est-il très peuplé ? Comment s'appelle ce type de région ?

Je décris et j'explique

3 **Docs 4 et 5.** À quelle contrainte la population doit-elle faire face ? Quels obstacles rendent sa vie difficile ?

4 **Doc 4.** En vous aidant du document 1, dites à quelle saison la photographie a été prise.

5 **Docs 1, 2 et 4.** Où la population habite-t-elle ? Pourquoi ?

6 **Doc 3.** À l'aide de trois exemples, montrez comment les Inuits d'hier s'étaient adaptés aux contraintes naturelles.

7 **Doc 3.** Quels sont d'après vous les avantages et les inconvénients de la vie moderne pour les Inuits d'aujourd'hui ?

8 **Docs 2, 3 et 4.** Quels métiers les populations locales peuvent-elles exercer ?

Je conclus

9 Ivanut, jeune Inuit d'Ilulissat, envoie à son correspondant grec Stavros un courriel dans lequel il lui explique comment il vit (milieu climatique, alimentation, activités…). Rédigez le message pour lui.

Étude de cas

Habiter l'Himalaya

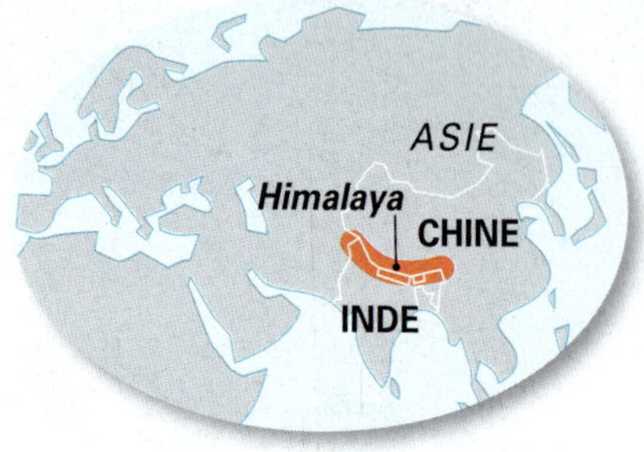

L'Himalaya est la plus haute chaîne de montagne du monde ; elle culmine à plus de 8 000 mètres d'altitude avec le mont Everest. Dans cette région, les hommes doivent faire face à des contraintes majeures : l'altitude, les pentes et le froid.

Comment les hommes habitent-ils cette haute montagne ?

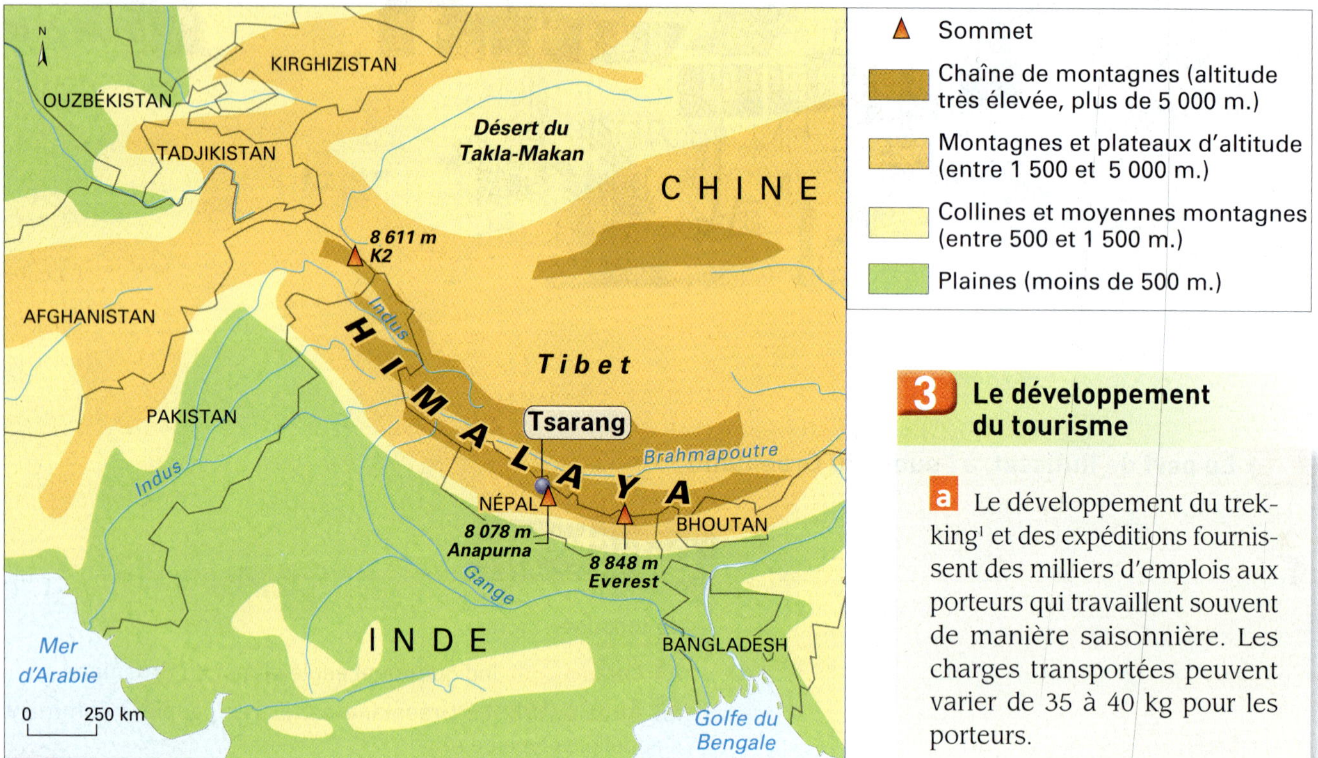

1 L'Himalaya

2 Des villages coupés du monde

Les villageoises doivent tous les jours couvrir des kilomètres, descendre et remonter des pentes raides pour s'approvisionner en eau, en bois et en fourrage[1]. Une ou deux fois par an, les paysans se rendent au marché le plus proche, souvent situé à des dizaines de kilomètres, pour acheter du sel, de l'essence, de l'huile de cuisson et des tissus. Les malades incapables de marcher doivent être transportés dans des hottes (*dhoko*) jusqu'à l'hôpital qui se trouve généralement à quatre ou cinq jours de marche.

Ce transport est souvent assuré par des porteurs professionnels, les *bhariya* ou *dhakray* qui pratiquent ce dur métier depuis des siècles. Ils sont recrutés parmi les familles paysannes les plus pauvres.

D'après C. et G. Busquet, *Népal*, Arthaud, Paris, 2001.

1. Fourrage : plante servant à nourrir le bétail.

3 Le développement du tourisme

a Le développement du trekking[1] et des expéditions fournissent des milliers d'emplois aux porteurs qui travaillent souvent de manière saisonnière. Les charges transportées peuvent varier de 35 à 40 kg pour les porteurs.

C. et G. Busquet, *Népal*, Arthaud, Paris, 2001.

1. Trekking : randonnée pédestre en haute montagne.

b La charte de Katmandou (Népal)

Il existe un besoin urgent de protéger l'environnement, l'héritage culturel et la dignité des populations locales. Évitons d'utiliser le bois de chauffe pour ne pas contribuer au déboisement. Pour la gestion des déchets, brûlons ce qui peut l'être, et remportons les autres déchets.

D'après É. Valli, A. de Sales, *Himalaya*, La Martinière, Paris, 2001.

4 **Le village de Tsarang à 3 850 m d'altitude**

Questions

À imprimer

Je localise

1 **Docs 1 et 4.** Dans quel pays se situe le village de Tsarang ?

2 **Atlas p. 182.** Quel est le niveau de développement de ce pays ?

Je décris et j'explique

3 **Doc 4.** Où le village est-il situé par rapport aux versants de la montagne ? Par rapport au torrent ?

4 **Docs 2 et 4.** Quels éléments montrent l'isolement des villages ?

5 **Doc 3a.** Quel nouveau métier est apparu récemment ? Grâce à quoi ?

6 **Doc 3b.** Quels sont les inconvénients du développement du tourisme pour les habitants ?

7 **Doc 4.** Identifiez les différents éléments qui composent ce paysage. Construisez la légende puis coloriez le croquis ci-contre.

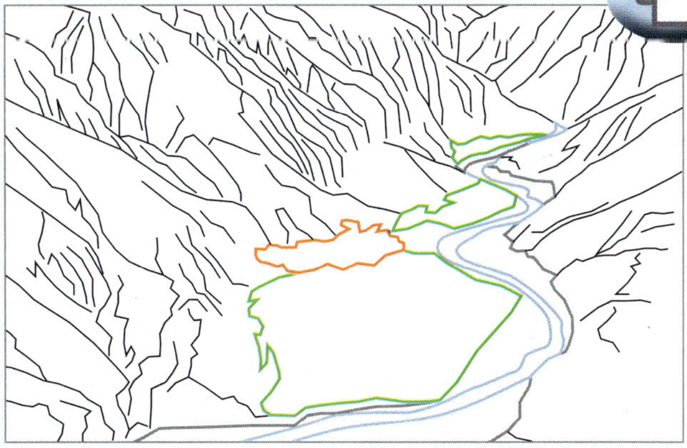

Je conclus

8 Répondez aux questions suivantes en rédigeant à chaque fois une phrase : quelles contraintes les hommes doivent-ils surmonter pour vivre dans l'Himalaya ? Comment les hommes s'y sont-ils adaptés ? Quelles sont leurs activités ?

Étude de cas

Habiter l'île de Groix

Située au sud de la Bretagne, au large de la ville de Lorient, l'île de Groix s'étend sur 8 kilomètres de long et 3 kilomètres de large. Elle compte un peu plus de 2 000 habitants.

La vie dans l'île est-elle contraignante ?
Le développement de nouvelles activités modifie-t-il la vie sur l'île ?

Vidéo

A À quelles contraintes doivent s'adapter les habitants ?

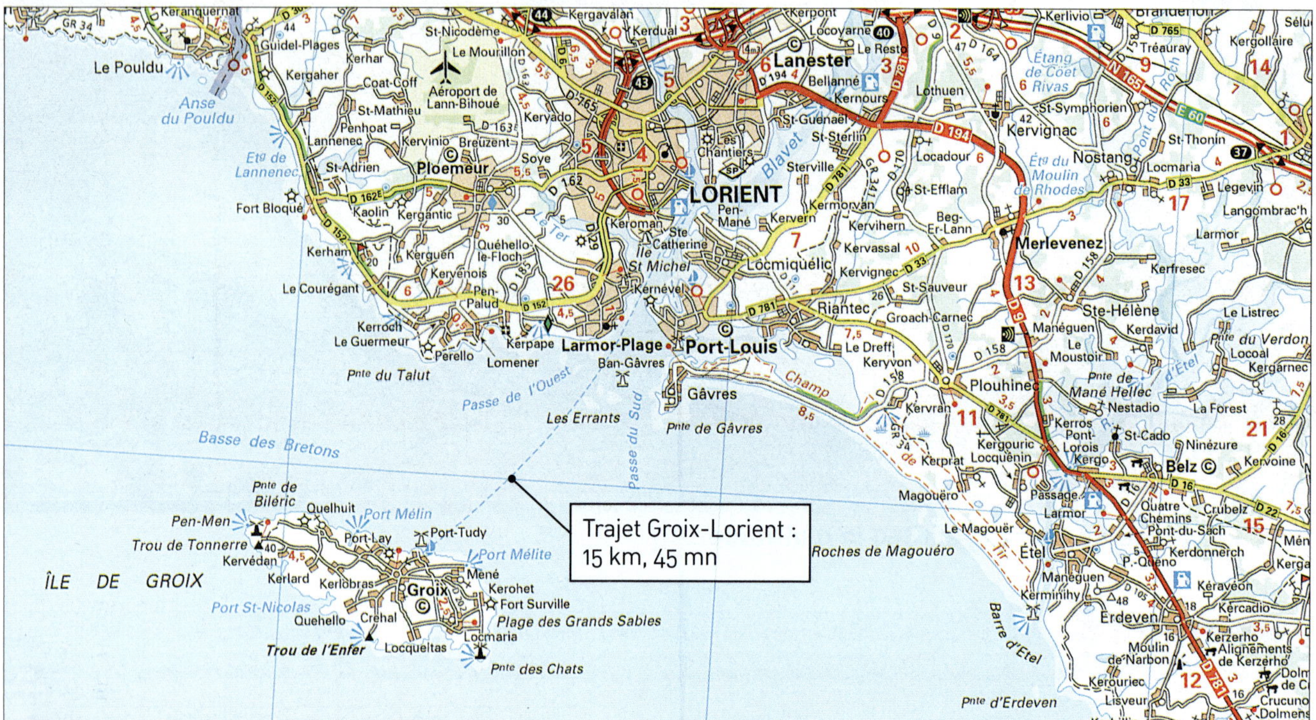

1 Groix et ses environs (1 cm = 2 km)

2 La rentrée scolaire au lycée pour les jeunes Groisillons

Hier matin à 7 heures, sur les quais de Groix, une certaine émotion a saisi quelques jeunes et leurs parents. Ils partaient en bateau pour neuf mois d'internat. Il faisait nuit. Il pleuvait. La mer s'annonçait bien agitée. C'était, somme toute, un temps de rentrée pour les jeunes Groisillons qui ont rejoint, hier, le continent, pour entrer en classe de seconde dans les lycées lorientais. Laura, Fiona, Marjorie, Raphaël... Un seul point de mire dans les yeux : les internats lorientais qui les hébergeront durant cette année scolaire.

Le Télégramme de Brest, 3 septembre 2008.

3 Les conséquences d'une tempête

La compagnie maritime Penn ar Bed a décidé de ne pas assurer ses liaisons avec les îles de Sein*, Molène* et Ouessant* dont les habitants se trouvent ainsi isolés pour la journée de dimanche, de même que la Société morbihannaise de navigation qui a interrompu ses rotations vers Groix, Belle-Île-en-Mer*, Houat* et Hoëdic*. De son côté, la compagnie Brittany Ferries a annulé sa liaison entre Cherbourg et Poole.

20 Minutes, 9 décembre 2007.

*Autres îles bretonnes.

4 Le village de Locmaria

Questions

Je localise

1 **Carte p. 303.** Dans quel climat se situe l'île de Groix ?

2 **Doc 1.** Combien de kilomètres séparent l'île de Groix de Lorient ? Quelle est la durée du trajet ?

Je décris et j'explique

3 **Doc 2.** Pour quelle raison ces lycéens sont-ils internes ?

4 **Doc 3.** En quoi cette tempête est-elle particulièrement gênante pour les habitants de l'île ?

5 **Doc 4.** Quel est le principal aménagement visible au premier plan ? Pourquoi est-il indispensable pour les habitants de l'île ?

6 **Doc 4.** Où sont regroupées les maisons du village ? Pourquoi ?

7 **Doc 4.** D'après la photographie, à quelle activité économique se consacre une partie des habitants ?

8 **Doc 4.** Identifiez les différents éléments qui composent le paysage. Construisez la légende puis coloriez le croquis.

À imprimer

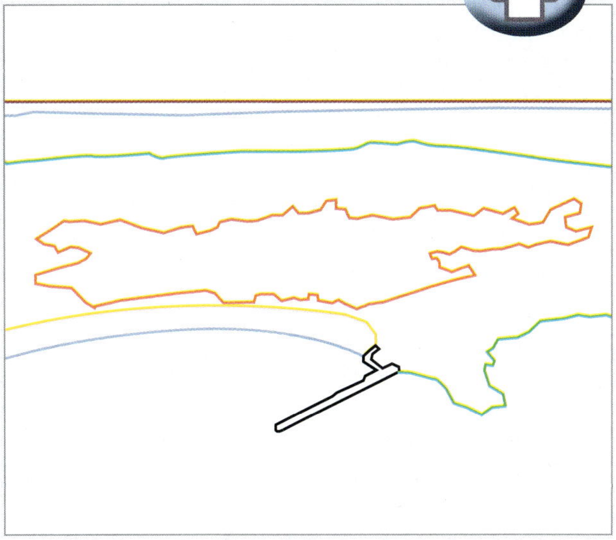

Je conclus

9 Quelle est la contrainte majeure lorsque l'on vit sur une île ?

Habiter l'île de Groix

B Quelles évolutions modifient la vie des habitants de Groix ?

5 L'évolution des activités portuaires

Groix a été le premier port français d'armement[1] au thon germon (thon blanc) (...).

Les nombreux thoniers (...) débarquaient leur pêche sur l'île où étaient installées les conserveries[2].

Les cinq conserveries de Port-Tudy, Loctudy et Port-Lay ont fermé leurs portes les unes après les autres.

Désormais, la plupart des marins groisillons sont embarqués sur des navires lorientais.

Aujourd'hui, les bateaux de plaisance ont remplacé les navires armés à la pêche à Loctudy et aussi dans les autres anses abritées de l'île.

Site Internet de l'île de Groix : www.ile-de-groix.com

1. Port d'armement : port de départ des bateaux de pêche.
2. Conserverie : fabrique de conserves.

6 Les conséquences de l'essor du tourisme

Ce n'est pas facile de trouver à se loger sur l'île. Les locations ne se font guère à l'année, la saison[1] suffit aux propriétaires. Le prix des maisons est élevé et ne cesse d'augmenter depuis quelques années.

La population de l'île diminue chaque année un peu plus. Le dernier recensement compte 2 275 personnes pour plus de 3 100 en 1968. Un exemple : cette année au CP, l'école publique n'accueille que six enfants.

Les îles sont perçues plus comme des lieux de vacances, voire des lieux plus « sécurisants » pour les résidents secondaires[2] aux volets fermés de longs mois durant.

Une île comme Groix ne peut cependant pas se permettre de vivre seulement le week-end ou durant les vacances scolaires.

D'après Paskal Mazé, *Le Télégramme de Brest*, 28 octobre 2003.

1. Saison : période touristique, pendant l'été.
2. Résident secondaire : personne qui n'habite pas sur l'île toute l'année.

7 Une des plages de l'île

8 Vue aérienne de l'île de Groix

9 Une organisation particulière du territoire

Des cartes et une vue aérienne de l'île de Groix permettent de comprendre les différences entre les deux parties de l'île.

La partie ouest, bordée de hautes falaises peu accessibles, est plus exposée aux vents dominants. La partie est, plus basse, bénéficie des meilleurs ports, d'un climat plus clément pour l'agriculture et de plages, plus nombreuses qu'à l'ouest, qui fournissent désormais un « atout » supplémentaire.

D'après la brochure « Bienvenue à l'écomusée de Groix ».

Questions

Je décris et j'explique

1 **Doc 7.** De quel atout l'île bénéficie-t-elle ? À l'aide des documents 8 et 9, indiquez sur quelle partie de l'île on rencontre le plus souvent ce type de paysage.

2 **Doc 5.** Quelle était la principale activité de l'île ? Quel est le type de bateau le plus nombreux aujourd'hui ?

3 **Docs 6 et 7.** Quelle activité se développe sur l'île ?

4 **Doc 6.** Comment évolue le nombre d'habitants ? Pourquoi ?

5 **Docs 8 et 9.** Quelle partie de l'île les hommes ont-ils aménagée ? Pourquoi ?

Je conclus

6 « Habiter une île, c'est être isolé ; c'est à la fois un atout et une contrainte. » Donnez des exemples qui montrent que cette affirmation est vraie à Groix.

Le relief

Carte interactive
Cercle Polaire Arctique
Tropique du Cancer
Équateur
Tropique du Capricorne
Cercle Polaire Antarctique
Océan Glacial Arctique
Océan Pacifique
Océan Atlantique
Océan Indien
Océan Glacial Antarctique
Océan Pacifique
Détroit de Béring
Mont McKinley 6 194 m
Montagnes Rocheuses
AMÉRIQUE DU NORD
Grandes Plaines
Mississippi
Appalaches
Golfe du Mexique
Isthme de Panamá
Mer des Caraïbes
Groenland
Amazonie
Amazone
AMÉRIQUE DU SUD
Cordillère des Andes
Aconcagua 6 959 m
Cap Horn
Mer du Nord
EUROPE
Alpes
Mont Blanc 4 810 m
Danube
Mer Noire
Caucase
Oural
Mer Méditerranée
Isthme de Suez
Atlas
Sahara
AFRIQUE
Nil
Congo
Kilimandjaro 5 895 m
Cap de Bonne-Espérance
Arabie
Mer d'Arabie
Sibérie
ASIE
Tibet
Himalaya
Everest 8 848 m
Gange
Golfe du Bengale
Yangzi
Mer de Chine
Mer du Japon
Mont Wilhelm 4 509 m
OCÉANIE
ANTARCTIQUE
N
0
3 000 km
Le relief
Plaines
Moyennes montagnes et plateaux
Hautes montagnes
Inlandsis
Principaux sommets

Les climats

Carte interactive
Cercle Polaire Arctique
Tropique du Cancer
Équateur
Tropique du Capricorne
Cercle Polaire Antarctique
Océan Glacial Arctique
Océan Pacifique
Océan Atlantique
Océan Indien
Océan Glacial Antarctique
Sibérie
ASIE
Mer du Japon
Mer de Chine
Golfe du Bengale
Himalaya
Mer d'Arabie
OCÉANIE
Australie
Nelle-Zélande
N
0
3 000 km
ANTARCTIQUE
EUROPE
Alpes
Arabie
AFRIQUE
Sahara
Bassin du Congo
Groenland
AMÉRIQUE DU NORD
Grandes Plaines
Alaska
Montagnes Rocheuses
Golfe du Mexique
Mer des Caraïbes
Amazonie
AMÉRIQUE DU SUD
Cordillère des Andes
Océan Pacifique
Les climats froids
Polaire
Montagnard
Les climats tempérés
Tempéré continental
Tempéré océanique
Méditerranéen
Les climats chauds
Aride
Tropical
Équatorial

Carte

Les espaces à fortes

Questions

1 Quels sont les différents types d'espaces à fortes contraintes ?

2 Pour chaque contrainte, citez deux espaces en indiquant leur continent.

contraintes

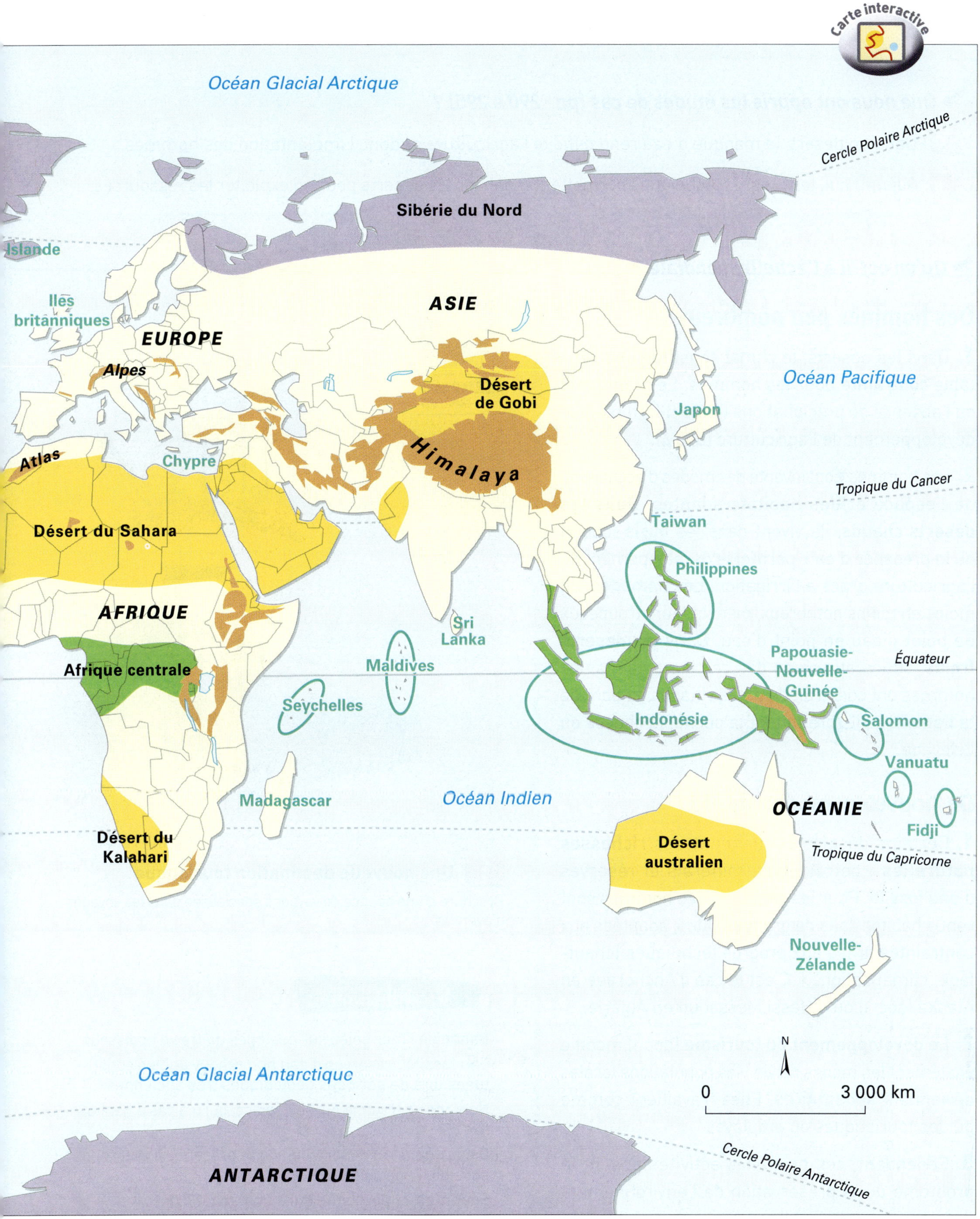

1 Habiter le désert

Que nous ont appris les études de cas (pp. 290 à 295) ?

A Dans un désert, le manque d'eau rend difficile l'agriculture et donc l'implantation des hommes.

B Aujourd'hui, les progrès techniques permettent d'habiter les déserts pour en exploiter les ressources.

Qu'en est-il à l'échelle mondiale ?

A Des hommes peu nombreux

1. Dans les déserts, le climat constitue une véritable **contrainte** pour les hommes. Le grand froid ou l'absence de précipitations limitent fortement le développement de l'agriculture (doc 4).

2. Les hommes y ont inventé des modes d'occupation de l'espace et des habitats adaptés. **Dans les déserts chauds**, ils vivent dans les **oasis** (doc 2) où la présence d'eau permet le développement de l'agriculture grâce à l'irrigation. Les **nomades**, de moins en moins nombreux, mènent leurs troupeaux de point d'eau en point d'eau. **Dans les déserts froids**, situés au niveau des cercles polaires, les hommes ont construit de petits villages au bord de la **banquise** ; ils pratiquent la pêche, la chasse ou l'élevage.

B De nouveaux modes de vie

1. Certains déserts contiennent des **richesses naturelles** : pétrole, gaz, minerais et réserves d'**eau fossile**. Pour les exploiter, des hommes sont venus habiter dans de grandes villes, adaptées aux contraintes grâce aux progrès techniques (chauffage, climatisation...). C'est le cas d'Anchorage en Alaska (doc 3) ou d'Hassi Messaoud en Algérie.

2. Le développement du tourisme (doc 1) modifie également les modes de vie : les populations locales deviennent **sédentaires**. Elles travaillent comme guides touristiques ou employés.

3. Cependant, ces nouvelles activités posent le problème de la préservation de l'environnement dans **ces espaces** fragiles.

1 Une nouvelle destination touristique

Brochure d'une agence de voyages spécialisée dans les voyages d'aventure.

Vocabulaire

Banquise : mer gelée sur quelques mètres d'épaisseur.

Eau fossile : réserves d'eau non renouvelables constituées lors de périodes géologiques très anciennes.

Nomade : personne qui se déplace, qui n'a pas d'habitat fixe.

Oasis : dans un désert, lieu où la présence d'eau rend possible l'agriculture.

Sédentaire : personne qui a un habitat fixe.

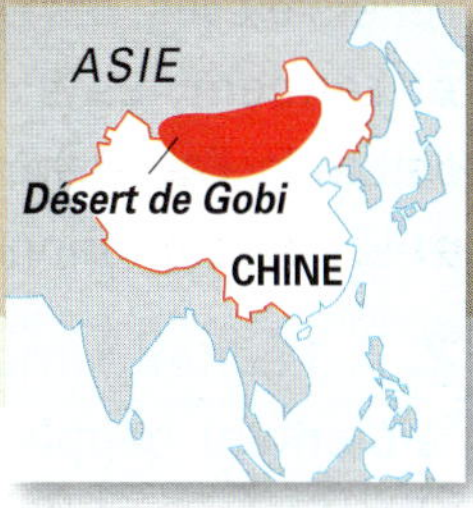

2 Un monastère dans le désert de Gobi en Mongolie

Quel élément a permis l'installation des hommes ? Quelle activité a ainsi été possible ?

3 Anchorage, (280 000 habitants), capitale de l'Alaska

Toutes les activités de la ville sont liées à l'exploitation du pétrole.

4 L'eau dans les régions polaires et le Sahara

Dans les régions polaires, l'eau n'est pas évaporée comme au Sahara. Elle est même surabondante, mais sous forme de glace, donc inutilisable pour les êtres vivants. Dans l'Antarctique par exemple, l'accumulation continue de la glace a abouti à l'édification d'une calotte glaciaire (ou inlandsis), épaisse de 3 000 à 4 000 mètres, au centre de laquelle règne un véritable désert au sens climatique. Il y tombe, chaque année, l'équivalent de 5 millimètres d'eau en moyenne, aussi peu qu'au cœur du Sahara !

Pierre Rognon, *Désert chaud et froid*, Plon, Paris, 1989.

Quel est le point commun entre les régions polaires et le Sahara ?

2 Habiter une haute montagne

Que nous a appris l'étude de cas (pp. 296-297) ?

A Dans l'Himalaya, les reliefs sont très élevés : les hommes habitent dans un milieu peu favorable au développement de leurs activités.

B Entre activités traditionnelles et nouvelles ressources économiques, les habitants de l'Himalaya sont attentifs à la protection de leur environnement.

Qu'en est-il à l'échelle mondiale ?

A Un défi pour les hommes

1. Dans les régions de haute montagne, les hommes doivent faire face à de **fortes contraintes** : les reliefs élevés, les fortes pentes gênent l'agriculture et rendent les communications difficiles. Avec l'altitude, l'air se raréfie, les températures diminuent et les précipitations neigeuses augmentent.

2. À l'échelle mondiale, les montagnes sont faiblement peuplées. Pourtant, celles **de la zone chaude** le sont davantage car le climat y est plus favorable que dans les plaines : la fraîcheur élimine les parasites (paludisme, mouche tsé-tsé en Afrique par exemple). En Amérique du sud, les Andes comptent plusieurs villes ayant plus d'un million d'habitants (doc 1).

B Des équilibres à préserver

1. Traditionnellement, les hommes ont installé leurs villages, souvent isolés, dans les **vallées** et sur les **hauts plateaux** (doc 2). Ils utilisent **l'étagement des cultures** (doc 3) pour diversifier les productions agricoles. Ces paysans vivent dans la **pauvreté** (doc 2). L'**isolement de la montagne** favorise le développement des **cultures illégales** (feuilles de coca dans les Andes, pavot en Asie).

2. De nos jours, de **nouvelles activités** se développent dans ces régions de plus en plus fréquentées par les touristes : visites, **trekking** dans l'Himalaya et dans les Andes... Ces activités, sources de revenus pour les habitants, peuvent cependant poser des problèmes environnementaux (doc 4).

1 La Paz, capitale de la Bolivie

Située à 3 700 m d'altitude dans la Cordillère des Andes, l'agglomération de La Paz compte 1,6 million d'habitants.

Vocabulaire

Cultures illégales : cultures interdites car utilisées dans la production de drogue.

Étagement des cultures : disposition des activités agricoles en étages suivant l'altitude.

Trekking : randonnée en haute montagne.

2 Village au Pérou sur l'Altiplano (Andes), à 3 300 m d'altitude

■ Décrivez le paysage (type de relief, aménagements humains). Quelle activité les habitants de ce village pratiquent-ils ?

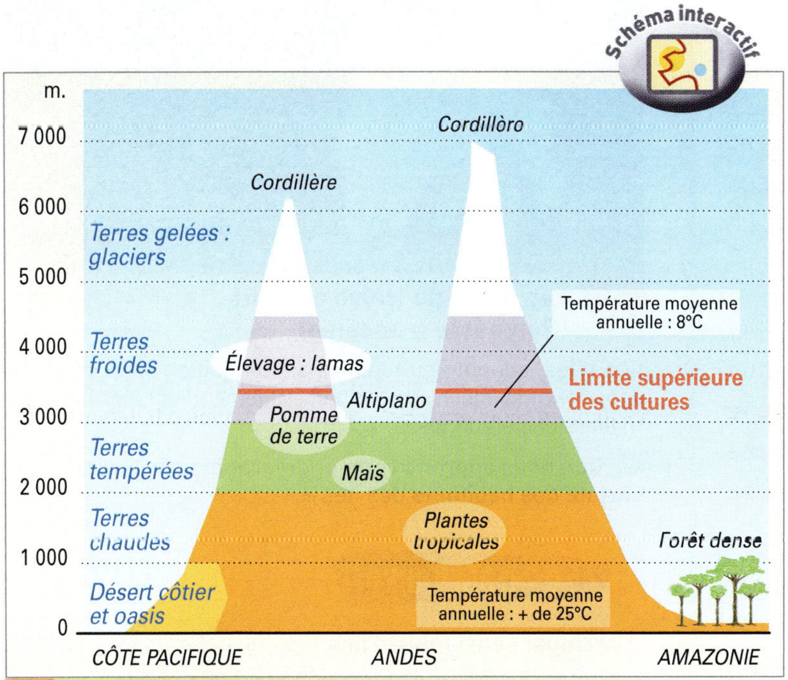

3 L'étagement des cultures dans les Andes

■ En quoi l'étagement est-il un atout pour les activités des hommes ?

4 De nouvelles activités

L'activité touristique favorise un apport important de revenus pour les pays himalayens et une certaine forme de développement. Elle donne de l'emploi aux populations locales (guides de montagne, porteurs, aubergistes...). Mais elle entraîne en même temps son lot de problèmes : surexploitation du bois, dégradation de sentiers, pollution des cours d'eau et des régions les plus fréquentées... Les pays himalayens ne disposent pas des moyens suffisants pour gérer les milliers de tonnes de déchets laissés chaque année sur les itinéraires de trekking.

www.zonehimalaya.net

■ Quels sont les avantages du développement du tourisme ? Quels problèmes ce développement pose-t-il ?

3 Habiter une île

Que nous a appris l'étude de cas (pp. 298 à 301) ?

A À Groix, les habitants sont isolés du reste de la France, du « continent ».

B Très longtemps ressenti comme une contrainte par les habitants, cet isolement est aujourd'hui considéré comme un atout pour le tourisme.

Qu'en est-il à l'échelle mondiale ?

A Un isolement contraignant

1. L'isolement est la principale contrainte de la vie sur une île. Elle est plus ou moins forte en fonction du nombre d'habitants, de la taille de l'île, de sa richesse et de la distance qui la sépare du continent le plus proche.

2. De ce fait, les **insulaires** ont traditionnellement développé des **liens sociaux très forts** et un réel sentiment d'appartenance culturelle à la communauté (doc 1). Obligés d'être **autosuffisants**, ils exploitent les **ressources locales** : agriculture et pêche sont deux activités traditionnelles (doc 3).

3. Le rôle essentiel des transports dans la vie quotidienne explique que, souvent, **le peuplement est concentré autour des ports**. Les hommes, les marchandises et autres services indispensables à la vie transitent par ces ports. Aujourd'hui, dans certaines îles du Pacifique ou de l'océan Indien, l'aéroport remplit aussi cette fonction.

B Des atouts pour le tourisme

1. Le tourisme joue un rôle de plus en plus important dans l'économie des îles. La vie sur une île, souvent associée à l'idée de préservation des paysages et des modes de vie, est très recherchée par les touristes des pays développés.

2. Cependant, cet attrait pour les îles se traduit par la construction de nombreux aménagements (doc 2) qui peuvent fragiliser l'environnement (doc 4). Modifications climatiques planétaires et risques naturels menacent la vie dans les îles.

1 Les fêtes du Heiva à Tahiti (Polynésie française)

Ces fêtes, qui ont lieu tous les ans en juillet, incluent chant, danse et compétition sportive. Cet événement regroupe plusieurs milliers de personnes.

Que nous apprend cette photographie sur la vie sociale des habitants des îles ?

Vocabulaire

Archipel : ensemble d'îles.
Autosuffisant : qui subvient à ses besoins.
Insulaires : habitants des îles.

2 Hôtel de luxe sur une île de l'archipel des Maldives

Qu'est-ce qui rend cette île attractive ? Quels aménagements touristiques sont visibles ? Quel moyen de transport permet d'accéder à l'île ?

3 L'économie de Wallis et Futuna (Polynésie française)

La majeure partie des productions est autoconsommée[1] et les échanges demeurent limités. Les principales activités sont l'agriculture et l'élevage.

Seule la pêche artisanale est pratiquée dans l'archipel. Les pêcheurs (environ 350) utilisent la ligne ou le filet mais aussi le fusil sous-marin et la sagaie[2]. Les produits de cette activité, effectuée à bord des pirogues ou des bateaux à moteur, sont autoconsommés en totalité par la population de ces îles.

L'activité touristique est encore très peu développée sur le territoire. Les îles Wallis et Futuna sont isolées et peu connues.

D'après le site de l'intergroupe parlementaire outre-mer, www.igpom.fr

1. Autoconsommé : consommé par le producteur.
2. Sagaie : lance, javelot.

Que font les agriculteurs de leur production ? Quels éléments montrent que la pêche s'effectue de manière traditionnelle ? Pourquoi le tourisme est-il peu développé ?

4 Tourisme et déchets aux Maldives

Il n'existe pas dans l'archipel de service d'enlèvement des ordures. Chaque complexe hôtelier se doit de ne jeter ses ordures en mer qu'après les avoir brûlées. En réalité, les « resorts[1] » n'appliquent pas tous cette règle coûteuse. Beaucoup passent outre et déversent leurs déchets dans la mer, comme le font encore la plupart des îles non touristiques habitées par les Maldiviens.

Florence Beaugé, « Les Maldives, archipel en sursis », *Le Monde*, 6 janvier 2007.

1. Resort : petite île uniquement occupée par un hôtel.

Pourquoi le développement du tourisme peut-il être un risque pour l'environnement ?

Exercices

Je révise

1 Je sais localiser sur un planisphère les principaux espaces à fortes contraintes

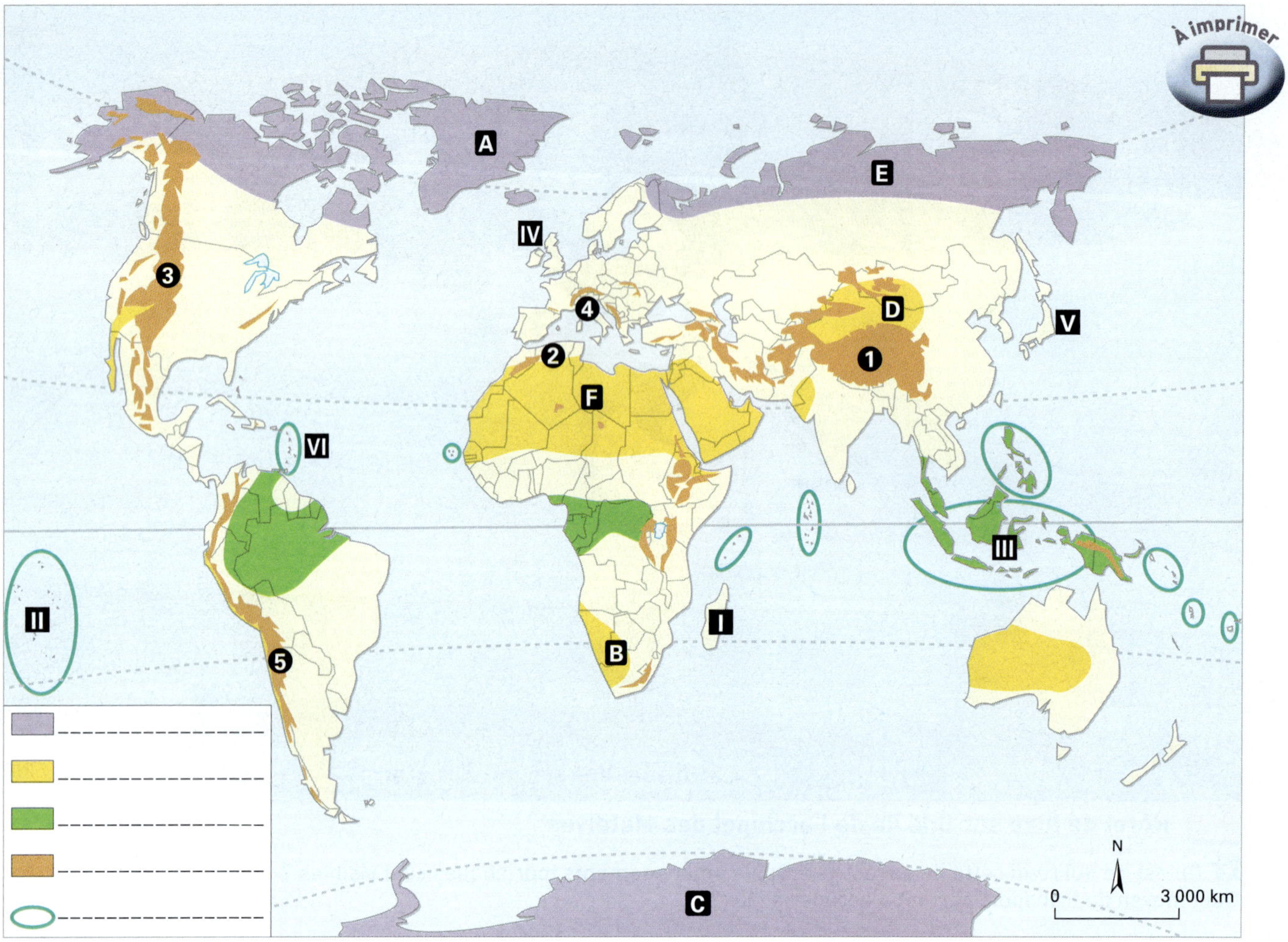

1. Recopiez puis complétez la légende du planisphère ci-dessus.

2. Indiquez sur le planisphère les repères suivants :
- **l'Équateur, les cercles polaires et les tropiques ;**
- **les océans.**

3. Les déserts sont repérés par des lettres.

a. Associez chaque lettre au désert qui lui correspond dans la liste suivante :

Antarctique – Gobi – Groenland – Sibérie du Nord – Sahara – Kalahari.

b. Pour chaque désert, précisez s'il s'agit d'un désert chaud ou froid.

4. Les chaînes de hautes montagnes sont repérées par des numéros.
Associez chaque numéro à la chaîne de hautes montagnes qui lui correspond dans la liste suivante :

Alpes – Atlas – Cordillère des Andes – Himalaya – Rocheuses.

5. Les îles et les archipels sont repérés par des chiffres romains.
Associez chaque chiffre romain à l'île ou à l'archipel qui lui correspond dans la liste suivante :

Antilles – Îles britanniques – Japon – Madagascar – Indonésie – Polynésie française.

Je m'entraîne

2 Je réalise le croquis d'un paysage de haute montagne

1. Localisez ce paysage sur la carte p. 296.

2. Identifiez les différents éléments qui constituent le paysage, puis construisez la légende et coloriez le croquis.

À imprimer

La vallée du Paro, au Bouthan

3 J'identifie les causes et les conséquences d'un phénomène géographique

Les Maldives, un archipel en danger

Très souvent, c'est la barrière de corail qui alimente, par ses débris, la plage en sable et qui la protège des vagues et des courants. Quand la barrière de corail meurt, la plage n'est plus alimentée en sable et l'érosion tend à la faire complètement disparaître.

Or, les récifs coralliens sont menacés par le réchauffement des eaux de la planète mais aussi par leur utilisation pour la construction des maisons traditionnelles des Maldives.

Avec l'augmentation de la population des Maldives, les prélèvements de coraux se sont fortement accentués, notamment autour de l'île de Malé, la capitale, qui compte 80 000 habitants sur 2 km². L'île n'est plus protégée des tempêtes par le récif corallien, si bien qu'il a fallu construire un mur de béton géant tout autour de l'île.

Courrier international, n°714, juillet 2004.

Recopiez et complétez le tableau suivant en relevant dans le texte deux causes et deux conséquences de la destruction des massifs coralliens.

Causes de la destruction	Conséquences de la destruction
....	....

Lexique

A

Accroissement naturel : différence entre le nombre de naissances et le nombre de décès. (p. 240)

Acropole (en grec, la « ville haute ») : colline fortifiée dans les cités grecques ; on y trouve de grands temples consacrés aux dieux protecteurs de la cité. (p. 32)

Agglomération : ensemble formé par une ville et ses banlieues. (p. 210, p. 238)

Agriculture commerciale : agriculture dont les productions sont destinées à la vente. (p. 262)

Agriculture intensive : agriculture qui produit beaucoup grâce à l'utilisation d'engrais ou de machines. (p. 262)

Agriculture vivrière : agriculture destinée à la consommation des paysans qui la produisent. (p. 262)

Apothéose : décret du Sénat de Rome qui fait de l'empereur défunt l'égal des dieux. (p. 100)

Apôtres : les douze disciples choisis par Jésus pour diffuser son message. (p. 132)

Aqueduc (du latin *aqua*, eau, et *ducere*, conduire) : construction qui permet d'amener l'eau dans les villes. (p. 108)

Archéologie : science qui étudie les sociétés disparues d'après leurs vestiges. (p. 84)

Archipel : ensemble d'îles. (p. 310)

Aridité : manque d'eau. (p. 222, p. 290)

Autosuffisant : qui subvient à ses besoins. (p. 310)

Avatar : incarnation du dieu Vishnu sur terre. (p. 170)

B

Banquise : mer gelée sur quelques mètres d'épaisseur. (p. 294)

Barbares : peuples étrangers qui menacent les frontières de l'Empire romain. (p. 100)

Bas-relief : sculpture qui se détache légèrement d'un fond plat. (p. 52)

Basileus (en grec, « roi des rois ») : titre donné à l'empereur byzantin. (p. 148)

Basilique : dans l'Empire romain, salle de réunion au forum, servant de tribunal et de lieu de commerce. (p. 140)

Bidonville : ensemble des habitations construites avec des matériaux de récupération. (p. 240)

C

Capitulaire : recueil de lois. (p. 154)

Carte : représentation d'une portion de l'espace terrestre ou maritime. (p. 192)

Caste : groupe dont les membres ne se marient et ne vivent qu'entre eux. (p. 172)

Chrétiens : ceux qui croient en Jésus-Christ et en son message. (p. 134)

Cité : territoire comprenant une ville fortifiée et les campagnes qui l'entourent. (p. 14, p. 28)

Citoyens : ceux qui possèdent les droits civiques, politiques et juridiques dans leur cité. (p. 54)

Colonie : cité nouvelle fondée par des Grecs. (p. 30)

Comices : assemblées des citoyens à Rome. (p. 86)

Communion : partage du pain et du vin consacrés par le prêtre. Ils représentent alors pour les chrétiens le corps et le sang du Christ. (p. 136)

Concile : réunion d'évêques. (p. 140)

Consul : magistrature exercée à deux. Les consuls président les comices et le Sénat et commandent l'armée. (p. 88)

Conteneur : grande caisse métallique servant à transporter les marchandises par bateau, train ou camion. (p. 274)

Continent : vaste étendue de terre entourée d'eau. (p. 205)

Contraintes naturelles : éléments naturels (climat, relief...) pouvant représenter un obstacle à l'installation de l'homme. (p. 212)

Conversion : le fait de changer de religion. (p. 134)

Coordonnées d'un lieu : position d'un point sur le globe donnée par sa latitude et sa longitude. (p. 205)

Credo (« je crois » en latin) : c'est la formule adoptée au concile de Nicée qui résume les croyances des chrétiens. (p. 140)

Croissance démographique : augmentation de la population. (p. 224)

Culte : rites destinés à honorer les dieux afin d'obtenir leur protection (offrandes, prières...). (p. 22)

Culture commerciale : culture destinée à la vente. (p. 252)

Culture vivrière : culture consommée par les paysans qui la produisent. (p. 252)

Cultures illégales : cultures interdites car utilisées dans la production de drogue. (p. 308)

D

Démocratie (du grec *demos*, le peuple, et *kratos*, le pouvoir) : régime politique dans lequel le pouvoir appartient aux citoyens. (p. 56)

Densité : nombre d'habitants par km². (p. 210)

Désert humain : région très peu peuplée. (p. 220)

Désertification : transformation des terres cultivables en désert. (p. 264)

Diaspora : mot grec signifiant « dispersion » d'un peuple. (p. 124)

Distance : intervalle entre deux points. (p. 194)

Droit de cité : droit de participer à la vie de la cité. (p. 112)

E

Eau fossile : réserves d'eau non renouvelables constituées lors de périodes géologiques très anciennes. (p. 306)

Écriture cunéiforme (du latin *cuneus*, clou, coin) : écriture formée de signes en forme de clous, de coins. (p. 21)

Édit : loi. (p. 138)

Église (du grec *ecclesia*, assemblée) : assemblée des croyants. (p. 140)

Éphébie : service militaire accompli par le jeune Athénien entre 18 et 20 ans. (p. 54)

Épopée : récit qui célèbre un héros mêlant histoire et légende. (p. 66)

Équateur : plus grand cercle de la Terre, il sépare la terre en deux hémisphères identiques. (p. 204)

Ergastines : jeunes filles appartenant aux grandes familles de citoyens d'Athènes. (p. 52)

Érosion : usure et transformation du relief par l'eau, le vent, la glace. (p. 264, p. 284)

Esclave : personne non-libre, ne disposant d'aucun droit. L'esclave est acheté ou vendu, comme un objet. (p. 54)

Étagement des cultures : disposition des activités agricoles en étages suivant l'altitude. (p. 308)

État : territoire délimité par des frontières. Ses habitants obéissent au même gouvernement et aux mêmes lois. (p. 14)

Étrusques : peuple vivant dans le centre de l'Italie, au nord du Latium, jusqu'au VIe siècle avant J.-C. (p. 84)

Évangile (« bonne nouvelle » en grec) : récit de la vie et du message de Jésus. (p. 132)

Éveil (L') : selon Bouddha, pour éviter les souffrances de la vie, il faut se détacher des désirs du monde. (p. 166)

Exode rural : départ définitif des habitants des campagnes vers les villes. (p. 212, p. 240)

Exporter : vendre une marchandise à l'étranger. (p. 274)

F

Fertilité : capacité d'un sol à produire durablement des végétaux utiles à l'alimentation humaine ou animale. (p. 260)

Fonctionnaire : personne qui travaille au service de l'État. (p. 20)

Foyer de peuplement : région très fortement peuplée. (p. 210)

Front pionnier : limite entre la forêt dense et les terres cultivées. (p. 252)

H

Han : nom de la dynastie qui règne en Chine de 206 avant J.-C. à 220 après J.-C. (p. 164)

Hellénistique : se dit de l'empire créé par Alexandre et des royaumes qui lui succèdent, associant la culture grecque aux cultures orientales. (p. 70)

Hiéroglyphes (du grec *hieros*, sacré, et *gluphein*, graver) : caractères formés d'images représentant un personnage, un objet, une action, un son... (p. 16)

Hindou : relatif à l'hindouisme, une des religions des Indiens. (p. 170)

Hoplite (du grec *hoplon*, bouclier) : guerrier grec combattant à pied et lourdement armé. (p. 32, p. 58)

Hydrocarbures : produits composés uniquement de carbone et d'hydrogène comme le pétrole ou l'essence. (p. 284)

I

Icône : image du Christ, de la Vierge ou des saints, sur panneau de bois, dans les églises et les monastères. (p. 152)

Imperator : titre honorifique accordé aux généraux romains victorieux. De là provient le mot « empereur ». (p. 98)

Importer : acheter une marchandise à l'étranger. (p. 274)

Inlandsis : épaisse couche de glace couvrant les terres. (p. 294)

Insulaires : habitants des îles. (p. 310)

Interface : nom féminin. Zone de contact entre deux espaces géographiques différents (terre-mer). (p. 280)

Inuits : peuple du Groenland et des régions polaires de l'Amérique. (p. 294)

Irrigation : action d'amener de l'eau dans les champs. (p. 20, p. 260)

Itinéraire : chemin, route à suivre ou suivie pour aller d'un lieu à un autre. (p. 194)

J

Judaïsme : mot désignant la religion, la culture et la manière de vivre des Juifs. (p. 124)

Juifs : nom donné aux descendants hébreux du royaume de Juda. (p. 124)

L

Latitude : position par rapport à l'équateur. Elle est soit Nord, soit Sud. (p. 205)

Légion : principale unité de l'armée romaine, qui regroupe environ 4 000 hommes. (p. 92)

Limes : frontière de l'Empire romain. Elle peut être fortifiée là où l'Empire est menacé. (p. 106)

Littoral : région située au bord de la mer. (p. 212, p. 270)

Longitude : position par rapport au méridien de Greenwich qui sert de référence. Elle est soit Est soit Ouest. (p. 205)

M

Magistrat : personne à qui les citoyens ont reconnu le pouvoir d'administrer, de juger, ou de commander les armées. (p. 56, p. 86)

Mandarin : fonctionnaire de l'empereur de Chine. (p. 164)

Marina : ensemble de logements directement accessibles par bateau car incluant un port. (p. 270)

Martyre : fait d'accepter de souffrir et de mourir pour sa religion. (p. 140)

Méridien : demi-cercle imaginaire rejoignant les deux pôles et perpendiculaire à l'équateur. (p. 205)

Messie : envoyé de Dieu qui doit diriger le peuple juif. (p. 126)

Métèque : étranger installé à Athènes. (p. 54)

Migration : déplacement de population d'une région à une autre. (p. 212)

Minuscule caroline : caractère d'écriture qui facilite le recopiage des manuscrits. (p. 156)

Missi dominici (en latin, « envoyés du maître ») : envoyés de l'empereur, chargés d'inspecter les comtés de l'Empire. (p. 156)

Momie : cadavre embaumé et enveloppé de fines bandelettes. (p. 22)

Monastère : lieu isolé du monde où vivent des religieux. (p. 168)

Monoculture : culture d'une seule plante. (p. 262)

Monothéiste (du grec *monos*, un seul, et *theos*, dieu) : fait de croire en un seul dieu. (p. 126)

Mythe : récit mettant en scène les dieux et les exploits des héros. (p. 42)

N

Nirvâna : fin de la vie terrestre et des souffrances. (p. 172)

Nomade : personne qui se déplace, qui n'a pas d'habitat fixe. (p. 290)

O

Oasis : dans le désert, lieu où la présence d'eau rend possible l'agriculture. (p. 290)

Occident : région située à l'Ouest par rapport à un lieu donné. (p. 200)

Oracle : réponse d'un dieu à une question posée par une cité ou un homme. (p. 38)

Orient : région située à l'Est par rapport à un lieu donné. (p. 200)

Orienter (s') : déterminer la position où l'on est en utilisant les points cardinaux. (p. 200)

Orthodoxe (en grec, « fidèle à la vraie foi ») : nom donné par les Byzantins à leur Église, après sa rupture avec le pape de Rome en 1054. (p. 152)

Ostracisme : vote de l'Ecclésia, qui exile pour dix ans un citoyen jugé dangereux pour la démocratie. (p. 56)

P

Païen : personne qui reste polythéiste. (p. 134)

Panhellénique (du grec *pan*, tout, et *hellen*, grec) : qui est commun à tous les Grecs. (p. 38)

Parabole : récit imagé pour faire comprendre une idée. (p. 132)

Parallèle : cercle qui fait le tour de la Terre parallèle à l'équateur. (p. 205)

Patriarche : évêque de Constantinople, chef de l'Église dans l'Empire byzantin. (p. 152)

Patrimoine : ensemble des richesses que nous ont laissées nos ancêtres. (p. 285)

Paysage : ce que l'on voit d'un espace. (p. 190)

Pérégrin : homme libre d'une province conquise par Rome. (p. 112)

Périurbain : situé en bordure de la ville. (p. 190)

Périurbanisation : urbanisation de la périphérie des villes par la migration d'urbains vers les campagnes proches. (p. 240)

Peuplement : manière dont une population se répartit sur le territoire. (p. 220)

Phalange : formation adoptée pendant la bataille composée d'unités de seize rangs d'hoplites lourdement armés, disposant d'une longue lance, la sarisse. (p. 72)

Plan : représentation détaillée d'une portion de terrain (ex : plan de ville...). (p. 192)

Politique urbaine : ensemble des actions menées pour aménager une ville. (p. 244)

Polyculture : culture de plusieurs plantes. (p. 262)

Polythéiste (du grec *poly*, plusieurs et *theos*, dieu) : croyant en plusieurs dieux. (p. 22, p. 42)

Princeps : premier des Romains. Titre attribué à Auguste. (p. 98)

Prophète : homme qui est inspiré par Dieu et parle en son nom. (p. 126)

Pythie : prêtresse d'Apollon qui prononce l'oracle du dieu à Delphes. (p. 38)

Q

Quartier : partie d'une ville dans laquelle les habitants se reconnaissent (« être du quartier »). (p. 192)

Quartier des affaires : quartier où se concentrent des bureaux, des banques, des commerces de luxe. (p. 240)

R

Rabbin : chef religieux juif. (p. 126)

Réincarnation : croyance des hindous selon laquelle l'homme est appelé à avoir plusieurs vies sur terre. (p. 172)

Relief : inégalité de la surface de la Terre. (p. 222)

Rendement : production par hectare. (p. 262)

Rénovation : travaux d'aménagements destinés à améliorer la qualité de vie dans un quartier. (p. 244)

République (du latin *res publica*, la chose publique) : gouvernement où le pouvoir n'est pas exercé par une seule personne, mais par plusieurs, désignées par l'ensemble ou une partie de la population. (p. 86)

Riziculture : culture du riz. (p. 212, p. 224)

Romanisation : adoption par les peuples de l'Empire du mode de vie, de la langue, des croyances des Romains. (p. 112)

Rural : ce qui concerne la campagne. (p. 190)

S

Sanctuaire : espace sacré dédié à un ou plusieurs dieux. (p. 38)

Scribe (du latin *scribere*, écrire) : personne savante, spécialiste de l'écriture et du calcul dans l'Antiquité. (p. 20)

Sédentaire : personne qui a un habitat fixe. (p. 290)

Ségrégation : séparation des populations dans des quartiers distincts selon leur mode de vie et leur origine. (p. 244)

Sénat : assemblée formée de 300 anciens magistrats, à vie. Il contrôle les finances de l'État, décide de la paix et de la guerre. (p. 88)

Services : l'enseignement, les soins médicaux, les transports, etc. sont des activités de services. Elles ne fabriquent pas de produit. (p. 224)

Station balnéaire : ville touristique en bord de mer. (p. 270)

Stratège : élu pour un an parmi les citoyens les plus riches, il commande l'armée. (p. 60)

Synagogue : lieu où se réunissent les Juifs pour lire la Bible et prier. (p. 126)

T

Taux d'urbanisation : pourcentage de personnes habitant en ville. (p. 238)

Territoire : **1.** portion de l'espace terrestre administré par une autorité (commune, département...). **2.** Portion de l'espace terrestre à laquelle les habitants s'identifient (quartier...). (p. 196)

Torah : les cinq premiers livres de la Bible. (p. 126)

Tourisme : fait de voyager pour son plaisir. (p. 280)

Trekking : randonnée en haute montagne. (p. 308)

Tribut : impôt forcé, imposé aux vaincus. (p. 92)

Triomphe : cérémonie à Rome en l'honneur du général victorieux et de son armée. (p. 92)

U

Urbain : ce qui concerne la ville. (p. 190)

Urbanisation : augmentation de la part de la population vivant dans les villes. (p. 240)

V

Veda : ensemble des textes sacrés de l'hindouisme. (p. 172)

Villa (au pluriel, *villae*) : vaste domaine agricole. (p. 106)

Z

Ziggourat : « tour à étages », temple ayant la forme d'une pyramide à degrés. (p. 14)

Crédits photographiques

Couverture h : akg-images/Erich Lessing ; **b :** Colorise / Pacificstock

10-11 : Scala, Florence ; **13g :** akg-images/Erich Lessing ; **13d :** akg-images/Erich Lessing ; **14 :** Courtesy of the Bible Lands Museum Jerusalem, ph. MM. Amar et Greyevsky ; **15 :** The British Museum, Londres, Dist. RMN/The Trustees of the British Museum ; **16 :** RMN/Pierre et Maurice Chuzeville ; **17h :** Altitude/Yann Arthus-Bertrand ; **18 :** RMN/Franck Raux ; **19 :** Musée du Louvre, 1987/Pierre et Maurice Chuzeville ; **20h** : akg-images/Erich Lessing ; **20b :** RMN/Hervé Lewandowski ; **21h :** RMN/Hervé Lewandowski ; **21b :** Scala, Florence/De Agostini ; **22 :** akg-images/Erich Lessing ; **23h :** Bridgeman-Giraudon ; **23b :** Courtesy of the Oriental Institute of the University of Chicago ; **25 :** RMN/Philipp Bernard ; **27 :** Eyedea/Hoa-Qui/Norman Godwin ; **28 :** British Museum, Londres/Bridgeman-Giraudon ; **29h :** Bridgeman Giraudon/Julian Chichester ; **29b :** BIS/Ph. Archives Larbor ; **30 :** The Picture Desk/Gianni Dagli Orti ; **31 :** BNF, Paris ; **32 :** akg-images ; **33 :** Musée d'Histoire de Marseille/réactualisation maquette D. Delpalillo, cop. Ville de Marseille ; **34 :** RMN/Hervé Lewandowski ; **35 :** Ashmolean Museum, University of Oxford/Bridgeman-Giraudon ; **36 :** The British Museum, Londres, Dist. RMN/The Trustees of the British Museum ; **37h :** akg-image/Erich Lessing ; **37b :** akg-images/Erich Lessing ; **38h :** akg-images/Erich Lessing ; **38b :** Ekdotike, Athènes ; **39 :** BPK, Berlin, Dist. RMN/Ingrid Geske-Heiden ; **40 :** akg-images/Erich Lessing ; **41h :** Metropolitan Museum of Art, Dist. RMN/Image of the MMA ; **41b** : The Picture Desk/Gianni Dagli Orti ; **42h :** BPK, Berlin, Dist. RMN/Johannes Laurentius ; **42b :** The Picture Desk/Gianni Dagli Orti ; **43h :** Staatliche Antikensammlungen und Glyptothek München ; **43b :** The Picture Desk/Gianni Dagli Orti ; **45 :** akg-images/Erich Lessing ; **47 :** Altitude/Yann Arthus-Bertrand ; **48 :** The Picture Desk/Gianni Dagli Orti ; **49 :** Altitude/Guido Alberto Rossi ; **50 :** BPK, Berlin, dist RMN ; **51 :** Roger-Viollet/Alinari ; **52g :** BIS/Ph. Archaeological Receipts Fund/Archives Nathan ; **52d :** The Picture Desk/Gianni Dagli Orti ; **53g :** The Picture Desk/Gianni Dagli Orti ; **53d :** British Museum, Londres/Bridgeman-Giraudon ; **54 :** National Museum, Copenhagen Dept. of Classical and Near Eastern Antiquities-inv.no Chr.VIII320 ; **55h :** The Picture Desk/Gianni Dagli Orti ; **55bg :** The Picture Desk/Alfredo Dagli Orti ; **55bd :** Metropolitan Museum of Art, Dist. RMN/Image of the MMA ; **56 :** BIS/Ph. American School of Classical Studies, Athènes ; **57 :** BIS/Ph. coll. Archives Nathan ; **58 :** Martin von Wagner Museum, Université de Würzburg/K. Oehrlein ; **59 :** The Picture Desk/Gianni Dagli Orti ; **60 :** Bridgeman-Giraudon ; **63 :** akg-images/Nimatallah ; **65 :** akg-images/Erich Lessing ; **66 :** Corbis/Sandro Vannini ; **67 :** Leemage/Aisa ; **68-69 :** Leemage/Luisa Ricciarini ; **71 :** Fitzwilliam Museum, University of Cambridge/Bridgeman-Giraudon ; **72 :** Scala, Florence-Courtesy of the Ministero Beni e Attività Culturali ; **73h :** akg-images ; **73b :** Extrait de l'ouvrage *La Grèce*, J. Martin et P. de Broche/© Casterman ; **74g :** Leemage/Luisa Ricciarini ; **74d :** Leemage/Aisa ; **75 :** Leemage/Luisa Ricciarini ; **76g :** Leemage/Raffael ; **76d :** akg-images ; **77h :** Bridgeman-Giraudon ; **77b :** Leemage/North Wind Pictures ; **78 :** Corbis/Sandro Vannini ; **79h :** Leemage/Luisa Ricciarini ; **79b :** The Picture Desk/Alfredo Dagli Orti ; **81 :** Eyedea/Gamma/Antonello Nusca ; **82-83 :** Scala, Florence ; **84h :** The Picture Desk/Alfredo Dagli Orti ; **84b :** BNF, Paris ; **85h :** Scala, Florence ; **85b :** Scala, Florence ; **86h :** Scala, Florence-Courtesy of the Ministero Beni e Att. Culturali ; **86b :** BNF, Paris ; **88 :** The Picture Desk/Alfredo Dagli Orti ; **89 :** AFP/Chrystelle Chary-2ASM/DRASSM ; **90 :** BIS/Ph. coll. Archives Larbor ; **92h :** RMN ; **92b :** Leemage/Andrea Jemolo ; **93h :** Leemage/Fototeca ; **93b :** akg-images/Erich Lessing ; **95h :** The Picture Desk/Alfredo Dagli Orti ; **95 :** Leemage/Ph. Josse ; **97 :** Corbis/Roger Wood ; **98 :** akg-images/Erich Lessing ; **99 :** Leemage/Luisa Ricciarini ; **100 :** The Picture Desk/Alfredo Dagli Orti ; **101h :** The Picture Desk/Alfredo Dagli Orti ; **101b :** akg-images/Erich Lessing ; **102 :** Scala, Florence/Fotografica Foglia-Courtesy of the Ministero Beni e Attività Culturali ; **103 :** Leemage/Electa ; **104 :** BIS/Ph. Biblioteca Vaticana /Archives Larbor ; **105 :** akg-images/Hervé Champollion ; **106 :** The Picture Desk/Gianni Dagli Orti ; **107 :** Corbis/Atlantide Phototravel ; **108 :** The Picture Desk/Gianni Dagli Orti ; **109hg :** Photononstop/Guido Alberto Rossi ; **109hd :** Photo Scala, Florence – Courtesy of the Ministero Beni e Attività Culturali ; **109b :** Scala, Florence-Courtesy of the Ministero Beni e Attività Culturali ; **110 :** Corbis/Goodlook/Philippe Giraud ; **111h :** Eyedea/Hoa-Qui/Yann Guichaoua ; **111b :** www.photo-aerienne-france.fr ; **112 :** RMN/Gérard Blot ; **113h :** Altitude/Yann Arthus-Bertrand ; **113b :** La Collection/Gilles Mermet ; **115 :** The Picture Desk/Gianni Dagli Orti ; **117 :** Altitude/Helen Hiscocks ; **118 :** akg-images/Erich Lessing ; **119 :** akg-images/Erich Lessing ; **120 :** The Picture Desk/Gianni Dagli Orti ; **121h :** Zev Radovan, Jérusalem ; **121b :** Scala/Ph. Art Resource ; **122 :** Rémi Tournus, Paris ; **123 :** Bridgeman-Giraudon ; **124h :** Sonia Halliday Photographs ; **124b :** REA/Israel Sun/Jessica Frykman ; **125 :** akg-images/Erich Lessing ; **127 :** Ph. Sonia Fellous avec l'aimable autorisation de la Casa de Alba ; **129 :** akg-images/British Library ; **131 :** akg-images/Erich Lessing ; **132g :** The Picture Desk/Gianni Dagli Orti ; **132d :** The British Museum, Londres, Dist. RMN/The Trustees of the British Museum ; **133 :** akg-images/Erich Lessing ; **134 :** The Picture Desk/Gianni Dagli Orti ; **135 :** The Picture Desk/Gianni Dagli Orti ; **136h :** RMN/Béatrice Hatala ; **136b :** The Picture Desk/Gianni Dagli Orti ; **137h :** Bridgeman-Giraudon ; **137b :** Scala, Florence ; **138 :** The Picture Desk/Gianni Dagli Orti ; **139 :** Scala, Florence ; **140 :** BIS/Ph. coll. Archives Nathan ; **141 :** akg-images/Erich Lessing ; **142 :** Archivio Pubbli Aer Foto, Varese ; **143 :** Leemage/Aisa ; **145 :** akg-images/Erich Lessing ; **147g :** akg-images/Erich Lessing ; **147d :** BIS/Archives Larbor/Ph. Hubert Josse ; **148 :** Bridgeman-Giraudon ; **149 :** The Picture Desk/Alfredo Dagli Orti ; **150 :** Altitude/Yann Arthus-Bertrand ; **151 :** Gérard Degeorge, Paris ; **152h :** Scala, Florence ; **152b :** Altitude/Guido Alberto Rossi ; **153 :** The Picture Desk/Gianni Dagli Orti ; **154 :** BIS/Ph. coll. Archives Larbor ; **155 :** Achim Bednorz, Cologne ; **156h :** akg-images/Erich Lessing ; **156b :** akg-images/Erich Lessing ; **159h :** The Picture Desk/Alfredo Dagli Orti ; **159b :** The Picture Desk/Gianni Dagli Orti ; **160 :** RMN/Robert Asselberghs ; **161 :** La Collection/Jean-Louis Nou ; **162h :** Photo12.com/Panorama Stock ; **162b :** akg-images/Erich Lessing ; **163 :** Eyedea/Rapho/Roland et Sabrina Michaud ; **164 :** akg-images ; **165h :** akg-images/Erich Lessing ; **165b :** BnF, Paris ; **166 :** La Collection/Jean-Louis Nou ; **167 :** Corbis/Christophe Boisvieux ; **168h :** RMN/Hervé Lewandowski ; **168b :** Sipa/Dinodia ; **169h :** Corbis/Atlantide Phototravel ; **169b :** akg-images/Jean-Louis Nou ; **170 :** BPK, Berlin, Dist. RMN/Iris Papadopoulos ; **171 :** BPK, Berlin, Dist. RMN ; **172h :** RMN/Thierry Ollivier ; **172b :** RMN/Thierry Ollivier ; **173hg :** Corbis/Collection Burstein ; **173mh :** Bridgeman/Lauros/Giraudon ; **173hd :** La Collection/Jean-Louis Nou ; **173b :** La Collection/Jean-Louis Nou ; **175 :** RMN/Ravaux ; **176-177 :** Ciel et espaces/

Nasa ; **189 h :** Google Earth ; **189 b :** REA/Patrick Allard ; **190hg :** Cit'images/Pierre Rousseau ; **190hd :** Cit'images/Pierre Rousseau ; **190bg :** Cit'images/Pierre Rousseau ; **190bd :** Armelle Fellahi/Archives Nathan ; **191 :** Patrick Lefebvre ; **193h :** IGN, autorisation n° 80-9013 ; **195 :** Andia/Bénard ; **196 :** IGN Autorisation n° 80-9013 ; **198 :** Géoportail IGN, autorisation n°80-9013 ; **202 :** Ciel et espaces/ Nasa/JPL/Nima ; **203 :** Eyedea/Planet Observer ; **204 :** Ciel et Espace/NASA/GSFC ; **204bg :** Spacephoto ; **204bd :** Spacephoto ; **205 :** Spacephoto ; **206 :** Spacephoto ; **209h :** REA/Panos/Jacob Silberberg ; **209b :** Bios/Linear/Ron Giling ; **211h :** Pana/Tohan aerial photographie/J. Loupe ; **211b :** Gilles Elkaim ; **212 :** Corbis/Dagli-Orti ; **213 :** Eyedea/Rapho/G. Gerster ; **215 :** © courtesy of Folio Photography ; **215b :** Eyedea/Age/Bruno Morandi ; **217 :** Photo-aerienne-France.fr/Middlekoop ; **221 :** Altitude/Yann Arthus Bertrand ; **222 :** Cosmos/George Steinmetz ; **223h :** Air-images/Philippe Guignard ; **223b :** Corbis/Christian Simonpietri ; **225 :** Eyedea/Hoaqui/ Age/North light images ; **227g :** Andia/Médiacolors ; **227d :** Bios/Gérard et Margi Moss ; **229h :** Ask/Beatrice Mollaret ; **229b :** Eyedea/ Hoaqui/Emmanuel Valentin ; **230hg :** NASA ; **230hd :** NASA ; **230b :** APAnews/H. Sama ; **231 :** Catherine Millet ; **232 :** APA/H. Sama ; **233 :** APA/H. Sama ; **234h :** J. M. Rauschenbach ; **234b :** Urba /G. Engel ; **235 :** J.-F. Fuchs ; **236 :** P. Bantzhaff ; **237 :** Mairie de Holtzheim/F. Settelen ; **241h :** Getty/ R. Cameron ; **241b :** Rea/Redux/Scott Eells ; **242 :** S. M. Saieb ; **243h :** DR ; **243b :** A. Pittard ; **244 :** Ville d'Orléans ; **245 :** Rea/Lalo de Almeida ; **245b :** AFP/Jewel Samad ; **247hg :** Google Earth ; **247hm :** Reuters/Molly Riley ; **247hd :** Corbis/J. Sohur ; **247b :** Google Earth ; **249h :** SIPA/Chine Nouvelle/Xiangquan ; **249b :** Altitude/Yann Arthus Bertrand ; **250 :** Gamma/P. Siccoli ; **251 :** Corbis/Paulo Fridman ; **253 :** Sipa/AP/Alberto Cesar ; **254 :** P. L. Delaittre ; **255 :** Jacques Brousseau ; **256 :** Maison du tourisme et du vin de Pauillac/Systonic.fr ; **257 :** IGN, autorisation n°80-9013 ; **260 :** Eyedea/Rapho/Gerster ; **261h :** Andia/ Bigot ; **261b :** Bios/Alex Maclean ; **262 :** Photononstop/Godong ; **263h :** Altitude/Yann Arthus Bertrand ; **263b :** Getty/Ron and Patty Thomas ; **264 :** Bios/Christophe Courteau ; **265h :** George Steinmetz ; **265b :** Parc régional du Verdon ; **266hg :** Eyedea/Hoaqui/M. Ascani ; **266hd :** Altitude/Yann Arthus Bertrand ; **266bg :** Corbis/Redlink ; **266bd :** Altitude/Yann Arthus Bertrand ; **267h :** Catherine Lallement/Archives Nathan ; **267bg :** Hemis.fr/Fr. Guiziou ; **267bd :** C. Lallement/Archives Nathan ; **268-269 h :** Age/Kord.com ; **269b :** Eyedea/Age/André Seale ; **270 :** IGN, autorisation n° 80-9013 ; **271 :** Altitude/Yann Arthus Bertrand ; **272h :** Francedia/Valery Trillaud ; **272b :** Kharbine-Tapabor ; **273 :** maps.google.com ; **275 :** Altitude/Jim Wark ; **276 :** Eyedea/Planet.observer ; **277 :** Corbis Lynsey Addario ; **281 :** Altitude/Manfred Gottschalk ; **283h :** Pana/J. Loupe ; **283b :** Nicolas Fauqué ; **284 :** © Courtesy Pavillon Bleu ; **285h :** Fedephoto/Eric Fabrer ; **285b :** IRD/Marc Pilon ; **286 :** EPA/SipaPress/Luca Zennaro ; **287 :** Altitude/Yann Arthus Bertrand ; **289h :** Sunset/M. Harvey ; **289b :** ANA/Patrick Ward ; **290 :** Michel Dor ; **291 :** Sunset/M. Harvey ; **292h :** Bios/P. Huguet ; **292b :** Eyedea/ Hoaqui/J. M. Ruiz ; **295 :** Jean du Boisberranger ; **297 :** Helis.fr/Du Boisberranger ; **298 :** Michelin ; **299 :** Wallis/C. Moirenc ; **300 :** Michel Le Coz ; **301 :** Michel Le Coz ; **306 :** terdav.com ; **307h :** Corbis/Jose Fuste Raga ; **307b :** Eyedea/Rapho/Jean Erik Pasquier ; **308 :** Hemis.fr/Bertrand Gardel ; **309 :** Corbis/Ric Ergenbright ; **310 :** Pixgallery/Henri Tabarant ; **311 :** Eyedea/Rapho/Michael Friedel ; **313 :** Corbis/Tibor Bognar.

Avec la collaboration d'Isabelle Macé

Édition : Laetitia Wallet, Carole Greffrath

Conception graphique : Marc Henry

Couverture : Killiwatch

Mise en pages : Killiwatch

Iconographie : Clémence Grillon, Chantal Hanoteau

Cartographie : Marie-Sophie Putfin – Légendes Cartographie

Schémas : Idé, Renaud Scapin (p. 32, p. 52)

Frises chronologiques : Renaud Scapin

Illustrations :

Eddy Krähenbühl (p. 17, p. 39, p. 40, p. 48, p. 61, p. 153, p. 157),
Pierre Bourcier (p. 57, p. 87, p. 91)

N° d'éditeur : 10201757 - Dupont - Octobre 2013
Imprimé en Italie par Bona SpA

Les États du monde en 2009

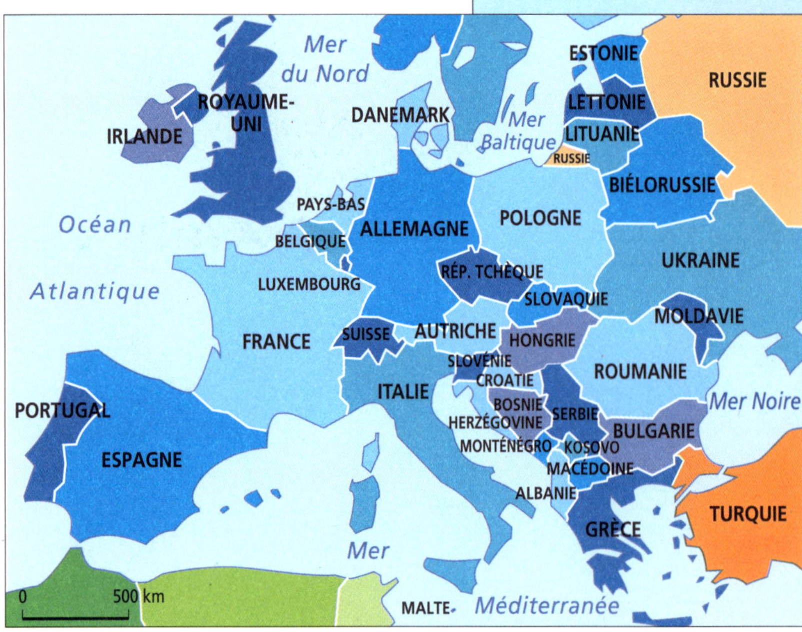